[印] 纳扬·昌达（Nayan Chanda）—— 著
顾捷昕 —— 译

大流动

BOUND TOGETHER

How Traders, Preachers, Adventurers,
and Warriors Shaped Globalization

北京联合出版公司
Beijing United Publishing Co.,Ltd.

图书在版编目（CIP）数据

大流动 /（印）纳扬·昌达著；顾捷昕译 . -- 北京：北京联合出版公司, 2021.3
ISBN 978-7-5596-4248-6

Ⅰ. ①大… Ⅱ. ①纳… ②顾… Ⅲ. ①世界史—通俗读物 Ⅳ. ①K109

中国版本图书馆CIP数据核字(2020)第087489号
北京市版权局著作权合同登记 图字：01-2020-5752

Bound Together: How Traders, Preachers, Adventurers, and Warriors Shaped Globalization
©2007 by Nayan Chanda
Originally published by Yale Universtiy Press.

Simplified Chinese edition copyright © 2021 by Beijing United Publishing Co., Ltd.
All rights reserved.
本作品中文简体字版权由北京联合出版有限责任公司所有

大流动

作　　者：[印] 纳扬·昌达（Nayan Chanda）
译　　者：顾捷昕
出 品 人：赵红仕
出版监制：刘　凯　马春华
选题策划：联合低音
责任编辑：闻　静
封面设计：何　睦　杨　慧

北京联合出版公司出版
（北京市西城区德外大街83号楼9层　100088）
北京联合天畅文化传播公司发行
三河市宏达印刷有限公司印刷　新华书店经销
字数339千字　880毫米×1230毫米　1/16　33.5印张
2021年3月第1版　2021年3月第1次印刷
ISBN 978-7-5596-4248-6
定价：98.00元

版权所有，侵权必究
未经许可，不得以任何方式复制或抄袭本书部分或全部内容
本书若有质量问题，请与本公司图书销售中心联系调换。电话：（010）64258472-800

关注联合低音

前　言
Introduction

我和妻子搬到康涅狄格州纽黑文市（New Haven, Connecticut）后不久，发现家里有几个电插座不能用，就请电工上门维修。这位电工名叫杰瑞，是位友善的中年人，他问我在耶鲁做什么。我告诉他我在耶鲁的全球化研究中心工作，他露出震惊的表情，好像我是个哥伦比亚贩毒团伙的开山大佬，刚刚供认了身份！"嗬，你可得自求多福。"他低声说。我觉得奇怪，问他怎么会有这种反应。显然，杰瑞以为他见到了一位实实在在为全球化效力的人，所以吃惊。"全球化正在毁坏雨林地带，难道不是吗？"——他用反诘的语气解释了自己的态度。尽管我说自己和亚马孙雨林没什么关系，顶多在亚马逊网站上买过几本书，但这无济于事，他对我已有定论。

杰瑞的反应触动了我，我开始思考一些重要的问题。到底什么是全球化？为什么它被指控为毁坏雨林的凶手？全球化貌似不知从何而起，但是现在又随处可见。几乎每个问题——甚至异常变局——都被归咎于这种称为"全球化"的现象。指责全球化破坏雨林，还算是最容易理解的罪名。森林被砍伐，主要是为了开发耕地，以满足不断增加的世界人口的需求。国际贸易不断发展，对建筑材料和家具的需求也持续增长，这都诱使商人和伐木工破坏森林。为了向杰瑞解释清楚，打消他对全球化的疑虑，我觉得重点在于，得了解哪些人是推动全球化的主力军，他们在做什么，为什么这样做，已经做了多久。

自"全球化"一词出现在词典中开始，它的定义历经很大的变化。只需从全球化的诸多定义中选出两例，我们就会发现，要理解这一现象，绝非易事。在《大英百科全书》（*Encyclopedia Britannica*）中，詹姆斯·沃森（James L. Waston）从文化角度定义"全球化"："它是一种过程，借此过程，以商品和思想的传播为特色的日常生活体验能在世界范围内推动文化表述的标准化。"而世界银行无疑会从纯经济学的角度，给出"全球化"的官方定义："它是个人和商行发起与其他国家居民之间的自愿经济交易的自由和能力。"[1] 左翼评论家认同资本主义"像人狼那样饥饿"，扩张到宇宙四极；在他们看来，全球化就是资本主义的同义词，它奉行扩张主义，具有剥削本质。透过商务和经济棱镜考察全球化，有助于我们理解目前人类居住的，靠互联网、移动电话和有线电视连接的世界，但是这并不能解释在资本主义形成之前，或是在电力发明之前，全球化如何渗入并影响了人类的生活。

许多近期的著作已经解释了流动的资本、贸易和技术如何创建出即时连接的相互依存的今日世界，其中尤以托马斯·弗里德曼（Thomas L. Friedman）的新作《世界是平的》（*The World Is Flat*）最为抢眼。经济史学家如凯文·奥罗克和约翰·威廉姆森（Kevin O'Rourke and John G. Williamson）也已阐明，19世纪后期的交通运输革命如何刺激贸易大幅度增长，并引发大规模移民浪潮，为当今全球化时代打下基础。他们提出，全球化肇始于大规模商贸活动让全世界的商品价格逐渐归一之时。但是仅仅从经济的角度定义全球化，就无法解释这段史实：在蒸汽轮船出现之前，早已出现大量的全球交流以及融合事例。

在我们的生活中，全球互联互通现象如此明显，以至于必须找到一个词，来描述全球各地千丝万缕的联系，于是"全球化"这一概念应运而生。但是当我们掀开日常生活的外罩往里看时，就能看到许多条细线，这头连着今天的我们，那头接着遥远的地方，久远的岁月。如果不回溯历史，又如何解释这样一种现象：几乎任何事物——从我们身体的细胞，到我们生活中的家常物件——其自身都带着长途跋涉的印记。为什么人类当初会离开非洲，成为遍布全球的物种？我们吃的、喝的，或是用的，绝大部分起源于其他地方，但是如今却出现在我们身旁。我们视为国家象征的物品，或是引以为傲的"本土特产"，几乎每一样都和世界的另一部分有关系——无论那里多么遥远。当代资本主义商业模式能够解释为什么全世界各地都有星巴克咖啡（它已经成为全球化的象征）出售；为什么日本的佳能（Canon）是全球知名的品牌。但是全球化的经济学定义不能解释另外一些问题。比如，咖啡豆最初仅在埃塞俄比亚（Ethiopia）种植，它究竟如何长途辗转，路过爪哇岛（Java）和哥伦比亚（Colombia），最终成为我们的杯中之物？梵语中的"Avalokiteswar"，是如何被译成日语"Kwanon"，并成为日本相机品牌灵感之源的？

更有其他无数问题，激发我透过表面，探寻"全球化"深处的脉络。为什么散居于不同大洲，相隔万里的3个人身上，竟然存在同样的基因突变？欧洲人是怎么学会使用弓弦拉小提琴的呢？想想看，这种弓弦竟然是用蒙古马鬃制成的！还有，9世纪的阿拉伯数学家阿尔·花拉子密（al-Khwarizimi）的名字，如何在拉丁文中演变为"算法"（aglorithm）这一概念？要知道，如今正是这些算法，掌控着信息世界。利用奴隶劳工种植甘蔗这一经济模式如何在地中海（Mediterranean）东部日渐成熟，并扩展到加勒比海地区（Caribbean）？为什么克里斯托弗·哥伦布（Christopher Columbus）在新大陆发现辣椒之前，韩国就没有辛辣的泡菜（kimchi）呢？为何美国货币的名称来源于德国的一座银矿小镇呢？为什么酿出加利福尼亚第一桶葡萄酒的葡萄，被称为"传教葡萄"？中国的造纸术如何传到西方，最终被用来生产纸张？而你正在读的这本书，就是成品之一。这些问题五花八门，层出不穷，激发人们探寻无所不包的全球互联互通现象的核心所在。全球化的经济学定义无法解释，为什么在纽黑文工作的电工会在意巴西的雨林，这一类问题如何引起全球关注？本书第 8 章指出，研究"全球化"一词的起源，就会发现它的诞生和人们对世界日益融合这一现象的感知度有直接的关联。"全球化"一词，反映出人们对全球互联现象的认知，产生于它描述的全球化进程：这一进程其实已经默默发展了数千年，却直到最近才被命名。

  本书试图揭示，和其他事情一样，全球化源自人类最基本的欲望：寻求更好更充实的生活；许许多多的人参与并推进了全球化进程。笔者为求简约，将这些全球化主力军归为四类：商人、传教士、冒险家和武士。这些全球化推动者为了追求更富足的生活，或是为实现个人抱负，离开了原住地。在这个过程中，他们不仅将产品、思想和技术传播到域外，而且拉近了不同地域间的关系，并借此建构和深化了"全球一体化意识"［罗兰·罗伯逊（Roland Robertson）语］[2]。尽管电工杰瑞厌恶"全球化"，但是他关心地球的健康，这就表明，他其实是具有全球意识的人，这样的人又恰恰是全球联系日益紧密而产生的。当然，从字面上看，从 1519 年费迪南德·麦哲伦（Ferdinand Magellan）首次环球航海起，这种"全球联系"才算名副其实。但是，广义的全球化，就是拓展已知世界——希腊人称之为"oikumene"——

并将地域上各自分离的社群的命运联结在一起。这一趋势自历史开始时，就与我们人类同在。推动这一趋势的主力军其实从未改变——尽管经常变换称号——而且直到今天仍然在发挥作用，而全球各地的交流越来越频繁，关系也越来越紧密。跨国公司、非政府组织、激进的社会活动家、移民和游客一直持续推动着数千年前就开始的一体化进程。

因此，本书其实是我个人研究的成果。我从一些简单的问题入手：哪些人推动了全球化？我们周围一切事物，究其源头可能都是全球化的产物，这又该如何解释？我开始探求这些问题的答案，而求索的过程又改变了我对全球化的理解；和研究开始时相比，我考察全球化的方式也已经完全不同了。我探究物品和思想的全球旅程，并试图了解，这些物品和思想源自何处，如何从原住地出发周游世界，一路上又历经了怎样的转变。为了透彻地了解策马扬鞭、周游世界的旅行大军，我拣选出一系列商品和思想，进行重点考察，并以之为例，展现更广阔的趋势。我还尝试着辨识各类主角以及他们的动机。为了考察这些主角（商人、传教士、冒险家和武士）以及他们携带的物品和思想的运动轨迹，我以千年历史为背景，追踪他们的全球之旅。我讲述的全球化故事大约起始于 5.5 万年前，始于解剖学意义上的现代人类（modern human）走出非洲的旅程。出于生存需要，这些人成为最初的冒险家，一代接一代迁移，占据了地球上的宜居地区，又沿着不同的路线进发，直到找到栖身之地安顿下来，而后再次走上征途，和其他分散的社群重建关系。我舍弃了聚焦某一特定民族或地域，并按照时间顺序记述其历史的传统叙述模式，尝试以四类人的行动为线索，追踪所有民族和地域联系日趋紧密、休戚日益相关的历史进程。本书443~456页是一份年代表，简要列出了这四类人分别在哪些历史时期参与哪些行动，推动了全球化。

全球史领域内先驱者的著作丰厚，令我受益匪浅，在此谨向他们致谢，比如：威廉·麦克尼尔（William McNeill）、提出"长时段"理论的史学家费尔南·布罗代尔（Fernand Braudel）、"世界体系史"史学家伊曼纽尔·沃勒斯坦（Immanuel Wallerstein）、文化史学家布鲁斯·马自利施（Bruce Mazlish）、菲利普·柯廷（Philip D. Curtin）和杰里·本特利（Jerry Bentley）等。此外，贾德·戴蒙德（Jared Diamond）的《枪炮、细菌与钢铁》（*Guns, Germs, and Steel*）及罗伯特·克拉克（Robert P. Clark）的《必不可少的全球化：人类扩散的历史》（*Global Imperative: An Interpretive History of the Spread of Humankind*）虽然是来自其他专业的学术作品，但也让我深受启发：应以长远的历史眼光，考察全球化意识增强这一现象。另外还有许多作品和文章，都曾在成书过程中给予我灵感，我会在"鸣谢"中一一致谢。

为了写这本书，我花了6年多的时间做研究——这也是振奋人心的发现之旅。其间我将全球化这一过程置于"长时段"历史背景之中加以考察，不但满足了我个人的好奇心，解答了世界如何走向全球化这一疑问，也有助于读者了解现阶段推动全球化进程的各股力量。过去，商人向往更好的生活、更有力的保障，所以劈波斩浪，远渡重洋，而这种人性的欲望从未消失；过去，某些武士为实现政治抱负而攻城略地；过去，传教士满腔热忱，背井离乡以劝服别人接纳自己坚信的首善教义，这种热忱至今不曾冷却；过去，冒险家找寻新大陆，创造新机遇，而且乐此不疲，这种冲动也不曾平息：各股力量依然在发挥作用，令世界越变越小。更多的新鲜血液补充进来，但是其组织和阵营已经改变：移民和游客替代了过去的冒险家，部分非政府组织支持人权、环保以及许多其他事业，加入了传统的传教士行列，但是其奋斗目标却超出了信仰的范畴。消费者人数激增，成为新型的全球化生力军。其实，从某种意义上说，在全球化进程中，我们每个人都应该是参与者和行动者，扮演着各种不同的角色。然而全世界有三分之一的人口却是例外，他们极度渴望加入全球化网络，成为商人、移民或消费者，但是被全球规则以及当权者所阻。今日的全球化和早期相比，也有一些显著区别：产品和思想传输的速度不同，消费者和产品数量持续增长，而且种类也日益丰富，而人们对全球化的感知度也随之增加。正因为人们对全球化的感知越来越深刻，全球化的各种弊端也渐渐浮出表面，暴露在光天化日之下。但是，不容否认的是，全球化带来了全新的发展格局。商品的创新和生产，服务的供应，都能实时在世界各地进行，这种变局首次出现，为有准备的人提供前所未有的机遇，也让没准备的人面临闻所未闻的挑战。

如果我们承认，形成当今一体化世界的主要力量将持续存在，那么我们只能将全球化视为无法阻挡的世界大势。查查历史年代表，我们不难发现，紧密的融合造成了很多灾难，而这些灾难又反复中断全球化进程：先有黑死病，后有令所谓"第一次全球化（1870—1914）"崩溃的第一次世界大战，但是任何事件或灾难都无法终止这一进程。透彻理解一直以来促进全球化的动力，或许能提高我们的能动性，以避免劫难，并试图调整其流向——无论这种调整多么微不足道。

第 1 章"始于非洲"，溯本求源，指出人类种族的首次全球化活动发生在冰河纪（Ice Age）后期——我们的祖先中，有少数人结伴走出非洲，寻找更好的食物和安全保障。5.5 万年间，他们沿海岸漂泊，穿行中亚，一路捕猎，最终在各大洲安家落户。一路走来，他们的肤色和面部特征发生改变，说起不同的语言，形成不同的文化。这一离散时期在冰河纪末终止。在地中海东部沿岸、印度和中国，随着城市文明的兴起，商人、传教士、武士和冒险家们开始发展多边关系，推动全球化进程。

第 2 章"从骆驼商务到电子商务"将贸易发展的源头定位于人类文明拂晓时分，并追踪至当代，以揭示贸易发展过程中，世界上越来越多的分散之地如何通过商务网络连为一体。随着贸易的增长，货物的增多，交通工具——从骆驼商队到靠季风吹送的帆船，从蒸汽机船到集装箱货轮以及互联网——也一直在提速。印度的手摇纺织工为全世界供应纺织品，但因工业革命而彻底消亡。取而代之的是印度呼叫中心的工人和程序员，他们通过光纤光缆和世界联网——他们施展妙手，将世界更紧密地编织在一起。

第3章"内藏乾坤"详细介绍了三种日常用品，这三种产品从全球商务中脱颖而出，在其内部蕴藏着全球互联互通的玄机。棉花最初是印度的作物，然后被推广到全世界，继而被美国棉花取代。咖啡一度只在阿拉伯世界流行，但是后来它征服全球，为成千上万的人提供了工作岗位——这些人的祖先可从来没见过咖啡豆。今日全球化进程最倚重的工具当属微芯片，它助推信息革命，也为几乎所有工业产品提供技术支持，而它本身则是从数学和物理概念中演绎而出，这一演绎过程前后持续千年，范围遍及三大洲。

第4章"传道世界"，探索传教士在同人类社群接触、联系过程中起到的作用。由于他们倾心传教，当今世界中，三大宗教鼎足而立。佛家朝圣者和传教子弟将他们的信仰带到各个遥远的地方，并在此过程中，改变了世界艺术、文化图景和社会形势。基督教和伊斯兰教传教士也收服了异乡千万教众。到了现代，新型世俗化"传教士"成为有生力量，加强了世界各地的联系——他们的"教义"多种多样，比如环保、反饥饿、反对侵犯人权等。

第5章"周游世界"述说冒险家的故事。冒险家总是好奇，山那边有什么？岛那边有什么？于是他们走上发现之旅，一发而不可收，而这种好奇心正是将地域上各自分离的世界连为一体的重要因素。早在公元前500年，迦太基大将汉诺（Hanno）就乘舟沿非洲西海岸漂流。14世纪起，摩洛哥的伊本·白图泰（Ibn Battuta），还有马可·波罗（Marco Polo）和费迪南德·麦哲伦等人纷纷走上旅途。无数冒险家拓宽了世界版图，也为创建今日的一体化世界贡献了力量。现代交通工具面世之后，千万移民能够离家闯荡，追寻更好的生活，千万游客也急于出行，他们共同筑成日益坚实的桥梁，将全球各地连为一体。

第6章"帝国经纬"则循着历史轨迹，考察那些志在天下的统治者和武士在全球化进程中起到的作用——并吞八荒是他们的宏愿，权力和荣誉是他们的目标，于是他们也走向辽远的边陲。从亚历山大大帝（Alexander the Great）到成吉思汗（Genghis Khan），这些统治者实现了抱负，将八方土地和各个族群纳入其治下，不仅催生出更多样化的基因库，而且传播各民族文化。而帝国——从罗马帝国到大英帝国——统治者们构筑的政治体系，则促进法律和语言统一以及全球动植物物种交流。

第7章"奴隶、细菌和特洛伊木马"探究全球联系扩展过程中最阴暗的部分。越来越多的商人、传教士、武士和冒险家走向世界各地，他们也带去了严重的问题。从一开始，他们就将在他乡抓获的战犯以及普通百姓变为奴隶。欧洲人发现新大陆之后，更是逐步将蓄奴制推向高峰，美国各地因此出现多种族社会。16世纪的西班牙殖民者则将天花和流感病毒带到美洲。最近，邪恶的计算机病毒制造者又利用高速光纤互联网网络，扰乱并破坏全球计算机运行。

第8章"全球化：从流行语到诅咒"考察"全球化"一词的成长历程：1961年它怯生生地挤进英文词典，之后，由于人们对世界互联互通现象的认知不断深化，"全球化"终于成为流行词。一项对20世纪70年代以来的电子数据库的研究表明，20世纪90年代，这个词的使用频率迅速增加，与之对应的，是同期内由于管制放宽和技术进步，世界范围内的贸易和投资如虎添翼。全球化进程也滋生经济问题，而"全球化"一词的意义和用法也随之改变。如今，它被另一个更形象，也更让人不安的词——"外包"——抢了风头，这本身就表明，人们在重新评估全球化的价值和意义。

第9章"谁害怕全球化"试图答疑：尽管经济一体化迅速发展，促进了经济增长，也带来经济繁荣，为什么对某些人而言，"全球化"一词竟含有毒素？从西雅图到坎昆，从热那亚到香港，世界贸易组织（World Trade Organization，WTO）和八国集团（Group of Eight，G8）无论在哪里开会，抗议者都如影随形，抨击其制度不民主、政策不公平。由于贸易和通信飞速发展，人口大国中国和印度的劳动力市场得以放开，但现在，经济学家和政治家开始为全球化对产业经济可能造成的影响而担忧。

最后一章"前路漫漫"总结了全球化进程，并展望未来，指出全球化面临的种种问题。全球化发展至今，一体化世界格局已定，使许多人脱贫致富，但是全球化的步伐也越迈越快。未来，我们必须面对的全球性挑战是，到底该采用什么样的方法，将暂时落后的人群纳入一体化进程，遏制部分发达国家日益嚣张的民族主义情绪和保护主义思潮。

很久很久以前，从走出非洲的探险之旅开始，推动全球融合的力量就在持续增长，这种力量无法阻挡，全球化的加速发展也是必然趋势。但是由于我们的命运紧密交织，即使全球化进程暂时脱轨，和大萧条（Great Depression）之前的状况相比，人类也势必会付出较为沉重的代价。在今天高度连通的世界中，全球化失控的风险也不断增加。

目 录
Contents

第 1 章　始于非洲　　　　　　　　　　　　　　　1
　　隐秘的旅行史　　　　　　　　　　　　　　　6
　　非洲母亲　　　　　　　　　　　　　　　　　9
　　通往澳大利亚的海滩寻宝高速列车　　　　　 13
　　红海旁的晚餐　　　　　　　　　　　　　　 15
　　我的非洲太祖父　　　　　　　　　　　　　 18
　　继续东进　　　　　　　　　　　　　　　　 22
　　来到美洲　　　　　　　　　　　　　　　　 26
　　肤色变化　　　　　　　　　　　　　　　　 29
　　气候的影响　　　　　　　　　　　　　　　 31
　　无花果树之根　　　　　　　　　　　　　　 34
　　新迁移　　　　　　　　　　　　　　　　　 38
　　商贸联系　　　　　　　　　　　　　　　　 41
　　帝国雄心　　　　　　　　　　　　　　　　 44
　　传教布道　　　　　　　　　　　　　　　　 47

第 2 章　从骆驼商务到电子商务　　　　　　　　 51
　　我们什么时候能换大房子呢?　　　　　　　 56

沙漠之舟	59
一些甜葡萄酒、干无花果和一位哲学家	62
印度洋上的顺风船	63
入口清爽、沁人心脾的意大利葡萄酒	66
阿拉伯人的三角帆和中国人的舵	71
马拉巴尔的犹太商人	73
马六甲掌握着威尼斯的命脉	76
愿魔鬼把你们带走，你们为什么会到这里来？	78
从金币到美银宝	86
白银、纺织品和香料三角	88
从泥简到互联网	91
马六甲到孟菲斯	94
新季风	99

第3章	内藏乾坤	107
	棉花比货币还好使	111
	别用印度的线	115
	棉花之王和他的奴隶	118
	供应链和血汗工厂	121
	嬉闹的山羊	124
	美味饮料到达欧洲	127
	爱的咖啡豆	132
	充饥"神药"	135
	芯片加咖啡	140

零的前世今生	143
泰勒斯的琥珀	146
从巨无霸到微芯片	151

第 4 章　传道世界　159

胸怀信仰，立志远行	160
寻找黄金	164
传承衣钵	169
丝绸贸易	171
拿撒勒的木匠	174
传教葡萄	177
探寻非洲"登天之梯"	183
沙漠神启	188
原住民之殇	191

第 5 章　周游世界　197

汉诺和河马	201
带回一头长颈鹿	204
"马可百万"的旅行	207
旅行者贩马	209
犹太人的马可·波罗	212
为了寻求知识，不惜远走中国	214
新大陆淘金热	217
命丧麦克坦	221

治国就得增加人口	225
奴隶、苦力和老爷	227
驶向加勒比的棺材船	229
牙买加人抵达伦敦	231
迁移历程	234

第6章 帝国经纬   237

普世帝国的梦想	240
非洲诱惑	245
民族融合	249
征服和移民	251
语言之网	255
帝国与信仰	259
法律帝国	263
蒙古人的礼物——裤子和弓弦	266
中国火药，波斯工艺	268
朝鲜人有了辣椒	271
堪比挪亚方舟	274
维多利亚女王的全球电缆	276

第7章 奴隶、细菌和特洛伊木马   281

欧洲梦	284
最古老的贸易	287
奴隶：士兵、劳工、同伴	290

奴隶—蔗糖贸易联合体 294
连通亚洲和新大陆的桥梁 299
推动工业革命 303
来自远方的无形危险 306
死亡之路 310
隔离制度的诞生 312
士兵、蒸汽机船和西班牙流感 315
没有国界的疾病 317
病毒捕手 319
爱的陷阱 322
警惕零时病毒 324
犯罪集市 327

第8章 全球化：从流行语到诅咒 331
"伴侣号"和大赦国际 335
全球化＝保护主义 338
跨国贸易成为过去，全球化引领未来 341
黑色星期一 344
迈向全球化 347
全球化的"竹筒效应" 350
世贸组织的困境 354
全球化趋势持续存在 356
恐怖袭击的阴影 359
从反全球化到另类全球化 360

　　　　　外包威胁　　　　　　　　　　　　　　　　　363

第 9 章　谁害怕全球化　　　　　　　　　　　　　369
　　　　　贸易造成的麻烦　　　　　　　　　　　　377
　　　　　集体沦陷　　　　　　　　　　　　　　　379
　　　　　乘飞机的奶牛和麦当劳巨无霸　　　　　　381
　　　　　长途污染　　　　　　　　　　　　　　　390
　　　　　荒诞剧场　　　　　　　　　　　　　　　391
　　　　　解雇通知书和沃尔玛　　　　　　　　　　396
　　　　　岗位掠夺者入侵　　　　　　　　　　　　399
　　　　　低工资，高带宽　　　　　　　　　　　　403
　　　　　只剩下大亨和美发师的国家　　　　　　　404
　　　　　波兰水管工的幽灵　　　　　　　　　　　407
　　　　　赢家和输家，尽人皆知　　　　　　　　　411
　　　　　拉丁美洲和非洲的可疑进程　　　　　　　413

第 10 章　前路漫漫　　　　　　　　　　　　　　419
　　　　　数百万人脱贫　　　　　　　　　　　　　423
　　　　　自由资本，失业劳工　　　　　　　　　　427
　　　　　富人的派对时光　　　　　　　　　　　　430
　　　　　流行病的阴云　　　　　　　　　　　　　433
　　　　　帝国遗产，问题多多　　　　　　　　　　438

年　表　　　　　　　　　　　　　　　　　　　　443
鸣　谢　　　　　　　　　　　　　　　　　　　　457
尾　注　　　　　　　　　　　　　　　　　　　　463

第 1 章 始于非洲
The African Beginning

看！他们要回宫了，他们买到了真正新奇的东西：香料树硕果累累，正好方便移栽，他们还带来乌木（Ebonine）、珍贵的象牙、狒狒、猴子、狗、数不清的花豹皮，甚至还有奴隶和孩子。除了我，哪一位埃及王也未曾见过这种盛况！

——哈特谢普苏特（Hatshepsut，公元前1479—公元前1458年在位）女王在埃及探险队从庞特（Punt，位于今非洲）归来时由衷赞叹。女王这番褒奖刻于其庙宇墙上。

讲述历史时，为了探究表象之下的真意，必须诉诸想象，还原出相关背景。为了理解全球化的故事，我不如从童话故事里借个熟悉的开头，既现成，又应景："从前"。毕竟，下文中记述的故事，一半是想象，一半是真实。

从前，在一个叫顿亚（Duniya）的地方，有座村庄。村庄旁边就是一片森林，森林里有茂盛的野草，还连着远山，太阳照在野草间，也照在起伏的山坡上。村民生活很艰难，但是可挖的树根、可摘的坚果、可猎的羚羊和野兔也不少。此外还有山洞和悬石，也足以容身。可是村子周围的原野开始发生变化。阳光越来越炙热，空气越来越干燥。动物或因干旱渴死，或是出逃寻找有水的地方，食物也越来越少。村民们决定跟着兽群走，这样方便打猎。长途跋涉的过程中，他们又分成几群人。有的跟着动物往北走，有的则走向海边。出来得越久，这几群人相隔越远。这是一场没有尽头的征程。走着走着，有的找到了富足丰美的地方，就此安顿下来，有的则怀抱希望，继续前行，寻觅食物和安全保障。几千年就这么过去了。

他们走得慢，也不知道何处才是尽头。他们走过冰雪覆盖的平原，狂风肆虐的草地，白雪皑皑的山脉。出发时，村民们的肤色被太阳晒得黝黑，但是一路跋涉，他们的模样不复当初。渐渐地，村民的毛发和眼睛换了颜色，甚至连他们的面貌和身体形状也有所改变。漂泊岁月中，2000 代人前赴后继，已经没人知道顿亚最初的村庄到底在什么地方。人们四处流散，广袤的土地上，各处都有人安家，但是高山和沙漠将他们阻隔开来。有些地方一度凭借狭长的陆地相连，但是后来海平面上升，这些曾经的"陆地桥"被淹没，之前相连的大陆如今也隔海相望。人们说着各不相同的语言，穿着样式各异的服装，就连他们吃的食物也有差别。但是某一天，有个商人翻过山去，发现了另一处聚居地，那里的人们说着另一种语言，他们还制造出新奇有趣的工具。于是，各自离散的村庄开始相互交易，许多这样的村庄散落在顿亚各地。又有个传教士从其中一个村庄出发走向远方，希望能教导别人，让他们拜服他自己信仰的神祇。在另一座村庄里，有个雄心勃勃的首领，集结了一支小型军队，意欲占领其他村庄，扩大自己控制的地盘，最终建立帝国。还有些无畏的村民，总是充满好奇心：村旁的大山后面，或是蓝色水域的另一边会有什么新鲜玩意儿？他们也踏上征途，只为看看外面的世界什么样，他们回来的时候，就会述说远方海岸的故事：那里有新奇的植物和动物宝藏。

　　数千年过去，数千代逝去。有些村庄已经蜕变为繁华的城镇和都市。人们发明了各种各样的交通工具，村庄之间的往来更加方便快捷，人们不必骑着马，四处颠簸。他们还造船在顿亚各地航行，运送大宗货物。3万代之前，离开那个旱灾肆虐的村庄时，顿亚总共也就几百人，现如今，人口已达几十亿。现在，这些人去远方旅游、找工作，并且买卖万里之外的货物。没人记得他们最初居住的村庄叫什么，他们的祖先当初怎样生活。但是他们知道，有许多村庄和城镇散落在顿亚各地，而且他们对这些同胞的了解与日俱增。他们能够尝到不同的食物，听到之前不曾听过的音乐。由于家里有魔盒，他们甚至能够看到顿亚各地发生的事情。他们得出结论：这就是顿亚化。许多人喜欢这种新生活，但是有些人了解到，顿亚其他地方的人日子过得太舒服，对比之下，未免伤心难过。另一些人则抱怨，来自远方的村民看上去"非我族类"，说的也不是本地话，而且居然到我们这里和本地人抢工作。商店货架上，全是产自外地的便宜货，本地的工厂却得关门。他们说，如果这就是顿亚化，那我们情愿不要。但是没人知道，该如何控制这种不断增强的联系——这些人在数万年前本是同村人，他们只是在重拾联系，这种联系只会越来越密切。但是顿亚人并不知道，最初他们来自同一座村庄。

这不是天方夜谭。把那个小村庄称为非洲，再把"顿亚"从阿拉伯语、印度语或豪萨语（Hausa）翻译成中文，即"世界"，这就是极简版本的全球化故事。当然了，只有当人类居有定所，并开始种植、收割庄稼之后，村庄才真正出现。即便如此，将非洲大陆比作村庄，也并不牵强。今日的非洲是片广袤的土地，常住人口接近10亿，但是当初我们的祖先走出非洲的时候，最多不到2000人，只相当于现在一个小小的村落。也有专家估计，那时走出非洲的移民人数可能还不到150人，正好是一个不大不小的狩猎—采集群体。[1] 这些早期的冒险家也许渴望出游，但是他们冒险离开自己熟悉的地方，主要是为了求生。而那些留在非洲的人，也迁移到了更适宜居住的地方。今天，除非裔之外，"顿亚"各地居住的各族人共有50亿，他们是走出非洲的那些村民的后代。他们之间的联系越来越紧密，相互之间的依赖性也越来越强——至于这是好事,还是坏事,姑且不论。出现在非洲的智人(Homo sapiens),也就是解剖学意义上的现代人类,是首个自愿走向世界每个角落的哺乳类物种,而这一走,其实拉开了日后我们称之为全球化进程的序幕。从离开非洲时开始,5.5万年间,人类各自分散。在这一漫长的分散过程中,由于地理、气候和自然选择等因素,这些在各地流散的人类逐步显示出各自不同的生理特征,而这些差异也成为"种族"划分的依据。我们发现,在这场大流散的过程中,从非洲走出的侨民们在地球经纬度各异的地方演变为不同肤色的族群,汇聚成独具特色而又井然有序的社群,然后再次翻山越岭、漂洋过海,和那些久已失散的近亲重拾联系。

年复一年,冒险家、商人、传教士和武士推动着这一重拾联系的过程,它的速度越来越快、范围越来越广,世界一体化的程度更是今非昔比。21世纪初,冒险家们依然急于"走出非洲",但是和最初相比,形势的逆转极具讽刺意味。成千上万贫穷失业的非洲人再次成为移民。他们迫切希望能在欧洲和中东找到机会,过上好日子,他们不畏凶险、穿越沙漠,明知旅途中可能丧命,也在所不惜。近6万年前,我们的祖先沿着也门海岸行走,或是在尼罗河畔和约旦山谷间跋涉,往北走向地中海或是更远的地方——那时,对我们的祖先而言,这些全是陌生之地。与之不同的是,今天的部分移民则赶赴塞内加尔和毛里塔尼亚境内的大西洋海岸,登上渔船,挤进狭窄的船身,指望能在约

1450千米之外的地方，过上更好的生活。最近的一站是加那利群岛（Canary Islands），那是通往欧盟的门户。这听上去何其相似：一部分非洲人再次离开非洲大陆，寻找更好的生活。不仅如此，这些穿戴整齐的非洲移民来到加那利群岛，在码头附近涉水上岸时，进入眼帘的第一幕更具讽刺意味——信奉"自然主义"的欧洲人游泳之后，一丝不挂地享受日光浴，恰似当初刚刚离开非洲的人类祖先。

另一些走投无路的人则来自埃塞俄比亚（人类的摇篮）和索马里，他们漂洋过海，指望移民到也门或是其他更远的地方。全球化仍在继续。本章的主要内容是，为了过上更安全、更舒适的生活，我们的祖先中，有部分人甘愿冒险，踏上征程，四处寻觅，迈出了我们这一物种全球化进程的第一步。人类用了5万多年的时间，才分别在各个聚居地安顿下来，与此同时，各个聚居地相互交流的进程也正式开始。其实，推动今日世界日益融合的动力，自人类结成定居社区的那一天开始，就一直伴随着我们，从来也不曾消失。

隐秘的旅行史

人类全都起源于非洲？我们又从何而知？20年前，这种说法大体上只是一种猜想。在《人类的由来及性选择》（*The Descent of Man, and Selection in Relation to Sex*, 1871）一书中，查尔斯·达尔文（Charles Darwin）阐述人类进化学说，并提出，由于和人类亲缘关系最近的动物，比如大猩猩、黑猩猩都在非洲栖息，"相对而言，我们的先祖生活在非洲大陆的可能性大于其他地方"。[2] 自达尔文提出这一观点以来，尽管有无数的生物学和古人类学证据表明，地球上的生命确实经历了漫长的进化过程，但是很长一段时间内，都并无证据支持达尔文提出的"非洲起源说"。后来，我们掌握了新技术，能够仔细研究人类自身细胞，并能破解记载在细胞上的密码，机遇也随之出现。1953年，英国科学家弗朗西斯·克里克（Francis S. Crick）及其美国同事詹姆斯·杜威·沃森（James D. Watson）发现了DNA结构，迈出了第一步。"我们已经发现了生命的秘密。"克里克宣称——说者语带骄傲，闻者心悦诚服。[3] 自从发现了DNA双螺旋结构（将遗传信息从上一代传到下一代的复杂分子），我们就拿到了最有力的工具，能够深入研究祖先的历史。正如沃森所说："我们发现，每个人的DNA序列中，都留下了我们祖先的各种旅程的记录。"[4] 和那时相比，如今，DNA序列测定变得简单、迅速，而且也便宜得多。加上考古学家、气候学家和语言学家的帮助，遗传学家和古人类学家能够重构人类各个种群的历史——十几年前，人们根本无法想象，竟然能用DNA技术重构历史。

在印度尼西亚和中国发现的"直立人"（Homo erectus）化石（即所谓的爪哇人和北京人）表明，约在200万年前，智人（解剖学意义上的现代人类）的祖先，已经开始旅居亚洲和欧洲大陆。以20世纪50年代的路易斯和玛丽·利基（Louis and Mary

Leakey）夫妇为先锋，之后 30 年间，大量古人类学家兢兢业业，用研究成果证明，现代人类的祖先在东非裂谷（Rift Valley）居住。[5] 在以色列发现的智人遗骸距今已有 10 万年的历史，但是这一物种并未实现生物学意义上的延续，可能是被那时在该地区居住的更为强健的尼安德特人（Neanderthal）阻断。令人惊奇的是，迄今为止，另一批可追溯至 4.6 万年前的智人遗骸竟是在澳大利亚发现的。这些解剖学意义上的现代人类——智人——是异种异源，还是都由非洲的同一物种进化而来？我们在古化石中找不到直接证据，有意思的是，答案竟藏在现代女人的细胞之中，这些细胞镌刻着人类的历史，证明了那些在非洲发现的化石不仅是最早的人类，还是我们的直接祖先。这个惊人的发现以之前 DNA 结构的发现为基础。遗传学家分析目前在世界各地生活的现代人的 DNA，不仅能再现其祖先的迁移史，而且能追踪史前人类在世界旅居的过程。我们现在知道，约 6 万年前，一小群人——可能只有 150 人，最多不到 2000 人——从今天的东非走了出去。[6] 之后约 5 万年间，他们一直在迁移，慢慢地占据了新月沃土（Fertile Crescent）、亚洲、大洋洲、欧洲等地，后来取道白令陆桥（Beringia）进入美洲大陆。冰河纪末期，海平面上升，将美洲大陆和亚洲大陆隔开。这些同时从非洲走出的人类近亲从此天各一方，直到克里斯托弗·哥伦布 1492 年在圣萨尔瓦多（San Salvador）的海滩上遇见阿拉瓦人（Arawak）时，才首次重聚。[7] 本书第 5 章将详述此事。首先，我们来看看，我们的祖先如何成功地让人类成为首个真正遍布全球的物种。

非洲母亲

  1987 年，研究者们发现，所有人类都来自同一对父母。新西兰生化学家艾伦·威尔逊（Allan Wilson）及其美国同事丽贝卡·卡恩（Rebecca Cann）在伯克利加利福尼亚大学研究一直以来被忽视的人类 DNA 区段，得出了上述结论。威尔逊和卡恩带领研究团队，从世界各地医院捐献的婴儿胎盘中采集了 147 份线粒体 DNA 样本。有的 DNA 从母代传递到子代时，会发生基因重组，但是线粒体 DNA（简称 mtDNA）中有很少一部分，即使经过多代传递，也基本保持不变，只有出现基因突变时才会改变，而这样的突变于是成为"基因标记"。线粒体 DNA 为母系遗传，仅由母亲传递给后代，只有女儿才能再将其传至下一代。线粒体 DNA 保留女儿由其母系祖先遗传的所有突变，研究者能据此找到最初的突变印迹。因为突变的速率大致保持不变，通过确定突变中的变异水平，就能计算出由代代相传的线粒体 DNA 链所创谱系的具体年代。威尔逊和卡恩的研究结果令人震惊。追溯了 5 个地理族群的谱系后，他们发现，所有族群都是"同一位女性的后代，其生存年代假定为 20 万年前，地点则可能是非洲"[8]。媒体则称其为"非洲夏娃"，尽管这一称号有误导的嫌疑，但似乎也顺理成章。正如詹姆斯·沃森所说，这位女性确实是"我们所有人的高高……高祖母"，大约20万年前，她在非洲生活。⁹ 显然，那时候活着的女性并非只有她一个，但是她恰巧是最幸运的一个，因为她的后代得以存续，遍布世界各地，而其他女性的后代没能开枝散叶，纷纷断了支脉。¹⁰ 如果用谱系学术语来表示，那这些族系是遭遇了"谱系崩塌"。¹¹ 3个幸存的女儿支系的后代——由线粒体DNA标记L1、L2和L3测定——如今遍布全球。尽管前两支大多对应非洲女性族群，世界除非裔之外所有女性的细胞中，都带着L3这一支系中两位女儿（即M和N）的遗传特征。有位研究者还亲昵地称这两支族系为"曼珠（Manju）"和"纳斯林（Nasrin）"，因为研究者猜想，这两次基因突变分别发生在印度和中东。

　　人类最近的共同的母亲可能是非洲人，但是父亲的情况又怎样呢？研究者在父系Y染色体阐释领域取得了重大突破，为"父亲"这一空白栏填上信息。意大利遗传学家路易吉·卢卡·卡瓦里-斯福尔扎（Luigi Luca Cavalli-Sforza）及其同事彼得·安德希尔（Peter Underhill）于2000年发表论文，展示突破性的研究成果：他们提供证据表明，决定（男性）性别的Y染色体同样也能追溯到非洲始祖。¹² 线粒体DNA仅由母亲传给孩子，与之类似，Y染色体和其他的染色体不一样，仅由父亲传给儿子，其间并无改组——或曰重组——的过程。和线粒体DNA一样，在Y染色体内，也存在突变。于是乎，儿子永远承载着父亲的历史。离开非洲的人类祖先的细胞里，要么带有非洲亚当的Y染色体（其标签平平无奇，为"M168"），要么带有非洲夏娃的某位女儿的线粒体 DNA。研究者对世界人口开展广泛调查，并依据其结果宣称，我们人类最近的共同祖先都是在 5 万年前刚刚离开非洲的。[13]

当然，威尔逊和卡恩提出人类始祖来自非洲这一观点之后，也难免遭到某些人类学家和遗传学家的质疑。另一派学者坚信，现代人类是在不同地区分别进化而来的；所以他们拒绝接受这种新观点——智人有唯一的始祖，而且距今并不遥远。持反对意见的研究者称，在中国和东亚其他地区出土了大量的"直立人"化石（如北京人和爪哇人），这些化石显示出连续性，在这些研究者看来，既然在约 100 万年前，就有直立人物种离开非洲，那么显然，智人是各洲族群频繁基因交换的结果。此外，他们指出，有些考古学证据和走出非洲这一假说相悖，现在就做结论，至少为时过早。[14] 但是，随着人类基因组迁移研究的深入，越来越多的证据都支持非洲始祖理论，在科学界，越来越多的人改变观点，认可"走出非洲"这一假说。而部分国际遗传学家也积极采样，建成大型 DNA 数据库，在此基础上，研究者们做了大量研究，反驳了另外一些研究者提出的反对意见。1998 年，由中国国家自然科学基金会资助，7 个来自中国和美国的大型研究团体联合起来，为中国 28 个正式种群做 DNA 分析后得出结论，"源于非洲的现代人类构成了东亚现有基因库的大部分基因"。[15] 而另外一些研究者（其中不乏中国研究者），自那以后从中国各地采集大量中国人的 DNA 样本，得出了相同的结论。[16] 有意思的是，线粒体 DNA 和 Y 染色体研究甚至在非洲也找到了证据：最初的那群人早期也曾在非洲内部迁移。留在东非的那些亲戚为了生存，也四处分散，深入非洲内陆。在南非，还有许多研究者认为，布须曼人（Bushmen）可能和我们拥有共同的祖先；最初那群人由南向北，分散出去，都成为我们的祖先。无论他们走向何方，无论他们的后代是布须曼人，还是卡拉哈里沙漠（Kalahari Desert）的柯伊桑人，或是中非雨林中某些部落（俾格米人）的成员，如今这些人的 DNA 中总是留下了祖先的印记。[17]

基因图谱技术的重大突破，以及非洲夏娃的发现，激发了人们寻根的兴趣。一头黑发的《纽约时报》专栏作家纪思道（Nicholas Kristof）原以为，他知道自己是谁。纪思道的父亲是从欧洲来到美国的移民，所以他认定，他自己是典型的欧洲裔美国人。但是皮肤之下，还藏着什么样的秘密？他想知道更多：自己究竟是谁，源自何方。于是他寄出自己的 DNA 样本，等待分析结果——结果让他大吃一惊。仅仅 2000 代之前，他的高高高……祖母是个非洲人，可能来自埃塞俄比亚或肯尼亚。尽管他是白种人，生就一副高加索人的面容，纪思道惊呼："我其实是个非裔美国人！"纪思道就此事发表专栏文章之后，读者的电子邮件像潮水般涌来。其中有位读者特别幽默，他说："欢迎体验非裔美国人的生活！不过你在新泽西开车的时候，可得格外小心！"但是，纪思道并非仅仅是"非洲之子"。纪思道 DNA 中的基因标记显示，他和那些现在居住在芬兰、波兰、亚美尼亚、荷兰、苏格兰、以色列、德国和挪威等地的人都有亲戚关系。纪思道对我说:"DNA 检测提醒我们,我们全是混血,而且混得厉害。"[18]

人类社群有种特质,使我们能够追溯基因组的旅程。这一特质就是,如果条件允许,人类情愿在一个地方安顿下来,但是为了找到更合适的地方,过上更好的日子,他们也愿意迁移。于是,人类总是走走停停,一路留下和地理区域相关的谱系。由于人类大多奉行"从父居"制(patrilocality)——即女性婚后去丈夫家居住——所以研究者能够确定 Y 染色体和特定地域的关系。遗传学家研究我的 DNA,就会知道我来自印度半岛。我的 M52 Y 染色体(为大部分印度人所共有)泄露了秘密。确定这样的关系之后,遗传学家和人类学家就能勾勒出更清晰的图景:非洲夏娃的后代们在什么时候、如何离开旧大陆,最终来到他们现在居住的地方。DNA 显示,这一迁移过程持续了四五万年,一波接着一波,多数时候只是微泛涟漪,偶尔也会掀起湍急的水流。威尔逊研究团队发现,除了非洲种群,他们研究的所有种群都有多重血统,这意味着每个地区都可能多次有新种群迁入。

通往澳大利亚的海滩寻宝高速列车

我们的祖先为什么会离开非洲?由于缺乏考古学证据,我们无法明确回答这个问题。也许,在冰河纪后期,曾出现过干旱期,森林萎缩,草原干枯,靠捕猎和采集为生的种群很难捕获猎物。一伙人终于迈出第一步,跨过红海,进入南阿拉伯海岸,这是意义非凡的一步——世界的大门从此打开。这群人中，有的为了捕猎，跟着兽群往北走入中东，有的则顺着河流捡拾贝类，走遍阿拉伯半岛，后来又进入印度——人类一朝踏上征途，最终在世界各地安家落户。

这些旅程中，最引人注目的一条是，我们的祖先只花了700代时间，就从非洲来到大洋洲。有些研究者称其为开往大洋洲的"高速列车"。当然，老祖宗们不知道自己正走向大洋洲：他们只是跟着食物走。但是一代又一代人沿着印度洋和东南亚海岸往东走，终于到达大洋洲，那里距离他们的东非老家约1.93万千米。

2006年，国际遗传学家和人类学家组成的某研究团队在《科学》杂志发表系列文章，展示其针对父系遗传Y染色体研究得出的结果。而他们估算出的人类旅程时间，和之前威尔逊根据线粒体DNA研究推算的结果大致相同。该系列文章介绍了人类学研究成果，即在澳大利亚东南部芒戈湖（Lake Mungo）发现的人类遗骸距今4.6万年，而婆罗洲洞穴中发现的人类遗骸历史更长，比前者早1000年，它们是在非洲和中东等地之外发现的最古老的人类遗骸。文章还将这些考古学证据和基因研究相结合，指出这两批人可能都沿着印度洋海岸走向各自的目的地。安达曼群岛（Andaman Islands）的原住民长期以来与外界隔绝，研究者们发现，他们的线粒体DNA类型和已知的6.5万年前人类始祖群的线粒体DNA类型相匹配。令人称奇的是，安达曼群岛上的原住民族群带有一些独特的基因标记，而南亚或东南亚族群则没有这些标记,这意味着,自5万~7万年前解剖学意义上的现代人类走出非洲,并首次进入印度洋北岸地区之后,这些原住民就一直自成一体,与世隔绝。[19] 而对同样长期与世隔绝的马来西亚原住民(Orang Asli)的调查也显示,他们也携带类似的DNA,这些DNA同样源自非洲。

研究者已经描绘出这些带有M130标记的后代沿着海岸迁移的路线图,但是又出现了另一个未解之谜,从非洲到大洋洲,人类走得到底有多快?遗传学家文森特·麦考利(Vincent Macaulay)及其同事在从印度到大洋洲的广大地区采集线粒体DNA样本,分析其分子日期,并据此推算人口扩散的速度。我们的祖先沿海岸路线从印度走到大洋洲南部,行程约为1.2万千米,时间约为150代。海滩边的生活可能相当舒适,以致人口迅速增长,其中一部分人就得继续前行,寻找食物——其速度也很可观,平均一年约3.2千米。麦考利指出,相比之下,冰河纪后人们再次迁居欧洲期间,人口扩散的速度就很慢——每年不到650米。[20]

红海旁的晚餐

冰河纪之后,海平面上升,淹没了人类从非洲迁移至大洋洲的所有考古学证据,因此古生物学家很久以前就失去了信心,觉得根本不可能发现证据证实人类祖先的海岸之旅。但是机缘巧合,重要的证据竟浮出水面。1999年,罗伯特·沃尔特(Robert C.

Walter）率领由全球海洋生物学家、古生物学家、考古学家和地质学家组成的团队，在厄立特里亚（Eritrea）红海岸边的阿卜多（Abdur）挖掘出惊人的证据——那里确实曾有人类居住。这一科学发现实属幸运：由于发生地震，埋藏着古老宝藏的礁灰岩被顶了上来，这些宝藏正是12.5万多年前的人类遗址。这些岩石记录了第一手实体信息，展示先辈们如何适应新环境在海岸存活，而地震又让这些岩石重见天日。研究者推断，冰河纪来临，由于气候极度干旱，食物来源匮乏，为了求生，人类被迫移居到海岸地区。他们在岸边寻宝，不仅活了下来，而且伙食不错。他们的三餐消化后成为粪便，石化的粪堆就是证据。他们不仅吃水里捡到的食物——牡蛎、贻贝和螃蟹，而且还能吃到肉。研究者在遗址中还发现了大型动物如大象和犀牛的骨头，骨头上还带有刮痕，可见这些人的伙食充满异域情调，他们享受着"海陆大餐"。

　　沃尔特及其队友在《自然》杂志上发表文章，其结束语激情洋溢："在南非也有类似的发现，只是其年代未定，阿卜多遗址是迄今发现的最早的已确定年代的证据。种种迹象显示，当时的人类就能从海岸一端散布到另一端，而且其行为也变得复杂多样。"[21]该遗址的年代表明，在非洲大陆，此处的石器在时间上和明显的过渡期——即从古人到解剖学意义上的现代智人的过渡——部分重合。更重要的是，阿卜多礁灰岩中出土的石器表明，早在一群人登上"海滩寻宝高速列车"去澳大利亚之前，海岸生活方式已

经变得稀松平常。²²

　　冰河纪末期，海平面降低，我们祖先中，又有人结伴而行，分批沿着刚刚露出水面的陆地桥跨过红海，来到也门的阿拉伯海（Arabian Sea）海岸。²³ 大约 4.8 万年后，埃及海上远征队将重返此地，也许恰恰就在红海的同一个区域，埃及人首次见到非洲大陆，而那时埃及人将他们到达的这一地区称为"庞特"。5 万年前，北半球冰层扩大，海平面下降约 91 米，如今的海底那时露出水面，非洲、印度和东南亚的距离大大缩短，不像现在这样相隔甚远。遗传学家斯宾塞·威尔士（Spencer Wells）估计，在印度西部海岸，出现了大约 125 千米的陆地桥，一直通往斯里兰卡。²⁴ 在此可以推断，当时，由于人类开始使用石器，印度热带海岸边又有前所未见的植物和树种可供取用，这都让我们的祖先一路越走越快。大量的椰树更是堪称天降福祉。椰肉提供营养，椰汁则是安全的饮品。椰树的叶子可以用来做成挡雨遮阳的棚子，椰干可以搓成绳子，椰子树干还能做成木筏或是独木舟。在印度南部，人们很早就会把几根圆木头拴在一起做成木筏。在泰米尔语中，这种小舟叫"kattumaran"，后来演变为英语中的"catamaran"，即双体船。无论如何，海平面降低之后，要跨过爪哇海浅水处，来到印度尼西亚，一路上肯定更加方便。那些到达东南亚的先辈，可能会划着小舟，经过帝汶海（Timor Sea）浅水之处，来到澳大利亚。²⁵ 首次到达澳大利亚的那批人还带来了史前狗，即澳大利亚野犬，这表明他们应该是乘船而来。²⁶

我的非洲太祖父

原来我们的祖先仅用了 5000 年的时间，就在"高速列车"上，从非洲迁居到大洋洲——了解这些信息之后，我忍不住浮想联翩。我的祖先是否搭上了早班车？如果是，那他们又怎么会在印度下车？幸运的是，国家地理（National Geographic）和 IBM 合作，于 2005 年启动基因地理工程项目（Genographic Project），帮我解答了这些问题。该项目的主持人正是那位出生在得克萨斯州的威尔士，项目的宏大目标则是按年代绘出人类的基因旅程图：我们从哪里来，又如何走到我们现在生活的地方。该项目有个重要环节：项目负责人鼓励人们发送他们的 DNA 样本，并提供其祖先信息——这一项目需要众人的参与。

我订购了一套工具包，认真地用棉签采集双颊口腔黏膜 DNA 样本，然后把样本放到贴有序列号的玻璃瓶中，再把玻璃瓶寄出去。焦急地等了几周后，我总算盼到了结果。结果是在网上公布的，分析 DNA 样本的实验室根本就不知道我是谁，他们只有一个序列号而已。但是当我打开国家地理网站上的公告，输入我的序列号，分析结果写得毫不含糊：我来自印度。我的报告单上写着，"该谱系为最早进入印度的史前移民中的一支，现在，除印度之外，其他地方很难发现该谱系的后代"。我所在的基因组带有 3 个 Y 染色体标记，这表明，目前在印度的亿万人，以及在中东、中欧的数百万人都是我的血亲——尽管是远亲。留在我基因中的 Y 染色体印迹显示，往上追溯我的父系信息，最后一位就携带 Y 染色体标记 M168。而这一标记也属于某个曾经在今日的埃塞俄比亚生存的人。报告中有段话最具震撼效果："如今这种 M168 标记散布在世界各处，它最初由 3.1 万～7.9 万年前居住在非洲的一位男人携带，这个男人就是目前世界上活着的除非洲人之外的所有地球人的共同祖先，他的后代从非洲迁出，成为人类故土（非洲）之外唯一存续的谱系。"突然，我想起孩提时代在印度常常听到的那句格言，"Vasudhaiva kutumbakam"，翻译过来就是"四海一家"，这句来自《五卷书》（Panchatantra）的格言，果然藏着真知灼见。

我的 Y 染色体内有各种标记，而这些标记的顺序更是暗藏玄机——M168 到 M89 到 M201 再到 M52。这好比我找到一本家庭护照，上面盖着各个国家的印章，我的祖先就从这些地方一路走来，最后到达目的地。诚如某位医药研究员所说："你遇上的人、看过的地方，都留在你的基因组中。"[27] 除了留守非洲大陆的那些人，对地球上的其他人而言，旅途的第一站就在如今埃塞俄比亚的某个地方。DNA 记录告诉我们，3.1 万～7.9 万年前，M168——我们称其为"太祖父"标记——的后代往东北方走去。平原上的人可能越来越多，打猎也越来越难，这批人就离开那里，寻找新的捕猎阵地。我的 DNA 报告写道：当时可能有一段时间，气候湿润适宜，猎物分布的范围增大，所以这些游猎者就在追猎过程中迁移到其他地方。另一个父系标记 M89——

我们称之为黎凡特（Levant）标记——则表明，我的祖先们正是4.5万年前居住在非洲北部的那群人，当时草原扩大，野兽丛生，他们跟着猎物走，加入走向内陆的迁移大军，来到中东——那时的中东植被丰富，和今日情况不同。但是在我的基因组中，这一标记也带来了让我略感失望的消息。我的祖先并未登上"高速列车"到大洋洲，去那里的旅行者全都携带M130——被称为"大洋洲标记"，它是这一创始种群的特有标记，而这一种群也是"太祖父M168"的另一支系。[28]

此外，基因研究还告诉我们，携带黎凡特标记的后代中，有一小群人从中东往北迁移，来到安纳托利亚（Anatolia）和巴尔干半岛（Balkan）。他们离开了熟悉的草原，走进森林和山区。我的祖先跨过红海——可能取道曼德海峡（Bab-al-Mandab，又称"悲苦之门"）最窄处，来到阿拉伯半岛，之后继续前行，最终留在印度；与此同时，M89谱系中也有许多人留在了中东。另一些人则在草地上继续迁移，经过伊朗，然后来到广袤的中亚草原。成群的野牛、长毛猛犸象还有其他野兽可能是吸引他们深入陌生草地的诱因。当时地球上的水大部分结成了厚厚的冰层，这一纪元的大草原延绵不断，西至法兰西东部，东连如今的韩国。而M89谱系的草地狩猎者就在草原地带往来游弋，好比在"高速公路"上旅行，并最终散居在欧亚各地。

我的基因组报告写道，我的祖先属于人数较多的那一群，他们折向东继续前行，并穿过今天的伊朗和阿富汗。那时，我的祖先又获得了新的，颇为罕见的 M201 谱系。报告称，M201 出现在 M89 谱系上，首见于印度北部的印度河谷（Indus River Valley），然后在过去 1 万 ~2 万年间四处扩散。我的祖先中，有些人显然又往西走，回到安纳托利亚和中欧，因为在那里也有人携带 M201 谱系。[29] 但是我的祖先中，还有一群走向南方，据此可以推断，这群人可能创造了印度最早的哈拉帕（Harappan）文明——5000 年前，该文明诞生于印度河谷。我们不妨猜测一下，公元前 2000 多年时，新月沃土的苏美尔文明和印度河流域文明的贸易往来到底是古已有之，还是当时发生的新现象呢？下文将详细介绍，印度河流域和幼发拉底—底格里斯河流域的贸易是全球经贸网络的起源。我的 Y 染色体中的最终标记 M52 是我的祖先到达西印度时才出现的。我的祖先显然在印度找到了他们喜爱的生活环境。毕竟，研究者发现，印度本土之外，仅在东南亚海岸种群中才有少数人携带 M52 标记，此外没有任何证据显示 M52 标记的后代有离开印度继续迁移的迹象。过去 2 万 ~3 万年间，M52 分散至印度各地，几乎成了一种民族标记。大部分印度人，尤其是南部和西部的印度人，都携带这一"印度标记"。[30] 第二批"走出非洲"的"时间旅行者"则先在中亚绕了一圈，然后才到达印度并融入印度基因库。他们携带另一种欧亚标记 M20，印度北部和南部种群存在明显的生理差异，其中部分原因就是，他们携带不同的基因标记。

继续东进

移民大军继续东进,但是其中又有一群人留在中亚,这又是怎么回事呢?遗传学家斯宾塞·威尔士解释说,早期的人类迁移并非自觉行为,那时的欧亚草原本为一体,他们在草地上跋涉,并非有意识地从一个地方赶到另一个地方,可能就是跟着猎物越走越远罢了。大约4万年前,黎凡特谱系上出现了新的标记M9,出现的地点可能是伊朗或中亚—南亚平原。这一标记的后代被威尔士称为"亚欧部落",之后的3万年中,他们的足迹遍布天涯海角。这群人很快看到了前所未见的巍巍群山。当时正值冰河纪末,世界依然一片酷寒,兴都库什山脉(Hindu Kush)、喜马拉雅山脉和天山山脉连绵不断,成了M9部落难以逾越的天然屏障。这时,就在今天塔吉克斯坦(Tajikistan)的某个地方,移民们分成两拨,一拨南下,一拨北上。南下的那群人携带着M20标记,最终在印度安家,形成独特的印度基因基质。北上的亲戚们则携带M45标记,靠猎食长毛猛犸象在天寒地冻的西伯利亚地区活了下来,并且走了出去,成为中亚第一大种群。"欧亚内陆,"威尔士写道,"是我们祖先接受魔鬼训练的学校……在草原上暂住期间,现代人类开发出非常专业的成套装备,其中包括可以用来缝兽皮的骨针,从此他们穿上兽皮衣服,既可以抵挡不亚于月球的严寒,同时又保持身手敏捷,能够成功捕获驯鹿和猛犸象。"[31]

M45 部落的部分成员，经过严冬洗礼，一路行至西伯利亚，之后再整装待发，冒雪穿过白令陆桥到达阿拉斯加。但是在走向西伯利亚的路上，某些亚欧—中亚成员生成另一谱系 M175，这一谱系从西伯利亚南部走进中国西部。大约 3.5 万年前，朝鲜半岛和中国北方大部分人是 M175 及其分支的后代。中国少数民族中，绝大部分人携带 M175 或其衍生标记，但是另外一些少数民族，如维吾尔族、哈萨克族、柯尔克孜族、回族、撒拉族等则来自阿拉伯、伊朗和中亚基因库。[32] 如今，M175 及其衍生标记占东亚染色体的 60%~90%。但是，欧亚种群在中国出现之前，那些原本能坐快车到大洋洲但是在东南亚岛屿下车的乘客的后代已经走进中国。

东南亚和其他基因群又是如何在中国融合的呢，遗传学家李进和他的学生帮我们解开了谜题。中国种群的起源引发争议，李进他们希望能找到确切答案，让真相大白于天下。中国种群真的是自成一体，在当地由史前的北京人进化而来的吗？中国人相信，公元前 2000 多年时，传说中的黄帝统一了中国，而中国人就是黄帝的后代。李进和他的学生四方奔走，搜集到 1 万名男性的 DNA 样本。所有的 Y 染色体中，没有发现一例异常情况。"我们找了又找，"李进说道，"确实没有特例。现代人类源自非洲。"[33] 即使很久以前黄帝真的存在，他的血脉也应该来自万古之前的一位非洲母亲。李进搜罗了遍布东南亚、大洋洲、东亚、西伯利亚和中亚 163 个种群的数据，也证实了"现代人类源自非洲"这一推断。每个人都携带着原始的太祖父标记 M168 以及大洋洲快车标记 M130。[34]

2000 年，李进又拿出确凿证据，证明中国种群来自东南亚。他推断，约在 1.8 万～6 万年之前，现代人类首次进入东亚南部。东南亚样本的 Y 染色体和线粒体 DNA 分析均表明，M130 谱系的东南亚后代体内，存在 7 种主要的基因组合，又称"单倍型"（haplotypes），而在中国，遗传学家们也找到了这 7 种单倍型。仔细研究今日中国种群的基因标记，遗传学家发现："今日中国人的血液中留着清晰可辨的证据：远古时代聚居者可分为两支。"[35] 由于南方人在中国的时间更长，和北方人相比，其基因变异的水平更高。人类学家推测，后来发生了基因混合，所以目前中国北方人和南方人存在生理差异。北方人肤色更白，个子更高，眼睛更小，内眦赘皮更明显。南方人则肤色更黑，脸更宽，看上去更像东南亚人。[36]

李进和同事们发现，这一种群不仅往北走向中国和西伯利亚，而且分头沿其他两个方向继续前行。其中一队可能从一座岛屿走向另一座岛屿，最终到达太平洋各岛，其中包括波利尼西亚（Polynesia）和密克罗尼西亚（Micronesia）群岛；另一队则来到中国的台湾岛。[37] 这些人同样是太祖父染色体的后代，他们在大洋洲和太平洋过着与世隔绝的生活，直到数千年后，詹姆斯·库克（James Cook）乘着高桅帆船来到太平洋时，他们才重拾与外界的联系。但是这些访客勾勒出的原住民画像，看起来却像外星异客。

　　移民们占据了中国和东南亚之后，又有一群以其为跳板，继续走向日本。1.2万～2万年前，海平面降低，日本和亚洲大陆连成一片，来自中亚的狩猎—采集者们，最终走进日本北部。来自中国西藏和西北阿尔泰山脉之间地区的约3000人走进日本，一种新文化在那里发源，即为后人所知的"绳纹文化"（Jomon culture）。海平面上升后，大约1万年内，日本和亚洲大陆两相阻隔，在此期间，居住在东南亚和中国南部沿江流域的人群则发展农业文明。稻米种植技术后来被推广至朝鲜半岛，耐寒水稻品种也因此面世。大约2300年前，这些和东南亚及朝鲜人携带着相同的基因标记的人乘船来到日本南部各岛。[38] 这些农耕移民带来水稻文化，之后水稻传遍日本，进而成为日本文化的标记之一。到了20世纪，日本拒绝开放其水稻市场，并且声称日本种植的水稻在全球是"独一无二"的！

　　继东非和地中海东岸之后，中亚山区和草原也成了人类基因组的主要融会区。约3万年前，中亚标记M4上产生新支系M173，改变了移民旅行的方向，之前移民们一直往东南方迁移，自此，这群人转头向西，穿过草原走进欧洲。今日欧洲人大多是这群移民的后代。法国发现的岩画和化石证明，那时，德国甚至法国都被草原覆盖，苔原驯鹿是这片草原上常见的动物。而当时的欧亚人早已接受中亚极寒气候的历练，他们迁入欧洲，数千年间，在欧洲各处繁衍生存。尼安德特人——他们和现代人类有同样的线粒体基因组，曾居住在欧洲和东亚，但后来灭绝——将领地拱手让与现代人类。

直到最近，研究者才发现证据：其一，尼安德特人和之后到达的欧亚人有过种间交配；其二，尼安德特人遭遇了种族灭绝。[39] 研究者过去认为，在物竞天择的过程中，现代人类在语言、装备、智力和群体狩猎技术等各方面占据优势，所以自然胜出。[40] 近期还有迹象表明，在欧洲很多地方，尼安德特人种消亡之际，正是更冷更干燥的气候来袭之日。如果，正如目前证据所示，符合解剖学定义的现代人类具有更成熟的技术和文化，能应对严峻的冰川环境，那么，用研究者保罗·梅拉斯（Paul Mellars）的话来说，这就给予尼安德特人致命一击。[41] 大约2.5万年前，尼安德特人已经消失，留下我们的祖先独自漫游世界。正如印度人有M52、中亚人有M45、东亚人有M175，M173谱系则是欧洲人特有的终端标记。

来到美洲

携带中亚标记的人群仍在旅途，并未停下脚步。他们的后代追逐驯鹿和长毛猛犸象，来到西伯利亚，然后悄悄地走向最后一个无人（甚至是原始人类）居住的大陆。尽管研究者几乎全都认为北美洲最初的居民都来自西伯利亚，但是他们当初到底何时到达美洲的呢，研究者们各执一词，尚未达成共识。1932年，新墨西哥州克洛维斯城（Clovis）出土距今1.1万年的猛犸象骨头，骨头中出现了矛叉石尖，自此人类学家开始争论，克洛维斯人是否就是最早从亚洲来到美洲的移民。之后，在宾夕法尼亚州的麦道克劳夫特岩石遮蔽处（Meadowcroft Rock shelter）和智利的蒙特沃德（Monteverde）又发现了更早的人类聚居地遗址，上述说法不攻自破。研究者们仔细分析原住印第安人 DNA 后发现，超过 90% 的印第安人携带同一个男人的 Y 染色体，这个人被称为印第安亚当。[42] 他大约生于 2.25 万年前，其谱系则来自在西伯利亚和中亚阿尔泰山区生活的种群。尽管当时的西伯利亚人已久经严寒考验，但是，只有在大约 5.5 万年前，冰川期的影响开始减弱的时候，他们才有可能进入北美洲平原。古气候学家认为，当时有一处未被冰雪覆盖的走廊地带，通往落基山脉东部山麓和加拿大平原相接的地方。[43]

线粒体 DNA 分析结果表明，当时顶着阿拉斯加风雪来到走廊地带的大型猎物狩猎者和聚居者中，母系谱系为数不多。这些女性都有很近的亲缘关系。[44] 但是当这群人来到大平原（Great Plains）时，土地和猎物马上任由他们取用。不仅种群内部人口暴涨，而且后来者也一波连着一波，进入美洲大陆，并且很快四处扩散。约 1.4 万年前，印第安原住民已到达智利南端——人类自上古时代开始，从埃塞俄比亚出发，至此终于徒步走遍地球。和太平洋岛民一样，直到欧洲人乘帆船抵达这片海岸之前，印第安原住民也过着与世隔绝的生活。一直以来，他们和旧大陆相互隔绝，从无基因交流；所以，当他们和欧洲人首次相遇之后，他们对许多欧洲常见疾病都没有免疫力，因而遭遇灭顶之灾。下文我们还会详细介绍这段黑暗历史。奇怪的是，早在哥伦布之前，有些典型的基因标记，即 X 单倍群（haplogroup X）已经到达美洲。遗传学家发现，意大利人和芬兰人种群竟然和某些印第安原住民存在基因联系。在标记上存在足够的突变，说明它至少有 1 万年的历史，所以不可能是哥伦布到达之后由欧洲人带来的。那么这些欧洲标记是如何到达美洲的呢？由于北冰洋表面被冰层覆盖，四周有冰川阻隔，人们也不可能从北方进入美洲。这是一道留给未来遗传学家的神秘难题。[45]

冰川期末，海平面上升，那些古老的通道，如西伯利亚和阿拉斯加之间、日本和中国之间、欧洲内陆和英国之间、印度尼西亚群岛和东南亚内陆之间的陆桥又没入水中。冰川期末之后，海平面逐步上升，约达 122 米；而之前一直覆盖在冰层之下的陆地也上升约 30 米。从之前 5.5 万年走出非洲起，人类就开始四处分散，人类居住的地块硬生生地被海水隔开，人类的多样化也随之发展至顶峰。正如历史学家大卫·克里斯蒂安（David Christian）所说："人们在世界各地安家，古老的联系被切断，迫使人类各自分离，形成独立的族群，而他们的历史也并无交集。"[46] 世界上出现了 4 个分区：非洲—亚欧、大洋洲—新几内亚、美洲和太平洋地区。在每个分区——也就是他们眼中的整个宇宙——内部，人们的联系会越来越紧密，出现"迷你全球化现象"。但是哥伦布时代最终到来，海洋不再是难以逾越的障碍。1492 年，哥伦布麾下的圣玛利亚号上，有位负责巡夜的船员，在淡淡的月色下，他看到圣萨尔瓦多的轮廓，欢呼道："陆地，陆地！"在"旧大陆"眼中一度消失的美洲大陆再次出现在地平线上。

上古人类经历的全球旅行有太多奇异之处，其中之一是，除了偶尔在水上使用木筏或独木舟外，他们基本只靠双腿旅行。直到6000年前人类才驯化马匹，3000年前才驯化骆驼，这都是人类走出非洲或是我们祖先到达南美洲南端之后许久才出现的交通工具。[47]一小群男人和女人只为过上更好的生活，就走上征途。他们的子女，以及之后2000多代后裔一直在路上奔波，最后才找到安身之处。尽管有的还过着游牧生活——至今世界上还有三四千万牧民——其他人却安顿下来，靠农业、渔业和狩猎为生，不再居无定所。我们人类的祖先花了4万～5万年，走遍全球各地，经历了冰川期后期难以想象的酷寒天气，渐渐地，我们的身体、面貌和肤色都发生改变，不复当初的模样。第一次全球化——人类分散在全球各地——的影响体现为，人类物种表面上变得复杂多样。

肤色变化

离开非洲草原之后，历经2000代变迁，人类后代散居在世界各地，他们外貌各异，语言也互不相通。但是最明显的区别，其实就是5万年旅程中发生在人类身体最表面的变化——即形态学特征的变化，如肤色变化。这些表面上的差异也成为划分人类的要素之一,即"人种"。尽管从基因角度看,所有人都有99.9%的相似度,我们 DNA 内的差别细微,但是其反映在肤色上的差异却如此醒目,以至于阻碍了由人类物种发起的全球化进程。在由 30 亿核苷酸组成的链中,造成肤色差异的 DNA 差异也许微不足道,但是这些差异往往和地理区划相吻合。基因学家弗朗西斯·柯林斯(Francis Collins)说,基因变异能用来预测个人的地理来源,并获得较为精确的结果,至少在许多人都来自同一地区时,这种预测往往精准。[48]

卢卡·卡瓦里-斯福尔扎指出,人类走出非洲,流落到世界各地之后,他们的生存环境千差万别:有些地方炎热而潮湿,有些则炎热而干燥(这起码是他们之前已经适应的环境),还有些地方气候温和,有些则天寒地冻,甚至还有世界上最冷的地方,比如西伯利亚。"可以这样说,每个民族的基因都在其居住环境的影响下发生了变化。"斯福尔扎写道。[49]

最初走出非洲的祖先们可能大多皮肤黑、个子高,就像今天的埃塞俄比亚人那样。非洲人的肤色由黑色素决定,这是一种由皮肤细胞构成的天然色素,能够避免太阳紫外线(UV)的伤害,而离赤道越近的地方,太阳紫外线越强。黑色素起到了强力防晒霜的作用,所以它保护黑皮肤的人不被太阳晒伤,不患皮肤癌。[50]太阳辐射破坏一种重要的营养素,即叶酸,而叶酸和生殖能力有关,所以太阳辐射会造成后代数量减少,并且改变进化历程。但是人体需要阳光合成维生素 D,这是促进钙吸收、强健骨骼的重要成分,因此,当人类迁移到北半球时,这种需求又给人类带来另一种压力。在那里,阳光减弱,晴天相对较少,自然选择过程中,那些肤色浅的人就占了优势。黑色素缺乏的人能够吸收更多阳光,合成维生素 D。其实,研究者认为,因为母亲需要更多的维生素 D,所以在所有族群中,女性的肤色都比男性浅 3%~4%。[51] 迁移到南非的桑族人(San people)肤色也变浅,就是同样的机制在起作用,毕竟,由于南非所处的纬度条件,那里的 UV 水平和地中海地区的一样。但是居住在北极圈内的因纽特人(Inuit)身上的厚衣服一层套一层,而且终年不见阳光,为什么肤色却偏黑呢?研究者解释说,他们平常吃的大部分是鱼类,其中富含维生素 D,所以他们已经解决了维生素 D 缺乏的问题。[52]

气候的影响

人类的身体形状也为适应环境而改变了。热带气候中,必须通过出汗保持身体凉爽,寒带气候中,则必须保存体内的热量,为了实现这两项重要的功能,人体形状也发生变化。在炎热潮湿的气候(如热带森林)中,个头偏矮的人更有优势,因为和他们的身体体积相比,他们的体表面积更大,汗水更易挥发,而且他们承受的体重更轻,捕猎时出汗更少。比如,俾格米人头发卷曲,因此汗水留在头皮上的时间更长,散热效果也更好。东非人的身体又高又瘦,但是也起到同样的保护作用,因为这样一来,他们的表面积和体积之比最大,能在热带阳光下散热。[53] 而且他们的头偏小，肩膀偏窄，正午阳光照射下来，他们承受的日晒也就少一点儿——毕竟正午时分，动物正在阴凉地方休息，是狩猎的最好时机。

人类在中亚曾面临冰川期末的酷寒气候，至今他们身上还留着烙印。研究者认为，蒙古人（Mongoloid）的特征，如面部较平、鼻子较短，而且眼睛内双，就是先辈们中亚和西伯利亚之旅留下的纪念。斯福尔扎指出，蒙古人的身体偏圆，头部尤其如此，这增加了他们的身体体积。相对而言，蒙古人挥发汗水的皮肤表面积减少，其流失的热量也随之减少。鼻子小，冻僵的可能性也降低，冷空气到达肺部之前，经过狭窄的鼻翼，还起到预热的效果。富含脂肪的松软皮层不仅保护眼睛不受西伯利亚空气的侵袭，而且充当护目镜，避免了雪中炫光对眼睛的伤害。我们已经了解到，这群 M175 标记的携带者历经中亚极寒地带之旅，不仅生存下来，而且大约于 3.5 万年前又走向中国和朝鲜半岛。当然，正如达尔文猜想的那样，其他因素可能也在起作用，比如个人在"性选择"中的特殊品位。斯福尔扎提出，某些特征，比如眼睛的颜色和形状，很可能受到性选择的影响。东亚人的眼睛大部分呈杏核状，这可能也是达尔文式选择的产物。某个种群可能渐渐觉得这种形状好看，于是长着"杏核眼"的人越来越多。[54] 斯福尔扎还指出，带内眦赘皮的眼睛也是南非布须曼人和其他非洲族群的特征。同样，可能由于性选择的影响，从亚洲东北部直到温暖潮湿的东南亚，杏核眼逐渐散布开来。既然人的基因如此类似，为什么还会出现这么多的身体差异呢？如果百思不得其解，那么应该牢记斯福尔扎的警世之言："我们必须牢记，对气候做出反应的基因是那些影响'外部特征'的基因。身体要适应环境，往往需要做出改变，因为身体是我们和外部世界互相接触的界面。正因为这些种族差异都是外在现象，所以才给我们留下深刻印象，我们就想当然地认为，继续研究我们的基因构成，在表面之下，还能发现同样程度的差别。但其实不然：除了这些表面差异，我们的基因构成几乎没有任何分别。"[55]

尽管全球旅行令人类的形态发生变化，但是这些源自非洲的人类后代在细胞中携带着隐藏的突变，可能在千年甚至万年之后导致发病。在马里兰州贝塞斯达的国家卫生研究院（National Institutes of Health in Bethesda, Maryland）研究罕见肌肉疾病的科学家保罗·普洛兹（Paul Plotz）发现，在并无亲缘关系，但是其基因组显示有类似突变的非裔美国人中，存在一种罕见的疾病。这一奇怪的现象引起他的注意，于是他和一位历史学家合作，追本溯源，得出结论：这一突变发生在1000年前，源自尼日利亚豪萨部落。由于豪萨部落和位于今加纳的阿散蒂人（Ashanti）通商——通商过程中，显然两族还发生了基因交换——于是将该突变传给阿散蒂人。所有携带此突变的美国病人都是阿散蒂人的后代，这些阿散蒂人当初是被运到美国的奴隶。此外，还有报告称，在某个巴基斯坦人身上也发现了同样的疾病突变，这是否意味着，当时非洲的奴隶贸易和南亚也有关系？这样的线索吸引研究者继续研究。[56]

　　截至1万年前，人类的足迹几乎踏遍除南极洲以外的所有大陆，而且他们再次蓄势待发，因为新时代的号角已经响起，人类将要踏上新的征程，重拾各社群之间的联系。公元前2万年之后不久，全球开始变暖，先是气温忽升忽降，然后恢复酷寒和干旱气候，但是持续时间很短，直到公元前1万年时，冰川期才真正结束。在世界的每个角落，冰消雪化之后，农业顺势蓬勃发展，农耕者聚居的社群出现，在农业扶持之下，专业人员如手工艺者、传教士和首领等崭露头角。而那些仍以狩猎、采集为生的人大部分开始了游牧生涯，他们游走在各个聚居社群之间，充当联系人。农业发展满足基本需求之后，随着剩余农业生产力的释放，城镇、新工艺和商品生产出现。早年非正式的商品交换也逐渐发展为贸易网络。之前，当人类过着狩猎—采集生活时，各群体之间就不断发生冲突，而随着邦国的兴起，冲突升级为有组织的战争。紧跟其后的，是帝国建设。公元前6000年，那些激励人类相互联系的基础条件（即人类的种种愿望和野心——借商贸牟利、传播宗教信仰、开拓新疆土、武力征服）逐渐成熟，因此，我们如今称为全球化的进程也正式开始。

无花果树之根

　　气候发生变化，撒哈拉沙漠上，绿树发出新芽，原先寒冷的亚欧草原边缘，也出现了茂密的森林，大地上处处绿意盎然。气候变得潮湿，湖泊和河流大量出现，在岸边聚居的人也随之增多，这些人又需要利用原有的土地种植更多粮食。[57] 人类的思想发生了重要转变，来自哈佛的考古学家欧弗·巴尔-约瑟夫（Ofer Bar-Yosef）说道："人们决定干预自然，自力更生实现粮食供应，而不是靠神明赐予。"[58] 从幼发拉底河到长江流域，岸边的农业社群如雨后春笋般涌现。之前人们居无定所，打猎度日，但是现在这种生活方式已经难以为继，其中一个原因是，当初人类祖先曾在数千年时间内，沿着海滩捡拾贝类，一路东行，他们有许多地方可去，相比之下，后来的人类再也没有同样的机会。当初，某处的食物来源日渐枯竭，人类祖先就走向另一个海滩。但是1.2万年之后，人类不可能再任意迁移了，因为移民可能会和当地人发生冲突。相比之下，选择留在原地，学会改良野生草籽并培植出粮食，同时驯养动物、捕鱼，倒成了更便利的方案。尽管也有证据显示，栽培植物的种子也曾被人们长途跋涉带到远方，但是在世界上一些相隔甚远的地方，农业是同时产生的。在地中海东岸的新月沃土，最早的人类聚居者学会栽培野生植物，驯养动物。正是这里的人最先种出小麦、大麦、黑麦、鹰嘴豆、兵豆，并且驯养绵羊、山羊和家猪，之后，得益于各个社群之间的相互交流，这些新品种在旧大陆上广泛传播。小麦最先在今日的土耳其培植出来，然后于6000年前传到印度河谷，4000年前又传到中国。[59] 稻米则是1.15万年前在中国的长江流域培植出来的，然后传到南方各地。[60] 一波又一波的农业移民也涌向南方，开辟稻田，从东南亚的河谷直到印度尼西亚，都成了稻米种植区。在今日的族群中，仍然留有这些古老旅程的基因印迹。

我们的祖先曾成群结队，在大地上四处漂流，寻找可以吃的根茎、水果、坚果还有猎物，但是随着农耕社区的兴盛，人类首次有了与扎根乡土有关的身份认同感。近期的考古发现证明，人类真的凭借种植无花果树而在聚居地内扎根。原来，人类最早栽培的植物竟然就是无花果，这条线索貌似意味深长：莫非所谓的地域荣誉感以及和故土紧密相连的身份认同感就是源自此处？答案不得而知。在耶利哥（Jericho）以北的约旦河下游，考古学家在古遗址中挖出了烧焦的无花果。分析显示，这些无花果已有1.2万年历史，是人类最早开始栽培的粮食作物。

由于基因突变，可能出现了另一种无花果，它不能通过果实繁殖，但是和其他果树相比，更易扦插生根，所以易于栽培。研究者称，他们发现，这些无花果和其他主要的粮食，比如野大麦、野燕麦和橡实存放在一起，表明这些新石器时期的早期农民可能一边采集野生植物，一边开始栽培无花果，以维持生活。[61] 由于无花果和后来的品种，如橄榄、枣子都需要栽上几年才能挂果，人们种植的果树好比是表明身份的旗杆——该民族选择了定居生活。[62] 小麦和大麦麦田也随之出现。以后也许会有新发现，将人类首次栽培庄稼的时间再次提前，但是目前，这些人工培育的无花果可以被视为人类进化过程中农耕阶段的开端。人类要从事农业，就必须在土地上扎根，不能再无休止地四处扩散。后来，橄榄树逐渐成为中东民族身份的象征，扎根土地的标志，但其实5000年后，人类才开始种植橄榄。[63]

最初，人们在聚居地内就地取材，培育无花果这样的物种。后来，其他作物也成了他们生活中不可或缺的一部分，再后来，他们开始驯养动物。到了公元前1万年，在新月沃土的大片弧状地区，以粮食种植和动物饲养为中心的定居文化业已成形。而在近东、印度河谷或是长江流域，与特定地理位置息息相关的人类聚居地逐渐兴起，人类朝着文明、邦国和帝国崛起的方向迈出了第一步。在约旦河流域，目前所知的最早农耕定居者被称为纳图夫人（Natufian）。之后数千年中，其他各民族出现，并在新月沃土上不同的地方居住，他们分别是苏美尔人、古阿卡德人（Akkadian）、亚述人（Assyrian）、赫梯人（Hittite）、塞西亚人（Scythians）、迦南人（Canaanite）、腓利斯人（Philistine）、腓尼基人（Phoenician）、希伯来人（Hebrew）等。[64] 在特定地域内居住逐渐成为民族标志，而为了抢夺居住权，各民族连年征战。对土地的占有，以及和土地的联系关乎人们的身份和荣誉，这种关系究竟发展到什么样的程度？公元前500年的印度史诗《摩诃婆罗多》（*Mahabharata*）回答得十分精练，"我们绝不会割让哪怕针尖大的土地，即使为此打仗也在所不惜"，而这份最后通牒拉开了战争劫难的序幕。社群发展壮大并转化为公国和王国，他们之间相互联系，或交换物品，或发起军事进攻，占领别人的土地。直到现代政治结构格局出现，这一历程才走向终点。

新迁移

　　农业产生之后，推进社群相互交流的四种力量随之出现：迁移、贸易、信仰，以及邦国的征服力。人类种植粮食之后，其食物来源有了保障，人口逐渐增长，人类有了充足的条件，能够带上工具和种子，迁移到其他地方。和最早离开非洲的人类相比，后农业时期的人类面临不同的处境，也怀有不同的渴望。当初人类为了寻觅生存之道而走上旅途，后人的旅程却具有不同的性质。诚如某考古学家所说，后来的迁移"往往是特定子群体（经常在家族内部招募）的一种行为，它具有明确的目标，已知的目的地，可能还有熟悉的路线"。[65]这种旅程具有明确的目标——发现新园地，之后这些人就能利用那些熟悉的工具以及种植技术在新园地上安家。这些早期的迁移者在寻找可耕地的过程中，也会和那些已经在当地安家的诸多社群不期而遇。

　　由于原住地上存在经济压力，目的地又具有经济吸引力，双管齐下，移民们被原住地"推"出去，被目的地"拉"进来，但是文化-意识形态可能也构成部分动因，激励人们迁移。人类学家大卫·安东尼（David Anthony）写道："在社群内，男性的地位和身份大多由战功决定，年轻的男性就会积极寻找机会，挑起冲突；为了追寻荣耀，年轻男性总是四处劫掠，时间一长，可能也导致人们大规模外迁。"[66]和平同化也好，暴力侵占也罢，总之各社群之间建立了更广泛的联系，而已知世界（希腊语中的

oikumene 或 oecumene）的范围也在不断地扩展。人类的迁移活动好比溪流，既有水到渠成的流畅时刻，又有在迂回曲折中规避障碍的艰难时分，最终总能达到终点。先行者披荆斩棘，硬闯出去，但是之后人们踩着前人留下的足迹，终于踏出道路，方便更多的后人迁移、交易。后来，这些身犯险境的先锋和移民——本书将其归为"冒险家"一类——成为全球化的一支主力军。最初，这些人可能因为当地资源短缺而屡屡尝试短期迁移，之后他们越行越远，不知不觉间，已跨越万水千山。

移民潮一波连着一波，背后的原因是什么，研究者们并未得出定论，但是移民产生的影响毋庸置疑：他们创建了关系网。比如，许多语言学家认为，安纳托利亚半岛上农耕生活方式的传播，是促成当地语言扩散的关键因素——所谓的"原始印欧语"（Proto-Indo-European）传遍欧洲、中亚和南亚等广大地区。其中有种假说经基因学和语言学取证分析法验证后，目前（相对而言）被较多人接受：约公元前 7000 年，早期的农民为了寻找更多土地，从土耳其和小亚细亚迁移至南欧，古印欧语也从此传开，继而衍生出 87 种语言——其中既包括梵语、希腊语、拉丁语和波斯语，也包括后来逐渐成形的现代语言，如英语、法语、俄语和德语。[67] 支持这种解释的人，被称为"耕犁学派"。另外一种学派则认为，印欧语的推广，倚仗的不是耕犁，而是宝剑的力量。持这种理论的人认为，挥舞着刀斧的骑兵在侵略的过程中推广了印欧语,而这些骑兵来自库尔干(Kurgan,位于今乌克兰)文化。[68] 根据这一理论,这一来自伏尔加河下游的半游牧部落很早之前就驯养马匹,当气候变暖,游牧经济繁荣时期,他们走过一片片广袤的草原,从欧洲迁至中亚,并继续南下,深入今日的土耳其和希腊等地。在此过程中,这一部落或是其同盟获得政治控制权,并成功地传播了他们的印欧语言和文化。[69]

语言传播的起因究竟是什么,众说纷纭,尚无定论。但是,有桩史实确定无疑:公元前4000年,伏尔加-第聂伯河下游居住的部落成功驯化马匹,这一创举产生了深远的影响——分散的社群从此能够加强联系。其实,直到2000年之后,人们才开始使用马匹拉动轮式车。历史继续发展,之后马匹将成为蒙古帝国扩张的发动机,自至现代社会,马匹依然是交通工具。在纽约市,直到19世纪末,马拉街车才退出公共交通系统。大卫·安东尼和同事明察秋毫,发现马牙化石上面有马嚼子留下的印记,这表明,马早期就被人类驯化。但是这一驯化产生的影响则不容忽视,这些研究人员在《科学美国人》(Scientific American)上撰文称:

> 对于平原上生活的部落而言,马匹驯化无异于一场革命,彻底改变了他们的生活。和步行者相比,骑手们出行的距离和速度都增长了一到两倍。突然,资源、敌人、盟友和市场都不再遥不可及,有的可以有效利用,有的必须合理应

对。之前人们步行打猎时，即使想深入干旱的草地，但是考虑到基本给养和经济生存等因素，就因风险太大而犹豫不决，现在他们可以预知行程，并争取更大成效。农耕民族在河岸两旁定居，那里曾是人口繁衍和经济生产的中心，但是如今，当马背上的敌人闪电来袭，这些村民防不胜防，毕竟，敌人来去如风，既无法追赶，又无法惩办。[70]

迁移的商人和士兵有了马匹，能够和遥远的农耕聚居地建立联系，之前，这一切都超乎他们的想象。后来，由于马匹的使用，欧亚大陆上广袤的草原变成了巨大的传送带，往来运输人、货物和思想。

商贸联系

农业社群还为全球化送来另一支生力军：商人。四处采集觅食的社群已经实现了农产品的交换、联姻时的仪式性交换，还形成了其他礼品赠馈的传统。农业的普及极大地推动了交换事业——现在，人们在一个地方长期种植粮食作物或其他植物，而另一些人则缺乏这些产品，于是它们可以用来出售或交换。以世界上最早的城市聚居地加泰土丘（Çatal Höyük，公元前7400—公元前6000年，位于今土耳其）为例，考古发现表明，农业刺激了早期的商贸活动。加泰土丘坐落于两个活火山之间，他们实际上垄断了地中海东部以及沿岸地区的黑曜石贸易。[71] 黑曜石属火山岩，其边缘锋利，可以当镰刀使用，是收割庄稼的必备工具。许多代之前，聚居在红海海滩，靠拾贝生活的人类就曾用黑曜石撬牡蛎壳。由于欧洲其他地方食物有剩余，后来出现了专业匠人，他们有的开采燧石，有的则将其打造成斧头和其他工具。[72]通过交换，聚居者们得到许多来自红海和地中海的贝壳，以及其他各种石料或材料，匠人再将这些原材料打造成工具或饰物，或是织成布料。[73]非洲和地中海地区之间，各民族相互交换农产品，往来的商旅因此络绎不绝，一些古老的城镇也许因此繁荣，耶利哥可能就是其中一例。在幼发拉底河和尼罗河上，出现了芦苇秆和兽皮制成的小船；公元前3000多年时，又出现了布做的船帆。公元前3000—公元前2000年间，在底格里斯河下游和幼发拉底河流域，美索不达米亚文明兴起，该文明以和相邻地区如叙利亚和安纳托利亚等地的贸易活动为依托：通过贸易，当地人引进金属、上好的木材、石料，以及各种奇珍异品。之后，贸易网络更是扩展到波斯湾和西印度。[74]美索不达米亚的大麦养育了阿拉伯海湾（Gulf Arab）各国人口，这些人又供应青铜，用来制造武器和工具。奢侈品和礼物交换也成了和其他各社群建立联系，以及首领间结盟的重要手段。[75]为了寻找乳香、没药、乌木和其他奇珍异宝，埃及法老开始派遣商贸远征队到庞特——也许就是今天的厄立特里亚（当初埃及人的祖先正是从这里走出非洲）。为了和当地部落首领交换物品，他们带去了成串的念珠、斧头、匕首、手镯、葡萄酒和啤酒。远征队带回了长颈鹿和金钱豹皮，也许还带回了最早的非洲奴隶，也就是专门为皇室跳舞的俾格米人。当时正值公元前第三个千年中期，自从人类走出非洲之后，尽管非洲内外的人类后代拥有共同祖先，但是他们一直相互隔绝，这是历史记载的首次相遇，后来数千年内，非洲更多地方和外界建立了联系，但是奴隶贩运的基调一直不曾改变。具有讽刺意味的是，许多世纪之后，阿拉伯人和欧洲人带来几乎和最开始接触时一模一样的产品，以买进非洲的奴隶。[76]

去庞特的商队或者乘帆船，或者骑驴远行，这已经是商贸的巨大进步。随着经济的发展，商人从事更多活动，远程贸易范围也更广泛。以美索不达米亚和埃及为起点，因贸易而建立关系的地区不断扩展，好比滴滴墨水落在潮纸上，墨迹四散。骑在驴背上的商队最初在加泰土丘创立商业网络，并从美索不达米亚平原延伸到印度河谷和撒哈拉以南非洲各地，而且继续扩张（后面几章中，笔者还会详细介绍这一过程）。到了公元1世纪，从中国、印度和东南亚渗入的新墨迹开始和旧墨迹重叠、混合，在此过程中，思想和文化四处散播。从事贸易的阶层一旦强大到挑战政权的地步，贸易自然会改造社会。远程交易日益扩展，长期在异乡漂泊的商人侨民也随之出现，他们加强了各个社群的联系。[77]所谓商人，就是靠商品和服务的交换谋生的人，用现代术语来表示，则可称为"商界人士"——这些人推动商业网络持续扩展、逐步增强、加速运转，逐渐将全球纳入联系日益紧密的商圈之中。

帝国雄心

农耕社会日渐繁荣，邦国也初具雏形，有些邦国有吞并八荒的雄心，而这种雄心构成第三种力量，促进邦国之间的联系，先是在非洲—亚欧大陆内部，各邦国之间联系日渐紧密，后来四块大陆之间也因帝国扩张而建立联系。以加泰土丘为例，它原本只是个小城镇，周围有几个相互隔绝的农耕社区，但是后来这些社区扩展到新月沃土和埃及大部分地区，还占据了苏丹的新草原。在印度的印度河谷和恒河平原，在中国的黄河流域，农耕社区发展壮大，并且开始合并。此时，或者出于强势首领施加的压力，或者因社会日趋复杂，出于管理的需要，出现了最原始的邦国政权。[78] 约 5000 年前，在幼发拉底河流域出现小城邦，后来在尼罗河流域，也出现小城邦。印度河平原上的农业繁荣发展，哺育出摩亨佐-达罗（Mohenjo-Daro）和哈拉帕的新兴城市文明。而幼发拉底河和底格里斯河之间的美索不达米亚平原上，则出现了第一个帝国：一个来自今日叙利亚的沙漠部落在萨尔贡的带领下，创立阿卡德帝国（Akkad，公元前 2334—公元前 2191 年）。萨尔贡征服了地中海地区，率军打到波斯湾，占领了除埃及之外地中海东岸所有聚居地，而阿卡德也成为世界史上第一个帝国——即试图将种族、信仰和文化各异的民族整合为一人控制下的政治武器。[79] 帝国入侵还有另外一个重要目的，即控制资源。比如，萨尔贡就曾为抢夺木材开战，只因木材是日用必需品，但是美索不达米亚平原和埃及都缺乏这一资源。[80] 萨尔贡创建了第一个配有常备军队、行政部门并从事有组织贸易的国家。萨尔贡洋洋自得，说他从迪尔蒙（Dilmun，今巴林）、马根（Magan，位于波斯湾）和麦鲁哈（Meluhha，苏美尔语，指南亚）等地买来船只，停放在阿卡德（可能位于底格里斯河和幼发拉底河交汇之处）附近码头，那里正是新建的帝国中心，这可能也创下先例：帝王为促进贸易而感到骄傲。[81] 萨尔贡打败了敌对城邦，但是他并没有循例向战败者勒索赎金，而是吸收他们加入帝国。实际上，正如史学家让-雅克·格拉斯纳（Jean-Jacques Glassner）所述，阿卡德帝国主义体现出对待战争的新态度：在直接政治支配区之外的战斗成为新型经济活动，驱动战争的，是对战利品和贡品的欲求，而强制劳役、兵役则是这些战利品和贡品的具体形式。[82]

历史长河中，无数雄心勃勃的统治者沿用这种方法，扩大领土和人口基地，而原本分散在地球各处独立的族群，也因此建立越来越广泛的联系。在萨尔贡统治时期，还存在其他需求——必须搜集情报，了解潜在威胁，必须团结盟友，因此，帝国需要外交。公元前130年，中国汉朝皇帝派使节深入波斯周边地区，寻找盟友联手攻打屡屡威胁朝廷的游牧部落，这应该算是历史上较早的外交长征实例。[83]

公元前第二个千年之初，巴比伦已经出现了第一个带有成文法典的"现代"国家。《汉谟拉比法典》共282条，涉及个人和公共生活的各个方面，其中包括货币和贸易。该法典首创的框架后来被罗马人借鉴，而罗马法律统一约束帝国内各种族群，这也延续了《汉谟拉比法典》传统。[84] 那时，古巴比伦国已逐步开展贸易事务（后来贸易也成为国家常务），从一条法律中可见端倪："如果商人交给代理人玉米、羊毛、油或其他任何贸易品，代理人应记下物品价值，并向商人支付（金额）；代理人向商人付款之后，应拿到盖章的回执。"[85] 组织并管理贸易成为早期国家和平时期内的重要职能。远程交易网络因此产生，这一网络涵盖欧亚地区，并对社会和文化产生了深远的影响。

帝国战场上出现了更高效的交通工具，马拉战车尤为风行，而帝国的经济基础也更为雄厚，相应地，帝国版图扩张，军队壮大。政治学家塔格佩拉（Rein Taagepera）计算出，帝国控制区的面积一直在增长，阿卡德国王萨尔贡统治时期为 0.6 兆米（1 兆米 =10 万平方千米），印度孔雀王朝时期为 3 兆米，罗马帝国时期为 4 兆米，可谓盛况空前。[86] 但是随着人类逐渐征服海洋及 15 世纪地理大发现时代拉开序幕，人类历史上首次出现了日不落帝国。欧洲帝国实施经济剥削、政治控制，激发大规模移民，世界一体化进程从此走上快车道，尽管全球化进程屡次中断，但是至今仍持续向前。读者将会在下文读到，帝国雄心——本书中以武士指代帝国——也是一个重要因素，催生出今日互联互通的世界。

传教布道

自从人类出现，宗教就成了人类生活的一部分，它实际上是一系列具有象征意义的形式和行为，为人类的生存方式赋予意义。农业崛起过程中，最初的几千年内，在农耕社团内部，分别出现过母亲女神崇拜团体，而母亲女神即为所有生殖力的源泉。在苏美尔，人们称她为"伊娜娜"（Inana）；在巴比伦，她被称作"伊师塔"（Ishtar）；在迦南，人称她为"安娜特"（Anat）；在埃及，她被称为"爱希斯"（Isis）；而在希腊，她的称号是"阿佛洛狄忒"（Aphrodite）。我们不知道在印度她的称号是什么，但是在印度河谷，考古学家已经发现了陶制母亲女神小像。农业文明日渐昌盛，邦国权力日益壮大，在人们的意识中，国家和神明的关系也越发紧密。人们认为，邦国的繁荣源于神明的佑护，统治者则是神灵的一部分。人们想象到，神明也应该有居所，于是建起塔楼作为庙宇，巴比伦神庙就是其中一例。人们的生活越来越复杂，于是他们想象出许多其他的神，神话也似百花盛放。但是在早期农业社团中，信仰往往具有地方局限性，人们祈求神明，保护自己所在的部落和城市。但是后来帝国建立，贸易网络扩展，不同的信仰和神祇从四方涌入，普世宗教的概念也得以产生。实际上，正如大卫·克里斯蒂安所说，大部分普世宗教出自美索不达米亚和北印度之间的枢纽地区。人类跨入公元前最后1000年时，物质文明的进步似乎引发了一种新的思潮，即"对人和社会评价极低，转而推崇现实世界的另外一面，认为那里才是唯一真实，价值无比高尚的所在"。[87] 本书第 4 章会详细介绍：之后数百年间，劝服他人皈依的精神一直蕴含在这些旨在实现普世教化的宗教之中，传教者成为第四支重要力量，加强世界上各自分散的族群之间的联系，让人们团结一心，也改变了人们的生活。这些人为什么会从事传教活动？只因为他们坚信，普天之下，人类境况其实相通。之后，世俗团体继续弘扬这种信念。环保和人权倡导者们其实仍在践行这种信念：助人自助，人类本为一体。在他们的努力之下，人类世界更是紧密相连。

在此，笔者只是粗略介绍了人类从非洲走向世界的旅程，这一运动如此庞杂，笔者并不敢拿本章充数——这里写出的，就连提纲都算不上。笔者只是试图理解主要趋势，厘清推动世界互联性发展的各种力量。下文中，笔者将详细探讨（但是只能精选有限的实例），人类为了寻找保障，过上更好、更充实的生活，如何开始迁移、从事贸易、远游四方，并试图说服人类同胞接受他们的信仰；一代又一代的统治者们，如何被雄图大业激励，侵占远方的土地，将更多族群纳入帝国荫庇之下。笔者认为，这些基本激励因素并未改变，今时今日依然在起作用，推动全球化进程。上文中，笔者曾将贸易联系比作在湖纸上游走的墨迹。这里还有一比，把一块块石头扔进平静的水面，就会出现层层波纹，贸易联系好比这些波纹，在不同的聚居地之间建立多重联系，这些联系四处扩散，和别处的波纹相遇、融合，最初的辐射状线条终于形成巨大的、遍布全球的互联图案。久而久之，波纹变成波浪。新的"走出非洲"行动中，人们与其远祖何其相似——因为感到绝望，他们才毅然乘船跨过大西洋和地中海；那些来自其他大陆的亿万移民，也是在失望中追寻希望，才涌入新大陆，打造新生活。过去的冒险家则被今天的游客取代。过去，商队骑着牲畜穿越沙漠，今天的跨国公司取而代之，但是改用集装箱船运送货物。今天的消费者则是推动全球化的新生力量，他们需要更廉价、更优质的产品和服务，所以全球商业如烈火烹油之盛。凡此种种，让全球各地人们的生活相互牵扯、密不可分。他们之间的依存关系，又远胜于过去。1万年前，人们就开始重拾分散社群之间的联系，到了今天，这一进程愈发势不可挡，由于科技的进步，其发展速度更加迅猛，社群之间的联系也空前紧密。

第 2 章　从骆驼商务到电子商务
From Camel Commerce to E-Commerce

> 天朝物产丰富，无所不有，原不假外夷货物以通有无。特因天朝所产茶叶、瓷器、丝巾为西洋各国及尔国必需之物，是以加恩体恤，在广东开设洋行，俾得日用有资，并沾余润。
>
> ——1793 年乾隆皇帝写给英国国王乔治三世的信

2004 年春季，我儿子阿迪什（Ateesh）即将毕业，思来想去，我决定买个苹果 iPod 音乐播放器，送给他做礼物。型号、配置我都已经选好了，所以没必要再开车去商店看货。于是，我直接进入苹果计算机公司网站，在网上提交了订单。我订的那一款播放器外表酷炫，又小巧——一旦到手，我儿子就能把很多乐曲放入掌中。而且我还在网上订制了特别服务：在闪亮的金属外壳上刻下我儿子的名字。

我勾选了"免费送货"服务。因为苹果计算机公司总部就在加利福尼亚州，而我住在东岸（East Coast），所以我估计 iPod 没几天就能到货。但是后来的事情让我大吃一惊。下单后只过了几分钟，我就收到一封电邮，确认我已下单，并且给我一个订单编号，让我能追踪物流详情。我慵懒地躺着，顺手在网上查看由联邦快递（FedEx）承运的 iPod 的货运状态，结果打了个激灵，不由坐了起来——我订的产品根本不在加利福尼亚州，而是从中国上海运来的。之后一天半，我盯着计算机屏幕，饶有兴味地看着我的 iPod 穿越太平洋。我们的 DNA 里有基因标记，记载着人类祖先的行程，而 iPod 包装上同样有条形码，沿途经过反复扫描、报备，记载着世界"瘦身"的精彩故事。

接收订单之后，苹果计算机公司的员工只花了几小时就把阿迪什的名字刻在了 iPod 外壳上，然后把 iPod 机身和所有配件都放在小盒子里装好。北京时间下午 1 点 52 分——也就是我收到订单确认邮件之后的 6 小时 45 分——这款私人订制的 iPod 就坐上一辆联邦快递公司的货车，直奔分拨中心。8 小时 9 分钟之后，我的快递又登上飞机飞往阿拉斯加州安克雷奇市（Anchorage, Alaska）。我一路追踪这个 iPod，看着它飞越太平洋，着陆后来到印第安纳州印第安纳波利斯机场的联邦快递货运中心——此时已是我提交订单那一日的午夜。这款专为阿迪什订制的 iPod 在如迷宫一般的货物传送带和匝道间穿行，通过扫描器的道道盘查，由机械手臂送到按邮编分类的集装箱里，一路上坐了货车又转飞机，最终来到纽黑文，躺在我家门前的台阶上。再看时间，自我在计算机上按下"购买"图标算起，总共不到 40 小时。两天不到，这个 iPod 走了 1.2 万多千米，最后安安稳稳地躺在我家餐桌上。当初，我们的祖先也曾从亚洲大陆走到北美，他们可是花了几千年呢。

我买的这台 iPod 是白色的，和一包香烟差不多大，金属外壳闪闪发亮，背面写道，"加利福尼亚州苹果计算机公司设计，中国组装"。这个音乐播放器由加利福尼亚人设计，中国人组装，美国快递公司运送到我家门口，但是，它的故事远远不止于此。"制造地"这一标签不会告诉你，共有多少国家的工人联手打造了这台 iPod：它的微硬盘，也就是设备心脏由日本东京制造，控制芯片出自韩国，索尼电池在中国组装，立体声数模转换器由苏格兰爱丁堡某公司生产，闪存芯片来自日本，而让用户能够查找并播放上万首歌曲的芯片的配套软件则由设在印度的波特贝尔（PortalPlayer）公司程序员开发设计。我还以为自己买的是"美国货"，其实无意之间，我和世界上千千万万的消费者一样，已经成了全球化的参与者。说起 iPod，最大的全球化推手就是美国奇才史蒂夫·乔布斯，他创建了苹果计算机公司。本书追踪四类主力军推动全球化的历史进程，乔布斯正属于其中一类。

人们冠以乔布斯诸多称号，但是很少有人称他为"商人"。今天，只有那些在计算机显示器前正襟危坐，在虚拟世界紧张地买卖各种物品，赚了大量真金白银的男男女女，才被称为"商人"。但是，我将推进全球化的大军分为四类，广义而言，创业者乔布斯也好，他创立的苹果计算机公司也好，都符合我给"商人"下的定义——这些人不辞万里，为世界各地的消费者制造产品、提供服务，或负责运输环节，并在此过程中，建设互联互通的世界。乔布斯在高科技领域内，堪称摇滚巨星，而过去的商人，要么在基督纪元初期就骑着骆驼，组成商队，在丝绸之路上逶迤而行，运送货物；要么像荷兰人那样，漂洋过海，负责运送东南亚的首蓿。如果我说，乔布斯就是这些商人的现代升级版，读者也许会觉得不可思议。但是仔细研究他们的所作所为——生产产品，并且跨境运输以盈利——就本质而论，乔布斯确实是一名商人。苹果计算机公司也提供了绝好的范例：商人改变了运营策略，但是他们的根本任务——建立人和人的联系未曾改变。苹果公司没有自己的运输舰队，它甚至连制造工厂都没有。iPod这款音乐播放器由乔布斯和旗下的工程师在加利福尼亚州的库比蒂诺（Cupertino）设计，是中国台湾、韩国、印度等地许多人的创意和努力的结晶，它在中国组装，经互联网销售，最后由一家美国快递公司送到我家。其实，苹果计算机公司为谋求商业利润（数千年来，同样的动机激励商人从事贸易）而扩大市场，而苹果计算机公司的利润又为世界各地拥有其股份的千万民众带去财富。

本章采用许多实例，展示人类具有追逐商业利润的本能（如亚当·斯密所说，借助"货车和贸易"逐利是人类的本能），自文明肇始之时，贸易就逐步发展，并通过商业网络让世界上越来越多的地方连为一体。自人类在新月沃土聚居以来，他们就一直在寻找新奇的、更优质的食物，商品和制造工具的材料，他们从来不曾放弃搜寻。为满足这种社会需求，并通过差价（低买高卖）盈利，一个新的阶层——商人因此出现。这些商人和融资者甘冒风险，不畏长途旅程，不惜背井离乡，试图凭交易谋利，他们成为各地之间最重要的联系人。运送贸易商品的交通工具经过持续改进，从驴、骆驼到帆船再发展到蒸汽机船，从集装箱船、飞机升级到光纤光缆。付款方式也逐渐变化，最开始时以货易货，然后用贝壳、金属币、纸钱等交易，后来则发展为信用卡、电子银行转账以及美银宝（PayPal）之类的在线付款系统。凡此种种，不仅提升了产品运量和运输速度，也扩大了消费群体，并吸引了更多的商人和企业家参与商贸活动。跨国公司取代了单个的商人及其团体，溯本求源，最早的例子当属 1600 年成立的英属东印度公司。据联合国统计，2003 年，全世界共有 6.3 万家跨国公司。[1] 如果算上这些公司的股东，共有亿万人合力促进全球贸易。过去有"骆驼商务"，靠骆驼商队运送货物，如今有"电子商务"，能把苹果 iPod 送到我家门口，其中区别体现在交易规模和速度上。难怪在大众想象之中，外贸已经成为全球化的同义词。

然而上一章已经提到，和陌生人交易绝不是什么新鲜事，自人类在新月沃土开创农耕生活开始，他们就一直在从事外贸活动。当时，各个社群之间最热门的交易商品就是片状黑曜石，它是一种火山岩，可以当切肉的刀片用，也能用作镰刀收割谷物。在中东和西亚，处处都留下了证据：当时人们或者用石器，或者用海贝交易，换取黑曜石。但是，直到大约公元前 2000 年时，才出现最早的书面贸易记录。

外来产品有的是必需品，有的则深受当地人喜爱，于是人们从事商贸活动，获取外来物品。农业持续发展，食物出现盈余，于是，有些人从中看到了机遇，或为预计利润所吸引，或为满足冒险欲，他们成为"行商"，找寻商品和其他新奇玩意儿，或以金银购之，或以货易货，完成交易。商人往往获得统治者的首肯，他们还缴纳赋税，在古老的美索不达米亚就是如此。但是，统治者本人也经常亲自掌管贸易事务，以保证奢侈品的供应，并攫取商业交易利润。

我们什么时候能换大房子呢？

底格里斯河和幼发拉底河两岸，土地肥沃，盛产粮食和羊毛，人们不缺吃、不少穿。但是那里根本没有矿产资源，人们却需要这些资源制造青铜武器。美索不达米亚平原出土的距今 4000 年的"泥简"上记载着，当时就有商人专门从事矿产买卖以满足需求。泥简用楔形文字书写，详细记录商业交易和商队贸易，考古学家破译了这些楔形文字，于是我们通过文字，遇见最初的全球化推手：外商及其背后的金融家。我们遇见的商人有阿苏尔－伊迪（Assur-idi）、苏－库布姆（Su-Kubum）、萨利姆－阿乌（Salim-ahum）、普苏－肯（Pusu-ken）等，他们组织商队，往来于亚述首都和卡尼斯城（Kanis）之间，生意兴隆。卡尼斯城位于今日土耳其境内安纳托利亚半岛上，是当时的商品集散中心。商队有时会一次带上300头毛驴，排成长列，驮着谷物和羊毛，走过1200多千米路程赶到卡尼斯城。到达后，商人会卖掉大部分毛驴，并安排剩下的毛驴重新驮上矿石、金银，返回亚述。毛驴商队的平均速度是每天30千米左右。一头驴平均能驮约90千克货物，所以外贸货物的数量和种类都受限制，毛驴商队对沿途的地形地貌也有要求。[2]

这些在卡尼斯常住的亚述商人或其代表显然是目前所知的最早的商贸流民，他们远离妻子和其他家人，而且往往会带上侧室。专家推测，商人贩卖锡矿，利润约为100%，而贩卖纺织品，利润约为200%。成功的商人能发财，盖得起大房子，买得起从阿拉伯进口的杂青金石。商人普苏－肯的妻子拉玛苏（Lamassi）和女儿留守家中，把羊毛织成衣服，出口到卡尼斯。拉玛苏用泥简给丈夫写信，"自从你走后，萨利姆－阿乌（另一个商人）家都盖起一栋新房子啦，比老房子大一倍呢，我们什么时候也能换大房子啊？"她问道。[3] 不知道是为赚钱盖大房子，还是仅仅为逃避高额关税，普苏－肯因走私夹带被抓，身陷牢狱。另一封信提到，他给卡尼斯皇太子送去某件"礼物"之后获释。[4]

亚述贸易行业的关键参与者是富有的企业家，或称 ummeânum，他们提供必要的资金和货物。路易斯·劳伦斯·奥林（Louis Lawrence Orlin）解释说："他劳心费力，为手中多余的本土产品找寻市场；他为在各地奔波的员工提供商品，或是由这些员工直接销售给安纳托利亚当地消费者，或是交给其外地代理人或地区代表分销。"5 这些早期的风险投资人可没有计算机，他们用泥简发布命令，由于泥简分量重，旅途又长，所以他们控制泥简的大小，尽量减轻其重量。从这个时期亚述人的往来信件中，不难看出旅途的距离才是商人们最操心的问题。普苏－肯就收到过这样一封写在泥简上的典型商务信件：

锡和纺织品【各样】带一半，相应【金额】的银子你本人先帮我存着——拜托帮个忙——然后托因纳加（Inaja）的商队把银子带给我。别让我再为这事伤神啦！

如果你不带锡和纺织品，【也就是说】不愿帮我这个忙，那就卖掉，可以收现金，或是短期或长期赊账，总之请为我争取最大利益。6

毛驴商队从亚述走到卡尼斯，不仅得在崎岖的山道和荒凉的沙漠中艰难跋涉，长途旅行中还可能遭遇其他事故。土匪抢劫屡屡发生，动物走失、伤亡也是常事。世世代代以来，土匪抢劫一直是长途贸易业内难以避免的灾难。于是，商人就一直为运输速度，以及延期交货的成本而忧心，乃至无暇他顾。直到今天，保险巨头劳合社（Lloyd）承保往来于东南亚部分水域的船只时，由于那里海盗猖獗，仍然会收取更高的费用。商人们希望增加商旅次数，提高货物运量，所以他们锲而不舍地寻找更短的路线，更快的交通工具。

沙漠之舟

基督纪元之初，由于贸易需求增加，人们尝试使用运量更大的交通工具。尽管早在公元前3000—公元前2000年，在非洲之角，人们就开始驯养骆驼，但是直到公元前500—公元前200年，"北阿拉伯骆驼鞍"方才问世，阿拉伯半岛上的商人从此能够利用骆驼的运力，"沙漠之舟"因此名声大噪。[7] 骆驼每6小时大约能走32千米，载货约合250千克重，运量比马或骡子大一倍。历史学家威廉·麦克尼尔指出，由于骆驼能沿途觅食，"在中东大部分地区，到处都是半干旱荒漠，商队就像帆船一样，能够获得免费能源。所以商队和帆船的竞争，几乎堪称条件类似，机会均等。这种局面持续了将近1000年，始于基督纪元最初数百年间（那时在中东，骆驼管理技术日臻成熟），终于公元1300年，因为之后船舶设计和航行技术日新月异，改变了竞争局势"。[8]

骆驼走上商旅之路，迈向新的地平线，也迎来前所未有的商贸机遇。中亚骆驼商队穿越沙漠，首次与中国、印度和东地中海等地建立直接联系。商队走过亚欧草原，绕过塔克拉玛干沙漠，穿行在中亚山谷之中，终于探出一系列商贸路线，沿途还有绿洲和住户可供歇脚。早在三四万年之前，那些走出非洲的小股移民，在追逐猎物的过程中，可能也曾走过同样的道路——毕竟这些通道几乎全是天然形成的。到了公元前1世纪，在塔克拉玛干沙漠周边一些小小的绿洲城镇里，出现了外国商人的身影，他们把丝绸和瓷器带到罗马帝国，把羊毛和亚麻织物、玻璃、珊瑚、琥珀和珍珠带到中国。往来商旅中，中国丝绸是最昂贵的商品，因此19世纪德国地理学家巴龙·费迪南·冯·李希霍芬（Baron Ferdinand von Richthofen）将这些路线统称为"丝绸之路"，这个浪漫的称号原本以复数形式出现，即Die Seidenstrassen，但是现在已经演变为单数词。

在1000多年中，这个不断变化的通道网络像个巨大的连接器，连通亚洲大陆、欧洲和非洲撒哈拉沙漠以南地区。商人们不仅利用丝绸之路运送欧洲和亚洲权贵渴慕的奢侈品。统治者们，无论身处中国、印度还是其他没有牧场养马的国家，都钟爱中亚马，于是，它们也成了丝绸之路上珍贵的出口产品。它们不仅是那个时代的豪华奔驰轿车，而且是打造精锐骑兵所必需的关键装备。中国唐朝的记录表明，中国成匹出口丝绸，而政府收缴的年利润中，约有七分之一用于进口10万匹马。[9]当然，丝绸之路传递的远不止于物品。1000多年间，这些遍布三大洲的通道成了传送带，传输信仰、艺术、哲学、语言、技术、细菌和基因。[10]

13世纪，丝绸之路上的贸易进入鼎盛时期，当时，蒙古帝国掌管所有路线。商人骑着巴克特里亚双峰驼，从阿富汗赶到北京，平均得花一年时间，但是货物终归能送到。[11]蒙古帝国设置瞭望塔，安排驻军维护和平，而且修缮沿途商队旅馆或客栈，商品流量应声而涨。商人把小麦制成的面条和丝绸文化从中国带到伊朗和意大利，这两地又都开始发展利润可观的丝绸工业。中国的造纸术传到欧洲，为书籍印刷以及文艺复兴奠定了基础。[12]商人把钴蓝颜料从伊朗带到中国，于是，明朝瓷器作坊专为伊斯兰市场开发出青花瓷。[13]

公元2—5世纪，商人们带领骆驼商队闯入新的聚居地内，那就是撒哈拉以南非洲地区——之前人们根本不知道这些地方。到了4世纪，撒哈拉以南的非洲居民以货易货，用金子换取非洲北部的铜和椰枣。撒哈拉沙漠边缘的绿洲盛产椰枣，用它换金子可谓一本万利。后来，热忱的穆斯林商人把伊斯兰教从北非传到尼日利亚、加纳、塞内加尔等地，这时，商旅贸易联系又成了文化桥梁。而在当时的塞内冈比亚语（Senegambian）中，"穆斯林"成了商人的同义词。[14]

7—8世纪时，中国唐朝的首都长安（今西安），成为丝绸之路的东部端点。那时，长安居住人口达到100万，它自然是全世界最大的城市，由于城中云集世界各国的商贾和传教士，长安又是全世界最国际化的城市。丝绸之路和长安也为佛教的传播做出了贡献，之后我们还要探讨这一问题。在这里，笔者只是以长安这个城市为经典示例，说明商人如何促进世界文化融合。历史学家芮乐伟·韩森（Valerie Hansen）就曾这样描述长安西市场周围的外国人暂住区:"非中国居民搭建宗教设施,专门用来举行家乡传统的宗教活动。说波斯语的商人继续在两种不同的庙宇做礼拜,这两种庙宇都是他们从伊朗带来的宗教特有的礼拜场所。来自叙利亚的旅居者也坚守信仰:他们信奉一种波斯特有的基督教派,即景教(Nestorianism)。"长安分明是世界文化交会的繁华之都。[15]

一些甜葡萄酒、干无花果和一位哲学家

船是一种特别的交通工具,它大大增加了远程交流的可能性。在干旱的美索不达米亚冲积平原上,人们需要大量的木材,用来建造宫殿、庙宇,制造家具,而在地中海东部海岸边和印度次大陆,恰恰能找到这种产品。早在公元前第二个千年中期之前,腓尼基商人已经开始用芦苇造船,利用幼发拉底河道,把漂浮的香柏木从北方运到下游的美索不达米亚平原,并从西印度带回阔叶木材、矿产和宝石。[16] 源于印度次大陆的摩亨佐-达罗和哈拉帕文明,原本就由大河哺育,以贸易为依托,那里的工匠用木材造船,手艺人把宝石、金银和象牙打造成装饰品,织工则把棉花织成布料,它自然成了美索不达米亚人最大的贸易伙伴。[17] 之前,读者已经了解到,阿卡德的统治者萨尔贡炫耀说,他从麦鲁哈和其他地方买来船只,停放在幼发拉底河畔的首都码头内。[18] 他们并非只从印度进口奢侈品,就连来自次大陆的小猴子都成了富裕的美索不达米亚人最喜爱的宠物!

居住在地中海东岸（今日黎巴嫩境内西顿和提尔）的腓尼基人是首批专业商人，他们掌握了高超的航海技术，所以其贸易网络遍布波斯湾和地中海。腓尼基人往来于地中海东岸各地，运送来自塞浦路斯的铜和黎巴嫩的香柏木。为了和各族人交流，腓尼基人发明了字母，替代复杂的象形文字和楔形文字。为了应对内部人口压力，找寻更广阔的市场，腓尼基人在北非海岸、西西里岛、撒丁岛和西班牙海岸建立聚居地，拓宽了已知世界的版图。

公元前第一个千年内，希腊商人继承腓尼基人的事业，在地中海东岸、黑海沿岸各地建立希腊人聚居地。意大利南部和西西里居住的希腊人太多，以至于这一地区被称为"大希腊"，即"Magna Graecia"。[19] 到公元前3世纪，地中海与印度的贸易已经十分发达，印度国王宾头娑罗（Bindusara）就曾请求希腊国王安提奥库斯（Antiochus）给他捎点儿"甜葡萄酒和干无花果"，再派个"哲学家"过来。[20]

印度洋上的顺风船

公元1世纪时，罗马帝国的版图延至红海，面向印度的贸易大门完全敞开，而印度正是人们垂涎已久的异国奢侈品的来源地。这些商人姓甚名谁，我们不得而知，但是公元1世纪中，有位无名作者用希腊文写成一部令人叫绝的航海和贸易手册，详细记载了"已知世界"的拓展状况。手册标题是《厄立特里亚海航行记》（*The Periplus of the Erythraean Sea*，作者周游的海域包括红海、阿拉伯海和印度洋），见多识广的作者沿非洲海岸南下，然后顺着印度洋海岸一路航行，直至孟加拉——孟加拉再往前就是中国地区，手册记述了旅途详情。

手册作者写道，某位不知是希腊还是埃及的航海家，名叫希帕罗斯（Hippalos），欣喜地"发现"了西南风，从此，夏天离开红海海口的船只需顺风航行，最远甚至能抵达印度的马拉巴尔海岸（Malabar Coast），到了冬季，风向相反时，正好回航。后来，这种风被称为"季风"，其词源为阿拉伯语的"季节"（mausim）。普林尼（Pliny）曾撰文详细介绍：季风的发现，"加上商人对利润的渴求，拉近了我们和印度的距离"。[21] 船只乘风顺水而行，大大缩减了印度和埃及（罗马帝国东缘）两地间的航行时间，来回一趟，过去要花 30 个月，现在只需 3 个月。[22] 一位历史学家曾写道，由于航行者能预测利于返航的季风期，印度洋成了世界上自然条件最优越的远航水域。[23] 之后的 700 年，货物运输的速度基本没有变化，直到 1807 年蒸汽机船发明时，这一速度才再次刷新。

从埃及到印度，航程大约为 3000 海里，人们成功缩短了这段水路的航海时间，既增加了两地的联系，又提升了贸易流量。希腊地理学家斯特雷波（Strabo）写道："之前，胆敢穿越（曼德）海峡的船只不到 20 艘，但是现在，成群的帆船开往印度，有的还直抵埃塞俄比亚南端。"[24] 发现季风之前，每年开往印度的船只仅有 20 艘，现在几乎每天都有商船，载着锡、铅、葡萄酒、珊瑚、玻璃和金银币从埃及出发，驶向印度。罗马帝国因航海时间缩短而受益，与此同时，其造船技术也蓬勃发展，大量坚实的罗马船只在外洋畅行，罗马因此成为"世界经济"枢纽。[25]罗马的权贵们积累了足够的财富，以满足他们对异国商品的钟爱之情，而且他们也愿意投资国外贸易，并且甘冒风险，资助远洋航行。来自远方的奢侈品彰显出罗马帝国的实力，而罗马则成了顶级的消费者城市，新潮而且有"国际范"。正如格兰特·帕克（Grant Parker）所说："对罗马人而言，如此遥远的地方是否真正存在其实并不重要，毕竟根本没有几个知名人士亲身去过那里，重要的是，这些地方激发了他们的想象。"[26]罗马建起了专营香料的市场，城中最繁华的街道定名为"Via Piperatica"，即"胡椒路"。为了搜寻奢侈品，罗马四处开拓国外贸易市场。在越南港口发现的罗马文物中，有公元152年的徽章式项链垂饰，上面印有罗马皇帝安敦尼·庇护（Antonius Pius）的头像，这表明，当时罗马已经将贸易拓展到亚洲。[27]

奢侈品需求持续增长，可能导致罗马国库空虚——罗马从西班牙获得黄金。于是皇帝提比略（Tiberius）在元老院抱怨："我们该怎样做，才能改造人们穿衣打扮的品位？我们该怎么应对那些专为满足女性虚荣心的物品，尤其是被疯狂追捧的珠宝，并无价值却昂贵的饰品？这些玩意儿吸干了帝国的财富，而我们为了换取这些华而不实的珠宝，把国家的金钱拱手送给异邦，甚至送给罗马的敌人？"[28]用现代人的话说，提比略代表了贸易保护主义立场。尽管提比略的这番指控听上去义正词严，但是历史学家却质疑其真实性，并指出，罗马财政部对所有进口商品征收25%的关税。其实，这番抱怨倒真切反映出亚洲贸易对罗马经济的重要性。

入口清爽、沁人心脾的意大利葡萄酒

考古学家在印度南部发现窖藏罗马帝国硬币，同时有迹象表明，印度商人也曾在红海港口活动，这都是罗马—印度双边贸易量增长的确凿证据。罗马帝国的权贵消耗了越来越多的印度香料（黑胡椒和生姜）、象牙和丝绸；与此同时，盛满意大利和希腊葡萄酒、橄榄油和鱼酱（garum）的双耳瓶，也被运到印度，供那里的希腊和印度居民，还有印度贵族享用。考古学家发现一份当时的货运单据，这份写在莎草纸上的单据显示，运送一批象牙、纺织品和香草，其卖价就足够在埃及购买约971公顷上好的农田。一艘中等大小的载重500吨的船能装运150批上述货物。[29] 公元纪年之初，最重要的印度—罗马贸易港口是阿里卡梅杜（Arikamedu），它位于印度南部海岸，通过对外贸易收取大量罗马金币以及希腊和意大利的葡萄酒。有首泰米尔语古诗吟唱道："授众女以闪耀的镯子，赏心乐事；日复一日，少女手中捧着金器，从美丽的杯盏中啜饮奥那人敬奉的葡萄酒，这酒入口清爽、沁人心脾。"[30] 诗中的奥那人即为西方人。考古学家已经发现，希腊科斯岛葡萄酒如此有名，以至于"意大利人制造的冒牌科斯葡萄酒"（语出伊丽莎白·威尔）大量出口到印度，而且还用独具特色的科斯双耳瓶包装。[31] 经鉴定，这些双耳瓶产于公元前2世纪到公元前1世纪，因此，这显然是最古老的证据，揭露一段贸易的"黑历史"——假货横行，古已有之。

全球贸易中其他更加严重的弊端也从一开始就暴露出来。公元前第三个千年开始时，人类就开始从事奴隶贸易，而自基督纪元之初（也许更早），妇女也成为可贩卖到国外的商品。《厄立特里亚海航行记》作者写道，在向印度婆卢羯车（Barygaza，今日的布罗奇，即Broach）国王出口的商品中，就有精挑细选的姑娘，作充实后宫之用。[32] 据文献记载，14世纪，孟加拉统治者的后宫中，就有让他们引以为傲的中国和"罗马"（只要来自欧洲，一律被称为"罗马"）嫔妃。[33] 由于那时的船舶简陋粗糙，漂洋过海困难重重，这些特殊货物——大活人——的数量想来应该不多。只有大规模商队和越洋航运出现之后，人口贩子们才算等到了机会，在中欧和非洲之间大规模贩卖奴隶和妇女。

借季风之力，外贸商人在印度洋上航行，就像湖上泛舟那般便利，在印度西海岸、红海岸边，以及非洲东海岸，港口和中转站如雨后春笋一般蓬勃发展。为了谋求利润，印度商人还往东航行，穿过陌生的水域，在东南亚岛屿上寻找金子和香木。一位古代印度作者把其中利害写得明明白白："去爪哇岛的人，基本上回不来。但是如果有幸返回，那他带回来的钱就能养活家中7代人。"[34] 季风贸易逐渐繁荣，沿着阿拉伯半岛海岸航行的船只增多，运费降低，继而影响了内陆的商队贸易。在竞争中，有些商队难以为继。大约公元400年时，一个阿拉伯宗族，即古莱什部落（Qurayish）将剩下的货运贸易业务掌握在手中，并在麦加山谷中建立永久居住区。两个世纪之后，这里出现了一位特别的库雷伊斯族商人，而这个从事贸易的部落在他的带领下逐步转化为一个初具雏形的国家，为日后的阿拉伯帝国奠定基础。[35]

印度洋贸易日渐繁荣，其影响也有目共睹：随后几个世纪，索法拉（Sofala）、基尔瓦（Kilwa）、摩加迪沙（Mogadishu）和马林迪（Malindi）等港口繁荣昌盛，阿拉伯和印度商人也逐渐增多。在埃及文明初期，奴隶、金子、象牙、香木、松香还有其他异国珍品就令哈特谢普苏特女王艳羡不已，她因此派遣远航队穿越红海；而在印度洋贸易兴盛时期，不仅地中海的富人能买到这些产品，在遥远的印度和中国，权贵们也能享受到这些奢侈品。在东非海岸港口摩加迪沙和基尔瓦，在马菲亚群岛（Mafia Islands），考古学家都已经发现8世纪和9世纪的中国硬币。[36] 菲利普·科廷称，早在7世纪，中国文献就提到过"僧祇国"（Zenj，即撒哈拉以南非洲地区）的奴隶。成千上万的奴隶被运到波斯，在硝石矿场做工，或是被运到伊拉克，清理沼泽地。[37]

阿拔斯（Abbasid）王朝首都巴格达位于底格里斯河畔，可沿水路直达波斯湾，它逐渐发展为东方贸易终点站，财富和奢华之都。某位阿拔斯统治者宣称："这是底格里斯河，我们和中国之间没有任何障碍，海上的所有东西，都能通过水路运到我们这里来。"[38] 其实，早在9世纪中期，阿拉伯水手就定期出海，运货到中国和印度然后返回。那时船只从波斯湾和红海出发，到中国之后返程，共需一年时间。9世纪时，有篇文章这样描述巴格达：东方和西方的商品持续周转，源源不断，它们"来自印度、中国，来自突厥人、波斯德莱木人（Dailamites）、可萨突厥人（Khazar）和阿比西尼亚人（Abyssinian）的故乡"。中国的丝绸、桂皮、纸张、墨和陶瓷；印度的檀木（油）、乌木和椰子；埃及的精纺织物和莎草；撒马尔罕（Samarkand）的纸张；以及各伊斯兰国家的加工水果和坚果都在全球流通。[39]

波斯湾沿岸另一座城市西拉夫（Siraf），也乘季风之便，发展与非洲、印度和中国的贸易，其繁荣盛况，前所未有。贸易推动了一系列行业的发展：造船工、织工、五金工、首饰匠、陶艺匠人，各司其职。杰里·本特利（Jerry Bentley）写道："9世纪时，西拉夫居民建成宏伟的清真寺和市场，他们餐桌上的瓷器则是来自中国的进口货。"[40]

在中国港口城市广州（阿拉伯人称其为广府，即Khanfu），阿拉伯、欧洲和犹太商人则建起大型移民区。当时有篇文章写道，季风一旦开始转向，大型阿拉伯船只就载着丝绸、布料、樟脑、麝香和香料离开广州驶向西方，"来自亚洲各地的上千艘船驶过，它们形状各异，大小也不尽相同"。[41] 中国7世纪和8世纪的登记文件记载得清清楚楚：波斯人、印度人和马来人是这些来访船只的主人。

到了 10 世纪和 11 世纪，阿拉伯商人和印度工匠已经建立起简单的产品供应链，其中包括象牙制品。和非洲象牙相比，印度和东南亚的象牙价格昂贵而且质地坚硬。阿拉伯商人沿非洲海岸航行，向印度出口大量象牙原料，印度工匠将其雕刻成珠宝饰品和神佛小像，再出口到中国和地中海地区。[42] 香料自然是最受欢迎的老牌外贸产品；除此之外，技术精湛的印度工匠还制造宝石念珠，纺织棉花并染色，打造青铜器和钢剑，这些都吸引了外商来印度购货。印度的象牙雕刻工、金匠、银匠以及百工匠人联合起来，组成行业公会，而且逐步形成由专人负责融资和营销的完备体系，在此基础上，印度的出口贸易很早就大获成功。

由于旅途时间长，所以长途贸易一旦开始，客居异地的商人就随之增多（参见前文所述安纳托利亚和印度本地治里附近、阿里卡梅杜等地的情况）。由于贸易量增长，外商需要在中途逗留数月，等候季风，这是他们在印度马拉巴尔海岸定居的原因之一。[43] 在卡利卡特（Calicut）、克兰加努尔（Cranganore，罗马时代被称为穆泽里斯）和奎隆（Quilon）等地，有相当一部分人口由阿拉伯、波斯、亚美尼亚和犹太商人组成。由于外商的出现预示着当地会走向繁荣富裕，所以他们广受欢迎，甚至被称为"马皮拉人"，即女婿。葡萄牙探险家瓦斯科·达·伽马（Vasco da Gama）1498 年在卡利卡特登陆，在那之前，"马皮拉人"已经成为穆斯林商人的专用称号，指的是 9 世纪后阿拉伯和波斯商人的后代。⁴⁴ 显然，商人不仅漂洋过海交换商品，而且还丰富了侨居国的基因库！

阿拉伯人的三角帆和中国人的舵

漫长的战事结束之后，长途贸易又获得新的动力。西欧的军队一度深入地中海东岸作战，他们后来回到家乡，但是对香料和其他亚洲奢侈品念念不忘，西欧人对进口货的需求因此增长。商人寻求更先进的运输方式以满足需求，于是，在那些繁荣的贸易城市如热那亚和威尼斯等地，人们集合世界各地的技术，推动航海技术重大革新，继而实现稳定的全天候航行。1104 年，威尼斯创造历史，建成城中首个公共造船厂——阿森纳（Arsenal）。在那里，造船工人建造大型桨帆船，推动贸易更上一层楼。在印度洋航行的船只基本上跟着季风走，靠观星辨别方向，相比之下，欧洲的船只在北海航行，没有季风引路，深受限制，在大雾弥漫的水域更是寸步难行。于是，欧洲人引进阿拉伯人的"三角帆"——这种帆呈三角形，安装在桅杆和可移动的帆桁上，既能提高速度，又能让船尽量借助风势航行。欧洲人还采用中国的尾舵技术，在船只进港时，他们就能更精确地把握方向，增加安全系数。北欧盛产硬木，所以造船工人能够打造三桅帆船——装有横帆、三角帆和支索帆，用于海运。⁴⁵ 指南针是否从中国引进，学者们各执一词，但是至少从 9 世纪开始，中国人就已熟知这一装置。姑且不论指南针源自何方，13 世纪末，欧洲人引进指南针，从此，航海不仅更加安全，而且从地中海港口到英吉利海峡及黎凡特这一段水路，帆船一年能走两趟，贸易量也因此增加一倍。46

中国的造船工匠也取得了令人瞩目的成就。马可·波罗1292年从中国航行至印度，那时中国就已经造出了载重1520～1860吨的大船，有多层甲板，独立船舱。200年后，当中国将领郑和率舰队游历印度洋时，中国工匠凭借先进的造船技术，为郑和打造了九桅杆"宝船"，船身长达121米以上，能容纳上千名船员。中国先进的航海技术固然让人惊叹，但是对中国的出口贸易并未起到应有的促进作用。但是综观全局，船运技术革新，欧洲人对香料的需求持续增长，这都加快了航海速度，拓展了贸易联系。这些创新给欧洲商业又带来了什么样的影响呢，历史学家詹姆斯·伯克（James Burke）如是说：

> 三角帆的推广有立竿见影的效果，因为船长无须等待离岸顺风，就能离港出发，航行次数自然增加。贸易速度加快，船只尺寸也随之增加，因为越来越多的货物离开港口驶向越来越多的地方，人们自然会想办法，让一只船运两只船的货。毕竟，这样既省钱，又增加利润……有了船舵，船长才能够纵向控制大船，商人也因此更有信心……三角帆、横帆、尾舵一起上阵，再加上指南针，这些技术的综合运用几乎立刻改变了航海日程表……有指南针相助，即使天阴，帆

船也能够日夜航行。航程增加一倍，船员工作稳定。这又增加了投资者的信心，于是航行次数进一步增长。[47]

马拉巴尔的犹太商人

开罗犹太会堂中，保存着12世纪和13世纪的文件，从中读者可以感受到，当时贸易额增长、商人四处奔忙，呈现出一派繁荣气象。犹太教有这样的传统——不得亵渎写有"上帝"二字的文书，所以在会堂中有间密室，专门用来存放犹太商人的往来商函，这间密室被称为"藏经库"（Geniza），所藏商函可谓"积简充栋"，堪称史料聚宝盆。因此，承蒙上帝庇佑，我们能透过史料，结识那些远航的商人，他们曾踏上遥远的海岸——印度、也门、埃及、巴勒斯坦、叙利亚、突尼斯和摩洛哥，他们在书简中倾吐忧烦之事，其中大部分和商务有关，但也不乏生活上的烦恼。他们经手的商品也五花八门，有纺织品、金属、亚麻、药用植物和成品草药、调料和香料，以及香水和薰香。

细读藏经库书简，我们知道有位突尼斯商人，名叫亚伯拉罕·易尤（Abraham Yiju），他在印度的马拉巴尔海岸经营一家青铜工厂，雇用印度员工，把从亚丁港运来的铜、锡以及旧青铜器制成新器皿，然后再出口，此外，他还兼营其他出口产品，如铁、各种香料，还有纺织品。

尽管大型船只定期出航，危险依然无时不在，所以商人们永远得仰赖上帝的帮助。易尤就曾写信给客户，送去坏消息：

> 我的主人，愿上帝保佑您永享尊贵的地位，您曾写信给我，说您出于善意，售出丝绸，而且用所赚的钱购进货物，然后托船主拉希米（Rashmit）运送。但是据我所知，拉希米的两艘船全部失踪。愿主保佑，我和您能得到补偿。我的主人，别问我会因您的货物损失而遭受多大的影响。但是上帝很快就会补偿您。无论如何，我们唯天命是从。
>
> 您托阿布·奥（Abu 'All）运送的所有"铜"【nakas，指铜器】都已到达，"用餐碗"也已运到。这正如我愿——愿上帝赐予您丰厚的报酬，而且补偿您的损失（毕竟也只有他能给您充足的报偿）。[48]

除易尤的信之外，其他人的信约有 1200 封，这些书简展示出一幅图景：在全球化的世界中，商人冒着极大的风险，谋求利润。这些人获得了可观的利润，与此同时，在其他大洲，长途贸易也改变了人们的私人生活。易尤在印度至少淹留 17 年，其间他为一位名叫阿曙（Ashu）的印度女奴赎身，然后娶她为妻，但是当他回到阿拉伯时，身边只有一位女儿尚在人世，他把女儿嫁给了自家的侄子。

易尤在印度生活时，诺曼人入侵突尼斯，他的哥哥也因此沦为一贫如洗的难民。易尤送去慰藉：他在印度做贸易赚的钱现在能帮家人渡过难关。1149 年，他写信给哥哥：

> 哥哥，我写这封信是为了告诉你，我从印度出发，已经平安抵达亚丁港，愿上帝保佑这座港口，并佑护我的财产、生命和孩子。愿上帝因此得到尊崇。"哦，但愿人因我主的慈爱，和他向人的后代所行的奇事，都称赞他。"
>
> 如今我想告诉你，我的钱足够我们生活下去。愿至高无上的上帝让我和孩子能靠这笔钱生活，而且让这笔钱也足够维持你们的生计。[49]

亚伯拉罕·易尤是许多幸运的外商中的一员，他们赚钱养活了家人，而且在此过程中让世界连为一体。得益于丝绸之路以及繁荣的印度洋贸易，国际贸易经济逐步增长，贸易网遍及从西北欧直到中国的这一广大地区，在此过程中，还创造出空前的财富。1293 年，热那亚的海上贸易额是法兰西同年收入的 3 倍。[50] 当然，由于贸易产品大多是供权贵享受的奢侈品，所以和今天的全球化性质不同，各地并没有因贸易往来而形成紧密的互相依赖的关系。但是这些国家的部分经济体（即通过陆地或海洋路线相连的贸易城市网络，以及生产出口商品的某些内部地区）对外贸的依赖性越来越强。外贸为某些地方带来让人难以想象的繁荣，却让另外一些地方遭受剥削和困苦。

马六甲掌握着威尼斯的命脉

随着航运业的扩展，贵重物品（比如印度尼西亚群岛中某些岛屿上的特产，苜蓿和肉豆蔻）的利润吸引阿拉伯商人来到东南亚。东南亚人还从马拉巴尔海岸引进胡椒，之后在当地广泛种植，这又吸引了印度洋周边各地的商人前来采购，就连中国商人也赶到东南亚购买胡椒。14世纪时，在苏门答腊和爪哇岛上，已经有不少贩卖苜蓿的阿拉伯和古吉拉特（Gujarati）穆斯林商人，但是他们散布范围广，并不集中。[51] 这些商人不仅生意兴隆，而且虔诚笃敬，成功劝服当地人信奉伊斯兰教。

1409年，东南亚各地贸易联系日益密切，马来王子拜里米苏拉（Parameswaram）相时而动，在马六甲海峡边的一个渔村上建起了马六甲城。穆斯林商人在当地财雄势大，王子本人也皈依了伊斯兰教，而且率领其居民入教。但是，聚集在马六甲的商人国籍不同，信仰各异，王子心怀大局，态度不偏不倚，保持绝对中立。由于王子政策英明，为商人营造友好环境，税费又低，马六甲成为东南亚最生机勃勃的国际化都市。该城位于"季风尽头"，西方的商人乘着西南方向的季风，日本和中国的商人顺着东北方向的季风，汇聚于此，这里自然成为最受欢迎的货品交易中转站。难怪，瓦斯科·达·伽马到达印度洋后还不到20年，马六甲就被乘炮艇而来的葡萄牙人攻陷。有位名叫托迈·皮雷斯（Tomé Pires）的葡萄牙人，曾经是个药剂师，后来成为商人和外交使节，他写了一本书，题为《东方简志》（*Suma Oriental*，1512）。这本书生动地描绘出一幅鲜活的城市图，让后人了解到，这里分明已经成为国际贸易商业区。皮雷斯估计：港口城市马六甲人口约为 4 万~5 万人，来自 61 个"国家"的商人汇聚在此经商，他们使用的语言则约为 84 种。其中有些商人往返于波斯湾和亚洲大陆之间，贩运货物，并获得巨大的外贸利润。皮雷斯由衷赞叹道："马六甲得天独厚，是世界上最占地利的商业中心；季风在这里结束，种种商业活动则从这里开始。马六甲地处中心，那些万里之外、四面八方的国家之间的商贸交流，都得借道马六甲……任何一位马六甲城主都掌握着威尼斯的命脉。"[52]

马六甲贸易欣欣向荣，实力不断壮大，不仅仅因为它坐拥地利——位于印度和中国之间，是最合适的半程停靠站，还因为全世界对胡椒的需求不断增长。自从葡萄牙、西班牙、荷兰和英国商人来到马六甲之后，由于国际商贸和信仰交流的促进作用，100 年间，传统的香料种植区东南亚一直处于变化之中。历史学家安东尼·里德（Anthony Reid）发现，"新的城市和邦国蓬勃发展，许多东南亚人受到信奉《圣经》的普世宗教的影响，很大一部分人依赖国际贸易赚钱养家，购买服饰、日常必需品，甚至食物"。[53] 正是因为这种依赖性，悲剧和苦难很快降临，成千上万的人因他们的香料种植园而被杀害，或被迫成为奴隶。在欧洲人四处征战，商业帝国崛起时期，这样的情景将反复出现，本书第 7 章将详细探讨贸易的负面影响。在此，我们不妨退后一步，思考香料需求的起源——对香料的渴求，最终造成西欧人控制亚洲的局面。前文已经介绍，罗马帝国时期，正因为人们渴求香料，贸易才得以发展。408年，西哥特大军包围罗马后，提出退兵条件：要求对方用金银和胡椒支付赎金。但是，罗马帝国灭亡之后，由于整个地区经济动荡，政局不稳，贸易也深受其害。过去，胡椒就曾导致罗马帝国黄金大量外流，到那时，胡椒价格更加昂贵。之前，商人将亚洲香料从红海运到地中海海岸，亚历山大港就是途中的大型中转站，后来港口的陷落更令贸易遭受重创。香料普遍缺货，价格上涨，在这种情况下，威尼斯商人和占领者达成协议，几乎成了欧洲市场上的独家香料分销商。在11世纪后期至13世纪，欧洲人的军事活动严重干扰了正常的贸易活动，但是即使在这个时候，各意大利城邦依然继续从事香料贸易。香料一直都是珍稀品，战乱期间，它更显娇贵，成为象征社会地位的奢侈品。1194年，苏格兰国王访问和他平起平坐的英格兰国王理查德一世，他受到的款待体现出主人一番盛情，其中就包括两项特供：每日大概900克胡椒和900克桂皮。[54]

愿魔鬼把你们带走，你们为什么会到这里来？

欧洲消费者对亚洲香料的需求与日俱增，信奉基督的君主们又迫切希望找到另一条通往原产地的道路，摆脱中东地区伊斯兰商人的控制，这都激励欧洲人探索新路线，绕过非洲航行至亚洲，并建造能够劈波斩浪、不惧长途险阻的船舶。长途贸易历来需要胆量和雄心。15世纪，葡萄牙王子、航海家亨利（Henry the Navigator）成了先锋，他一面试图找到绕过非洲去亚洲的航线，一面取代威尼斯的阿森纳，着手设计船舶和航海器具以延长航程。1497年，葡萄牙国王曼努埃尔一世（Manuel I）授权瓦斯科·达·伽马航海驶向印度，"找寻香料"。到达卡利卡特后，达·伽马首先派一名船员打探消息，一名来自突尼斯的穆斯林商人在岸边看到这位船员，用西班牙语问道，"愿魔鬼把你们带走，你们为什么会到这里来？"船员的回答简单明了："我们来找基督徒和香料。"[55]

突尼斯商人的问题并不突兀，因为旅途确实异常凶险。菲利普·科廷推测，1500—1634年，从葡萄牙出发到印度的船只有28%在海上遇难。达·伽马和凯布勒尔首次航行到亚洲时，损失了一半船员，船只也折损大半。但是重酬之下，总有勇者再次扬帆起航。[56]葡萄牙的邻居西班牙的加泰罗尼亚女王为哥伦布出资，助他实现宏愿：航海穿过大西洋，找到直达印度的路线。哥伦布此行的结果是，地平线上訇然出现新天地。就在哥伦布偶然发现新大陆之后不到20年，费迪南德·麦哲伦的船员（只有10%幸存）完成环球航行，首次实现真正意义的全球连通。遍及全球的大规模贸易自此腾飞。商人、探险家、传教士和征服者的界限往往模糊不清，从此更加难以明辨。但是，之后在资源、奴隶，以及倾销各国本土产品的新市场的争夺战中，全球各地的联系越来越紧密。各大洲之间首次实现直航，不必像过去那样，得经过一系列中转站，走了水路走陆路——全凭船、骡子和骆驼商队轮番上阵。

16世纪时，葡萄牙人在印度的果阿（Goa）、马来西亚的马六甲以及中国的澳门抢占滩头阵地，建立了真正的全球贸易网。东方航运服务正常化之后，贸易活动越来越专业，从中国瓷器到印度钻石，都成了专营项目。葡萄牙商人从亚洲带回精致的中国瓷器，自那之后，葡萄牙国王及其重臣最先患上"中国相思传染病"（语出塞缪尔·约翰逊，尖刻又不失诙谐）。到了1580年，仅在里斯本的营地大街（Nova dos Mercadores）一地，就有6家专营中国瓷器的商店。[57] 为应对这阵瓷器热，17—18世纪，西方商人至少进口了7000万件瓷器。[58]

欧洲港口的商人们留下了大量的信函，透过这些信函，我们结识了在意大利里窝那（Livorno）港口从事钻石贸易的一位犹太商人。商人名叫以撒·埃尔加斯（Isaac Ergas），他来自一家名为埃尔加斯和西尔韦拉（Ergas and Silvera）的贸易公司，消费者点名购买戈尔康达矿场（Golconda mines，著名的印度钻石矿场）的钻石，埃尔加斯负责接受订单。意大利学者弗朗西斯卡·特里韦拉托（Francesca Trivellato）潜心研究18世纪里窝那的犹太商人，她发现，客户订单上都有详细的订货要求。就像我从苹果公司订购iPod那样，意大利消费者也会和埃尔加斯接洽，并且预付订金。由于负责提供钻石的印度商人对意大利里拉不感兴趣，埃尔加斯和西尔韦拉贸易公司就运送地中海珊瑚念珠用于付款。

有些幸运的消费者下单时，正好能赶上每年一度的季风季节，成批的珊瑚念珠由英国或荷兰商船运到里斯本。到达里斯本之后，珊瑚念珠就得卸货，然后搬运到卡瑞克大帆船（Carrack）上，再次离港，在海上航行一年，才能抵达果阿。果阿的印度贸易公司评估这些珊瑚的市场价值，再据此发回不同大小和等级的钻石。如果一切顺利——运送钻石的货船没有在暴风雨中沉没——那么一到两年后，客户就能收到钻石。[59]

葡萄牙和荷兰商人来到阿拉伯海，从此打开一片全新的贸易市场——咖啡也成为外贸专营产品。早在18世纪，法国商人让·德拉洛克（Jean de la Roque）首次率领法国船只绕过好望角，来到亚丁和摩卡。因为不愿花大价钱，从突尼斯、荷兰或英国中间商那里购买咖啡豆，他甘冒风险，打算在海上颠簸一年，从原产地直接采购。结果他花了两年半才结束旅程，但是他运回6000吨咖啡，利润丰厚，足以补偿一路的艰辛。而更有价值的，可能是他后来根据这段经历写的一本书，题为《航向也门》（*Voyage de l'Arabie heureuse*, 1716），该书首次详细介绍了这种最初在埃塞俄比亚和也门土生土长，后来风靡世界的产品。德拉洛克远航到摩卡之后，又过了十几年，一位法国船长把一株咖啡树带到了加勒比地区（本书第3章将详细介绍咖啡的故事）。

运输革新将世界各大洲连接在一起，并为首个跨国贸易公司的诞生创造条件——这不足为奇。公元前第三个千年内，在安纳托利亚半岛上，亚述商人经营的商业项目就被称为世界上最早的跨国业务。⁶⁰ 所谓"跨国"商业活动，必须具备这样的特征：有可观的国外直接投资，从事多国之间的贸易中介活动。因此，用"跨国"一词，形容普苏－肯（参见本章前文）从事的商业活动，其实并不牵强。普苏－肯经营的，起码称得上是"初级阶段"的跨国公司。16世纪初期，英国东印度公司和荷兰东印度公司等政府钦定的垄断贸易公司正式成立，标志着国际贸易进入新阶段，也预示着跨国公司的兴起。17世纪末，跨国公司约有500多家，如今已经超过6.3万家。消费者人数也迅速增长。

荷兰是之后才加入探险队伍的，但是它也为迅速飙升的远洋贸易做出了巨大贡献。16世纪末，荷兰已经开发出一种便宜的多用途商船，人称"弗鲁特"（Fluyt），俗称"荷兰快艇"。为了在海盗猖獗的海洋中航行，炮台和装甲板已成为舰船标配，但是弗鲁特偏偏没有炮台和装甲板，所以它的船体更轻盈，空间更大，虽然只有二三百吨重，但它不仅能装载更多货物，而且所需的船员也更少。弗鲁特要么在安全水域内航行，要么由战舰护航。一艘装备精良的弗鲁特只要花8个月，就能在欧洲和亚洲之间往返一次。⁶¹ 为了赶上在航运业占据主导地位的荷兰，英国政府投入重金，鼓励国民研究天文学和地磁学。英国政府的投资获得了回报，多项创新涌现。最令人瞩目的是英国制造出了首座可靠的海洋天文钟，航海者在茫茫大海中能靠它辨别自己的位置。

18世纪末，一些小发明已经缩短了航行时间，提高了航海安全性，但是，重大创新尚未到来——轮船首次运用蒸汽动力后，才真正实现航行速度的飞跃。没有蒸汽做动力，19世纪中期最快的英国帆船去广东之后再返程，需要110天，而儒勒·凡尔纳（Jules Verne）想象的80天内环游地球，还遥不可及。[62] 1807年，罗伯特·富尔顿（Robert Fulton）发明蒸汽机船，从此改写历史。货运成本大幅下降，大国之间的商品交易量由1840年的2000万吨迅速上升为19世纪70年代的大约8800万吨。同期内，工业化最彻底的经济体和世界上最边远落后地区之间的贸易值约增长了5倍。[63]

由于船体增大，蒸汽机船运输周期缩短，1840—1910年，英国海运运费骤降，降幅达70%。世界范围内，1840—1910年，实际货运运费每年降低1.5%。[64] 环球海运路线提速，是成本下降的又一原因。[65] 1869年，苏伊士运河（Suez Canal）竣工，扫除了红海和地中海之间最后一道陆上障碍，旅行时间竟缩短了2/3。[66] 1877年，法国工程师设计的世界上第一艘冷藏船"巴拉圭"（Paraguay）下水，开辟出远程贸易新领域：新鲜食品也成为贸易产品。在欧洲用晚餐，也能享受到阿根廷牛肉和澳大利亚羊腿。彭慕兰（Kenneth Pomeranz）与史蒂夫·托皮克曾写道：

> 铁路和蒸汽机船大大提高了海外贸易的速度和金额，同时大刀阔斧地削减了货物价格，引发了一场观念革命，彻底改变了人们对时间、空间和商品化的看法。以蒸汽为动力的交通工具出现之后，大西洋和太平洋变得像池塘那么小，各

大洲和小公国差不多……19世纪时，全球市场逐渐成形。奢侈品不再是长途贸易的主要项目。来自阿根廷、乌拉圭和美国的牛羊肉，来自澳大利亚、美国和印度的小麦，填饱欧洲人饥饿的肚肠；日本的纺织厂里，美国、印度和中国的棉花混作一团。[67]

45年后，巴拿马运河通航，拉近了太平洋和西方各国的距离，从纽约到洛杉矶的路程缩短了60%，到中国香港的路程缩短了30%。在货物空运出现之前，从来没有任何交通工程像苏伊士和巴拿马运河那样，让世界变得如此之小。

其实早在巴拿马运河开通之前，在费城偶然发现了重要的资源石油，另一个促进运输业改革的想法也因此诞生。很久以前，人类的祖先就会利用地下蕴藏的页岩浸出的页岩油，点燃火炬和灯，照亮暗夜。1694年，英国君主授予3位臣民首个炼油专利，精炼这种天然宝藏，另作他用，因为这3位臣民已经发现了"从某种岩石中提取并制造大量沥青、焦油和石油的方法"。1859年，埃德温·劳伦廷·德雷克（Edwin Laurentine Drake）采用他开发出的石油钻井技术，在费城开采到从井口喷出的黏稠原油，这种稠油经提炼后，能转化为石油。半个世纪之内，另一项发明——内燃机问世。到了1970年，依赖柴油燃料运转的巨型油轮已经投入使用，进一步降低了原油运输成本以及所有货运成本。

之后，北卡罗来纳州有位卡车货运商，名叫马尔科姆·麦克莱恩（Malcolm McLean），他再次拉低运输成本。麦克莱恩试着将满载货物的卡车拖车放到蒸汽机船上，从而创造出世界上第一艘集装箱船，其名号为 Ideal-X。1956 年 4 月 26 日，8 小时之内，Ideal-X 号上就塞满了 58 个集装箱，货运成本降幅超过 97%，每吨只需 15.8 美分。此举开启了航运新时代，从此货运成本持续降低。最大的集装箱船俗称"魔怪船"，它运载的全部集装箱相当于总长约 32 千米的多辆卡车，[68] 它可以将一辆小轿车运到世界任何地方，而且运费低于 500 美元。集装箱船的速度几乎超不过 20 节，但是因为每艘船载货量巨大，而且装货、卸货速度快，又实现了船运与卡车或火车运输的无缝衔接、转换，所以其货运成本大幅降低。如今，如果沿海路将集装箱从上海运至鹿特丹，然后走陆路将同样的集装箱从港口运往仅在约 160 千米之外的目的地，后者的费用往往更高。

当然，航空货运开始之后，运输速度增幅最大，而 20 世纪 50 年代至 80 年代，航空货运成本也急剧下降。1970 年，超大型波音 747 珍宝客机（Boeing 747 Jumbo Jet）横空出世，之后，同类货运飞机也投入运营。除货运成本降低之外，其实，时间的缩短也是实现成本节约的重要因素。一艘船用于载货和卸货的时间越短，它必须缴纳的港务费和逾期费就越低，最终，进口货物的价格也越低。经济学家计算出，1950—1988 年，因运输快捷而节约的成本相当于美国对制造业产品征收的关税从 32% 降低至 9%。[69]

从金币到美银宝

轮船飞机更快更大,交货速度也随之加快,但是除此之外,其他因素也起到了促进作用。交易媒介不断完善——从直接换货到使用贝壳交易,从贵重金属到承诺金银支付的文书,再到塑料制信用卡——交易逐渐简单化、标准化,贸易也因此增长。尽管在这之前的2000多年里,人们一直在使用金属钱币,但是,公元前7世纪后,地中海城邦发行的金币才成为地中海和印度次大陆整个商圈内商人一致认可的流通货币。对于那时的商人而言,雅典银币(正面是女神雅典娜的头像,背面则是象征这位女神的神鸟猫头鹰)好比今天的维萨信用卡(Visa)和万事达卡(MasterCard)。后来罗马帝国发行的金币和银币流通范围甚至更广,它们跟随商人越过印度洋,到达东南亚和中国。亚洲人对地中海的货物基本没什么兴趣,后来的欧洲也是一样,没什么货物可以用来换取亚洲的香料和纺织品。亚洲人愿意专为罗马人定制纺织品,但是一直都希望罗马人用真金白银付账。

13世纪中期,意大利城邦才开始铸造当地金币,之前,拜占庭帝国和埃及打造的罗马金币一直是通行的交易媒介。[70] 但是,罗马帝国陷落后,罗马硬币也成为稀缺品,国际贸易因此遭受重创,并且产生连锁效应。比如,在遥远的印度,一些依赖贸易的小镇走向衰落。[71] 印度商人转而关注东南亚,希望在那里为印度纺织品寻找新的市场。数世纪之后,亚洲和欧洲商人与种植香料的印度尼西亚各岛屿之间的商贸联系越来越密切，所以他们能利用印度港口作为中转站，从事香料进口贸易，并用印度制造的纺织品交换香料。尽管欧洲人以玻璃念珠和羊毛布料为支付手段，换取部分印度进口产品，但是欧洲人仍然需要用贵重金属完成交易。在印度次大陆和中东，还出现了信贷凭证，买家出具凭证，承诺稍后付款。但是这种非正式的信贷网络仅限于外贸家族之间的交易，没有关系的个体商人间并不存在这种信贷网络。[72]

13世纪晚期，货币制度回归，热那亚、佛罗伦萨和威尼斯开始使用金币，国际贸易因此出现新气象。[73]但是，瘟疫造成灾难，贸易也因此疲软。14世纪黑死病的阴影逐渐消散之时，在欧洲中部，银币流通越来越便利，远程贸易也因此获得新的发展动力。15世纪中期，得益于一系列的技术革新，比如矿井抽采、分离银矿的化学工艺，银矿业迅速发展，空前繁荣。日本的银矿也为荷兰的商人提供贵重金属，用来在亚洲从事商务。

各地出产的银子越来越多，德国银产量尤其突出，威尼斯商人用这些银子为德国的纺织厂购买叙利亚棉花，并且购买亚洲香料，供欧洲人消费。[74]数百年之后，人们还能够感受到德国铸造的银币的霸主地位。美国货币的名称就源自德国银币：德国银币的正式称号原为"Joachimsthaler"，经简化后，变成"thaler"，再混以地方口音，最终称为"dollar"。

尽管哥伦布并未到达日本，也没有找到马可·波罗描绘的"金砖封顶"的日本（Cipangu）房屋，并抱憾而终，但是西方人很快在墨西哥和秘鲁发现了大量的贵重金属。正如历史学家所说，这"几乎是天降横财"。[75] 在墨西哥和秘鲁，奴隶劳工开采出银子，这些银条很快开始流向亚洲，供欧洲商人购买奢侈品，其数量庞大——甚至超过他们曾经的梦想。17世纪上半叶，每年有268吨白银被运往欧洲，其中大部分被转运至波罗的海、地中海东岸和亚洲并用来购买商品。一个世纪之后，从新大陆到欧洲的年均白银运载量增至500吨，其中一大半被用来进口香料、丝绸、瓷器和其他奢侈品。[76] 1621年，葡萄牙商人写道："白银在全世界游荡，但是长途跋涉之后，总是在中国会聚，然后留在那里，好像那儿就是天然的白银据点。"[77]

白银、纺织品和香料三角

葡萄牙人先在非洲，然后在巴西开采金矿，开采出的黄金注入世界贸易市场。1712—1755年，每年约有10吨黄金被运到里斯本，然后送往亚洲，用来购买新奇的进口货。[78] 到达香料群岛（Spice Islands）的欧洲商人惊奇地发现，当地人能够供应苜蓿、豆蔻、肉豆蔻和桂皮，他们竟然不喜欢白银，却想要棉布。三角贸易迅速成形：荷兰和英国人向印度人支付金银，购买印度的手工纺织布料，然后再用布料换取东南亚香料，供应国内市场。历史学家写道，欧洲人"通过地中海和大西洋沿岸市场，将墨西哥和秘鲁的金银矿与东南亚遥远的香料种植园和香木森林联系在一起"。[79]

除了航海技术革新，威尼斯还为持续发展的国际贸易做出了其他贡献。威尼斯实现制度创新（建立健全银行系统、会计制度、外汇制度，以及信贷市场），为贸易的蓬勃发展夯实基础，也让其稳居头把交椅。15世纪面世的新型信贷票据，比如汇票、可转让票据，以及英国和荷兰利息回收合法化，加快了贸易交易的速度。例如，英国和荷兰东印度公司开始像银行一样，吸收那些国外职员（这些职员因从事私人业务而积累了私人财富）存入的真金白银，并承诺会在母国支付全额存款和利息。这样一来，公司随时都有可用现金，能够购买并装运货物，而不是像从前那样等着预付的白银——这些银条在凶险的大海上漂泊一年才能从伦敦、里斯本或阿姆斯特丹运到印度。[80] 但是，18世纪末19世纪初，由于白银供应量缩减，加上重商主义思潮下各国为贵金属储量感到担忧，都让商人渐渐习惯使用由主权政府发行的纸币以及银行支票。纸币让商业交易变得更加简单。仅在战争爆发时，才会出现问题。比如，18世纪末19世纪初，拿破仑治下的法国和欧洲各国交战的时候，法国政府就不再兑现承诺支付黄金的银行支票。

促进世界贸易激增的第二股动力则来自"新世界"，确切地说，来自加利福尼亚，因为人们在那里发现了大量金矿。之后，澳大利亚及其金矿也发挥作用，足够的贵重金属被吸纳入国际市场，推动贸易发展。由于当时世界上所有的纸币都以黄金做后盾，比如，1美元等价于23.22格令的纯金，其实，黄金成了唯一的国际货币。第一次世界大战的时候，金本位制中止，难怪第一次世界大战之前那些年被视为全球化全面推进的"黄金时代"。第一次世界大战爆发后，政府暂时停止黄金支付，贸易也因欧洲大陆和大西洋上的战事而中断。20世纪20年代，金本位制度一度回归，但是很快，1929年股票市场崩溃，紧接着，在大萧条时期，金本位制度又遭废弃。那时，世界贸易和金融联系已经变得很紧密，所以，这场始于华尔街的灾难很快波及美国所有的经济伙伴。

　　1945年，世界终于送走恐怖的第二次世界大战，新经济秩序逐步确立。美元卷土重来，直接与黄金挂钩，成为新的全球货币。此时，世界贸易按美元计价，其他所有国家的货币与美元挂钩。20世纪20年代，为了鼓励已开设账户的客户消费，让他们在手头没有现金的时候也能购物、在加油站加油、到旅馆开房，有心人发明了信用卡。第二次世界大战后，信用卡重焕生机。繁荣的美国经济无疑助长了这种不加节制的消费主义。弗兰克·麦克纳马拉（Frank X. McNamara）曾在纽约一家新潮的餐馆陪客户吃饭，到了付账的时候，他却发现自己忘了带钱包，尴尬时刻，居然灵光乍现——他想到，何不使用"万能"信用卡，无论买什么都能刷卡。招待商业客户的费用是各种主要费用中的一项，为此非携带现金不可，所以1950年，麦克纳马拉率先推出万用信用卡，即"大来卡"（Diner's Club）。8年后，美国运通公司（American Express）推出同类产品。20世纪70年代，电子网络出现，从此跨洲商务也易如反掌。黄金白银早已不再作为货币流通，但是闪耀着同样的金属色泽的塑料卡已经成为它们的替代品，像润滑剂那样，让全球交易顺利进行。

从泥简到互联网

异地货物买卖期间，远程沟通是一大难题。商人如何和贸易伙伴保持联系？如何记录并核实买入或售出的商品？公元前5000年，居住在今日伊拉克的苏美尔人发明文字，解决了这一难题。那时，商人用小块泥简和劈开的棍子记下出售家畜的数量。而交易的另外一方打碎泥简外壳，根据泥简上的记录核对到货家畜的数量。上文介绍的亚述商人普苏-肯就用这种泥简与他的投资人和妻子通信。从那时开始，我们的祖先曾使用莎草纸、羊皮纸、竹简以及纸张从事商品交易。蒙古人统治的鼎盛时期，曾沿丝绸之路设立邮政驿站，为商人递送来自另一个大洲的信息和商业合同。12世纪末，成吉思汗已经建立起靠信使往来传送的邮政系统，涵盖从欧洲到今乌兰巴托（Ulaanbaatar）的广大地区，由信鸽充当信使。旅居异国的商人，比如住在开罗或印度马拉巴尔海岸的犹太商人，不仅用交通工具运货，而且也运送邮件，其中有些邮件存放在开罗藏经库中，保存至今而且已被考古学家发现。18世纪，法国人发明了一套可见信令系统，利用高塔和可移动臂向远方的人传递信息。

但是，从成吉思汗到拿破仑·波拿巴，远程通信往往专供皇帝使用，用来维护对帝国疆域内边远地区的统治，或实施军事行动。在发明电报之前的大约 7000 年内，商务信息的传播速度始终无法超过可用于客货运输的最迅捷的交通工具。比如上文提到的以撒·埃尔加斯——那位 18 世纪在里窝那经营珊瑚和钻石的贸易商，他多次给里斯本、伦敦和果阿等地的贸易伙伴写信，但是至少得等上一年，才能知道他运去的珊瑚在当地市场卖出了什么样的价钱。

1844 年第一条电报线路（"电报"字面意思就是"远程书写"）完工之后，商人再也无须等待。塞缪尔·莫尔斯（Samuel Morse），这位由画家变身的发明家，在测试从巴尔的摩到华盛顿的线路时，发出的第一封电报何等应景："上帝刚刚做了什么？"这不过是一台小小的、稀奇古怪的机器，连着电磁铁和铜线，再加上采用由点和线组成的莫尔斯密码的通信方式，但它掀起了一场信息革命。这场革命持续至今，令世界各地的联系越来越紧密。伦敦《泰晤士报》写道："自哥伦布发现新大陆以来，人们做过的任何一件事，在任何程度上，都不能与之相提并论：（电报）从此大大拓展了人类的活动天地。"[81] 大西洋电缆事业先驱者塞勒斯·菲尔德（Cyrus Field）的兄弟则写道："电报电缆是活生生的、骨肉相连的纽带，将因被割裂而四散的人类大家庭连在一起。"[82]

和许多其他发明一样，电报很快运用于商业服务系统。19 世纪 40 年代，欧洲创业者保罗·朱利斯·冯·路透（Paul Julius von Reuter）已经面向商人开展一项新业务：他用信鸽从不同的城市中搜集股票收市价格信息，比对、整理后再广为散播。[83] 电报服务一旦市场化，电缆传送的绝大部分信息都和商务有关，其中最多的，则是股票和商品价格信息。商人首次能够获得实时商品价格，无论是矿产、玉米还是棉花，价格一目了然。信息能够通过电缆传送，交通也因火车和蒸汽机船的普及而更加便利，真正的全球市场得以出现。1848 年，电报电缆接入芝加哥城，芝加哥商品交易所（Chicago Board of Trade）也同时成立。1867 年，另一项发明，即股票报价机诞生，商业信息交流更加火热。卡拉汉（E. A. Callahan）是纽约的电报员，他发明的电报机能够自动记录不断变化的股票价格，并连续打印在细长的纸带上。5 年后，西联电报公司推出电报汇单系统，再次缩短了消费者和商人的距离。

以前，蒸汽机船主要用来载运在美国和欧洲两地往返的乘客，现在它承担起了一项特殊任务。这项任务被科幻小说作家阿瑟·克拉克（Arthur C. Clarke）称为"维多利亚时代的阿波罗登月工程"，即安装贯穿大西洋的电缆，大卷大卷的黄铜电缆由防水的古塔橡胶包裹，被铺设在大西洋底。[84] 古塔橡胶来自英国的殖民地——马来亚（Malaya）。1866 年，跨大西洋电缆首次投入使用，不仅加快了交易进程，而且急遽拉低了市场价格。对那些有意在市场上套利的交易员（毕竟，"套利交易员"这一称号那时并未出现）而言，过去他们得根据乘蒸汽机船而来的信息下订单——原本这些信息已经迟滞了 10 天，然后再过 10 天，才会有人受理他们的订单。现在,跨大西洋交易员洞悉实时价格,能在一天内处理买卖订单。凯文·奥罗克(Kevin O'Rourke)说:"其结果就是,两个城市同样资产的平均绝对价格差异锐减69%。"[85] 全球电报网很快覆盖中东各地,到达印度以及亚洲偏远的地方。1870年,英国印度海底电报公司安装电报线路,首次连通伦敦和孟买。一年之内,这条线路又延伸到遥远的香港。当第一次世界大战爆发时,欧洲和远东之间已有9条电报线路,由于某些线路途经敌对国家的领地,所以被禁用。

电信和交通革新开始打破传统的关税壁垒,推动贸易蓬勃发展。1846年,《大英谷物法》废除。1849年,限制国外运输的《航海法》也废止,自由贸易新时代至此到来并持续到19世纪70年代。1860年,英国和法国以及其他欧洲国家签订进一步放开贸易限制的条约,由于这些条约中含有"最惠国"条款,所有国家都能因双边贸易自由化而受益。但是,欧洲面临来自美国粮食生产商的竞争,又开始加强贸易壁垒。贸易保护主义越演越烈,最终,19世纪的全球化进程因第一次世界大战和大萧条而中止。

马六甲到孟菲斯

继电报技术革新之后,1876年,亚历山大·格拉汉姆·贝尔(Alexander Graham Bell)推出另一项发明,这是一个漏斗状的装置,名曰"电话"——字面意思为"远程传音"。但是,和电报不一样的是,在接下来的80年里,人们一直没有在海底铺设电话线路。人们能够使用无线电话服务，从纽约打电话到伦敦，但是折合成现在的货币值，通话 3 分钟就需要 458 美元话费。

1956 年，美国电话电报公司（AT&T）建成首个跨大西洋电话系统；一年后，跨太平洋电缆成功铺设，直通日本和中国香港。1989 年，另一条横跨大西洋的电缆成功铺设，连通北美和南非——新大陆和旧家园连接在一起，而 5 万年前，人类正是从旧家园出发，走上旅途。尽管科技进步日新月异，但是 1983 年，任何特定时刻内，能够在纽约和伦敦两地间通话的仅 4200 人。因为人数受限，有的人就得先预订，然后等上数小时，才能接通电话，而且还要支付高昂的通话费用。1966 年，施乐公司（Xerox）推出传真机，再次提升贸易速度。这种传真机名为"Magnafax Telecopier"，重约 16.7 千克，约 6 分钟传送一页纸。从发票到设计图样，各种各样的文本信件数分钟内都能够传到全球各地，加快了商务交易和生产进程。纽约麦迪逊大道上的时装设计师可以手绘礼服图样，然后将产品尺寸实时发给中国深圳服装厂的经理。1966 年，美国还编制出 ASCII 码（美国信息交换标准代码），这套代码随即在全世界被广泛采用，于是，人们利用电话线就能实现文本和数字传输，而且传输速度快如闪电。

电子技术革新运动席卷世界。20 世纪 60 年代中期，一位耶鲁本科生弗雷德·史密斯（Fred Smith）写出一篇论文，分析如何利用计算机的力量，连夜快递包裹。1970 年，史密斯创办公司，并称其为"联邦快递"（Federal Express），从零开始，实践他的构想。公司使用计算机技术跟踪包裹，而且配有一小队喷气式飞机，开始在美国各大城市提供快递服务。开业伊始，第一夜只运送了186件包裹。如今该公司在全世界运营，每天平均投递300万件包裹——投递物品无所不包，既有我订购的袖珍iPod，也有汽车发动机，甚至还有用于移植的人体器官。

联邦快递简称"FedEx"（电话号码簿中，还有公司商标上，都能见到"FedEx"字样），其枢纽设在田纳西州孟菲斯市。这个硕大无朋、貌不惊人的枢纽站好比现代马六甲，因为马六甲也是负责转运来自世界各地货物的港口。正如上文所述，15世纪，商人把各种各样的商品运到马六甲，再花几个月的时间购货、易货，然后乘着转向的季风，踏上归途。苏丹国王派出大象，将成袋的香料和其他物品从各个商人的仓库运到码头。"现代马六甲"则呈现出一派截然不同的景象。有天晚上，在孟菲斯市联邦快递枢纽站，我看到了成千上万的包裹，它们来自世界各地，躺在呼啸而来的传送带上，然后由机器臂指引，进入按其目的地分类的集装箱。凌晨2:07是"见证奇迹的时刻"。每天夜里这个时候，在联邦快递枢纽中心处，宽广而幽深的大厅内鸦雀无声。每天截至此时，300万件包裹已完成分拣、登记，并处理妥当，与此同时，150架运载包裹的飞机也已经在跑道入口处等候。联邦快递空中舰队中的每一架喷气式飞机都会沿着跑道滑行，在轰鸣声中升空，而后渐渐消失在田纳西的夜空之中。

那天晚上在孟菲斯，我看着自动条形码扫描机按照目的地分拣数百万件包裹。每件包裹上，都有黑色竖线组成的长方形，这个长方形貌似无足轻重——它是一项并不起眼的新技术的产物，即条形码，或称通用产品代码（Universal Product Code）。1974年7月26日，它悄无声息地在美国杂货店内首次露面。2008年，全世界一天之内就有超过500万件标有条形码的产品经扫描后售出。[86] 商店货架上安装的传感器能够读取鞋子、衬衣或洗发水包装盒上的条形码，在存货不多的时候自动提醒供应商，无须耗费成本盘存清货就能迅速补货。

电报诞生之后，电子技术革新，尤其是个人计算机和互联网技术带来天翻地覆的变化。1976年，一个梦想成为百万富翁的人用他购买的零件组装成第一台个人计算机，这个聪明绝顶的家伙叫史蒂夫·乔布斯（Steve Jobs），当时22岁，是个中途辍学的大学生。一年后，苹果计算机公司成立，掀起个人计算机（PC）革命。20世纪80年代，国际商用机器公司（IBM）接过大旗，将计算机送入千家万户：计算机一度是技术发烧友钟爱的电子玩具，后来变为有效提高生产率的个人用具。20世纪90年代，互联网出现，将全球计算机连在一起，自我们的祖先离开非洲并散居各地以来，人类再次融为一体，不同社群之间开始形成紧密的联系。

人类也一直在改进记录商业交易的方式：苏美尔人的泥简逐步发展为平板计算机，鹅毛笔和羊皮纸也被打印机还有计算机键盘代替。从文字处理、电子制表和数据库管理到其他多种软件，各种程序包被开发出来，全面提升商务速度，简化商务手续。个人计算机的处理能力与日俱增，价格又持续下降（20世纪80年代，金融自由化改革之后，计算机价格应声而降），推动全球商务实现空前繁荣。使用电话网络能够连接起世界各地的计算机。但是它们之间该如何对话？英国物理学家蒂姆·伯纳斯－李（Tim Berners-Lee）找到了解决办法。蒂姆·伯纳斯－李曾经在著名的欧洲核子研究组织（CERN）做顾问，为了记住实验室内不同人员、计算机和项目之间的联系，他特意编写了一个程序。他记得那个令人惊奇的时刻：

> 假设任何地方的计算机上储存的所有信息都能连接起来；假设我在自己的计算机上编个程序，创造出空间，在这个空间内，无论任何内容都能实现相互连接。CERN实验室中，乃至这个星球上，每一台计算机中的所有信息，我还有其他任何人都能共享。这就会出现全球一体化的信息空间。
> 一旦此空间中的一条信息标注了地址，我就能向自己的计算机发布指令：读取这条信息。任何一台计算机只要发布指令，就能够参考任何信息，那它就能再现事物之间的联系，这些事物也许看上去互不相干，但事实上，它们之间总是存在某种关联。如此一来，信息连通网络就此成形。[87]

蒂姆·伯纳斯-李设计出的解决方案是，采用超文本标记语言（HTML）和浏览器连接所有信息：使用任何语言编程的所有计算机都能够理解这种超文本标记语言，这种浏览器能毫无障碍地从位于各地的计算机中读取、写入并传输文本、图片和声音。10年之后，他抱着"何妨一试"的心态，以这个"连接一切"的理念为蓝图，编出了一个客户端程序——点击式浏览器兼编辑器，并称其为"万维网"（World Wide Web）。后来发生的事，尽人皆知。其他科学家又发明了从一台计算机向另一台计算机发送电子邮件的方法。到2006年，近10亿人口已用上了互联网，占世界人口的六分之一。2001年，乔布斯早已是亿万富翁，因发布新产品再次登上头条新闻，这个产品正是袖珍式音乐播放器 iPod。iPod 受到消费者的强烈追捧，2005年销售量竟高达3200万台。世界各地的 iPod 用户只要下载在线音乐，就能够欣赏到数百万首歌曲，如果没有互联网，这些人根本不可能知道这些歌，更别提亲耳听到。我为儿子订一个 iPod，还能为促进全球就业略尽绵薄之力，中国、日本、韩国和马来西亚各地的工厂中，都有工人为 iPod 生产部件——iPod 在世界各地都创造了就业机会，在此无法一一列举。

新季风

互联网的普及和光纤通信技术紧密相关。激光（一种窄窄的单向光束）的运用，外加光纤光缆（能够利用光脉冲传输信息）制造技术的突破，彻底改变了通信方式。激光光束通过细细的玻璃纤维丝将声音和图像传输到全球各地，传输速度媲美光速，它开启了平价瞬时通信新时代。19世纪中期，电报员每秒大约能够传输4～5个点/线莫尔斯电码；20世纪末，高速处理器和光纤光缆的信息传输速度能达到每秒1吉比特（gigabit），即10亿个1位或0位。一眨眼的时间，网络就能传输《大英百科全书》的全部内容。

1988年，第一条横跨大西洋的光纤光缆线路铺设成功，能同时容纳约3.78万个通话。20世纪90年代中期铺设的新电缆线路能够负载的流量超过之前全部海底电缆网络负载量的总和。[88] 1996年，欧洲和北美之间的同时通话容量达到130万条，到亚洲的同时通话容量则将近100万条。此外，20世纪60年代中期以来，150颗通信卫星发射上天，又创造了新容量，增加的部分也达100万条——你能和世界各地另外100万人电话联络。

公司一刻也没有浪费时间，它们迅速抓住了这些新的机遇。1999年，芝加哥证券交易所（Chicago Stock Exchange）首次开放盘后交易，24小时交易市场应运而生。[89] 只要坐在通过电话线或高速光缆联网的计算机终端显示器之前，你就能购买或出售世界上任何地方的股票和债券。在原有的商品贸易中加入外汇交易之后，1983—1992年，全球货币交易实现7倍增长，高达1600亿美元。[90] 在接下来的数十年间，借高速网络的东风，外汇贸易再翻一番，达到每天1万亿美元——以百元美钞为例，总额为1万亿的钞票整整齐齐地叠起来，高达193千米，超过珠穆朗玛峰。[91]

互联网如日中天，一类新型的商人也应运而生。印度领先的软件公司印孚瑟斯技术有限公司（Infosys Technologies）的创办人之一纳拉亚纳·穆尔蒂（N. R. Narayana Murthy）就是其中的翘楚。穆尔蒂身材瘦小，戴副眼镜，出身贫寒，是一位天才软件工程师。大学毕业后，穆尔蒂的第一份工作就是编写程序代码，他心有不甘，1981年，他和另外6位程序员朋友一起创办了印孚瑟斯技术有限公司。"我们几个都挤在孟买的一个小房间里，"他回忆道，"希望能为自己、为印度全社会创造更光明的未来，我们甚至梦想，能为全世界创出更美好的明天。"[92] 公司出售的服务就是按照客户的具体要求编写专用软件程序。当时正值20世纪80年代，印度官僚主义盛行，贸易关卡林立，计算机又不具备联网条件，穆尔蒂开发出"猎身"（body-shopping）模式。他和同事们经常出差，为国外客户现场工作、编写代码，然后带着现金回国。

穆尔蒂是许多创业者中的一员，他们既是全球化的产物，又是全球化的推动者。穆尔蒂告诉我，尽管当时面临来自官僚的巨大阻力，又得克服有形的障碍（比如基础设施匮乏），但是他还是得承认：全球化已经改变了商业范式。高速连通的局面，可能让"猎身"再无必要，人们无须离开计算机终端，就能向客户提供服务。穆尔蒂说，在他看来，全球化就是"从资本最廉价的地方获得资本，从人才最易得的地方招纳人才，在成本效益最高的地方从事生产活动，然后在各个市场销售，不再受国界的限制"。20世纪90年代，印度实施自由经济改革，开放通信产业，取消相关限制，通信成本也同时下降。1世纪时，人们发现季风的妙用，越来越多的商人借机来到印度海岸贩卖香料；如今，计算机和通信技术革新则创造新的机遇，服务外包、以电子技术为依托的国际交付模式也应运而生，这两种情况何其相似。20世纪90年代，高科技公司进入繁荣周期，大批光纤光缆沿海底铺设；后来经济泡沫破灭，导致光缆价格骤降。光纤网络所有人破产，出手甩卖名下的光纤网络，印度和新加坡的公司都是最大受益者。亚洲公司借机入手几乎崭新的光纤光缆信息高速公路，并且还能享受95%甚至更高的折扣。[93] 印度的电信巨头VSNL（Videsh Sanchar Nigam, Ltd.）只花了1.3亿美元，就从破产的泰科国际有限公司（Tyco）那里购入二手AT&T海底光纤光缆网络。当初原主人可是花了30亿美元才开发出这套网络的。[94]

我曾参观印孚瑟斯技术有限公司在班加罗尔（Bangalore）的厂区，厂区占地颇广，但是布局并不整齐，在这里，我亲眼看到了新时代的季风——光纤对商务的影响。光纤网络成就了远程贸易，公司为各地客户提供服务，距离本身已经失去意义。宽广而幽深的大厅能够容纳200人入席，那里有一面巨大的电视屏，覆盖整个墙面。通过电视屏，来自天涯海角的客户和工程师能够面对面地交流，就印孚瑟斯能够交付的各种产品进行磋商。而在绿树成荫的厂区的另外一头，还有另一座空调大厅，许多程序员坐在计算机终端机前,与之相连的客户的主机则位于法兰克福、伦敦和纽约等地。这些是印孚瑟斯公司为远在异国的客户开发的微调式软件应用程序,价值千万美元。位居世界500强的大型全球公司如今成了印孚瑟斯公司的客户。这家成立于1981年,初始资本仅250美元的公司,到2006年年初,市值约为220亿美元。

光纤光缆网络和便宜的网络电话(VOIP)让塞内加尔等国家的新兴创业者看到了商机,并在欧洲和非洲之间建立了全新的联系。长期以来,塞内加尔的出口产品主要是花生;最近,该国通过互联网出口由学业有成的青年人提供服务。在达喀尔(Dakar)的国际高级联络中心(PCCI),有一座用蓝色地毯装饰的呼叫中心办公室,那里摆放着成排的计算机,青年男女坐在发出幽光的计算机屏幕前,对着话机絮絮低语。线路那端的法国人并不知道,接电话的服务人员竟然远在约4000千米之外,身处另一个大洲。塞内加尔职员为法国公司工作,负责出售洗衣机,开展客户调查,并且回答和互联网相关的问询。"我们的要价和法国国内比,便宜20%~40%,我们凭着价格优势才打入市场。"公司的首席执行官阿卜杜拉耶·赛尔(Abdoulaye Sarre)坐在空调办公室里轻声说道。呼叫中心服务为法国消费者省了钱,而且让塞内加尔职员有机会加盟新兴的客户咨询业,不仅找到工作,而且薪资还超过国内平均水平。

从人类开始交换黑曜石和服装起,近5000年来,商人人数持续增多,他们穿越边境运送产品,产品种类持续增加,增长速度也令人瞩目。从亚述人普苏－肯到犹太人亚伯拉罕·易尤，从托迈·皮雷斯到德拉洛克，从史蒂夫·乔布斯到纳拉亚纳·穆尔蒂，商人一直在持续扩充待售货品，进入更广阔的市场，并且将世界连为一体。对利润的渴求促使他们找寻更快、容量更大的交通方式，更快捷、更精确的支付手段。私人计算机日渐普及，而且其处理能力持续增强，光纤电信速度跃升，多管齐下，刹那间就彻底抹去了空间距离的不利影响，为新的商务和产业类型打下基础——在新型商务和产业中，地理因素已经不再构成任何障碍。从亚马逊到"旅游城市"旅行社，成千上万的电商网站如雨后春笋一般涌现，迎合消费者网上购物的喜好：他们舒舒服服地待在家中或办公室里，就能够购买书籍、电子产品，甚至还能订购假日游配套服务。1995年，"易贝"（eBay）问世，典型的"旧"货交易中，竟出现了新生事物：全球互联网跳蚤市场。和历史上那些集市商人一样，普通人现在也能进入全球联网的在线社区，尽量把二手家电、经典电影海报和小件饰品卖给出价最高的人。在线支付系统美银宝（PayPal）投入使用，成为银行和卖主的中介，于是，世界上的任何人，在任何地方，只要开通了银行卡或信用卡，就能出价购买你打算扔掉的旧书或照相机。

我不费吹灰之力，就买到了那部iPod——它由许多国家生产的部件组装而成，不到48小时，联邦快递就把它送到了我家（尽管我家在远隔万里的纽黑文）。这不过是个小例子，反映出数千年来持续发展的全球市场的今日风貌。正如马丁·凯尼（Martin

Kenney）所说，我们现在购买的制造业产品，都是跨国旅行的最终成果，旅途虽然像"奥德赛"那样漫长，但是由于组织者精心编舞，其中每一环节都丝丝入扣。[95] 同时，无比畅通的跨国支付清算系统已经出现，我也因此受益，使用个人信用卡就能购买 iPod，这个系统扫除了长期存在的贸易障碍——从罗马时代到英属荷属东印度公司时期，商人一直受其掣肘。在替我运送这台 iPod 的时候，商人不必再出门寻找骆驼骑手，或是荷兰弗鲁特船主，也不用等待季风。尽管我买的也是在万里之外制造出来的产品，但是再也不必大费周章，因为我有一台个人计算机，一个连接互联网的端口，一张信用卡，以及一个家庭地址——有了这个地址，联邦快递小白车就能按图索骥，免费送货上门。

第 3 章　内藏乾坤

The World Inside

人世间的产品，无论它来自何方，只要被我们理解，为我们喜爱，那立刻就成了我们的了。

——拉宾德拉纳特·泰戈尔（Rabindranath Tagore）1921 年 3 月 13 日致安德鲁斯的信

约 150 年前建成的西雅图市一直是座宁静的"翡翠城"，但是 1999 年 11 月，该城历史上最严重的骚乱骤然降临。位于蓝色太平洋之滨的西雅图被世界贸易组织定为首次峰会的主办城市，自那之后，组织者就清楚：难保不出乱子。形形色色的抗议者来自世界各地，其中有工会成员，也有学生、农学家和环保人士，他们一直计划在西雅图集会，强烈抗议全球化。克林顿政府为能主持峰会而感到自豪，而抗议者则希望政府能清醒地意识到：政府鼓励自由贸易，促进全球化，但是人民却因此受害。发展中国家面临持续的压力，被迫开放市场，这让原本富有的跨国公司攫取更多利益，但是除了他们，世界上任何人、任何事都深受其害。发达国家的工人持续失业，只因为印尼这样的国家的车间工人接手了这些工作。公司贪婪地追逐利润，蚕食鲸吞地球上的热带雨林区；捕鱼船只在海洋中拖着渔网，往来巡行，其捕捞量越来越大，导致海龟濒临灭绝。难道西雅图不正是抗议者表达愤怒的最佳舞台吗？这里正是美国最强势的国际化公司的大本营，波音、微软和星巴克均汇聚于此。

西雅图当局和联邦官员了解到，抗议者正在筹划一场5万人"反全球化大动员"，企图"让西雅图停摆"。官方已经召集数万执法人员，计划将示威者挡在会议大楼之外，因为世界各国领导人和世界贸易组织官员将在那里举行会议。但是西雅图官方没有预料到，在峰会开始之前的那天晚上，抗议者就会发动攻击。

当晚，城市陷入骚乱之中，会议随即被迫取消：尽管华盛顿州会议和贸易中心已清场，警察手持催泪瓦斯枪和胡椒喷雾器，严阵以待，但是，会议和贸易中心入口处其实无惊无险，难忘的一幕反而在西雅图商业区内上演。当时亿万电视观众正在屏幕前观看这出"惊变"戏码：有个年轻人抄起一个垃圾桶，砸向星巴克咖啡店的玻璃门。有位上年纪的妇女刚巧路过，责备地说："住手。你让我们的城市和国家蒙羞。""我这是正当防卫！"抗议者嚷道。"你防谁呢？玻璃啊？"妇女惊诧莫名。[1]

那一天，西雅图成了战场，而全国性电视台在黄金时间播放抗议者打砸公物的场面，这也让数万态度严肃的全球化批评者颇为尴尬。但是，大规模的抗议导致世贸组织会议被迫取消，也在世界范围内敲响警钟：在示威者看来，全球化意味着令人无法容忍的不平等。"全球交流"（Global Exchange）组织参与了西雅图抗议活动，它一直敦促星巴克和其他主要咖啡批发商从小生产者手中，用公平的贸易价格购买咖啡，但是并未奏效。全球交流组织建议的公平贸易价格为一磅1.50美元，而公司购买一磅咖啡豆，实际的支付价格仅为50美分。该组织认为，正是其中的差额让大公司牟取暴利，却让小生产者贫困潦倒。

世贸组织西雅图峰会成了令人难忘的历史事件：星巴克专营店以及其他跨国公司店铺遭到破坏，场面触目惊心。但是，参加示威的抗议者有来自各地的工人、农民、学生和专业人士，他们的怨愤其实不尽相同。美国工人出现在示威群众之中，有的来自钢铁厂，有的来自纺织厂，他们抗议低成本厂家的"倾销"行为；环保和人权组织也加入示威人群，他们反对污染，反对剥削外国劳动者——其中就有种植咖啡的亚洲和拉丁美洲农民。

事实上，西雅图的抗议活动突显了全球化的两面性。千百年来，远程贸易持续发展，就连生活必需品也成了外贸商品，这实际上将整个世界紧紧钩织在一起。一个地方种植的棉花，在另一个地方织成衣物；肯尼亚人采摘咖啡豆，累得腰酸背痛，创造出的利润却养肥了纽约和伦敦的咖啡零售商。出于基本的人道主义，人们同情低薪工人和当地小生产者，这种同情让世界人民的关系更密切。对于异国的咖啡种植者的不幸遭遇，人们感同身受。此外，公司"偷走"美国人的工作，送进发展中国家的工厂，这也让他们愤怒。"团结起来"（UNITE）是美国最大的纺织行业工会组织，它倾尽全力发出抗议呼声，谴责世贸组织鼓动工作岗位外流。当然，由于通信技术革新，全世界亿万屏幕都在放映西雅图骚乱的场景，全球意识也因此诞生：全球人都知道，反全球化运动风起云涌，而这种全球意识，偏偏也是全球化的产物。本章将会记述一些日常商品的故事，读者将从中看到，我们穿的衣服、喝的咖啡，以及推动信息时代的无处不在的微芯片，如何从世界交流中产生，而这种互联互通的全球关系，又是数千年间贸易往来、军事征服和实体世界探秘过程中形成的产物。棉花、咖啡和微芯片逐步普及，一个互相依赖、互相连接的世界也同时诞生。因美国棉纺工作岗位流失，从西雅图传来抗议的呼声。其实，从许多方面看，他们的愤怒和绝望都似曾相识：17世纪，在英国，织工也曾袭击东印度公司办公室；一个世纪之后，被工业革命和英国关税剥夺生计的印度织工则在沉默中消失。咖啡从它的家乡非洲之角走向世界各地，也曾掀起风波：这种黑色饮料的享用者和抵制者同样情绪激动，基督教牧师、苏丹，甚至那些因丈夫沉湎咖啡屋不肯回家的家庭主妇都忍无可忍，视咖啡为祸水。当然，他们的愤怒各有缘由，和那些在西雅图攻击咖啡店的破坏者不能混为一谈。但是，16世纪，奥斯曼土耳其人的卫队洗劫了伊斯坦布尔的咖啡店，并没有受到全世界人的关注，而西雅图的抗议活动，就通过卫星电视和互联网在世界各地激起回声。所有精巧的电子产品中，都藏着薄薄的硅片，即微芯片，它才是幕后"黑手"，它推波助澜，让反对全球化的抗议活动演变为世界级现象。但是微芯片本身，也是数千年来人类不懈探索并开展全球交流的产物。微芯片虽然是两位美国人发明的，但其实是"世界制造"。读者将发现，日常用品如棉花、咖啡和微芯片，都在述说类似的故事，展示全球化推动者如何逐步建设互联互通的世界。英特尔的商标无处不在，上面贴着英特尔的标语："内藏英特尔"（Intel Inside）。笔者现学现用，从全球化角度解读棉花、咖啡和微芯片——小小商品，"内藏乾坤"。

棉花比货币还好使

我们的祖先曾尝试使用野兽皮毛、树皮、编织草以及各种植物纤维遮蔽身体，但是最终还是选择了棉花。植物学家告诉我们，在旧大陆和新大陆上，人们分别培植出棉属植物（genus Gossypium）——今天，我们生活中所用的织物纤维实际上全部来自棉属植物，比如衬衣、鞋带等织物。但是，直到哥伦布远航之后，北美洲之外的人才知道陆地棉这一物种。自那以后，陆地棉被推广到世界各地。如今，90%的棉产品由陆地棉制成。在旧大陆，人类历史上最初的4000年间，棉花这种昂贵的商品大多产自印度和埃及。

公元前 2300—前 1760 年，在印度次大陆的印度河谷，人们将野生棉（棉花一词，源于阿拉伯语"qoton"）培育成种植棉。邻居们很快发现，印度人掌握了棉布编织以及染色技术——印度人染成的布料不易褪色，他们开始派遣船只和骆驼商队去印度，用金银和宝石换取布料。公元 1 世纪时，乘季风之便，船只漂洋过海来到印度，和当时已经常见的骆驼商队一起，从事纺织品贸易。

公元前 1 世纪时，中国人就已经知道，可以用各种棉属植物生产棉花，但是，中国传统的纺织工业广泛使用麻纤维织布，满足大众的需求。直到公元 10 世纪，从东南亚引进的印度棉花才成为中国一种重要的经济作物。[2] 14—15 世纪，中国开始大规模生产棉布，棉文化也从长江流域推广到韩国和日本。[3] 但是，从一开始，皇室权贵使用的丝绸就是中国的主要出口产品。相比之下，印度则开发出各项棉纺技术，比如使用植物染料，染出的棉布不易褪色，用木雕模子生产印花布料等，所以，棉布一直是印度的主要出口产品。印度人不仅掌握了棉花脱籽（清除棉籽，留下纤维）和纺线技术，而且还使用竹子和木头制成手摇织布机。印度纺织纤维被推广到外地，基础技术也广泛传播，各地的人们和印度人一起，积极完善棉纺技术。种种迹象表明，尽管印度手纺车因圣雄甘地（Mahatma Gandhi）而风行一时，并成为印度民族精神的象征——印度人民在反殖民斗争中坚持"自力更生"，但它其实是 13 世纪时从波斯引进的"舶来品"。印地语中，手纺车叫"Charkha"，这个单词就源自波斯语。[4]

织布技术以及人工培植的棉花品种都从印度传播到其他地方。伊懋可（Mark Elvin）是研究中国技术史的专家，他写道，中国"不仅引进棉花，同时还引进轧棉机，它们可能来自印度，不过很快中国人就发明了纺车，它带有多个纺锤，通过脚踩踏板带动"。[5] 到了宋朝（960—1279），棉布纺织技术已经日臻成熟，中国船只也因此用上了帆布船帆。[6] 17—18 世纪，棉布纺织已经成为中国最大的产业。无数农户从市场上购买未加工的原棉，或纺线，或织布，挣钱贴补家用——这点儿钱又往往用来缴纳赋税。

早在 600 年时，棉花从印度传入伊朗，又从伊朗传到叙利亚、塞浦路斯、西西里、突尼斯、摩洛哥、西班牙等地，最终传至埃及。[7] 到了 10 世纪，阿拉伯人已经将棉花文明传播到更远的西方国家葡萄牙。尽管公元后第一个千年之内，棉花已经传至四方，但是除埃及和印度之外，人们纺棉织布，主要用于国内消费并补贴现金收入。高质量的棉布仍然依赖进口。在伊斯兰教朝圣活动期间，吉达（Jidda）和麦加都会举办一年一度的盛大棉布交易会，那里出售的大批纺织品一直来自埃及和印度。[8] 工业革命之前，印度产的纺织品一直是世界上销量最大的主要制造业出口商品。1700 年，印度国内生产总值（GDP）几乎占世界各国总量的 25%，其中贡献最大的就是棉纺织品。从那以后，国内生产总值世界第一的桂冠转而落到中国头上，但是纺织品出口仍然几乎被印度垄断。到了 20 世纪，中国也有了纺织厂，并能利用丰富的劳动力生产出大量布料，从此改变了印度一家独大的局面。

尽管自罗马时代开始，印度的棉纺织品就是红海、阿拉伯海和印度洋贸易中人人觊觎的紧俏商品，但直到 1498 年达·伽马劈波斩浪，开辟出对亚洲贸易的运输航道之后，欧洲人才发现印度棉花的价值。即使那时，与用来制衣的布料相比，葡萄牙人对绣着精美花样的孟加拉棉被更感兴趣。葡萄牙亨利国王派人送给摩洛哥苏丹的礼物中，就有"孟加拉绣花床罩"。[9] 但是很快，来到亚洲购买香料的荷兰和英国人就意识到，为了买到香料，他们需要印度棉纺品，它才是天然的流通货币。荷兰人还把印度靛蓝格子布出口到非洲，然后换购奴隶运到新大陆。奴隶们总是裹着这种印度蓝色棉布，它后来被称为"悲伤布料"。[10]

数世纪以来，欧洲人一直穿亚麻和羊毛做的衣服（穿丝绸料子的富人不在此列），但是他们终于发现了棉花的妙处。棉布轻便耐洗，色泽鲜艳，经久不褪，一时深受追捧。尽管数百年来，印度纺织技术基本上原地踏步，印度棉花制造业仍然欣欣向荣。只因为越来越多的工人在敦促之下，开始种植棉花、生产布料，棉纺业繁荣的局面才得以持续。产品精细化发展确实取得了进步，但也仅限于布料和设计。在古吉拉特邦和科罗曼德尔海岸（Coromandel Coast）有许多村庄，全村人都专门从事纺织品生产。劳动者接收原料和预付现金，在规定时间内，提供一定数量的货物。他们在村舍里用自家的纺车纺出棉纱，成队的牛车将棉纱运到海边城镇和港口的车间里，那里有许多台手摇织布机，车间工人用这些织布机制造出纺织成品，然后这些成品再次从这些海边城镇和港口出发，出口欧洲。印度纺织品不仅质量精良，而且颜色鲜亮，图案生动活泼，所以深受欢迎。印度人早已掌握了相关工艺，能够制造出色泽鲜亮的植物性染料，而且水洗之后，这种染料也不会褪色。印度棉商发现，国际市场上印度纺织品需求旺盛，于是根据欧洲人和亚洲人的品位，迅速推出图案和色彩风格各异的纺织品。[11] 买家分布在世界各地，印度尼西亚、尼日利亚等，不一而足。这些买家会提供带有当地花样的设计，商人会把这些设计带回印度，让印度织工依样生产，下个季度再向买家交货。[12]

别用印度的线

　　印度萌发的原始资本主义生产制度和欧洲出现的"家庭包工制"（服装商人雇用农民加工并纺织他们自家的羊毛）颇为相似，既然这种制度已经萌芽，那它就有可能被广泛采用，以满足不断增长的需求。英国对印度纺织品的需求如此旺盛，以至于其贸易逆差居高不下——其实，大约1700年前，罗马历史学家普林尼怨愤的不也正是罗马对印度的贸易赤字吗。[13] 1750—1759年，东印度公司进口价值900万英镑的货物，其中大部分是棉布，出口价值2600万英镑的金条。[14] 1695年，意大利旅行家杰梅利·卡雷里（Gemelli Careri）来到印度，他声称，全世界流通的所有黄金白银最终尽入莫卧儿王朝彀中。16世纪，新大陆出产的白银约为1.7万吨，其中约6000吨被用来支付欧洲的进口货物，最终流入印度。[15] 在贸易高峰期，即18世纪初，印度每年出口到世界各地的精纺和粗纺织品约合2700万米。[16] 印度产品雄霸纺织品市场，让英国的丝绸和羊毛织工又忧又惧。罗马时代，人们以捍卫道德为理由（比如，某些女士身着薄衣，举止放荡，简直令人发指），禁止进口丝绸。数世纪之后，英国人找到另一个绝妙的理由禁止进口棉布：捍卫宗教信仰。在《英国得自对外贸易的财富》（1664）一书中，托马斯·孟（Thomas Mun）力劝基督徒保持虔敬之心，不要穿异教徒制造的棉纺品。[17] 抗议之声四起，工人骚乱频发，最终英国通过1701年棉布法案（Calico Act of 1701），禁止进口、穿戴部分印度纺织品。但是，抗议并未停止。印度棉纺品之祸激起公愤，斯皮塔福德镇骚乱就是其中一例。历史文献记载如下：

> 人们争相穿戴印度白棉布和印花亚麻布，这种风气逐日盛行，导致了1719年的严重骚乱。6月13日，约4000名愤怒的斯皮塔福德镇织工走上城镇街头，只要看到身穿印度白棉布或亚麻布的女性就一哄而上，把墨水、硝酸和其他液体泼到她们身上。镇长大人在训练公会（Trained Bands）

襄助之下，制服了骚乱者，其中有两人被掷弹骑兵（Horse Grenadiers）控制，押入马夏尔西监狱（Marshalsea Prison）。卫兵刚刚撤离，织工暴民迅速再次纠集，只要看到有人穿白棉布礼服，就上前撕扯。[18]

1720年，英国通过第二份棉布法案，全面禁止印度棉纺织品贸易，但是收效甚微——仅仅让走私越演越烈。印度白棉布深受英国消费者喜爱，要解决难题，显然只有开始在本地生产同样的布料才行，但是这个方案在实施过程中，却又遭遇了新的困难。欧洲工资比印度工资高出6倍，欧洲制造的布料根本无法和印度进口布料竞争。人们开始探索新技术，降低对劳动力的需求，一系列发明随之问世，最终，1771年，在克罗姆福德（Cromford），一家由水力驱动的棉纺厂开工。工业革命正式开始。柴郡成为新工业时代的象征，那里有"暗无天日的工厂"，而其首府曼彻斯特既是营销中心，也成为"第一个全球工业城——作为'国际棉都'，曼城工业体系的触角伸向全球各地"。[19] 尽管仍然需要许多工人操作机器，但是由于生产速度快、产量高，英国新工厂摧毁了印度之前一直享有的廉价劳动力优势。仅仅14年时间（1814—1828）内，印度出口英国的布匹骤降三分之二，而具有规模效益的英国纺织品挟关税政策之利，对印度的出口量增长超过5倍。[20] 印度历史上，第一次出现大量公民身穿进口衣料的局面。成千上万从事纺织品经营的印度村民生计无着。1835年，印度总督威廉·本廷克（William Bentinck）在一份机密报告中写道："（印度织工）苦难深重，在商业史上恐怕也是绝无仅有。棉花织工的累累骸骨，染白了苍茫的印度平原。"[21]

棉花之王和他的奴隶

工业革命对美国棉花农场主造成的影响则恰恰相反——英国工厂需求旺盛，美国棉花供不应求。由于从原棉纤维中摘除棉籽这一过程必须手工完成，这道"慢工出细活"的工序限制了可用于出口的棉花数量。1793年春天，一位耶鲁毕业生到佐治亚州棉花种植园度假时的一项偶然发明，扫除了这一障碍。伊莱·惠特尼（Eli Whitney）的手动式轧棉机问世后，一个劳动力一天就能生产约25千克净棉。工艺提速产生了惊人的效果，就在惠特尼发明出轧棉机之后，一年内美国棉花的出口量暴增了10倍。接下来的二十几年里，棉花出口量从约72.5万千克增至约158.7万千克。轧棉机刺激了棉花需求量，棉花的地位堪比国王。棉花种植大行其道，其他庄稼几乎不见踪影。同时，非裔奴隶人口也迅速增加，女奴尤其抢手——据说她们摘起棉花来，动作更灵巧。1800—1810年，美国奴隶的数量增加了三分之一，后来几年又增加了三分之一。由于性别构成发生变化，美国奴隶人口很快跃居西半球第一位。[22] 数十年后，要求取消奴隶制的呼声高涨，当时有位参议员詹姆士·哈蒙德（James H.Hammond）顽固地维护奴隶制。1858年3月4日，他在美国参议院口出狂言："你们不敢向棉花宣战！地球上还没有任何一股力量胆敢向棉花宣战。棉花是国王。"

　　这位留下"名言"的参议员并没说准：他话音刚落，美国内战爆发，奴隶制真的宣告终结。但是，战争导致棉花短缺，棉花国王乘势向全球挺进。棉厂厂主寻找能够供应棉花原料的替代性产地，造成两大直接后果：对印度棉花的需求再次上升，美洲陆地棉被引进至埃及和巴西。美国内战成为埃及历史上的重大事件：战争期间，下埃及的肥沃土地有40%改种棉花。但是当内战结束时，由于棉花价格下跌，这些新棉农刚刚发了意外之财，就立刻陷入困境。而在巴西，据相关史料记载，由于自然灾害和随之而来的棉花歉收，50万人死于饥饿和疾病。国际市场上棉价降低到底对种植者造成了多大的影响呢，对此历史学家们说法不一，但是棉花史学家斯文·贝克特（Sven Beckert）指出："最起码，世界市场一体化让身处异地、相隔万里的人们面临更严重的经济不确定因素。新形势下，他们的收入，或曰他们的生死，都和浮动的国际价格挂钩，但他们几乎没有办法控制价格的浮动。"[23] 仔细观察西雅图的抗议者，我们不难发现，一个半世纪之后，棉花的全球化对美国产生了完全不同的影响：美国的棉农享受政府补贴，所以他们安静地待在家中；而美国纺织厂工人却因纺织品进口而遭受失业威胁，所以他们走上街头抗议。在西雅图事件中，看不到来自非洲马里（Mali）的示威者——他们没有就接受高额出口补贴的美国棉花大声抗议。

如今，除了这些传统的棉花种植地区，在非洲国家，棉花也成为重要的经济作物——当初，欧洲殖民统治者将棉花引进非洲。在西非和中非各国，棉花出口占出口收入的30%，约有百万农民靠种植棉花维持生计。后来，他们的生计因美国棉花补贴而面临威胁，一时民怨沸腾，反全球化思潮盛行，贸易谈判也因此失败。（下文将介绍详情。）咱们暂且不提这些棉花种植者，先看看由棉花驱动的工业革命如何将世界联结在一起。

美国棉花种植业的兴起，标志着英国纺织品霸权开始衰落。18世纪后期，在阿克赖特（Arkwright）水力棉纺厂有个名叫塞缪尔·斯莱特（Samuel Slater）的学徒，他不顾英国的技术出口禁令，记下棉纺厂技术细节之后，乘船来到美国。1793年，斯莱特在罗得岛州波塔基特市（Pawtucket）建起首家美国棉纺厂，利润丰厚。由于棉花供应充足，又有一系列的发明问世，而且采用了先进的管理方法，美国迅速戴上了世界纺织品制造王冠。衣料生产机械化之后，裁剪和服装制造也实现机械化。1755年，英国政府为用于机械缝纫的针颁发专利。100年后，美国企业家艾萨克·辛格（Isaac Singer）才利用伊莱亚斯·豪（Elias Howe）开发出的技术，在市场上出售首批缝纫机。早在1846年，伊莱亚斯·豪就申请了此项专利。其实在法国，早已有人尝试申请缝纫机专利，但是遇上了麻烦。法国裁缝巴泰勒米·蒂莫尼耶（Barthélemy Thimonnier）就是那位发明家，当地一群裁缝同行因为害怕丢掉工作，聚在一起烧毁了他的服装厂，而发明家本人也差点儿被这群愤怒的暴民杀死。[24] 纵火案过后，蒂莫尼耶穷困潦倒，但是同为缝纫机发明家的美国人却赚得盆满钵盈。豪和辛格成了百万富翁。到19世纪中期，成衣制造业悄然萌芽——那时，服装制造商为水手缝制制服。[25]

美国纺织业最初使用初级能源，如水力和煤，后来升级为更高效的加工能源，如内燃机和电能。因此，纺线、织布等工序加快。但是，服装制造技术基本上并无变化。手摇式和脚踏式缝纫机逐渐被电力驱动的多功能缝纫机取代，但是单件服装依然需要手工缝制。所以，服装制造也顺理成章地成为雇工最多的现代经济行业之一。它为新兴的经济体提供了加入全球供应链的机会。这些新兴经济体负责成衣制造过程中各项不同的操作环节，比如纺线、钉扣子等。2000年，印度和美国分别雇用了150万和80万纺织品和服装制造业工人。[26]

为了寻找更廉价的劳动力，美国纺织工业不停南迁，从新英格兰搬到北卡罗来纳，再搬到加勒比地区，最终越过太平洋，进入各个嗷嗷待哺的新兴经济体。在美国，每小时工资高达10美元，而在越南，则低至20美分。但是西方的人权和劳工组织，以及西雅图的示威者声称，由于大公司主导全球化，美国的商店中充斥着来自血汗工厂的产品。

供应链和血汗工厂

20世纪60年代以来，越来越多的纺织品生产和服装制造工作岗位转移到印度、孟加拉国和斯里兰卡等发展中国家。发展中国家在世界衣料出口总量中所占的份额成倍增长，20 世纪 70 年代早期为 30%，20 世纪 90 年代中期则为 60%。[27] 1974 年，为保护发达国家的纺织业，压制低工资国家的竞争力，《多种纤维协定》（MFA）出台，这是个复杂的体系，为几乎 50 个国家规定了进口配额。该协定起到了限制传统出口大国并吸纳较小国家进入国际市场的作用——无意间带动了更多国家实现全球增长。这一配额制度强迫服装供应商分散采购，从而催生出涉及面更广、更复杂的供应链。例如，利丰服装公司就是"分散制造"领域内的先锋。公司的纱线可能是从韩国采购，在中国台湾纺织并染色，然后装运到有规定配额的国家，如斯里兰卡、柬埔寨或菲律宾等，完成衣料缝纫和拉链安装等环节，而这些拉链又由日本公司制造。公司出品的成品裤子可能缝着"柬埔寨制造"的标签，但是这些裤子其实是全球参与制造的产品。[28] 由于供应链上的各项任务分配给了不同的国家，配额制还起到另一个作用——它让许多国家都能分享到纺织品利润。到 2004 年年底，全世界约有 4000 万人加入到总值达 3500 亿的服装贸易行业中来，而这些人大部分来自发展中国家。像孟加拉国这样的国家，尽管曾因生产出世界上最精致的平纹细布（muslin）而名噪一时，但是也可能被挤出世界市场。幸亏有配额制的保护，孟加拉国的服装出口 1983—1984 年约占其出口总额的 4%，1999—2000 年时，竟增长至 76% 左右。孟加拉国的服装出口业为 150 万工人提供了就业机会，其中大部分为妇女。

但是 MFA 体制也存在严重的问题。由于实行配额制，原产地标签实际上成了最重要的商品，于是有些无缝不钻的出口商要了无数花招。由于"美国制造"是一条金字标签，美属萨摩亚群岛（American Samoa）成了某些纺织品出口商心中的"宝地"，比如，大宇萨（Daewoosa）制衣厂就曾把廉价劳工带到岛上，为 J. C. Penney、Sears 和 MV Sport 等商家缝制服装。有些越南女工逃离厂区，出面告发时，真相才被媒体披露：工人遭受肉体摧残，工资被克扣，其住宿和饮食条件恶劣。[29] 世界银行和国际货币基金组织（IMF）的经济学家估计，纺织品和服装贸易壁垒已经让发展中国家损失 500 亿出口收入，夺去了发展中国家 2700 万工作岗位——或者说，为了让富裕的国家保留一个工作岗位，发展中国家就得损失 35 个工作岗位。

但是，2005 年 1 月配额制结束时，面临威胁的，不仅有之前受保护的发达国家工人，而且还有发展中国家在"配额调剂"操作中获得的微薄利益。而印度之前一直被配额所累，它在世界纺织市场所占份额可能从 2002 年的 4% 升至 17%。

但是，由于消费者之前被迫高价购买受配额限制的进口产品，配额制结束也就意味着消费者能享受到更低的价格。据《金融时报》报道："美国消费者年支出估计为 700 亿美元，而贫困家庭负担最重，因为他们的收入大部分用来购买衣物。美国纺织服装业靠配额保住的每个工作岗位预计让消费者平均损失 17 万美元。"[30] 也许美国纳税人情愿付出这样的代价保住 2.5 万名美国服装工人的工作。无论如何，那些去西雅图抗议的工人并不觉得这个理由有任何意义。尽管对发展中国家而言，配额结束造成的后果并不像预期的那样严重，但是 2005 年 1 月，欧美纺织业和劳工再次发出激烈的抗议之声。美国和欧洲援引世贸组织的保障条款，在 3 年内为一些国家的出口商品设置了限额。西雅图的抗议者暂时达到了目的，延缓了全球化进程。但是，如果我们相信美国农业部分析师的预测，那该来的终究会来："纺织品和服装行业若是保持目前的岗位流失速度，那么到 2014 年，美国纺织行业将不复存在。"[31]

嬉闹的山羊

6 年后，那些抨击星巴克商店的示威者想来会为一则新闻感到高兴：咖啡的故乡埃塞俄比亚逃过一劫，没有被这个招人憎恨的连锁企业侵占。在亚的斯亚贝巴（Addis Ababa），一家"山寨"咖啡馆开张，其室内装饰借鉴了星巴克的风格，就连工作人员穿的绿色围裙也和星巴克类似，但是那里的拿铁咖啡价格却只有星巴克国际通行价格的五分之一。[32] 这家咖啡馆名为"卡尔迪"（Kaldi），这是传说中咖啡发现者的名字——正是这个牧羊人在一种不知名的红色果豆中发现了具有神奇力量的咖啡因。星巴克是借助国际化风潮上位的娇子，同时也是招人憎恨的"反面典型"，但事实上，咖啡早已从埃塞俄比亚的山坡走出，以不同面目出现在世界各地，而星巴克只是最近的一个例子而已。

尽管咖啡树被冠以"阿拉比卡种小果咖啡"（Coffea arabica）之名，但它原本是埃塞俄比亚山坡上生长的一种野生灌木。15世纪，也门人开始培植咖啡树，它才逐渐为人所知。传说中，很久以前，牧羊人卡尔迪在埃塞俄比亚西南部的卡法（Kaffa）省发现了咖啡树。傍晚时分，卡尔迪上山赶羊回圈，却发现那群羊异常兴奋，欢蹦乱跳、抵角相斗，根本无心返回。原来，这群羊正在吃一种红色浆果，卡尔迪自己也尝了尝，就明白了羊儿为什么如此兴奋：浆果刚刚入口，一股刺激又快意的感觉就迅速从舌头传遍全身。[33] 有些学者坚持认为，"咖啡"得名于"卡法"——也就是咖啡被发现的地方。[34] 海因里希·埃德尔德·雅各布（Heinrich Eduard Jacob）在《咖啡：一件商品的史诗》（*Coffee: The Epic of a Commodity*）一书中，讲述了另一个版本的山羊故事。这个故事中，咖啡的发现得归功于也门的伊斯兰教教徒。牧羊人向沙孜林耶道堂（Shehodet Monastery）的伊玛目报告说，山羊吃了一种红色的浆果之后，行为怪异，像是"中了邪"，伊玛目承诺会调查此事。伊玛目烘烤这种浆果的果仁，经热水冲泡后饮用。"只片刻工夫，"雅各布写道，"沙孜林耶道堂的伊玛目就陷入沉醉之中，但是这种感觉和周围人经历过的沉醉状态都不一样。……当时……他飘飘欲仙，几乎脱离了身体的桎梏，精神却异常活跃，心情无比愉快，头脑分外清醒。他不仅在思考；他的想法变成了具体的形象，清晰可见。"很快，伊玛目就用这种颜色发黑、口味偏苦的饮料招待虔敬的苏菲派（Sufis）教徒，让他们在午夜晚祷之前享用。[35] 让·德拉洛克是位法国商人，他漂洋过海到也门采购咖啡，他这样描写漫漫祷告长夜之前的咖啡饮用仪式："咖啡盛在红色陶罐里，由教长亲自斟入杯中，再亲手端给这些苦修教徒，而教徒则无比恭敬地领受。"[36]

感激之余，教徒们称其为"k'hawah"——活力饮料。[37] 这种黑色的饮料可能让苏菲派教徒想到了葡萄酒，所以在阿拉伯语中，这种饮料和"葡萄酒"同名。土耳其人则称其为"qahveh"，然后这个单词逐渐形成两种读法，即"kauve"或"cauve"，法语中的"café"和英语中的"coffee"则从这两种读音演化而来。还不到600年，这种"祈祷辅佐"饮品就发展为价值数十亿美元的产业，其从业人员来自55个国家中的2000万个家庭，让无数消费者因此享受到这种美味的提神饮料：这分明是个极简版全球化故事。星巴克创建于1971年，到2006年时，它采用独立经营或特许经营模式，开设有一万多家咖啡门店，遍布全球30多个国家。在某些美国大学校园内，图书馆旁就设有出售星巴克的摊位，帮助学生在熬夜苦读过程中保持清醒——这和也门沙孜林耶道堂内那些苦修教徒的情况何其相似！

咖啡发现的具体时间已经无法考证，但是历史告诉我们，到13世纪时，出售这种饮料的阿拉伯咖啡店就已经深受青睐，甚至在麦加也不例外。那时候，咖啡被称为"kaveh kanes"。这个名字可能就是惹祸的根源——咖啡遭到麦加总督的斥责：这位总督年轻而又热忱，他认为咖啡店对社会造成了邪恶的影响，所以下令关闭咖啡店。嗜饮咖啡的人们弹奏音乐，喧闹至深夜，当官方禁止他们聚众喧哗时，他们甚至掀起骚乱。雅各布写道："据记载，许多妇女因咖啡而抛弃丈夫，因为男人安然端坐，彻夜不眠，享受着这种刺激的饮料，根本没有和妻子同床共枕的欲望。"[38] 但是开罗的苏丹既是总督的上司，又是咖啡店的常客，他要求总督收回成命。在麦加，这场斗争以咖啡的反对者的失败而告终。[39]

奥斯曼帝国时期，咖啡更是大行其道，所以在欧洲人心目中，咖啡永远带有东方的奢靡和奇异风情。尽管咖啡也有刺激性，但是与伊斯兰教明令禁止的葡萄酒不同，咖啡并未对社会造成消极影响。咖啡豆易于运输，还能持久保鲜。最重要的是，咖啡在任何时候都是社交聚会的焦点。

美味饮料到达欧洲

16世纪时，奥斯曼帝国征服也门，首次品尝到了这种饮料的滋味，而咖啡也从此踏上全球之旅。1554年，一位来自叙利亚阿勒颇（Aleppo）的商人和另一位来自大马士革的商人合伙在伊斯坦布尔开了市内第一家咖啡店。咖啡文化很快红火起来。悠闲的绅士、需要放松的男士、教授和诗人蜂拥而至，在咖啡店内流连。他们在咖啡店里读书，玩西洋双陆棋，欣赏诗歌。他们被戏称为"知识学派"（mekteb-i-irfan）。拉尔夫·哈托克斯（Ralph S. Hattox）在他所著的咖啡史书中写道，咖啡店不仅是众人消遣的去处，而且为社会注入全新的生活风尚。咖啡店让每个人在一天中的任何时候，都有机会"出门逛逛"，人们因此形成新的社交风尚——咖啡店出现之前，这种风尚简直匪夷所思。[40] 奥斯曼帝国征服欧洲之后，这种社交风尚又传播到欧洲各国。

在意大利，苦咖啡的魔力令虔诚的基督徒感到忧虑。1592年，越来越多的基督徒嗜饮这种饮料，神职人员为此争论不休，教皇克莱门特八世（Clement VIII）应邀解决争议。在做出裁决之前，教皇轻啜一口咖啡，大加赞叹。[41] 当时在欧洲，葡萄酒和啤酒碰巧是最常见又安全的饮料，咖啡的醒酒功能也不容小觑。但是，尽管咖啡已经获得教皇的首肯，17世纪，埃塞俄比亚教派（Ethiopian Church）仍然禁止基督徒饮用咖啡或吸食烟草（当时已经从新大陆引进），因为这些都是异教徒的习惯。[42] 但是在欧洲，饮用咖啡渐成时尚。

在开罗，尽管咖啡抵挡住了责难，但是更严峻的斗争还在后面。狂热的乌理玛每隔一段时间就对咖啡大加申斥：这种邪恶的饮料让人们沉溺于欢愉之中，却远离祷告。1640年，伊斯坦布尔城中所有的咖啡店被砸毁，店主则被关进监狱。[43] 但是不久以后，烟雾缭绕的咖啡店又迅速回归，更有甚者，在欧洲，土耳其风味的咖啡风行一时。

1650年，有位名叫雅各布的土耳其犹太人在英国剑桥开了一家咖啡店。咖啡的欧洲之旅称得上是"因祸得福",因为英国和荷兰东印度公司的商人在波斯遇到了麻烦。当时,伊朗的咖啡店门庭若市,令伊玛目颇为恼怒,他们认为,众人流连于咖啡店,无所事事地讲着下流笑话,根本不去清真寺,所以他们建议伊朗国王关停咖啡店,于是,伊朗和伊斯坦布尔的咖啡店遭遇了相同的命运。在伊朗投资咖啡店的荷兰和英国商人为了挽回损失,就把没卖完的咖啡存货运往英格兰。于是,雅各布的咖啡店在剑桥开张,哪知歪打正着,竟掀起一股咖啡热潮,咖啡店也如雨后春笋般冒了出来。学生、教授和知识分子都是店里的常客,所以这些咖啡店被亲切地称为"一便士大学"。在这里,只要花一便士点杯咖啡,就能学到知识。咖啡的喝法仍然是口味重,颜色深,入口前还得加糖。说到糖,克里斯托弗·哥伦布功不可没,他把糖带到了加勒比地区,后来,从异地掳来的奴隶劳工在加勒比地区种植甘蔗,蔗糖产量增大,不再是专属富人的奢侈品。乳糖耐受的欧洲人很快摸索出咖啡的新喝法:加入营养丰富的牛奶。[44]

其实,在咖啡中兑牛奶的喝法来自维也纳。1638年,土耳其士兵围困维也纳,但是攻城失败,士兵撤走时丢下成袋的咖啡,维也纳人就靠这些咖啡开了第一家"蓝瓶"(Blue Bottle)咖啡店。传说中,有个叫马可·达维安诺(Marco d'Aviano)的意大利人是维也纳城中一位卡普钦(Capuchin)教士,他琢磨着,可以在咖啡里面加奶油和蜜,化解苦味。维也纳人心存感激,将这种棕色咖啡取名为"卡布奇诺"(cappuccino)以示纪念——这种咖啡的颜色让人想起那位教士的长袍。

在法国，由于荷兰人将咖啡树作为礼物赠送给"太阳王"路易十四，所以这位国王一直能喝到本地自产的咖啡。这些宝贵的咖啡在凡尔赛宫中的植物园（Jardin des plantes）中生长，那里也是欧洲第一座温室。1669年，奥斯曼帝国大使造访法国宫廷，方才掀起咖啡热潮。大使苏莱曼·阿迦（Suleiman Aga）也成了风度卓绝的咖啡特使。后来，在一份1875年的英文文献中，记载着阿迦如何用咖啡、优雅风度和异国情调激起了巴黎妇女的仰慕之情：

> 在同样的情况下，如果一位法国人为了取悦女士，送给她们又黑又苦的酒水，那他从此会沦为笑柄，永无翻身之日。但是用这种饮料招待她们的是位土耳其人，而且是位颇具绅士风度的土耳其人，仅凭这一点，就让咖啡身价倍增。此外，她们还来不及品尝咖啡的味道，主人的排场已经让她们目眩神迷：优雅的气氛、整洁的环境，烘托出咖啡的高贵；盛放咖啡的瓷杯光彩夺目；瓷杯下面，垫着带有金色流苏的餐巾；这里的一切都别有韵味——家具陈设、服装衣饰、异国风俗，通过翻译和主人对话的新奇感，众人在瓷砖地板上席地而坐……你得承认，这一切足以让法国女人心驰神往。[45]

咖啡以及与之相伴的种种排场都成为时尚，巴黎上流社会刮起土耳其流行风——女士们戴上头巾，穿着蓬松的土耳其长裙，在地毯和软垫上慵懒地坐卧。咖啡不仅是一种饮料，还代表着一种生活方式。从新潮的咖啡沙龙到知识分子云集的咖啡馆，这种原本属于也门苏菲派教徒的饮料已经跨越时空，成为欧洲文化的一部分。客人究竟喝什么样的咖啡，也许并不重要；他经常光顾哪一家咖啡馆，这才是暴露身份的问题。1689年，巴黎第一座咖啡馆普蔻（Le Procope）开业，而这种新兴的咖啡馆文化从此将巴黎知识分子的生活和咖啡联系在一起。据说，伏尔泰（Voltaire）是普蔻咖啡馆的常客，他每天都要在那儿畅饮80杯咖啡。[46] 左岸（Left Bank）咖啡馆和知识巨匠［如让－保罗·萨特（Jean-Paul Sartre）］经常光顾的圆顶餐厅（Le Coupole）如今已成为巴黎地标。

　　在欧洲各地，咖啡馆如雨后春笋般涌现，人们对这种时髦饮料的需求也日趋增长，仅凭从也门摩卡港进口咖啡，已经不能满足需求。所有珍稀商品出口国都会采取措施防止技术外流，也门苏丹也不例外，他规定咖啡豆未经煮沸或烘烤不得出口。为咖啡疯魔的欧洲人想出了一个办法暗度陈仓。他们在雨水充沛的地方建立殖民地。但是，目前为人所知的第一个成功夹带咖啡出境的高手是巴巴·布丹（Baba Budan），他是个印度人。17世纪初，布丹设法从也门带走几粒未煮过的咖啡豆，并在印度南部建起种植园。荷兰商人很快加以效仿。他们在锡兰和印度尼西亚爪哇岛上种植咖啡。

在法国，咖啡热为商人让·德拉洛克的"印度公司"（Company of the Indies）带来滚滚财源——这家公司垄断了也门咖啡的法国出口贸易。所以，当公司了解到，加勒比马提尼克岛（Martinique）上的法国殖民当局正密谋派遣间谍去也门盗取咖啡豆时，不禁忧心忡忡。不过各方很快就想出办法解决了争端。

爱的咖啡豆

咖啡到底是如何走向加勒比地区的呢？这是一个家喻户晓的故事，故事弘扬了英雄主义和牺牲精神。1723年，法国军官加布里埃尔·马蒂厄·德克利（Gabriel Mathieu de Clieu）受命将一株咖啡树苗运至马提尼克岛。这是一株阿拉比卡豆咖啡树苗，和荷兰人曾经赠予路易十四的礼物属于同一品种。在马提尼克岛上，这株咖啡树苗的故事流传至今，而且历史学家也认为这个故事可信：当时德克利船长率众横渡大西洋，一路历尽千辛万苦，在赤道附近陷入无风带，寸步难行，连饮水都得按人头限量供应，德克利船长拿自己那份少得可怜的水浇灌咖啡树，总算保住了这株独苗。[47] 这株幼苗最终安全抵达，咖啡从此进入新大陆。不到10年，马提尼克的山坡上，就密密麻麻地种上了200万棵咖啡树。1732年，印度公司态度软化，同意加勒比咖啡在法国港口靠岸，但条件是，这些咖啡只能用于再出口。

即使在法国和荷兰治下的南美属地，两国也沿用也门的做法，禁止出口存活的咖啡种子。葡萄牙人一直想得到这种堪比黄金的树苗，但是屡屡失败，沮丧不已，到1727年，他们最终迎来良机：当时有位葡萄牙人受到邀请，作为中立的葡属巴西官员出面斡旋法属和荷属圭亚那（Guiana）之间的边界争端。弗朗西斯科·德麦罗·帕荷塔（Francisco de Melho Palheta）马上应允，但他只是以裁决领土争议为幌子，醉翁之意在于偷运咖啡种子。帕荷塔和法国总督的太太一拍即合，虽属露水之缘，但也激情四射，对帕荷塔而言，这分明是天赐良机。海因里希·雅各布后来这样记述那则轶事：在宴会上，就在那位毫不疑心的丈夫的眼皮底下，总督太太送给帕荷塔一大捧花。这捧花中，就藏着一小把成熟的咖啡浆果。帕荷塔带着宝贝扬帆回航，巴西从此开始种植咖啡，并最终成为世界上最大的咖啡出产地。1750年，这种当初在也门令当地人为之惊艳、为之沉迷的咖啡果已经完成了环球之旅，并落户五大洲。历史总是充满讽刺，咖啡果也贡献了一个绝佳的例子：1893年，巴西的咖啡种子被引进至英属肯尼亚和坦桑尼亚殖民地——1000年前，那位著名的牧羊人正是在距其不远的地方发现了咖啡豆。[48]

最初的巴西咖啡树种竟然牵扯到法国－葡萄牙一对野鸳鸯的浪漫情缘，这个故事可能有演义的成分，但是巴西咖啡树种看来确实来自相邻的法属圭亚那。自那以后，咖啡逐步发展为巴西最重要的出口产品，但是，随着咖啡行业的兴盛，巴西也因此进入历史上最冷酷暴虐的阶段。当时，据说锡兰和爪哇的咖啡大量滋生霉菌，巴西咖啡因此迎来发展机遇。16世纪以来，由于巴西需要越来越多的劳动力挖掘矿藏，种植甘蔗、可可和烟草，葡萄牙人一直穿梭于大西洋两岸，从事奴隶贩运贸易。具有讽刺意味的是，咖啡抵达巴西的时候，葡萄牙殖民政府已经屈从于英国的压力，宣布废除奴隶制。但是，为了开垦荒地，种植、培育并采摘咖啡，劳动力需求激增，奴隶贩运贸易空前繁荣。19世纪30年代后期，里约热内卢市的一位里约"公使"声称，巴西的奴隶进口贸易已经到了"令人闻之心惊、见之可怖"的程度。欧洲经济繁荣昌盛，对咖啡、蔗糖和可可的需求增长，于是巴西的咖啡种植园占地越来越广。当时流传着一句俗语，"巴西即咖啡"（O Brasil é o café），而咖啡就意味着奴隶制。尽管巴西名义上禁止奴隶贩运，但是每年都有4.5万多名非洲黑奴通过非法贸易被运到巴西。[49] 咖啡种植业还改变了黑奴的人口构成状况。咖啡种植园中的奴隶买家更喜欢入手未成年奴隶，嫌弃成年男女，只因为他们身手更敏捷，能在咖啡树间任意穿梭，采摘成熟果实。咖啡种植园里的奴隶中，约有三分之二到四分之三是男孩子。1870年，奴隶制终于被废除，而那时的巴西奴隶已达150万之众，大部分在咖啡种植园劳作。[50] 奴隶解放之后，大量移民涌进巴西，在咖啡种植园工作，他们大部分来自欧洲各国，如意大利、葡萄牙、西班牙、德国、俄国，甚至还有人来自日本，但是仅意大利和葡萄牙两地移民就约占60%~70%。[51]

咖啡也给亚洲带来灾难。咖啡贸易利润丰厚，诱使殖民者扩大他们在东南亚的地盘，并强迫更多劳工种植这种黄金作物。1707年，荷兰商人引进咖啡至西爪哇省，掀起种植咖啡的热潮，当地贵族也趋之若鹜。他们种植咖啡，并向荷兰商人供应咖啡豆，令印尼也跻身世界主要咖啡出产地行列。爪哇，也和之前的摩卡一样，成为咖啡品种的别称。到1725年时，欧洲咖啡业已经过了巅峰时期，咖啡价格也跌到了一定程度，逐步将个体种植者挤出市场。尽管此次世界咖啡价格降低是生产过剩造成的，欧洲公司却不愿接受利润降低这一市场现实。荷兰东印度公司以军队为后盾，开始向当地人强行征收咖啡和其他农产品（后来，英国也效仿这一做法）。当地统治者通过强征劳役完成需缴纳的配额。世界市场上咖啡价格浮动不定，忽高忽低，其中风险也由种植者承担。荷兰人的做法是，当咖啡价格高时，强迫种植者增加产量，价格下降时，又要求减产；事实证明，这种做法坑苦了农民，最终导致1810—1811年的爪哇战争——我们可以称其为世界上第一场反全球化战争。[52]

充饥"神药"

19世纪时，咖啡从一种专供权贵享用的特色饮料转变为大众商品。18世纪末的巴黎，街头巷尾常常有些女性商贩，以2分钱一陶罐的价格出售牛奶咖啡（café au lait）。当时有文章写道，工人们发现，"和其他食物相比，咖啡更经济、更营养、更美味。所以他们牛饮咖啡，而且声称咖啡往往能让他们撑到晚上"。[53]

有些人自然会见缝插针，利用咖啡大做文章，在资本主义崛起过程中剥削工人。西德尼·明茨（Sidney Mintz）将咖啡、糖、茶和巧克力一类对身体无害的成瘾食品称为"普罗大众的充饥神药"。他写道："越来越多的农村人丧失继承权，麇集于欧洲市区，同时，工业生产规模不断扩大，于是，茶和糖逐渐起到充饥的作用——毕竟这些人总是在忍饥挨饿。这些饮料甜丝丝的，又能补充卡路里，普罗大众吃的原本是冰冷的饭菜，但是有了热饮料佐食，似乎也能将就；普罗大众有的体弱多病，有的营养不良，有的过度劳累，还有些非幼即老，这些刺激性饮料能让他们强打精神。"[54]

由于船运成本降低，欧美地区收入增加，城市化进程加快，在当时仍处于初级发展阶段的西方，咖啡成了全民饮料。咖啡需求不断增长，相应地，咖啡种植园也不断扩张——于是咖啡市场也无可奈何地进入盛衰周期。

全球咖啡兴盛期曾经有其不光彩的一面：奴隶和农奴被迫加入咖啡种植大军。现在这种情况几乎不复存在，但是如今，全世界约有2000万咖啡种植者，他们得承受因天气恶劣、病虫害和过度生产所造成的价格波动，这种波动不仅毫无预兆，而且无法控制。目前，全世界的咖啡种植主要由小规模种植园主承担。但是决定咖啡价格的商人却远在千里之外，比如，在纽约市的咖啡交易所（New York's Coffee Exchange），商人们做出选择，咖啡豆是应该卖个好价钱呢，还是必须不惜亏本贱价出售。如果天气预报说，世界最大咖啡出产国巴西的天气适宜，那全球市场上，咖啡价格就会走低。如果巴西天气恶劣，咖啡价格上浮，那其他地方的种植者就会欢欣雀跃。因为新鲜咖啡豆不能长久储藏，商人无法囤积咖啡以应对价格浮动。早在1938年，巴西政府就呼吁业内人员拿出方案，解决咖啡豆产量过剩这一难题，瑞士雀巢公司响应号召，开发出咖啡冻干工艺，将咖啡研磨成粉状后储藏，只要加热水冲兑，咖啡粉就能还原成一杯速溶咖啡。

但是，自20世纪60年代之后，人均咖啡消费量持续减少，价格下跌的负担终归还是落到种植者身上（这其实和荷兰东印度公司时代并无差别，种植者承担风险似乎成了一成不变的规律）。1998年，种植者平均能以高达每磅1.20美元的价格出售咖啡豆，但如今，均价已经降到每磅50美分以下。[55] 1997年以来，由于技术革新等因素，巴西和越南两国的产量都实现翻番。2002年，据世界银行推算，仅在中美洲一地，因为咖啡农庄裁员或停业，约有60万人失去工作。全球化对地方经济造成巨大的影响，而且这种影响变幻莫测，咖啡的故乡埃塞俄比亚也许就是最明显的例子：约有1500万埃塞俄比亚人一定程度依附于咖啡经济，咖啡出口约占全国出口收入的三分之二。2000—2001年，由于咖啡价格暴跌，埃塞俄比亚出口收入几乎减少3亿美元，相当于其年出口收入的一半。[56]

4家咖啡加工和零售公司巨头，即宝洁（Procter and Gamble）、卡夫食品（Kraft Foods）、莎莉（Sara Lee）和雀巢公司一共控制了 40% 的全球咖啡，他们成了咖啡降价的受益者。他们转让了一部分利润给消费者，但是也趁此机会大发横财。1997 年以来，加工零售商支付给种植者的咖啡豆收购价降低了 80%，但是美国各城市之中，咖啡粉的平均零售价仅降低 27%~37%。[57] 星巴克这种特色精品店则逆市上行，星巴克卖出一杯咖啡，就向消费者收取 5 美元，但是其中回馈给咖啡种植者的金额则不到 1 美分。

  为了抑制这种赤裸裸的剥削，有家总部设在荷兰的非政府组织联合体行动起来，劝说咖啡行业为贫困的咖啡种植者设置最低保障机制。联合体获得了英国援助组织乐施会（Oxfam）的支持。其实，为了帮助发展中国家的生产者，乐施会早已投身于公平贸易运动中。1997 年，这个松散的非政府组织联合体联合包括乐施会在内的各方力量，成立了国际公平贸易标签组织（Fairtrade Labelling Organizations International）并对主流咖啡加工和零售公司做出承诺：只要他们以每磅 1.26 美元的最低价格从贫困的种植者和其合作社收购咖啡豆，就能够通过认证。

  基地设在美国的全球交流组织则掀起一系列活动，向大型零售商施压，要求他们从通过国际公平贸易认证的种植者那里购买咖啡豆——起码让这些种植者为他们提供部分咖啡豆原料。尽管精品零售商星巴克使用的咖啡豆仅占全球咖啡总供应量的 1%，由于它的全球品牌形象深入人心，一旦出现西雅图骚乱之类的情况，它就首当其冲，备受非议。1971 年，3 位酷爱咖啡的人创办星巴克公司，如今，它已经成长为世界知名的主要咖啡品牌，在全球开设约1万家咖啡店，即使在中国——世界上最大的茶饮料消费国家，也有多家星巴克门店。无意之间，星巴克重现当初土耳其大使苏莱曼·阿迦在巴黎举办的豪华咖啡聚会，成功地把啜饮咖啡升华为关乎生活方式的宣言。由于营销有方，星巴克将咖啡这种寻常的饮料化为一种体验，让全世界亿万青年人认为星巴克的咖啡"够酷"，在此过程中，上亿美元的收入也落入星巴克囊中。公司出售的各种咖啡被冠以花哨的名称，星巴克和可口可乐、麦当劳以及耐克一样，成了美国主导的全球化的代言品牌。星巴克的成功，也让人们开始关注咖啡种植者，了解到他们贫困的境遇和他们遭受的剥削。如果说，过去人们反对咖啡，是和饮用咖啡的人，以及这些饮者在咖啡店中的行为有关，如今的批评者则反对行业不公：咖啡种植者只能获得微薄的收入。迫于各种游说组织的压力，2001年，星巴克承诺，在18个月内，购买约453吨经国际公平贸易组织认证的咖啡——实际上，这仅占其进口总量的1%。福爵咖啡出品商宝洁最初持抵制态度，但是后来也同意购买经国际公平贸易组织认证的咖啡。

  这些微小的胜利，确实具有"贸易公平"的性质，但是它们并不能掩盖这样的事实：全球性的咖啡生产过剩引发了深重的危机；按照公平贸易价格出售的咖啡数量微不足道，根本无法撼动不公平的全球贸易大局。在咖啡种植国家，政府强制要求农民减少咖啡产量，改种其他经济作物，但是实施过程中遭遇困难。在秘鲁和哥伦比亚这样的国家，许多农民开始改种古柯以及其他经济作物，另一些农民则死守咖啡不放——他们祖祖辈辈都只种咖啡。电视新闻播出后，世界各地的观众都看到了西雅图星巴克门前抗议者的"正当防卫"行为，这可能会吸引更多人关注这场全球危机，但是除此之外，这种行为并无任何实际意义。

芯片加咖啡

西雅图骚乱之后仅一年，也就是2000年，星巴克实现重大突破，带领其咖啡品牌成功进入中国市场——毕竟中国面向世界出口茶叶，而茶叶也含有咖啡因，同样是令人上瘾的热饮。2003年秋，我看到一小群美国游客，一边在星巴克柜台边晃悠，一边品尝着来自家乡的拿铁，享受那熟悉的味道。中国消费者看上去并不多。

但是在美国，为了吸引更多的消费者，星巴克又使出新招：在咖啡门店配备Wi-Fi，供顾客使用。2002年8月，公司着手为消费者提供无线互联网连接，意在将星巴克门店打造成办公室和住家之间的过渡性空间。4年后，星巴克进一步推广这一策略，以"生活方式之选"为卖点吸引消费者，并为顾客提供音乐和视频服务。消费者可以一边啜饮星冰乐（Frappuccino），一边从公司的播放列表中下载音乐到MP3播放器中，再订购中意的DVD光碟。星巴克的创意貌似受到了其他公司的追捧。现在，世界上许多咖啡店中，消费者都是一边使用笔记本计算机在网上冲浪，一边享受店家奉上的一杯热饮。咖啡、日常消费用电子产品和互联网,这些都是最具全球化特色的产品,它们在市场上完美地结合在一起,形成强大的吸引力。

但是这些全球化产品起源各不相同,遍布世界的过程也差别很大。咖啡树自古就生长在埃塞俄比亚和也门的山坡上,千百年后人们才发现它的用处,之后又经过许多年,世界各国才逐渐开始生产并消费咖啡。当今星巴克顾客携带的电子装备,如计算机、iPod、PDA、照相机和录像机等,全都有内置的微芯片——它称得上是真正无处不在的全球化产品。不仅计算机或日常消费用电子产品装有微芯片,我们目前使用的几乎所有机器都有内置的智能系统——或为逻辑芯片,或为内存芯片。1959年,两位美国科学家杰克·基尔比(Jack Kilby)和罗伯特·诺伊斯(Robert Noyce)发明集成电路芯片,将一块小小的硅板变成了运算器,从此颠覆了地球人的生活。不到50年的时间,芯片(或称半导体)全方位地提升了我们生活的速度,在人类历史上产生了空前的影响。全球化其实是地球上不同社群之间的关系逐步深化的漫长进程。过去,它的发展节奏非常缓慢,在此进程中,骆驼和马的驯化、季风规律的掌握、蒸汽机、内燃机和电报的发明都具有划时代的意义。如今,得益于芯片的发明,全球关系高速发展、深化,其节奏之快,竟让人有头晕目眩之感。2000年,基尔比因此项发明获得诺贝尔奖(诺伊斯于前一年逝世。)诺贝尔委员会认为,基尔比的天才之处在于,他想到把晶体管嵌入硅片之内。基尔比和诺伊斯发明的芯片从 4 个方面改变了当今全球互联互通关系的性质：传输速度、数量、种类和感知度。

但是，微芯片也好，其他任何一项发明也罢，它们还具有相同之处：千年以来，世界各地的思想和实验汇成一股洪流，终于释放出电子的巨大能量，用来执行逻辑与运算。微芯片既是全球思想交流的产物，又是推动全球关系持续深化的利器。计算机内装有很多部件，但是，它的核心就是一块约 2.54 厘米（1 英寸）宽，内含集成线路的硅片——中央处理器，这块硅片紧紧地嵌在绿色母板上。通电之后，中央处理器就执行运算并遵循逻辑步骤，让我能够写文章、在网上冲浪、从网上下载音乐，或是让我能够用节油模式开车——仅在几十年前，这种高利用率超乎人们的想象。1969 年 7 月 20 日，尼尔·阿姆斯特朗（Neil A. Armstrong）踏上月球表面，这被视为"人类的一大步"。但是这一步成功的背后，低功耗、高速度微芯片进行了上亿次必要的运算，才把阿波罗 11 号宇宙飞船送上月球。自那以后，运算速度增长越来越快。以目前带动许多个人计算机的英特尔奔腾 4 处理器为例，如果你走得和这款处理器一样快，不到一秒钟，你就能在地球和月球之间往返一次。[58] 本书篇幅有限，无法详细梳理微芯片产生的背景：人类的数学知识不断发展，而且发明了电能以及能通过控制电流而执行计算并向其他机器发布指令的材料，在此基础上，微芯片应运而生。但是我们能简要介绍世界各地科学家、数学家和思想家长期以来付出的辛勤努力。这些人可以归入冒险家一类。很久之前的冒险家丰富了人类的地理知识，这些新型的探索者则冲破旧有知识构架的束缚，使用芯片这一全球化速度超快的工具，将世界连为一体。英特尔的处理器无处不在，它的广告语也属于神来之笔："内藏英特尔"。我们可以这样理解这句广告语：英特尔或是其他制造商的微处理器之内，蕴藏着世界各地科学探索者的思想和点滴建议。这些微处理器真的"内藏乾坤"。

与棉花和咖啡一样，微芯片，或称微处理器，既是全球化的产物，又是全球化的推手。但是与棉花和咖啡又不一样，这个控制机器的小小"脑袋"其实并非肉眼可见。即使你拆掉计算机或是iPod，也只能看到一个密封盒子，装着精心刻蚀的硅片，它的制造地可能是美国、日本、中国台湾或韩国。这个制造标签只能告诉你这块硅片的设计地点，或是完成硅板刻蚀工艺的芯片制造工厂。它不会告诉你，无数人经历千万年来的思考和发明创造，最终才成就这块小小的硅板，让它成为计算机的大脑。

零的前世今生

人类自古以来就有清点个人财产的爱好，闲来无事，人们总想数数自己养了几头家畜、收了几筐粮食。从美索不达米亚泥简中就能看出，文明之初，人类就开始计数。美索不达米亚文明首创六十进制数，在原本应该是"零"的位置上，仅仅刻着两个楔形符号。当时人们并没有想到，"零"也应该是一个数。璀璨的希腊文明发展过程中，为了解决度量问题，人们创建了几何学，但是并没有深究"零"这一数值概念。公元130年左右，托勒密（Ptolemy）完成其著述《天文学大成》（*Almagest*）。在书中，托勒密沿用巴比伦数字系统，即六十进制数，但是他首次采用类似于"0"的符号作为占位符，表示"无"这一概念。但是真正利用数学思维继续研究"零"这一抽象概念的，是印度天文学家（他们又师承希腊天文学家），他们称零为"sunya"，即梵文中的"空"。在一本印度古籍《迦尔吉文集》（*Gargi Samhita*）中，作者写道："Yavanas（希腊人）是野蛮人，但是他们创立了天文学，仅凭这一点，他们就理应获得神一般的尊荣。"7世纪印度天文学家兼数学家婆罗摩笈多（Brahmagupta）的著作就体现出这种尊重——他以希腊人的成就为起点，继续深入研究。婆罗摩笈多沿用"0"这一符号，而且扩大了"零"这一概念的内涵——"0"不仅是个占位符，它本身就是个数值，他还试图回答与之相关的诸多疑问。婆罗摩笈多的作品被翻译成阿拉伯语，于是，巴格达的科学家也开始了解"零"这一概念，而当时的巴格达正是中东最大的学术中心。[59] 200年后，巴格达有位波斯数学家，名叫穆罕默德·伊本·穆萨·阿尔·花拉子密（Mohammed ibn Musa al-Khwarizmi），他采用十进制数字系统（他称其为"印度数"），列出其值为零的方程式，他的这些研究后来被称为"代数"。[60] 他还发明了通过乘除进行快速运算的方法，即后人所称的"算法"（这其实是他的拉丁名称，Al-goritmi，但是由于在抄录过程中出错，与其原名相去甚远）。花拉子密将梵语中的"sunya"直译为"sifr"，用来表示"零"，而"cipher"（意为"零"）一词正是从"sifr"演化而来。花拉子密的运算学名著为《积分和方程计算法》（*Al-Jabr wa-al-Muqabilah*），而"代数"（algebra）一词也是从该书名逐步简化而来的。尽管花拉子密9世纪时已经创立代数学，但是直到它传入摩尔人占领的西班牙地区之后，西方人才开始了解这门科学。科学史学家雅各布·布朗诺夫斯基（Jacob Bronowski）曾写道："摩尔西班牙文化是一种自由知识市场。"[61]

可是，很长一段时间内，零并未被广泛运用。13世纪早期出现了一位名叫斐波那契（Fibonacci）的数学家，他是名意大利商人，通晓阿拉伯文化，曾在北非学习会计方法，他编写出《计算之书》（*Liber Abaci*），进一步推广了花拉子密提出的"零"这一概念。继他之后，另一位使用"零"的伟大数学家则是法国的笛卡尔（他还是位著名的哲学家），他也是笛卡尔坐标系的创始人。尽管使用"零"的欧洲人越来越多，但是真正能透彻理解并最终娴熟运用"零"这一概念的科学家到17世纪才出现，他们就是英国物理学家艾萨克·牛顿爵士（Sir Isaac Newton）和德国哲学家戈特弗里德·威廉·莱布尼茨（Gottfried Wilhelm Leibniz）。在透彻理解"零"这一概念的基础上，微积分得以诞生。如果没有微积分，后来的现代物理学、工程学以及微芯片就不可能出现，许多经济学和金融成就也就成了"无源之水，无本之木"。另一位为这种逻辑思维方式做出重大贡献的科学家是乔治·布尔（George

Boole）。在《思维规律的研究》(*Investigation into the Laws of Thought*, 1854)一书中，他创立了一种新的数理逻辑学，也就是后来的布尔逻辑——这种逻辑将所有的判断都简化为"是"和"非"，或称"真"和"假"。后来，依据这种二元逻辑，通过晶体管开／关状态的往复切换执行逻辑动作就成了再合适不过的选择。

泰勒斯的琥珀

数学学科不断发展，与此同时，科学家们对物质世界及其规律的理解也日渐深刻，印刷术的发明，又加快了知识传播的速度。"米利都的泰勒斯"(Thales of Miletus，活跃于公元前600年左右)是位希腊哲学家，也是希腊科学思想的奠基人之一，他是观察静电电荷现象的第一人。他发现，琥珀经过毛皮摩擦之后，就会产生静电，能吸引较轻小的物体如毛发等。数百年后，中国人发现某些石头含有磁性，并独家发明出粗糙的罗盘供航海者使用。又过了数百年，罗盘传至欧洲，英国海军借助罗盘四处扩张，征服新的领地。英国科学家威廉·吉尔伯特(William Gilbert)对罗盘产生了极大的兴趣，于是，他开始用琥珀和其他各种天然磁石做实验。传说在极地有座磁山，海上的船只一旦靠近这座磁山，那船上所有的铁钉都会被它吸走，这是真的吗？许多人还相信，如果周围有大蒜，那磁性指南针就会出故障，这种说法对不对呢？吉尔伯特写出一篇和磁性相关的论文，解答了上述问题，并且借用希腊语中"琥珀"一词造出一条新术语："电"。

1745年，荷兰莱顿大学的彼得·范·穆森布罗克（Pieter van Musschenbroek）迈出重要的一步：他摸索出在莱顿瓶（Leyden jar）中获得电荷的方法。电池的概念从此诞生。在伦敦有位读书狂名叫迈克尔·法拉第（Michael Faraday），他既是物理学家又是化学家。法拉第发现了电磁感应现象——巧用线路和磁铁发电。法拉第于1831年发现电磁感应现象之后，发电机、马达和变压器相继诞生。1873年，法国阿尔卑斯山中有位法国造纸商，他把水力涡轮和发电机安装在一起，造出第一台水力发电机。10年后，蒸汽轮机面世，从此发电不必靠近水源，利用煤炭能源就能发电。跨大西洋船运服务日益完善，电报横空出世，出游人数日益增多，这不仅促成各大洲频繁的科学知识交流，也让这种交流产出更丰硕的成果。

1883年时，电力投入使用已经有段时日，人们对电能已经不再陌生，由灯泡的发明者爱迪生领导的科学家团队又发现电的另一个特征：电流能穿过金属板。这一现象即"爱迪生效应"被发现后，阴极射线管得以问世。如今电视和其他可视终端仍在使用阴极射线管。1897年，在大西洋对岸，剑桥的物理学家约瑟夫·约翰·汤姆森（J. J. Thomson）发现了这种神秘电流的本来面目。汤姆森利用数学方法，计算这种看不见的电力穿透金属和玻璃的速度，从而意识到，它必须小于氢原子的千分之一，而当时的科学家认为，不可能有比氢原子还小的物体了。这种最小的物体当时被汤姆森称为"微粒子"（corpuscule），后来被命名为"电子",科学家也逐渐了解到,所有原子之中普遍存在着电子。继汤姆森发现电子之后,另一位英国科学家约翰·安布罗斯·弗莱明(J. A. Fleming)证实,可以通过开关切换电子流动状态,其速度超过任何一种机械开关。以这一发现为基础,二极管和可靠的无线电波传输设备相继面世。之后,一位纽约的美国人李·德·弗雷斯特(Lee De Forest)拿过接力棒,发明出另一种能够放大电流的真空管。这种真空管能够将电波传送到远方,而且保持其效能,无线电从此诞生。

这些真空管能够迅速转换开关状态,速度达到每秒一万次,而且还能放大信号。真空管的这些能力为计算机的开发打下了基础。开始时,真空管被用来制造军用无线电机和雷达,在第二次世界大战的战场上大显身手。20世纪50年代,我父亲买来家中第一台飞利浦收音机,我觉得它很神奇,怎么看也看不够。收音机背面有通风孔,透过这些小孔,我能看到里面的真空管幽幽地闪烁着橙色的光,与此同时,收音机嘶嘶地响着,传来某个人的声音——只闻其声,不见其人,别有一番滋味。这些使用真空管的设备面临两大难题:耗电量极大,易发热。20世纪30年代,宾夕法尼亚大学研制出的第一台能够进行快速运算的数字计算机ENIAC(全称为电子数字积分计算机)也存在类似的问题。这台计算机使用1.8万个晶体管,占满整个房间。晶体管散发出的幽光招来飞蛾,继而导致短路。所以必须得清除计算机内的小虫,这就是"debugging"一词的由来,后来,固态晶体管问世,从此消除了飞蛾造成的威胁，但是"debugging"一词却沿用至今。[62]
20世纪40年代早期，丹麦科学家尼尔斯·玻尔（Niels Bohr）潜心探索物质的原子结构，继而发现，就像行星绕着太阳旋转那样，在所有原子内部，电子也绕着原子核旋转。不同物质的电子性质特征不同，它们的导电性也各不相同。比如，铜就是导体，而干燥的木头就是绝缘体。而后，科学家发现了一些介于这两者之间的"第三类"物质，比如锗和硅，它们就是"半导体"。由于它们的导电性能飘忽不定，科学家想出办法，改变它们的化学成分，在实验室中研制出能够阻抗或是加速电流传输并放大电流的半导体。

1947年，贝尔实验室的三位科学家约翰·巴丁（John Bardeen）、沃尔特·布拉顿（Walter Brattain）和威廉·肖克利（William Shockley）研制出能够实现真空管功能的半导体，他们研制出的半导体晶体管不仅能放大电子信号，切换电流开关，速度甚至超过真空管20倍。这些晶体管耗电量低，便携式收音机、助听器以及其他电子设备因此诞生——只需蓄电池就能带动这些设备。之后不到7年，世界上首个全晶体管式收音机即"摄政"牌（Regency）收音机就已投放市场。它是1954年圣诞季的畅销商品。恰巧就在3个月之前，19岁的埃尔维斯·普雷斯利（Elvis Presley）灌制出他的首张个人唱片。[63] 晶体管收音机诞生之时，也是摇滚时代肇始之日，头一年这种收音机就售出一万多台。晶体管收音机和电视实现大规模量产之后，世界空前缩微。由于大西洋两岸的科学家都预见到，快速切换的开关装置能够用来计算由0和1组成的二进制数，晶体管的发明几乎称得上是水到渠成。一位英国科学家和一位匈牙利科学家不谋而合——他们都想到，可以运用二进制算术解决更多不同的问题。

天才的英国科学家阿兰·图林（Alan M. Turing）在其1937年的论文中就预言："将来，人类可能会发明出一台完整的机器，用于计算任何可算序列。"[64] "二战"时，军方急于破解德国密码，所以开始大规模使用电子开关装置。1943年，在英国的布莱切利园（Bletchley Park），一台名为"巨无霸"（Colossus）的计算机开始运作，它实现了图林的统计理论，被用来破解著名的德国英格玛（Enigma）机密码。1930年，匈牙利出生的约翰·冯·诺依曼（John von Neumann）来到新泽西州普林斯顿市，进入当地的高级研究院工作。当时，费城的ENIAC计算机刚刚面世就展示出强大的力量，能够以前所未有的速度执行重复运算，冯·诺依曼深受启发，他预见到：将来计算机不仅会被广泛使用，而且能解决几乎所有范畴内的多种实际问题。图林和冯·诺依曼都着手设计电子计算机的综合构造以实现一系列功能：接收数据和指令并加以处理，再向用户汇报结果。图林写道：既然计算机可以通过反复切换开关执行运算，何不将"开"赋值为1，"关"赋值为0。诚如瑞德（T. R. Reid）所说："冯·诺依曼、图林，以及有类似见地的科学家们居然能想到方法，运用二进制数和二进制算术将毫无生机的电子开关系列化为强大的运算工具，这样的人类智慧只能用'天才'二字来形容。"⁶⁵ 这些科学家还设计出完备的逻辑系统，使得计算机能够做出判断和比较，继而通过执行格式复杂的指令——或曰"程序"，操作文本或数字。

从巨无霸到微芯片

既然在高速开关装置上运行计算机程序才是实现操作的关键，科学家自然一直致力于计算机程序的开发，但是当时，可用的计算机与"巨无霸"和 ENIAC 一样，全是庞然大物。一道难题横在科学家们面前，也就是所谓的"数字障碍"或是"数字暴政"。为了让晶体管执行更多指令，必须使用其他元件，如二极管、电阻、电容以及连接成千上万支晶体管的电线。当时人们为了回避这一难题，就把缠在一起的电线和晶体管铺开放在房间内，就像 ENIAC 的真空管那样摆放。当初英国人为了抵抗德国才开发出"巨无霸"计算机，历史总是惊人得相似——冷战又催生出微芯片。美国负责制造火箭和导弹的国防承包商敦促美国制造商研制出能够安装在民兵型导弹上的体积小、能耗低的晶体管。他们的要求十分迫切，因为 1957 年 10 月苏联已经成功发射"伴侣号"（Sputnik），即全球首颗人造卫星，此举突然暴露出美苏的"导弹实力差距"。"伴侣号"升天，这表明，苏联的洲际弹道导弹确实有直接打击美国本土的能力。

不到两年，两位美国人就找到了解决办法，他们就是得州仪器公司（TI）的杰克·基尔比和仙童半导体公司的罗伯特·诺伊斯。他们分别想到了创造微芯片（即集成电路）的方法。基尔比身高约 1.98 米，成名后得到"巨人绅士"的绰号，他当初在堪萨斯州的农庄里长大，14 岁时，已经成了一名狂热的业余无线电操作爱好者。基尔比在麻省理工学院（MIT）入学考试中落榜，但是先后拿到了几所中西部大学的工程学学位，之后又获得 60 项发明专利。基尔比最重要的一项发明是到得州仪器公司工作几个月之后钻研出来的。当时，他接到一项任务：研制包含大量晶体管和其他元件的电路。基尔比想到，如果采用单片架构，那么只需要半个回形针大小的硅晶体，就能造出全部 3 种元件，即晶体管、电容和电阻。这是个聪明绝顶的解决方案。[66] 基尔比本人后来承认，其实在世界各地，许多人都曾思考过集成电路的设计概念。他写道："20 世纪 50 年代初，英国人杰夫·达默（Geoff Dummer）就提出，将来所有电子设备可能都是单独的完整模块。"[67] 基尔比摸索出实际可行的方法，实现了这个构想。同为集成电路发明者的诺伊斯则是被自己心目中的英雄威廉·肖克利（肖克利是晶体管发明者之一，诺贝尔奖获得者）发掘后，被仙童半导体招募。诺伊斯当时和基尔比钻研同样的问题，拿出了同样的解决方案。该怎样做才能轻松地把许多晶体管放在一起呢？二人想到了同样的方法：可以将所有电路集成到单个芯片上。此外，诺伊斯还提出了"平面技术"概念，解决了电线缠杂不清的难题——采用光刻技术（photolithography）在硅板上刻蚀电路。

国防承包商随即把这种新开发的芯片安装到民兵型导弹弹头中。1959 年 3 月 24 日，在纽约会议中心（New York Coliseum），集成电路作为民用装置首次亮相，接受电子协会同仁的检阅。得州仪器公司总裁在产品发布会上说，历史将证明，基尔比的发明是继硅晶体管之后，另一项最重要、最赚钱的技术革新。但是媒体几乎无动于衷，他们根本意识不到，这项技术具有划时代的意义。人们很难想象，这个由硅片制成的跟小虫子一样的东西能有什么用。当初，晶体管能激发起人们的想象力，靠的是一炮而红的袖珍收音机，得州仪器公司仍然必须借助消费产品，才能让世人了解这项新技术的价值。得州仪器公司想到，如果能把打字机大小的计算机缩微成能放进衬衣口袋的小盒子，那消费者一定会惊叹不已。但是公司意识到它不具备开发消费产品的专业知识和技能，公司曾依靠外援公司生产晶体管收音机，这次还得依法炮制，找到合作公司，推出具有轰动效应的新产品，推广微芯片这一核心技术。得州仪器公司决定和日本佳能公司合作（事实证明，这一决定意义深远，为日后美国和日本的技术合作打下坚实的基础），推出盒式 Pocketronic 袖珍计算机，这款计算机重约 0.82 千克，能够把计算结果打印在纸条上。同期市面上出售的台式计算机售价 2000 美元，而这款计算机只卖 400 美元，价格优势明显。一家美国产业杂志激动地报道："在超市，这款新计算机能帮你太太找到最划算的产品。在木材厂，它能帮你做出选择：装修的时候，该如何选配三合板、木材和硬质纤维板才最省钱。"[68]

从此以后，日本制造业和美国创新技术联手合作，拉开了信息革命的序幕。

1968 年 7 月，诺伊斯和戈顿·摩尔双双离开仙童半导体公司，自立门户成立英特尔（其英文名由"集成"和"电子设备"两个词组合而成）公司，他俩冒风险投入资金，指望通过开发出集成大量晶体管的芯片赚钱。这样的芯片可以成为记忆存储设备，无论哪种功能的计算机都需要这种芯片。英特尔成立不久，诺伊斯就打算和夏普公司的佐佐木正（Tadashi Sasaki）洽谈业务——佐佐木正是日本半导体先锋人物，诺伊斯希望能和他谈成生意，让新公司摆脱困境，实现盈利。之前，当诺伊斯还在仙童半导体公司任职的时候，佐佐木正就和诺伊斯合作过，所以佐佐木正十分热心，想帮英特尔公司招揽业务。但是夏普当时已经和另外一家公司签订了半导体设计合同。于是，佐佐木正找到了大学时代的老同学小岛义雄（Yoshio Kojima）。小岛义雄当时在一家新成立的计算器制造公司比吉康（Busicom）任职，佐佐木正拜托老同学把手头的订单交给英特尔。1969 年 7 月，3 位比吉康公司的员工来到加利福尼亚州圣克拉拉市，在英特尔公司办公室中详细交代比吉康公司的具体要求。比吉康支付了 6 万美元作为芯片设计开销，并且承诺将来还会购买英特尔按要求设计出的集成电路。[69] 尽管英特尔其实对开发内存芯片更感兴趣，但是为满足客户要求，公司工程师们开始研发内含中央处理器的大规模集成电路，同时研制其他类型的芯片，这些芯片应包含足够多的晶体管和电路，从而能够实现所有必要功能。到 1971 年时，英特尔已经研制出名为 4004 的微处理器，但是比吉康公司已经破产。这笔交易对英特尔而言意义重大：这家日本公司原本计划制造可编程的计算器，英特尔因此受到启发，打算推出由芯片驱动的计算机。英特尔从比吉康公司手中购回微处理器和芯片的产品权利，这种芯片集成了 2300 个晶体管，长度只有约 1.27 厘米（0.5 英寸），但是它的运算能力，却能和当初掀起计算机革命的重达 32 吨的 ENIAC 相媲美。

微芯片越做越小，芯片内集成的晶体管却越来越多——21 世纪初已达到 10 亿，而它一秒之内就能执行的运算次数也超乎想象。[70] 凭借微芯片，地下的光纤光缆和天上的人造卫星形成网络，将我们这颗星球的各处瞬间连接在一起。目前的发展趋势显示，商店里所有的商品、个人身份证件，甚至家畜和宠物，都会逐步植入射频识别芯片（RFID）。由此可以断言，人造产品的全球化呈现出一种全新的发展态势。冯·诺依曼和图林的预见已经成为现实：在程序的协助下，这个小小的装置能够处理任何数据。由于芯片既能携带信息，又能迅速地将世界连为一体，所以在全球化进程中，它占据了核心地位。

有了微芯片，人和人之间的交流更加快捷、方便——但是微芯片为全球化所做的贡献并不仅限于此。英特尔和其他芯片制造商已经转入"无厂制造"模式（即仅仅承担复合半导体的设计任务，实际上，芯片设计环节的造价也越来越高），而实体芯片的生产任务则由中国台湾、韩国和其他国家或地区的工厂承担。微芯片本是构成现代技术的重要元件，而其生产过程中的劳动分工又将全球各地之间的依赖性增强到前所未见的程度。1999 年，中国台湾遭遇强烈地震，28 家半导体制造工厂被迫停产，这些工厂原本负责制造全球半数以上的半导体，所以此次停产引发了全球范围的担心——全球该有多少人害怕芯片短缺！幸运的是，芯片厂家迅速恢复生产，产量只是稍微下降，全球经济并未蒙受巨大损失。但是，经济全球化程度越来越高，许多芯片工厂又恰恰坐落在环太平洋地震带内，所以停产的威胁就像达摩克利斯之剑那样悬在半空，为经济发展平添不稳定因素。迫于压力，芯片制造商一直试图建设更多新的芯片生产工厂。2006 年，英特尔宣布，在越南投资 10 亿美元建设一家芯片装配和检测工厂。越南手中有两大利器：低成本经济和接受过良好教育的劳动力资源，所以它也成为芯片制造网络的一部分——正是这个无形的网络将全球的制造商连接在一起。

与此同时，微芯片以及电子媒介也在为反对全球化的抗议者服务，让他们能使用更多方式，以更快的传播速度，宣扬他们的观点。2003 年另一次世界贸易组织会议召开期间，抗议者精心安排点对点视频分享服务，把清晰度堪比电视节目的抗议者视频传输给电视台和反全球化积极分子。他们还设置无线网络，在互联网上实时播出反全球化演讲录音。[71] 事实上，微芯片处理的信息正是关键因素：是它将今日全球化和过去缓慢发展的相互联系、相互依赖的全球关系区别开来。

　　西雅图的抗议者们一边怒斥纺织工人和咖啡种植者遭受盘剥，谴责全球化的负面影响，一边使用个人计算机和万维网将他们的抗议之声广布天下，尽管他们以全球化的唾弃者自居，但其实他们已经不自觉地加入了这场持续已久的全球化进程。

第 4 章　传道世界
Preachers' World

吾弟子当远行，为天下谋福祉，为苍生渡慈航；为诸神及众生求至善，寻正果，谋福利。二人不可同往一处。吾弟子当传扬佛法，因佛法之首、中、尾乃至通体俱善。

——2500 年前，佛祖如此劝勉其 60 名开山弟子

本章将概括介绍，人们受到信仰的感召，渴望劝服人类同胞皈依他们心目中的神灵——正是这种信仰和渴望，鞭策着无数的"传教士"走遍天涯海角，勉励在异国他乡居住的商人同时担当牧师的职责；不幸的是，也正是这种信仰和渴望，激励武士们挥舞宝剑，降服皈依者、屠戮不从者。当商人使用越来越快的交通工具拓展网络的时候，"传教士"们也一直伴随左右。当今时代，

由于公众越来越清楚世界各地人类的生存状况，也越来越重视全人类的团结，新型的传道者应运而生。他们的核心信念是，拯救地球上的所有物种，保护环境，守护人类的生命和尊严。现代交通、传媒和通信系统提供了便利条件，传道人能以更快的速度宣扬他们的理念，而且能为世界各地的人们提供支持和帮助。无论在历史上，还是在今天，这些传道者都通过实际行动增强了人和人的联系——无论是宗教信仰，还是世俗信念，都构成越来越密实的网络，拉近了人和人的关系，也缩小了地球上的空间距离。

胸怀信仰，立志远行

本书第 1 章曾介绍过：人类形成定居社群之后，早期宗教日渐兴盛。人类畏惧大自然的"雷霆之怒"，为了寻求保护，他们向天神以及大大小小各路神明祈祷。这些本土的神祇仅在各自的社群施展威力。这些神说的是当地人的方言，当地的祭司是人和神的媒介，祭司能清楚地传达众神的旨意。其实在许多文化中，也都出现了一神理念：过去曾经有一位创造世间万物的神，但是这位神明仅仅属于过去，而且远在天边。之后，那些地位稍低一点儿的神相继出现，幸运的是，由于这些神眷顾人类，人类能够向他们祈求健康，并且祈求他们帮忙解决各种各样的具体问题。于是日神、月神、爱神、书写和占卜之神，以及各路神明分别就位，各司其职。这些神在不同的地点诞生，因此被冠以不同的名号。地位稍低的神还和具体实物合为一体，比如特定的树木、岩石、河流、山岳等，都有神灵护佑。那些冒险远行的商人不仅得忍受离乡背井之苦，而且失去了当地神灵的佑护。

一神教的核心是一神统御万事万物。一神教兴起之后，人类不必再受万物有灵论的束缚。神明不再囿于故园，信仰既可以传遍世界各地，又可以成为私密的个人体验。新兴的普世宗教中，佛教是唯一的例外。佛教并无创世之神这一说法，而是一种吸引芸芸众生的宗教体系，至于这些人住在什么地方、说什么方言、吃什么食物，统统无关紧要。商人们居无定所，四海为家，对他们而言，这种不必敬拜任何实物或当地神灵的宗教再合适不过了。基督教和伊斯兰教都主张一神论。自此以后，一神普适众生的理念不断发展，甚至涵盖人权以及其他所有会影响全人类的问题，比如生态、环境等。下文中笔者还会通过实例说明：在新大陆传播基督教的过程中，恪尽职守的传道人就曾经遭遇棘手的人权问题。这种"超越宗教"的理念持续演化，如今，那些为争取人权而不懈斗争的非政府组织也信奉这种理念。

前文已经提过，商人、冒险家、传教士和武士都是推动全球化的中坚力量，但是他们之间的界限往往模糊不清。商人和冒险家往往试图劝服别人接受自己的信仰；武士不仅为统治者和商人开疆扩土，而且积极鼓动原住民们拜服自己信仰的真神，有时还强迫他们接纳新的信仰。这4类人几乎都有吸收新人"入教"的热忱，只是程度不同而已；而这种传教热忱又往往成为激励他们走向未知世界的动力，但是有时候，别有用心的人还以传教为口实,掩盖其行为的实质。

社会学家马克斯·韦伯(Max Weber)曾详细解说异国传教活动的性质:传教士把传播教义、劝服异教徒皈依上升到了"神圣天职"的高度。韦伯还说,传教士渴望和世间所有人实现灵魂的交流,他们认为,人类大家庭最终将共同沐浴在圣灵光辉之中,教义也不再是个人信奉的真理,而是全人类真心领受的浩然大道,"只有到那时,教徒的灵魂才会有圆满的感觉"。[1]这番话不仅适用于一神教派,而且适用于人权价值观,毕竟,无论哪种传道者,都在努力劝服更多人接受他们的信念;诺贝尔和平奖获得者艾利·维泽尔(Eli Wiesel)就曾把人权价值观称为我们这个时代的"世俗化宗教"。维泽尔指出,捍卫人权,其实就是在践行一种信念——"他者不是我的敌人。他者是我的盟友、亲人和朋友。他者的任何境遇都和我有关……别人遭受凌辱的时候,我无权袖手旁观。"[2]类似的理想主义热忱激励社会活动家组织各种运动,阻止全球变暖,保护濒临灭绝的动物(尤其是鲸),抗击艾滋病。社会活动家为事业献身的激情不亚于传教士对其信仰的执着。和传教者一样,社会活动家也联合起来,传播他们的观念,并努力按他们深信不疑的愿景改变世界。

由此可见,这种指引人们走上"正道"的深切愿望古已有之,而且延续至今,但是现在,传道人的工作节奏比过去任何时代都快得多,而他们的影响确实遍及全球。喷气式飞机取代了骆驼商队、帆船和蒸汽机船。雕版印刷术和约翰内斯·古腾堡的活字印刷术曾被用来传播宗教典籍，但是今天的传道者还能使用无线电、电视和互联网等媒体传扬福音。他们甚至不必出门，也能兴致勃勃地参与传道活动。荣获诺贝尔和平奖的乔迪·威廉姆斯（Jody Williams）待在自家厨房里，凭着一台传真机、一台计算机和一条电话线路就掀起了卓有成效的国际禁止地雷运动。

威廉姆斯率领她的多国团队全心全意地投入禁止地雷运动中去，因此，尽管这项运动1992年才正式开始，仅用了5年时间，他们就成功说服122个国家签订禁雷公约——《关于禁止使用、储存、生产和转让杀伤人员地雷及销毁此种地雷公约》，从而拔除了这个祸根。过去几十年，杀伤地雷已经夺去约80个国家的成千上万条性命。即使战争已经结束，地雷每年仍会造成1.5万~2万人伤亡。禁雷公约确保新地雷不再被掩埋，现有的地雷也将被销毁。1997年，威廉姆斯以及国际禁止地雷运动组织因其卓越贡献而获得诺贝尔和平奖。世界各地还有许许多多像他们这样的传道人，这些人穿越边境，只为解决那些影响全人类的人道主义问题。

数百万传道者——无论他们信奉的是传统的教义，还是新时代的价值——已经创建了全球宗教社群，以及正在不断发展壮大的民权社会。显然，全球宗教社群的兴起并不仅仅是传教士的功劳。在传教史早期阶段，大部分人在武力胁迫之下才改变信仰。传教者的动机也未必那么纯粹。宗教往往仅是用来收服那些所谓"野蛮人"和"异教徒"的手段，这些"传教者"其实另有所图：

或者为建立帝国,或者为攫取新的资源和市场。

16世纪时,西班牙远征南美,名义上是为了劝服印加人归顺基督教的真神——上帝。当被问及为何没能劝服秘鲁当地人改信基督时,西班牙殖民先锋弗朗西斯科·皮萨罗(Francisco Pizarro)回答得倒也坦率:"我压根儿不是为了这档子事来的,我来就是要抢他们的金子。"[3] 当一队西班牙远征军接到命令,准备带着上帝的祝福从墨西哥远航至盛产香料的菲律宾时,指挥官解释道:"此次远征的主要目的是,改变当地人的信仰,让他们归顺我主;找到返回新西班牙(Nueva España)的海上安全路线,让西班牙王国能够通过贸易和其他合法途径扩展国土并获取利益。"[4] 在"为神赢得更多子民"的名义之下,成千上万的人被折磨乃至杀害,各大洲大片土地被殖民者强占,数不尽的资源被运到宗主国。

寻找黄金

历史上很长一段时间内,传教活动和血腥暴力相伴相随,给人民带来深重的灾难;尽管如此,传教活动还是起到了促进世界交流的作用。宗教传播的过程中,散居四方的社群有了相互接触的机会,但是他们之间有的能够和平共处,有的却兵刃相见。来自远方的布道者不仅改变了当地人的信仰,也丰富了他们的语言,还带来了先进的印刷技术,重塑了当地文化——新文化是好是坏姑且不论,但是改变本身不容否认。如果说,和历史上任何时候相比，今天的世界更趋向"大同"，其中的原因就是，世界上为数不多的几大宗教逐步赢得了大批子民。这些宗教有的源自喜马拉雅山麓，有的则来自中东荒漠地带。如今，即使走到世界尽头，你也能找到宗教建筑。传教人到底为促进世界交流做出了多大的贡献？如果想得到答案，那你得先设想一番：如果当今世上，只有印度一个地方的人信奉佛教，基督教和伊斯兰教则一直局限在阿拉伯沙漠地带，并未传向四方——那一切又会怎样？在历史上很长一段时间内，宗教势力范围的扩大总是和暴力、残酷相伴相生，以至于回顾历史的时候，我们几乎难以想象：传教活动除了能拉近人和人的距离，还能给人带来什么好处。但是，与所有试图和他者建立关系的活动一样，传教活动也起到了意想不到的作用，它改变了世界边远地区各民族的生活和文化。修道院成为储藏人类知识的宝库，供整个教区分享，宗教的传播造成文学和艺术的繁荣，为建筑设计师带来灵感，催生出万千杰作——从美轮美奂的科尔多瓦大清真寺（La Mezquita de Cordoba）到精美绝伦的吴哥窟（Angkor Wat），这样的例子不胜枚举。

　　传教活动以"信仰无国界"这一信念为基础。任何宗教的信徒都相信本教教义能造福芸芸众生——在宗教理念中，人类本为一体。普世宗教传播过程中，全球意识如何逐步形成？为了解答这一问题，不如看看中国敦煌莫高窟中一幅10世纪的壁画。在岩壁上，艺术家凿出洞窟，幽暗的洞窟中有一座巨大的卧佛，卧佛身旁围着一群来自各国的哀悼者。这些哀悼者被刻画得非常传神，他们显然血统不同，服装各异，连头饰都各具特色，但是他们全都站在那里，为佛祖的去世悲恸不已。有的默默流泪，有的捶胸顿足，甚至还有人拿一把长剑刺穿胸膛。这幅壁画是佛祖逝去 1500 年时所作，它显然是表达"全球同悲"这一意象的最古老的作品——尽管背景不同，但是人们心念相通，共同哀悼这位来自异国他乡的导师。从面貌看，佛祖"非我族类"，他很久以前在遥远的印度居住，他还使用陌生的语言——但是对来自各个种族的虔诚教徒而言，这一切并不重要。佛祖传扬的佛法无远弗届，永不过时。艺术家很容易想象出，佛祖的去世该让众人如何哀哀欲绝。但真实的情况是，在佛祖去世的时候，中国和中亚各国的统治者根本不知道佛祖是何方人士，更别提为之伤悼了。这幅壁画显然有意混淆佛教传到东亚各地的时间，只为表达虔敬之意，忽略了历史实情；而当代人的全球意识恰恰以速度为特征，和这幅壁画表露出的"时空倒错"之感形成鲜明对照。圣女贞德惨死之后 18 个月，君士坦丁堡才知道消息；1453 年，土耳其人攻陷君士坦丁堡，3 个月之后，这条消息才传遍欧洲。[5]但是现代人能收看卫星电视，能上网，所以戴安娜王妃遭遇横祸，人们马上就得知其死讯；教皇约翰·保罗二世与世长辞，全球立刻陷入伤悼之中。纽约和华盛顿发生恐怖袭击，导致 3000 多人丧生，第二天德黑兰的学生就点起蜡烛为受害者守灵。长期以来，这种关注人类命运的全球意识越来越强，"一方有难，八方忧心"，世界人民对局部问题做出反应的速度也越来越快。但是最初建立这种关系的，正是以迟缓的速度奔走四方的传教人，比如中国的玄奘就花了数年，走了数万千米，才来到佛祖出生的地方——印度。

乔达摩·悉达多（Siddhartha Gautama）本是印度北部一个小国的王子，他看到周围人经受的苦难，忧心忡忡，悄悄地离开宫殿，成了一名苦修者。云游多年之后，他坐下来，冥思超脱人间苦难的救赎之道。冥想49天后，在公元前623年春天的一个月圆之夜，悉达多彻底"觉悟"（bodhi）。之后，佛祖面向5位弟子开坛说法。人为什么会经受苦难，如何走向救赎之道，佛祖解开了这些普世困惑，启发了人们的想象。后来，基督教的"受难救世主"理念大约于公元1世纪传入印度（和佛祖在世传道的年代相差约700年），佛教学者受到启发，提出弥勒佛（Maitreya）这一理念：弥勒佛将舍身受难以拯救世界，匡扶正义。[6] 希腊裔移民在犍陀罗国（Gandhara，今日巴基斯坦和阿富汗）安家之后，很快就用带有浓厚希腊特色的栩栩如生的佛像替代了那些更抽象的雕塑，比如石块或莲花上的佛祖脚印。新兴的大乘佛教（Mahayana）则稍稍改变了早期以禁欲和献身为基础的佛教教义，提出更宽松的教规。大乘佛教允许敬拜佛像，允许教众通过虔敬和布施做功德。之后1000年内，佛家弟子走上丝绸之路，并且乘船去往孟加拉湾和中国南海，成功地把佛教传入粟特（Sogdiana，今日伊朗东部和中亚）、日本和越南等地。

公元前3世纪，孔雀王朝国王阿育王（Aśoka）统一印度大部分地区，但是他后来信奉佛教并利用王权传扬佛教。阿育王任命自己的儿子摩哂陀（Mahinda）为特使——当时摩哂陀已经是一名僧侣，阿育王派遣他去斯里兰卡宫廷弘扬佛法。[7] 摩哂陀致力于宗教征服事业（他称之为"dhammavijaya"，即"法胜"），他派遣大量佛家传经人出访埃及、马其顿王国和地中海沿岸希腊化时代诸国，觐见各国君主。公元前250年左右，以人类的苦难和拯救为共同话题，各民族开展了初步的沟通和交流，而且这种联系不断发展，逐渐影响到东方诸国。公元1世纪时，汉明帝成为第一个皈依佛教的中国帝王，他邀请两位印度僧侣竺法兰（Dharmaratna）和迦叶摩腾（Kasyapa Matanga）来洛阳。两位僧侣不畏艰险，穿过中亚沙漠，应邀来到洛阳。他俩不仅从印度带来了佛经手稿、图画和礼佛用品，还在中国修建了白马寺。传经人和译经人络绎不绝，从中亚和印度来到中国，与此同时，中国的僧侣则持续西行。[8] 508年，印度僧侣菩提流支（Bodhiruci）来到洛阳，奉皇帝之命翻译多卷佛经，其中包括《法华经》（*Lotus Sutra*）和《金刚经》（*Diamond Sutra*）。1000多年之后，考古学家奥莱尔·斯坦因（Aurel Stein）发现了这些经卷。随着雕版印刷术和造纸术的发展，中国人印刷了许多翻译成中文的《金刚经》。斯坦因发现的《金刚经》被鉴定为868年的文物，是世界上最早在纸上印刷的书籍。[9]

传承衣钵

这是一个雾蒙蒙的早晨，我来到中国古城西安（也就是过去的长安城）的一座小公园，公园外车来车往，有鲜亮的绿色出租车、空调大巴，还有笨重的大卡车隆隆驶过。这座公园位于西安城西边，远离闹市，门可罗雀，当时我是那里唯一的游客——但它恰恰是丝绸之路的端点。公园中伫立着一座孤零零的商队雕塑，它由混凝土塑成，高达 4.5 米，周围还种上了一圈灌木。细看雕塑，只见骆驼背上端坐着几位大胡子商人和一位僧侣，衣袂飘飘，其他人则跃马前行。这座雕塑提醒人们，公园旁的道路曾经是供商人、传教者和武士使用的交通要道。如今的双车道上，车水马龙，置身其中，又有谁能想象得到，过去，骆驼商队正是从这里踏上这条布满灰尘的道路，徐徐西行，最终竟赶到里海（Caspian Sea）呢？

629 年秋天的一个黄昏，中国著名的僧侣、学者和传经人玄奘可能就是从这里出城，走上漫漫西行路，16 年后才回归故土。玄奘在印度云游十二载，遍访印度佛教圣地，在那烂陀寺（Nalanda），即著名的佛教大学修习佛学，并和学者探讨佛经，相互辩论。643 年，当玄奘向一直守护扶持他的朋友哈沙王（King Harsha）辞行时，哈沙王送他大象、马匹和一批随从。玄奘携带近 700 卷佛经和他素日搜集的大量佛像踏上回乡之路。这本是那一历史阶段中规模最大的信息传播盛事，但是其中一头大象在横渡印度河时淹死了，另一头象则如有神助，一路安然越过兴都库什山，可叹又遭强盗追捕，快到喀什（Kashgar）时，最终倒在了峡谷之中。[10]

645 年一个春天的早晨，玄奘从佛教圣地归来的消息已经传开，大街上挤满了人，大家都想目睹这位神奇人物的风采——他违抗朝廷禁令执意西行，如今不仅从遥远的天竺国安全返回，而且带回佛像和 657 卷经书——这些佛像和经卷堪称无价之宝。太宗皇帝原本禁止玄奘西行，现在也回心转意。彼时太宗也急于会见这位名动天下的高僧，毕竟，玄奘"履未履之路途，闻未闻之圣言，得见天赋异禀之灵童"。唐太宗派遣高官护送玄奘返回长安。据《大唐大慈恩寺三藏法师传》记载："所司恐相腾践，各令当处烧香散花无得移动……其日，众人同见天有五色绮云，现于日北，宛转当经像之上。纷纷郁郁，周圆数里。若迎若送，至寺而微。"[11]

应太宗之邀，玄奘著书，备述其旅途见闻，介绍各地的经济、教育和社会状况，各民族的宗教信仰、风土人情。在《大唐西域记》（Records of the Western Regions）结尾处，玄奘所发的议论显示出异乎寻常的开放心态以及对多元文化的包容："我详细地记述了各国风景和已经考证的疆域划分。我记录了各国独特的风俗和气候特征。各地的伦理规范和人情好恶都不尽相同；事情没有彻底证实之前，切不可妄下断语。"[12]

像玄奘这样的传经者其实还有很多，得益于他们的虔诚和勇气，佛教传遍整个亚洲，之后又逐渐传入世界各地。如今，日本约有一亿佛教徒，日本人也是最热忱的佛教推广者。诚如中国学者谭云山所说："佛教源于印度，兴于中国，而后传遍世界各地。"[13] 弘扬佛法的佛家弟子不仅培养了人们的全球意识，还增强了各地人民之间的联系，这种联系不仅推动了贸易的发展，而且促进了不同文化之间的深度融合，而亚洲人的某些共同特征就在这种融合中诞生。

佛教和崇尚等级制度的正统儒家思想相抵牾，所以经常遭到排挤，于是传经者摸索出一套白话语，避开阳春白雪式的宫廷用语，意在吸引平民百姓。整个东亚莫不如此，为了书写佛经，传经人创造出白话文。当然，这种创新符合佛祖的意愿，佛祖本人曾经说过："你们应该使用任何能让一切众生悟道的语言。因此古话说，'入乡随俗'。"研究亚洲的学者梅维恒（Victor H. Mair）写道："除了少数借鉴汉文化书写的经卷之外，从帕尔米高原以东直至太平洋，几乎所有书面白话文都是佛教传经人笔耕不辍的成果。"[14]

丝绸贸易

和佛教传播关系最紧密的历史现象，莫过于连接亚欧两大洲的商贸通道——丝绸之路。实际上，由于越来越多的朝圣者携带成批丝绸走上这条道路，历尽艰辛只为把这种豪华的礼品献给寺院以示虔敬，丝绸之路因此声名鹊起——众所周知，来自中国的丝绸源源不断，沿着这条通道运往世界各地。在印度和中亚，佛教刺激了人们对中国丝绸的需求，因而推动了丝绸贸易。[15] 从4世纪开始，中国丝绸出口蓬勃发展，同期，印度到中国传经，中国到印度朝圣的人数也骤然增多。而礼佛的必备物品，比如熏香、佛像等也成为印度的主要出口物品。

印度和各地的佛学交流活动推动了佛法的传播，而围绕佛学精义进行讨论也渐成风尚。在印度，佛家学者遵循古法，把经书写在棕榈叶上，而在中国，人们则使用纸张誊写译成中文的佛经，很快，中国人开始印刷这些经书，并装订成册。由于收藏佛经就算积累功德，人们对佛家书籍的需求随之增多。人们对纸张的需求又推动了造纸工艺的进步，降低了图书出版的成本。有意思的是，印度人用线把单张棕榈叶连缀在一起，中国人可能从中受到启发，把印上文字的纸张装订成册，但是印度人却是从穆斯林统治者那里学会了造纸术和图书装订技术。

饮茶本是中国人从公元1世纪开始形成的习惯，而佛教的传播也助长了饮茗之风。本书第3章曾写道，也门的伊斯兰教徒推广了饮用咖啡的习惯。与之类似，在漫长的冥想过程中，僧侣借饮茶保持清醒，品茗习惯也因此在中国各地广泛传播。研究中国佛学文化的学者柯嘉豪（John Kieschnick）写道，初唐时期（公元7世纪早期）僧侣开始饮茶，中国有些地方在那之前早已盛行品茗之风，但是在北部和西部，正是这些云游四方的僧侣四处传播饮茶习惯。这些僧侣还带来了印度椅子和甘蔗，日落之后，僧侣们靠吃甘蔗充饥。柯嘉豪还写道，中国僧侣跨越疆域的限制，传播、践行佛家的修行亚文化，"相比之下，他们以更加开放的心态对待印度的风俗、习惯、食物和家具，和其他的文化团体态度截然不同，比如，对中国文学界而言，'中国性'几乎就是构成其特殊本质的核心内容"。[16] 除了丝绸贸易和饮茶习惯的推广，佛教对盛唐还产生了各种深远的影响。中国学者刘欣如（Xinru Liu）写道：

> 深究起来，由于佛教为中国人带来了和死亡相关的"阴司地狱报应"之类的学说，上至帝王将相，下至贩夫走卒都深受影响，无论社会地位高低，他们都为自己，也为所爱的人担心……他们向佛家寺院和住持布施精美的丝绸和衣物，通过施舍财物积累功德。他们供奉佛祖遗物，把印度的圣物演化为中国圣物，这恰恰体现出，唐人尽力通过物质手段救赎自己，免坠地狱；而丝绸则源源流入佛家寺院，尽管政府禁止丝绸外流，还是有不少丝绸落入中土之外的寺院之中。[17]

唐朝时，佛教从中国流传到朝鲜，然后从朝鲜传至日本。传经者还远渡印度洋，将佛教传入苏门答腊岛（Sumatra），而在印度尼西亚的三佛齐王国，佛教也广为流传。

21世纪初，佛教已传遍各大洲。其要义也从纯粹的"舍身求法"转到社会改革、普世价值以及冥想修行等方面。在德国有位越南佛教协会成员,意欲遁入佛门,结果乘飞机赶到澳大利亚珀斯,在来自世界各地的众僧见证之下受戒。[18]那幅敦煌壁画描绘的场景如今颇为常见:各民族教众联合起来,虔心礼佛。

拿撒勒的木匠

正当贵霜(Kushan)国王在今日的阿富汗为供奉佛祖而大建佛塔,身着深红道袍的云游僧取道丝绸之路四处讲经的时候,巴勒斯坦地区出现了一种新的宗教,它宣扬一神论、注重伦理规范,并许诺"信基督,得永生"——这种宗教最终也传遍世界,吸引了各地教众皈依。

当年轻的拿撒勒人耶稣开始传道,宣称"神的国已经降临"的时候,他开启了第二个劝服他人改变信仰的年代。耶稣是个木匠的儿子,一位深受众人喜爱的犹太传道人,他在所有人身上都能看到上帝的恩典;为了传扬一神论、爱和慈悲,耶稣最终被钉死在十字架上。耶稣创建了一种新的宗教,这种宗教先征服了地中海地区,然后传遍全球各地。耶稣被钉死在十字架上,这恰恰让追随者更加坚信:耶稣正是《旧约》中预言的弥赛亚。耶稣所传教义被称为"福音"(gospel),福音像野火一样传扬开来,尽管信徒遭到罗马帝国的迫害,但是仍有成千上万人争相入教,成为基督徒——又称为弥赛亚教徒。在地中海地区,基督平生所行善迹,其殉道精神,以及复活传说激起众人追随的热情,最终也征服了罗马帝国。在325年召开的尼西亚大公会议(Council of

Nicaea）上，来自帝国各个遥远地区的 300 名主教济济一堂，议定耶稣的神性问题。这些主教本身就是活生生的证据，证明当时基督教已经广泛传播。最终，罗马皇帝君士坦丁（Constantine）皈依基督教；380 年，狄奥多西大帝宣布基督教为罗马国教，帝国的力量被用来推广基督教。[19] 罗马帝国各大城市的主教之中，罗马教皇成为最高权威，统领不断扩展的基督王国的西部。一位历史学家曾说，事实证明，罗马天主教会已经成为"世界历史上最权威、最持久的非政府组织"。[20]

早在罗马帝国正式扶持基督教，并利用其力量和权威弘扬基督教义之前，基督教就已经传向四方。印度古老的叙利亚基督教会相信，公元 52 年左右，使徒圣托马斯就已经来到印度南部，在今天金奈（Chennai）附近传教。由于圣托马斯传播新教，激起了某些人的愤恨，最终导致其遇害。[21] 历史学家怀疑，到印度来的这位并非圣托马斯本人。他很可能只是一名来自叙利亚的基督教商人，与圣托马斯同名，这位商人把基督教传入印度。这些历史细节有待考证，但无论如何，在地中海地区之外，人们建起了首个基督教会，这一突破具有重大意义，它证明这种新的信仰能够在具有古老文化传统的异邦吸引众人皈依。早在 2 世纪时，亚历山大港就建起一所教会学院，5 世纪早期，另一所教会学院在君士坦丁堡创立。圣帕特里克（Saint Patrick）、坎特伯雷的圣奥古斯丁（Saint Augustine of Canterbury）、圣博尼费斯（Saint Boniface）分别把福音传入爱尔兰、英格兰和德国。此外，还有

许多圣徒在欧洲各地传教。²²

4 世纪，普鲁盟提乌斯（Frumentius）在埃塞俄比亚传福音。5 世纪时，景教徒（Nestorians）将基督教带进中国，但是其传教活动收效甚微。由于传教士坚持不懈，再加上教皇和皈依基督的君主的支持，欧洲成为基督教徒的家园。13 世纪时，教皇依诺森四世做出初步尝试：当时蒙古帝国控制着中国和中亚，教皇试图和新兴的蒙古帝国结盟。教皇派遣托钵会修士远赴蒙古帝国传道，授意他们"勉力查明和鞑靼国相关的所有事宜"。于是，1245 年，教皇特使乔万尼·加宾尼（Giovanni da Pian del Carpini）到达哈拉和林（Karakorum），在宫廷朝见蒙古帝国皇帝。特使返回欧洲后，自信地向教皇汇报：蒙古帝国皇帝即将成为基督徒。²³但事实证明，这只是特使的一厢情愿罢了。但是传教士仍陆续走向中国，在此过程中，欧洲人发现更广阔的世界。波代诺内的鄂多立克（Odoric of Pordenone）是一位意大利方济各派修士，他游历印度和马来，乘船到达中国。之后，鄂多立克取道中亚返回欧洲，并于 1325 年游览了西藏——此前欧洲人从未到过西藏。但是，过了一个世纪之后，传教士才开始认认真真地在亚洲传教。15 世纪时，葡萄牙和西班牙人开始寻找通往亚洲的新的贸易通道，葡萄牙王子、航海家亨利经教皇批准，获得北回归线以南所有殖民地教会的领导权，并负责贸易和教化事宜。

传教葡萄

在笃信宗教的时代，部分探险者把开拓新领地，攫取那里的香料和黄金视为传播信仰的一种手段。"黄金是最棒的，"哥伦布写道，"黄金就是宝藏，任何人一旦拥有黄金，那他在世上总能得偿所愿；有了黄金，他还能把灵魂送入天堂。"[24] 哥伦布觉得，让当地人改信基督是刻不容缓的任务。"我主催促我们行动，"他写道，"时间如此之短，需要接受福音的地方却又如此之多。"从在加勒比海岛登岸时开始，哥伦布就觉得自己冥冥中已走上传教之路，他把该加勒比海岛取名为"圣萨尔瓦多岛"（San Salvador/San Savior，有"神圣救世主"之意）。哥伦布自作主张，劫持24名当地印第安人，把他们送到西班牙，培养他们做翻译，担当传播福音的重任。这24人中，只有6个活着回到了新大陆。[25]

欧洲殖民扩张不仅受传教精神的驱动，而且受历次战争的影响：葡萄牙探险者在非洲海岸登陆时，他们竖起带有十字架的石灰石柱（padrao），不仅宣示主权，而且赋予这种占地行为以宗教意义。[26] 不仅葡萄牙的领地在扩大，基督教权控制的范围也同时在增长。资助哥伦布远航的西班牙王室不仅对香料感兴趣，而且也希望改变原住民的信仰，为基督教赢得更多信众。哥伦布给王室写信，宣称自己发现了"印度"各岛屿，他还提醒王室，本次远航的目的清清楚楚——筹集资金，帮助西班牙人夺回圣地。[27]

西班牙王室还用另一种方式改变人们的宗教信仰：王室逼迫犹太人改信基督教，而且将约 15 万名拒绝受洗的犹太人驱逐出境。事实证明，这是犹太人大离散史上惨痛的一页，具有深远的历史影响。实际上，犹太人自 1 世纪以来，就已经在中东和欧洲各地散居。凯伦·阿姆斯特朗（Karen Armstrong）写道："穆斯林控制西班牙期间，他们允许历经流散的犹太人建立家园，享受前所未有的温暖，所以当西班牙犹太人遭受这一灭顶之灾时，全世界的犹太人都陷入伤悼之中，将其视为公元 70 年时圣殿被毁之后最大的灾难。"许多犹太人被逐出西班牙之后，去葡萄牙避难。葡萄牙王室也要求犹太人履行仪式，改信基督教，但是他们看中犹太人的语言和商业技能。在葡萄牙本土，王室用教条主义处理宗教事宜，但是在东南亚，情况截然不同。葡萄牙的"新基督徒"本着实用主义精神，努力实现葡萄牙在非洲、南美洲的巴西和亚洲的商业利益，并吸引热那亚和加泰罗尼亚人的资金。

与此同时，当时的教皇鼓励殖民者通过开拓新领土吸引更多人皈依基督教。哥伦布远航后第三年（1494 年），经教皇授权，西班牙和葡萄牙人分庭抗礼，获得西经 47 度以西（即巴西东部）的殖民地教会领导权。从此，葡萄牙和西班牙君主能够名正言顺地履行其职责，敦促那些刚刚被殖民者发现的原住民改信基督教。传教者热情高涨，神职人员成了推动西班牙在新大陆上殖民扩张的先锋队，他们也带来了欧洲文化和生活方式。由于举行圣餐仪式必须有葡萄酒，传教者很快着手开垦葡萄园。18 世纪70年代，在圣地亚哥建立传教所的胡尼佩罗·塞拉（Junípero Serra）神父种下第一批所谓的"传教葡萄"（所用的幼苗本是撒丁岛上葡萄藤上的枝条，由西班牙殖民者带到北美），从此加利福尼亚也开始出产葡萄酒。一个世纪之前，出于同样的传教热忱，约200名法国胡格诺派难民在南非的荷兰殖民地上开创葡萄酒业。[28]

1542年，距瓦斯科·达·伽马在印度登陆约40年，耶稣会传教士方济各·沙勿略（Francis Xavier）到达果阿境内的葡萄牙飞地。沙勿略掀开了亚洲福音传播的新篇章。继他之后，又有一群传教士前赴后继，在亚洲推广基督教。罗伯特·德诺比利（Roberto de Nobili）通晓梵文，穿戴打扮又和印度婆罗门类似，终于被印度人接受。利玛窦（Matteo Ricci）学识渊博，而且遵守中国文人的礼仪，在中国的首都小有斩获，但是他的成功仅仅是昙花一现。传统人士对利玛窦的非议越来越多，皇帝也担心养虎为患——毕竟教众忠于教皇，而非皇帝。利玛窦的希望破灭——他原本打算说服皇帝皈依，数百万中国人从而自然会蜂拥入教。在日本，1596年，数位方济各会传教士在长崎被处决，传教活动也遭受重大挫折。

但是中国澳门的葡萄牙传教士化悲愤为力量，借机推进传教事业。传教士在中国澳门制作了几幅方济各会殉教士的画像，送到墨西哥和西班牙。皈依天主教的墨西哥原住民把这些在日本长崎殉教教士的画像抬在肩膀上游行，以示忠诚虔敬。赛尔日·格鲁金斯基（Serge Gruzinski）在《四分天下》（*Les quatre parties du monde*）一书中指出，各个大洲的基督徒联合起来，纪念本教的殉教士，这是空前的事件，它似乎应验了《旧约》中的预言——基督教将传遍世界。[29] 尽管在日本和越南遭受打击，亚洲的传教士仍然越挫越勇。1842年鸦片战争爆发。1858年，清政府被迫开放通商口岸，西方传教士回到中国。

尽管基督教传教士和中国人的关系几经风雨，而且皈依基督的中国人人数很少（到1900年时，也仅有10万人），传教士却是促进文化交流的先锋力量。[30] 传教士试图用西方文化打动中国人，以吸引他们入教，所以传教士翻译西方经典作品，修建图书馆和自然历史博物馆，并且向中国人介绍西方的科学和哲学。传教士还在杂志上发表文章，广泛传播与西方政府和历史相关的作品。史学家史景迁（Jonathan Spence）写道："这些作品系统地把中国置于世界性语境之中，也让中国学者有机会从一个全新的角度思考自己国家的历史。"[31] 凭传教士之助，容闳1847年进入耶鲁大学，成为第一位从美国大学毕业的中国学生。后来，容闳又带领第一批中国留学生赴美，这批学生共120人。

传教士还把各类文书从中文翻译成欧洲各地语言，也让西方人有条件了解中国。传教学者奠定了汉学基础，撩开中国神秘的面纱，让西方人有机会了解中国。

但是在美洲的英国新殖民地，情况截然不同。越来越多的贵格会（Quaker）和浸信会（Baptist）教友觉得这些新领地就是

《圣经》中记载的"旷野"——上帝曾喻示施洗约翰,旷野是迎接基督来临的地方。这些教友开始迁移到这片"应许"之地。英国刚刚在印度获得的殖民地也让英国的传教士有了待开垦的处女地。传说使徒托马斯很早就来到印度,激励当地皈依者修建教堂,但是那以后的1000多年内,这项事业都后继无人,而英国传教士到来之后,一座座新教堂拔地而起。1793年,威廉·克里来到印度,他曾经是名鞋匠,后来成了浸信会传教士,因为倾心传教,克里有强劲的学习动力,最终学会了多种印度语言。翻译《新约》的过程中,克里成长为声名卓著的多种印度雅利安语言专家,逐渐掌握了这些语言的语法和词汇。克里是公认的现代孟加拉语奠基人,印刷孟加拉语经书的第一人。在世界各地,基督教传教者也做出了类似的贡献。耶鲁大学研究传教和世界基督教的拉明·桑纳(Lamin Sanneh)教授写道:"传教士的翻译在原住民的殖民抵抗思潮的形成过程中起到了至关重要的作用。当地的基督徒从翻译成方言俚语的经书中获得信心,坚定地推动反殖民事业。殖民体系代表着全球经济和军事秩序,而在传教活动中,则彰显出本土语言文化的价值。"[32]

越南的情况耐人寻味,它说明,传教士出于宗教热情和原住民建立联系,但是他们的行为有时会产生"无心插柳"的效果。19世纪中期,越南皇帝处决数名法国传教士,这自然让法国政府有机会出兵干预此事,并逐渐控制中南半岛(Indochina Peninsula),开始了长达100多年的殖民统治。即使在殖民统治结束之后，那段时期的印记也在中南半岛上遗留下来，其中就有越南拼音文字系统（quôc-ngu）——在殖民期之前，越南人一直使用中文汉字系统。为了和越南人历史上一直遵循的儒家道统争夺影响力，阻止越南人借用中文汉字作为书面语，法国传教士亚历山大·德罗德（Alexandre de Rhodes）编写出首部用拉丁字母记录的越南语教义问答书。[33] 新的越南拼音文字系统从越南语中革除了中文汉字。此举对越南造成了深远的影响——它牵涉到识字教育的普及、印刷术的发展，以及中国影响的减弱等一系列问题。

基督教传教士在妇女医生和护士培训方面也起到先锋作用。直到今天，印度大批护士都是女性基督徒，难怪护士们总是被称为"嬷嬷"——这本是人们对修女的称呼。菲律宾曾经是西班牙和美国的殖民地，传教士医生在那里修建了医院，需要训练有素的护士。如今，技术娴熟的菲律宾护士奔赴世界各地，成为这个国家一种重要的出口项目：护士人力资源。

而非洲的传教士往往得在奴隶被运往新大陆之前，为踏上艰险旅途的教众草草施洗。尽管这种集体受洗分明是惨痛的经历，但是在葡萄牙殖民地如巴西、安哥拉和大西洋一些海岛，非裔人民以及他们的后代却成为最虔诚的基督徒，他们施舍财物以支持教会，并且集体庆祝天主教假日。[34] 但是，在19世纪后半期开始陆续到来的新教传教士似乎对非洲的开发产生了更大的影响，这种影响是好是坏，尚待具体分析。

探寻非洲"登天之梯"

　　苏格兰传教士戴维·利文斯敦（David Livingstone）的名字永远地和非洲联系在一起，他被称为"非洲活地图"。[35] 其实，利文斯敦出于偶然才来到非洲。1813 年，利文斯敦出生于贫寒之家，10 岁的时候就开始在一家轧棉厂工作。受福音派教义影响，利文斯敦打算去中国做一名传教士，而且为此精心准备，但是鸦片战争爆发，他只得改变计划。当时，利文斯敦邂逅一位著名苏格兰传教士，这位传教士此前一直在非洲工作，利文斯敦受到启发，决定前往非洲。之前利文斯敦为了能胜任传教工作，曾在格拉斯哥修习医学、希腊语和神学。尽管 300 年来欧洲人一直和非洲人保持往来，但是他们仅在海岸附近活动，对广袤的非洲腹地仍然知之甚少。早期的联系都以商贸为目的，非洲人用奴隶和象牙换取欧洲的服装、烈酒和工业产品。很少有传教士深入神秘的非洲内陆，那里有疟疾肆虐的森林，荒凉可怖的大漠，奔腾咆哮的流水，其实，除了奴隶贩子，任何欧洲人都不曾以身犯险，深入腹地。利文斯敦计划建造传教站，为了找到适合居住的地方，他不知不觉踏入非洲腹地。利文斯敦的传教事业以惨败收场：他仅仅劝服一位非洲酋长改信基督，但是这位酋长受不了严苛的一夫一妻制，最终又放弃了信仰。于是，利文斯敦干脆全身心投入探险活动之中。

　　利文斯敦得出结论：上帝赐他生命，就是让他利用自己的才能探寻这片未知的大陆，绘出地图，开发"登天之梯"，即赞比西河。赞比西河从非洲西海岸流向东海岸，可能就是非洲借以实现"基督荣光、商业繁荣和教化文明"的进阶之梯。利文斯敦从出生到长大成人，正好经历英国社会变革，而推动变革的，正是工业革命和亚当·斯密的经济理论。利文斯敦相信，只要信奉基督教，再利用富饶的物产（比如象牙、蜂蜡）从事合法自由贸易，非洲也能由蛮昧走向文明，结束阿拉伯世界的奴隶贸易。[36] 利文斯敦打算沿赞比西河航行，开辟出贯通非洲东西两岸的通道，但是却发现河上有约108米高的瀑布，于是希望破灭。利文斯敦又花了8年时间探寻尼罗河的源头，也以失败告终；和公元前460年时希腊历史学家希罗多德（Herodotus）的遭遇一样，利文斯敦始终找不到这条河流的神秘源头。利文斯敦在非洲探险30年，其间遭遇狮子袭击、疾病困扰，而且往往远离家人；他为绘制非洲地图做出了巨大贡献，也因此成为英国家喻户晓的人物。利文斯敦"在非洲大陆跋涉大约29 000英里（约4.6万千米），揭开约100万平方英里（约260万平方千米）处女地的神秘面纱"，被称为"非洲之子"（Man of Africa），可谓实至名归。[37] 利文斯敦撰写的插画版《传教士游记》刚刚出版就成为畅销书，售出7万册，并被译成多国文字。其实那时候已经出现了照相机，但是缺乏印刷半色调照片的技术手段。所以，尽管其作品中的插图形成了轰动效应，但这些插图都是英国艺术家根据利文斯敦的叙述绘出的想象画。[38] 瑕不掩瑜，利文斯敦及其作品激发了欧洲人对非洲的热情，增进了读者对非洲的了解。这些作品甚至引发了美国前奴隶对非洲的兴趣——这些人中，有的受了当时某些白人的影响，对自己的故土也一度持轻蔑的态度。1913年，曾经当过奴隶的美国传教士布克·华盛顿（Booker T. Washington）写道："对于我，还有许多美国黑人而言，利文斯敦的生平事迹不仅让我们首次真正了解了和非洲以及非洲人民有关的知识，也首次激发了我们对非洲的深切兴趣。"[39]

利文斯敦激励了许许多多的传教士走向非洲，因为他为培养西方人的非洲意识做出了巨大贡献，所以广受同代人的赞誉；但是后来，有人指控利文斯敦沦为帝国主义的帮凶——继其非洲探险之后，列强就争先恐后地掠夺非洲的财富。探险家们在非洲发现世界上最大的钻石和黄金矿藏之后，非洲被英国、葡萄牙、法国、德国和比利时瓜分，整个大陆都沦为列强的殖民地；如果利文斯敦泉下有知，也会憎恶这种残酷的殖民主义。利文斯敦身处大英帝国全盛时期，又躬逢大发现年代（查尔斯·达尔文环球旅行返英后，又过了4年，利文斯敦才动身去非洲），显然，他以非洲人的家长自居。但是，诚如利文斯敦的传记作者安德鲁·罗斯（Andrew Ross）所说，19世纪60年代去非洲时，利文斯敦根本无意抢占殖民地，他希望为传教士和商人修建居住区，并和非洲社会相互交流，建立积极有益的关系。利文斯敦的丰硕作品、个人日记，以及私人和公共信件都表明，如果泉下有知，他会反对列强对非洲的无耻掠夺。利文斯敦强烈反对奴隶制，美国内战期间，他儿子作为联邦军人参战，并战死沙场，死时年仅18岁；利文斯敦终身积极参与废奴运动。

利文斯敦为了劝服非洲人皈依基督教而离开故土，但是由于他在非洲的经历，他逐渐认清浩浩荡荡的世界大势，这种趋势持续至今，依然在发挥影响。

> 为了顺应时代趋势，弘扬时代精神，我们应该建设大规模高技术工业项目，融合全球资金才能为这样的项目提供必要的支持，并确保项目的落实，比如太平洋铁路、苏伊士运河、塞尼山隧道、印度和西亚铁路、幼发拉底铁路等。铁路、蒸汽机船、电报的使用和推广突破了国家的限制，让相隔万里的人们建立起密切的商贸和政治关系。它们将世界连成一体，资本就像流水一样，往往会保持在同一水平面上。[40]

利文斯敦写下这些话之后，世界顺应这个趋势逐步发展，一体化的程度也越来越高。资本像流水一样游走，寻找实现效益的机会，富裕的西方已经发掘出更多资源和技术手段，用来传播福音，有的传教士确实出于善意，但也有些传教士试图利用穷人达到其不可告人的目的。美国和欧洲的罗马天主教和新教传教组织已经花费无数钱财在世界贫穷地区吸收教徒。

国际邮政服务日渐普及，邮局还印制明信片，明信片既能起到沟通作用，也是一种收藏品；于是，基督教传教士借用这些新的工具传播福音。17世纪时，传教士开始在明信片上印制方济各殉教士的画像，如今这个做法已经被广泛采用——借用邮政服务，这些再现传教士为神工作的明信片能够进入世界上最偏远的地区，带去振奋人心的信息。玛莎·斯莫利写道，这些图片展示出鲜活的人物和真实的背景，让人们能亲眼看到传教士以及他们试图帮助的人们，自然会激发公众的同情心和好奇心，并且吸引财政资助——对传教事业而言，这些资助至关重要。[41] 无论这些传教明信片是否能成功地"营销"福音理念，吸引新人入教，或是争取支持，它们绝对加深了欧洲人和美国人对遥远国度的认识。无论明信片上的图片多么失真——也许它们根本无法反映"本土"社会的真实现状，但是这些明信片依然进一步加强了各大洲日益深化的联系。

传教组织利用资源，借助成员的宗教热忱，不懈努力，持续推进全球一体化。总部设在犹他州的耶稣基督后期圣徒教会（Church of Jesus Christ of Latter-day Saints，即摩门教）就是很好的例子。该教会在犹他州普罗沃市内设有传教士培训中心，中心每年都开设多语种培训课，培养数千名年轻的传教士，然后派他们去国外完成为期18个月或两年的传教任务，所有教会成员都必须出国传教。难怪许多前摩门教徒会被政府机构和公司雇用，专门处理外国问题，不知不觉间，这些传教士已经是今日的全球化生力军。

短波无线电发明之后，基督教广播就传遍世界所有角落，今天的卫星电视和互联网又大大拓展了传教范围，达到前所未有的程度。比如，福音频道是全球基督教电视台福音卫视（GOD TV）的主打频道，通过 15 颗卫星播出，据称，其在世界各地大约有 27 亿观众。目前，许许多多的网上基督教新闻网络和资讯榜一刻不停地维持着虔诚的教徒之间的联系，激励他们联合起来采取集体行动。基督教网络敦促其他非政府组织采取行动，发挥了积极作用。但是和过去一样，有些传教活动同样带来了仇恨、迫害和苦难。有个评论员就曾批评福音频道，指责其个别节目"长篇累牍地播放充满仇恨，挑唆民众……并且他们还是节目背后的金主"。[42]

沙漠神启

基督教传教士纷纷学习外语，并且将《圣经》翻译成多种文字，亚历山大·德罗德、利玛窦和戴维·利文斯敦就是其中翘楚。伊斯兰教徒也将其教义传遍四方，但是大多力求使用阿拉伯语解读《古兰经》。公元 7 世纪，一个漆黑的夜晚，先知穆罕默德在麦加首次听到真主的训示，当时他是一位麦加商人。穆罕默德身故之时，阿拉伯所有宗族都开始信奉这种新的宗教，即伊斯兰教——意为全心全意顺从造物主，阿拉伯人也因此团结在一起。732 年，在法国边陲，"图尔之战"（Battle of Tours，即普瓦提埃之战）爆发；如果历史改写，阿拉伯大军在此战中获得胜利，那整个西欧也会成为阿拉伯帝国的领地。14 世纪后期，部分蒙古人加入伊斯兰教。非阿拉伯裔中，也有大批人改信伊斯兰教，除了欧洲南部，哈里发领地之内，只有少数人不是穆斯林。在新月沃土，大量埃及和北非人使用阿拉伯语，放弃了之前当地人使用的语言。伊斯兰教和阿拉伯语成为新文明的核心。阿拉伯帝国占地如此广阔，帝国之内各民族间的交往如此密切，称得上是今日全球化的先兆。

但是，伊斯兰教没有负责传教的职位，也没有专门负责传教的教会组织。最初几百年间，伊斯兰教主要以军事手段在地中海地区和中亚传播；在非洲和东南亚，穆斯林平民和当地非信徒们在日常交流过程中，通过言传身教收服信众。托马斯·阿诺德（Thomas Arnold）在其经典研究著作中写道，将伊斯兰教首次传入东欧的，是一位被拜占庭帝国囚禁的穆斯林法理学家。[43] 当然，多数情况下，把伊斯兰教传向四方的，仍是穆斯林行商。穆斯林的信仰坚定真挚，这些都赢得了其他人的尊重和赞赏。自罗马时代以来，骆驼商队就穿过撒哈拉沙漠，往来运输商品。也门和阿曼商人远行至东非斯瓦希里（Swahili）海岸，购买象牙和奴隶，他们也劝服不少人皈依真主。到了第二个千年开始之时，许多非洲王国已经皈依伊斯兰教，阿拉伯语也成为传播信仰和求索真知的语言。14世纪时，曼萨·穆萨（Mansa Musa）统治着辽阔的马里帝国，他的麦加朝圣之旅颇负盛名。[44]

在亚洲，著名的穆斯林阿尔－比鲁尼（Al-Biruni）留下著作《印度志》（*Tahqiq-i-Hind*），这部作品至今依然被历史学家视为珍宝。最重要的是，这部著作成为印度和阿拉伯世界的知识桥梁。为了批评膜拜偶像的宗教，比鲁尼学会了梵文，但是他翻译的印度经典著作让世界上更多的人有机会读懂这些宝典。比鲁尼还翻译了印度数学典籍，阿拉伯数学家因此才能把印度数字和零的概念带到西方。有位史学家称阿尔－比鲁尼为"世界上第一位东方通"，他表明了伊斯兰世界一个重要的文化立场："穆斯林认为思想和伊斯兰教无关。"[45]

早在七八世纪时，阿拉伯商人就已经来到东亚，并建起一所清真寺——这可能是中东地区之外的第一座清真寺。但是直到数百年之后，阿拉伯商人逐渐增多，伊斯兰教才在东南亚站稳脚跟。阿拉伯商船开始使用三角帆和罗盘，欧洲人对亚洲香料的需求又持续增加，双管齐下，令阿拉伯和印度以及东南亚胡椒王国之间的贸易活动升级。

到1500年时，在印度洋和东南亚主要港口城市中，都能看到古吉拉特阿拉伯商人的身影。马来和印尼人不仅仰慕这些商人的虔诚，喜爱他们的《古兰经》，同时也羡慕他们富足、精致的生活。抱着同样的想法，菲律宾人对伊斯兰教也趋之若鹜。17世纪有份西班牙语文献记载，菲律宾人相信，"一旦归顺文莱摩洛人（Moros of Borney）的信仰，既获得了天堂的门票，又有了事业成功的保证，而这些他们又非常看重……这些人生活富裕，因为他们是商人，他们还蓄奴种地"。[46]历史学家安东尼·里德指出，商人的职业性质，迫使他们适应流动生活，于是他们不能再膜拜祖先的灵魂、树木和大山,他们得找到新的信仰,这种信仰的神应该无处不在。"商人总是四处奔波,他们需要一种适用范围更广阔的信仰。如果他离开自己生活的岛屿去城市做生意,他需要融入当地社会,拓展交际圈。对于这些商人而言,伊斯兰教有双重功效,它既是信仰,也是社交体系。"[47]

原住民之殇

为了吸引更多新人入教,传教者不辞万里,奔赴各大洲,实际上,传教也是冒险家当初四处找寻新大陆的原因之一。我们已经知道,传教者和当地人的相遇曾引发巨大的灾难。作为灾难的见证人,传教士又将这些惨绝人寰的场景、毫无人道的行径告诸世人。但是他们也首次以具体事实为背景拷问世人:"什么是人,他/她应该有什么样的权利?"传教士关注人权,并为之著书立说,一种新趋势也由此诞生,这种趋势称得上是价值观的全球化。由于人们开始关注来自不同文化背景的人类同胞,为他们争取权利,并且开始寻找人类共同的伦理原则、国际社会的目标,新的"传道"组织因此发展壮大。

巴托洛梅·德拉斯·卡萨斯(Bartolomé de Las Casas)是较早提出这一问题,并引发世人关注的思想家。巴托洛梅是一名卓越的教士,他游历新大陆,在那里居住 44 年后返回西班牙,曝光了西班牙人对当地原住民实施的骇人暴行,激发旧大陆上的欧洲人思考一系列和人权相关的基本问题。在 1542 年发表的《西印度毁灭述略》(*A Short Account of the Destruction of the Indies*)一书中,他描绘出种种恐怖场面,比如:

> 他们徒骑着马,手执利剑长矛,开始大肆屠杀原住民,并实施令人发指的暴行。他们袭击在镇上居住的原住民,就连孩子、老人、孕妇和产妇也不放过。他们不仅将利剑和长矛刺进原住民的身体,削其手足,而且将原住民大卸八块,就像在屠宰场宰羊一样……

这本献给国王菲利普二世的书引发了历史上第一次人权讨论。这些牺牲生人祭神的印第安原住民算不算人?他们是否享有人权?德拉斯·卡萨斯和神学界带头人胡安·希内斯·赛普尔韦达(Juan Ginés de Sepúlveda)展开辩论。后者认为,印第安人"野蛮、简单、不通文字、未经教化、残忍,只能通过机械地模仿学会某些技能,完全不具备深度学习的能力"。[48] 在这场具有历史意义的交锋中,德拉斯·卡萨斯这样回答原住民是否具备人性的问题:

> 世界上所有民族都一样是人。人,无论是群体还是个体,其定义只有一个:"他们是理性的动物。"所有人都有理解力和意志力,都是上帝按照其形象和样式创造出来的;所有人都生来就具备理解并掌握新知识的能力——所有人都喜

爱善良，痛恨邪恶。上帝创造众生，从这一点看，所有人并无不同。没有人生来就有智慧。正因为如此，我们所有人最初都必须接受前辈指引和协助。地球上的野蛮民族就好比未经开垦的土地，不加照料的话，自然野草蔓延，荆棘丛生，但是这些土地同时蕴含着天然的宝藏，如果辛勤耕耘，它也能结出累累硕果。因此，四海本为一家。"49

德拉斯·卡萨斯说服国王禁止强制入教。但是，理性正义的声音不敌权力至上、人性贪婪的现实，这则禁令很快又被废除，然而这次讨论将激励后来人去改变现状。

戴维·利文斯敦最初也为传教而踏上征程，除了奴隶贩子，他是第一位深入非洲腹地的欧洲人。他的作品也起到了警示作用，帮助人们了解奴隶贸易的残酷本质。利文斯敦看到，阿拉伯商人在前面带队，一行最多有上千名奴隶，这些奴隶脖子上戴着枷锁，或是脚上戴着脚镣，然后再用绳子拴在一起，后面还拖着象牙或其他沉重的货物。他们就这样穿过密林，并一路跋涉到海边。利文斯敦记述的本地见闻中，有段描写给人留下了深刻的记忆：当时他正在找寻尼罗河的源头，无意间目睹奴隶贩子在刚果尼扬圭（Nyangwe）屠杀奴隶。当时利文斯敦手头的纸几乎用完了，于是他将见闻记在仅有的小纸条上："我一边做记录，一边听到左岸的奴隶正在为那些被杀害的同胞高声号哭，死者无从知晓——他们的许多朋友现在已经葬身于深不见底的卢阿拉巴河

（Lualaba River）中。上帝啊，求你的国降临！"利文斯敦把随身记录寄往伦敦公开发表，他说，如果他的作品能够制止可怖的乌吉吉（Ujijian）奴隶贸易，"我会将其视为伟大的成就，即使我能找到所有尼罗河的源头，其意义也绝对不能与之相提并论"。[50] 议会确实着手处理这一问题。1873年，利文斯敦逝世仅一个月时，英格兰以海上封锁相威胁，迫使桑给巴尔（Zanzibar）苏丹关闭奴隶市场。

利文斯敦抨击南非的阿非利卡政权，为争取英国公共舆论，反对阿非利卡人的种族隔离政策贡献出一己之力。利文斯敦警告说："这些白种人做盗贼，他们将发现，会有黑人步其后尘；尽管现在，阿非利卡人觉得卡非人的血统和狒狒一样低贱，但是在不久的将来，阿非利卡人自己的血也会遭人轻贱。等到那天到来的时候，我们也许能斗胆说一声，这种灾难事出有因，并非不公。"[51]

利文斯敦反对奴隶制，其实也是在遵守英国宗教人士留下的优良传统。55年之前，福音派基督徒兼议员威廉·威伯福斯（William Wilberforce）就在英国掀起了反对奴隶制的运动。威伯福斯每年都向议会提交反奴隶制法案，连续坚持了18年。1789年，威伯福斯初次发表演讲，呼吁废除奴隶贸易，在这场著名的演讲中，威伯福斯意在唤醒商人的慈悲之心："我不会去谴责利物浦商人：我承认，而且坚信，他们都有仁义之心；因此我还坚信，邪恶的贩奴贸易性质太严重，波及范围又太广，所以利物浦商人们在考虑这一问题时，难免大而化之，没有注意到它对个人造成的伤害，因此利物浦商人们对这个问题的反应比较淡漠，若非如此，他们绝不会执意从事奴隶贸易。"[52]

1833年8月，即威伯福斯去世后一个月，议会全面废除大英帝国奴隶制。但是，此次废奴运动丝毫没有撼动美国种植园中盛行的奴隶制，在那里，此后的30年中，奴隶制一直持续。然而，这次废奴运动可以被视为第一次跨国人权运动，它捍卫所有人生而平等这一理念，这一理念被写入美国宪法，后来在法国大革命期间，它又出现在《人权宣言》之中。

第 5 章　周游世界

World in Motion

> 陛下请明察：我们最值得尊敬并赞赏的成就是，我们已经发现环球航道，并沿此航道绕行地球一圈——我们出发之后一路西行，最终从东方返回。
>
> ——费迪南德·麦哲伦率舰队在寻找摩鹿加群岛途中毙命，船长胡安·塞巴斯蒂安·埃尔卡诺（Juan Sebastián Elcano）历经重重危险，最终完成航程，并于1522年9月6日向西班牙国王卡洛斯一世汇报成果

2004年6月一个静谧的清晨，我坐在瓜达尔基维尔河（Guadalquivir）岸边，河水缓缓流淌，用水泥浇筑的塞维利亚（Seville）大堤两岸则种着灌木和棕榈，灌木丛中鲜花盛放。大

河静默不语，但是它曾见证人类开发新大陆的壮举，人类历史上的大规模迁移也从此拉开序幕，世界局势亦随之改变，再也不复当初。阿拉伯人统治西班牙时，称瓜达尔基维尔河为"大河"（Wad–al-Kebir）。太阳刚刚升起，晨雾尚未散尽，这条河过去挤满了船只，但是如今静静躺卧在薄雾之中，梦回峥嵘岁月。这里曾有各式各样的航船，有的从新大陆运来金砖银锭，从香料群岛上运来成箱的芬芳丁香和豆蔻，在这里靠岸卸货；有的则载着成桶的塞维利亚橄榄油和小麦，从这里出发，将这些名产运往国外。运载移民的卡瑞克高桅船（nao）也在这里扬起风帆，驶过黄金塔（Torre del Oro），驶入茫茫大海。塞维利亚一度是欧洲探险之都，探险家们从这里出发，踏上找寻通往亚洲新航线的处女行。环球之旅也从这里开始。16世纪，几乎50万西班牙人从塞维利亚出发去往新大陆。世界人口流动潮流自此涌现，至今依然波涛滚滚。去新大陆的西班牙移民中，有五分之一的人是从塞维利亚启航的。[1] 塞维利亚算得上是现代全球化进程的发源地。

将近500年后，我站在河岸边，很难想象1519年8月的那个早晨，葡萄牙船长费迪南德·麦哲伦如何指挥大型黑帆船，在象征卡洛斯一世的西班牙旗帜下驶向大海。前一天晚上，船员去了维多利亚的圣玛利亚教堂（Santa Maria de la Victoria），完成告解，并祈祷旅途平安。第二天起床后，他们放响礼炮，隆隆的炮声打破了清晨的静谧，空中弥漫着青烟。河岸上有人聚拢过来，看着这5艘船组成的摩鹿加舰队踏上去往大西洋的旅程，旗舰名叫"特立尼达号"（Trinidad）。船员只知道，他们要去一个遥远的地方——香料群岛，但是大多数人并不知道，他们将走上一条迂回曲折的航道，经过南美洲神秘的海域，他们的船长还希望开发出一条贯通东方和西方的新航线。他们后来果真发现了连通东方和西方的海峡，这个海峡被称为"麦哲伦海峡"，但是在旅途中，他们的船也曾在广阔的太平洋上漂荡。大部分船员再也回不到他们出发的地方——塞维利亚。3年后，1522年9月，一艘孤零零的船——"维多利亚号"——蹒跚驶入瓜达尔基维尔码头，当初出发的船员中，只有18人活下来，并完成航程。水手们衣衫褴褛，失魂落魄，他们光着脚走到维多利亚的圣玛利亚教堂，感谢上帝，并为他们在环游未知世界过程中犯下的罪孽忏悔。为了纪念这一充满悲情的探险旅程，当时人们只是出于惯例，鸣枪迎接返程的船员，但是今天我们知道，麦哲伦航行具有划时代的意义。1.2万～1.4万年前，人类曾经走到太平洋的另一端，自那以后，他们亲人的后代从欧洲出发，漂洋过海，在有生之年就环绕地球一周——这是开天辟地第一遭。人类首次实现真正地理意义上的"全球互联互通"。

诚如圣方济各所说，大多数人是长年漂泊的游子（hominess viatores）。[2] 不仅如此，在所有生物中，人还是最有冒险精神的物种。查阅《牛津英语词典》，"冒险精神"的定义为"喜爱冒险，或富于冒险经历，有创新精神，大胆"。人类甘愿冒风险，也要踏上征途，只为探索未知世界，免遭苦难，或仅仅为寻找个人发展的机会。

人类踏上旅程走出非洲的这段历史就是最有力的证据：人天生具有冒险精神。后来人类进入农耕社会，居有定所，但是旅程却并未终止。本章重点介绍冒险家——探险家、旅客和移民，研究他们如何持续跨越边境，不断扩展各个社群之间、人与人之间的联系。上文曾指出，群居的农业人口希望找到新的、物产丰富的安身之地，所以他们很早就在中亚和印度四处迁移。纵观人类历史，迁移从未停止——有时是被逼无奈，有时则是自发行为：移民们总是希望在异乡找到新的机会，过上更好的生活。人类历史上还有另一种移民：他们因遭受战乱或迫害而成为难民，被迫踏上危险的漂泊之路，出走异国他乡；他们也能归入"冒险家"一类。自亚述人在安纳托利亚半岛聚居时起，商贸流民队伍就不断壮大，难民也加入进来。

探险者充满好奇心：熟悉的边境之外，又是怎样一番天地？所以一代又一代的探险者不惧艰险，走上旅途，并带回知识，不断扩充已知世界的版图。在旅行还异常危险的时代，人们毅然踏上探索的旅程，求知往往不是他们唯一的目的。马可·波罗的游记诚然丰富了人类知识，但是他最初上路时，却是为了出门做生意。克里斯托弗·哥伦布、瓦斯科·达·伽马和费迪南德·麦哲伦是王室钦点的探险家，为找寻通往财富的新航道，他们义无反顾，驶向茫茫大海。3个世纪之内，这些探险家的发现引发了人类历史上规模空前的迁移。即使是地球的每个角落都被"发现"，人类也并未停止旅行。过去，好奇的旅行者出发，探寻另一座山之外，或另一个大洋之外的未知天地，今日的游客与他们何其类似。过去，财富猎人和契约移民劳工出走他乡，今日的合法和非法移民也是如此。自从伤亡无数的现代战争打响，难民人数也随之飙升。如今，交通日益发达，旅行条件不断改善，全球人员流动量加大，更多的人离开他们的出生地，在异国居住。2005年，全世界各国移民约有2亿人。尽管世界上的许多人从未跨越国境，但是他们的同胞散布在世界各地，地球村也因此成形，当初走出非洲的人类祖先的后代重新建立起联系。下文中，读者将看到，在探险和冒险之旅中，已知世界的版图不断扩充，漫漫历史长河之中，各个社群的关系网也在不断发展壮大。

汉诺和河马

上文已经提到，埃及女王哈特谢普苏特曾派船队去非洲东海岸探险。当时非洲西海岸又是什么样的景象？一位名叫汉诺的迦太基大将曾写下引人遐想的探险录。约公元前500年，汉诺从地中海出发，寻找新地方建设聚居地，一路行至大西洋。显然，回到故乡后，汉诺在青铜器上记录了自己的探险过程。一位希腊旅人把这些铭文抄写下来，这个抄本得以保留，所以我们今天能够读到汉诺的探险经历。汉诺写道，探险队穿过直布罗陀海峡（the Strait of Gibraltar）并沿摩洛哥海岸航行。在沿岸贝都因人热心相助之下，探险队一路南下，然后穿过一条大河河口，到达一个广阔的海湾。这条大河有两个河口,"河水深不见底,河面宽阔,水中鳄鱼和河马麇集"。海湾旁有个海岛,在那里,来自地中海的人们首次遇见灵长类动物。汉诺声称,探险队员看到"毛发浓密"的男男女女——它们很可能是狒狒或黑猩猩,他们还想办法把这些生物的毛皮带回迦太基。

14世纪时,汉诺游记的手抄本首次被发现,自那以后,史学家争论不休:游记内容是否真实可靠?³ 有些史学家猜测,汉诺到达的海湾位于今日塞拉利昂歇尔布罗河(Sherbro River)河口处。有的史学家则怀疑汉诺可能并未到达中非。不容置疑的是,很久以前,人类就开始了探索之旅,汉诺记载的,只是其中一例罢了。

据公元前5世纪的史学家希罗多德转述,大约公元前600年,腓尼基水手从今日的黎巴嫩和叙利亚出发,环游非洲。在埃及时,希罗多德又了解到,埃及法老尼科(Necho)派出海上探险队从红海出发远征,并指示探险队取道直布罗陀海峡返航。探险队花了3年时间,沿非洲海岸绕行,中途会找地方歇息几个月并播种庄稼,等到收割完毕之后继续上路。

希罗多德在转述过程中,谨慎地保持怀疑态度。"别人如果愿意相信,那么可能会对这些传闻照单全收,但是我实在无法信服,"希罗多德写道,"比如,他们声称,在环游非洲的时候,他们曾看见太阳在右边出现。"这就意味着,他们沿着非洲西海岸向北航行。尽管怀疑这段记录的真实性,但希罗多德貌似乐意承认他们的另一发现:"事实证明,利比亚即非洲,除了和亚洲交界的部分，四面都被大海包围。"但是，这个看上去让人难以置信的非洲环航记录却吸引了现代史学家的注意，有关太阳的说法更是让他们饶有兴味。如果这些勇敢的水手越过回归线，再往西方或是西南方航行，那么太阳确实会在右边出现。[4]

希罗多德还写道，有 5 个年轻的冒险家从北非出发，历经数月，穿越沙漠到达非洲大陆西南部，在那里发现一条大河，希罗多德认为那是上尼罗河。但其实它极有可能是尼日尔河。

无论首次环绕非洲航行的记录是真是假，非洲大陆仍然是未经勘察的神秘之地。希罗多德堪称世界上第一位记者兼历史学家，他本人就曾出发寻找尼罗河的源头，但是无功而返。其他希腊人沿着黑海和地中海海滩前行，并建立聚居地。腓尼基人还乘船到达北非和地中海西部，在那里建立城邦。唯有希腊探险家皮西亚斯（Pytheas）在寻找锡矿的过程中，可能曾经于公元前 300 年沿今日的布列塔尼（Brittany）半岛航行，最后抵达英格兰海岸——那里的风光和地中海地区截然不同。皮西亚斯写道，继续往北航行 6 天后，"看不见海，也见不到天，四周一派迷蒙，所有东西像水母一样混在一处"，他描述的可能是浮冰或浓厚的海雾。[5] 与此同时，居住在红海沿岸的阿拉伯人则乘着阿拉伯帆船（dhow，用木头和兽皮制成）探险，或沿非洲斯瓦希里海岸南下，或是沿着波斯海岸和印度河谷东行。

探索新地区的旅行花费大，而且异常凶险，所以必须赢得官方支持。除了少数无所畏惧的商人和传教者，探险者往往在统治者的庇护下，带着他们的祝福踏上征程。史上记载的首次类似探险发生在公元前 510 年，当时波斯王大流士（Darius the Great of Persia）派遣他手下一位将领西拉克斯（Scylax）勘察印度河谷。到达印度河之后，西拉克斯从印度河航行至大海，并继续西行，到达波斯湾和红海。200 年之后，亚历山大的军队沿着同样的路线，从印度河返回家乡。亚历山大安排其海军将领奈阿尔科斯（Nearchus）留下，率领远征军中的水上部队等待合适的季风，然后扬帆起航，探索波斯湾北部海岸。当亚历山大的军队控制了扼守红海出口的索科特拉岛（Socotra）时，士兵惊奇地发现，印度人已经在岛上聚居。之后数世纪中，岛上的外国人持续增多。编写于 1 世纪的《厄立特里亚海航行记》记载道，岛上的"外国人来自各个地方，阿拉伯人、印度人和希腊人都移居此地，从事贸易活动"。[6] 希腊－罗马商人"发现"季风之后，印度洋贸易蓬勃发展。印度洋两岸的犹太商人、阿拉伯商人、波斯商人和印度商人也逐渐增多。

带回一头长颈鹿

地中海的新兴国家派遣探险队的时候，中国和中亚各国也正筹划类似行动。黄河流域的新兴国家中国屡遭匈奴等游牧民族的骚扰，于是对西域产生了浓厚的兴趣。由于匈奴频频犯境，中国王朝开始修筑长城。汉武帝希望和中亚的大月氏结盟，共同抗击匈奴，争取阻止游牧民族的侵袭。公元前 138 年，汉武帝使节张骞在100多名随从和一位充当翻译的匈奴奴隶的陪同下，出访西域。他们并未找到愿意与之结盟的国家，但是张骞一去13年，遍访中亚各国，带回了和大漠地带36个王国相关的详细信息，其中包括这些国家的地理、人口、风俗和文化状况。根据历史记载，这次旅行是中国人和建立大夏国（位于今日阿富汗）的希腊后裔的首次接触。回国后，张骞介绍说，在大夏国东南部，有一个强盛的印度王国（"身毒王国"，源自梵语的Sindhu，或印度河），这激发了中国人对西域的兴趣。首次见到印度的张骞称，那是"卑湿暑热"的国度，那里的"人民乘象以战"。一位中国历史学家写道，听了张骞的介绍，中国皇帝了解到，在西方也有文明之邦，那里"多奇物，……颇与中国同业，而兵弱，贵汉财物"。[7] 张骞还发现，大夏国市场上，居然有商人从印度采购的中国邛竹杖和其他产品。早在张骞穿越中亚群山和沙漠，打通著名的丝绸之路之前，在西南面，另一条经过泰国和缅甸，连通印度和中国南部的丝绸之路已经形成。[8]

但是中国对西域探秘的兴趣并不长久。张骞出使之后200年，另一位出使罗马的汉朝使节甘英显然没能完成使命，他到达美索不达米亚平原之后，中途返回。帕提亚官员急于保持其贸易垄断地位，不希望汉朝和罗马建立直接联系，所以力劝甘英不要继续前行，并警告他说，必须得航行数月甚至数年才能到达罗马。据中国史书记载，甘英就此返回中国。此后1000多年，中国和地中海各国不相往来。[9] 直到1405年，明朝永乐皇帝派三宝太监郑和率领探险船队下西洋，中国人才试图向印度以西更远的地方航行。

葡萄牙或西班牙王室派出战船，为的是发现通往某些地方的航道——他们明知这些地方资源丰富，但是由于航路不通，难以下手。中国皇帝也派遣郑和率队远征，但是其动机完全不同：一来为实地勘察，二来为炫耀国威。明史专家陈学霖（Hok-Lam Chan）写道，永乐皇帝下旨派出探险船队，是为了"展示他的权力和财富，了解西亚帖木儿和其他蒙古统治者的计划，吸引更多国家朝贡，满足他对虚荣和荣誉的渴求，也让他的太监有用武之地"。[10] 船队到访的 30 多个国家或地区都是贸易繁荣的地方。皇帝下令建造宝船——其规模和气派必须让"蛮夷"国度瞠目结舌才行。

和轻巧灵活的葡萄牙小吨位快船（caravel）不同，中国的宝船长度超过 121 米，宽度超过 50 米，配有 9 根桅杆，可挂 12 张帆，船体共 4 层，而且吨位大，每条船都能运载 2500 吨货物，还安装了数打小型火炮。1405—1433 年，中国船队浩浩荡荡，在东南亚海域和印度洋上往来游弋。如果有"蛮夷"国家愿意向天子纳贡，中国宝船就负责运送他们的特使，此外，宝船从各国带回新奇的特产，比如催情的犀牛角、活长颈鹿，等等。探险者还在非洲海岸留下了中国基因。最近，中国政府确认，郑和去非洲探险时，遭遇海难的船员曾在那里繁衍出中非混血后裔。[11] 1497 年，当达·伽马的船队出现在印度洋时，中国宝船早已不见踪影。

历史学家菲利普·斯诺（Philip Snow）将郑和称为"中国的哥伦布"，但是可供郑和支配的资源如此雄厚，让热那亚探险家哥伦布相形见绌："和哥伦布相比，郑和的航行不仅规模更大，而且具有不同的性质……哥伦布仅仅得到了西班牙王室的理解和资助，相比之下，郑和以及他手下的船长，都是宫廷的太监，他们既是皇室的代理人，又是皇帝钦定的私人仆役。"[12]

七下西洋之后，航行戛然而止。朝中大臣一开始就不赞成郑和远航，以浪费资源为理由取消了这一"弊政"，还有史学家认为，他们甚至毁掉了航海记录。但是近期的史学家认为这种说法站不住脚。许多记录确实保留了下来，成为15世纪中国人发现西洋"新大陆"的证据。[13] 郑和身边有4名随行官员，马欢就是其中一位，他精通波斯语，可能还通晓阿拉伯语和其他亚洲语言。马欢陪同郑和赶到麦加——他们可能是有史以来去那里朝圣的第一批中国人。马欢留下的游记大大丰富了中国人对印度洋地区的认识。

"马可百万"的旅行

用费尔南·布罗代尔的话说，伊斯兰教在欧洲崛起，"清空了贸易之海"[14]，很长一段时间内，欧洲人似乎失去了探索外部世界的兴趣，航海史上出现了"相对停滞"的阶段。[15] 中世纪内，尽管人们对航海的兴趣降低，但旅行并未结束。中世纪的人们确实离乡远游——他们的主要目的是追名逐利，或是朝圣。由于医学尚处于萌芽期，病人也常常把拜访圣人和走访圣地当作药方。[16] 哈佛史学家迈克尔·麦考密克（Michael McCormick）查遍中世纪档案，确认669位有名有姓的人曾在西欧和拜占庭帝国之间做长途旅行，旅途480~960千米不等，其中大部分是外交家、朝圣者、传教士和难民。[17] 尽管十字军东征期间欧洲局势混乱，但是穆斯林依然从西欧赶到麦加朝圣，著名的安达卢西亚阿拉伯旅行家伊本·朱拜尔（Ibn Jubayr）就于1183—1184年赶往麦加，并留下了颇有价值的游记，让后人也能透过文字，欣赏到沿途风光。[18]

长达近两个世纪的十字军东征对欧洲的经济、政治和文化造成了深刻的影响。13世纪，蒙古帝国崛起，丝绸之路复兴，恢复其传统地位，再次成为欧洲和中国的贸易和文化传送带。威尼斯商人马可·波罗可能是唤醒欧洲人"中国"意识的第一人，欧洲人在他的游记中，看到了壮美强盛的中华。在马可·波罗之前，以及在他之后，欧洲人也曾到过中国，但是他的《马可·波罗游记》（The Travels of Marco Polo）依然是永恒的经典，为吸引西方人关注神秘的东方做出了不可磨灭的贡献。

1271年年末，17岁的马可·波罗跟随父亲和叔叔（他们都是富裕的威尼斯商人）乘船出发去中国，还带着一封教皇写给忽必烈可汗（Kublai Khan）的信。按计划，这是一次商务旅行，附带一点儿宗教性质。波罗家族和之前许多的欧洲和阿拉伯商人一样，并无矫饰之心，他们知道自己只是商人，仅仅为了能在传说中的丝绸、玉石和瓷器之国淘金才踏上旅程。但是，24年之后，波罗家族带回了东方轶事，从此改变了欧洲人对世界的看法。克里斯托弗·哥伦布乘圣玛利亚号远航时，带了几本书上船，其中一本就是马可·波罗的《寰宇记》（Description of the World）。哥伦布显然多次翻阅此书，还写了批注。由于那时没有印刷机，哥伦布买到的是珍贵的手抄本。从此书中，哥伦布了解到，日本（即"Nippon"或"Japan"的俗称）遍地黄金，就连屋顶也由金子砌成，和欧洲的石板屋顶完全两样。《寰宇记》由马可·波罗口述，经传奇故事作家润色而成，书中有许多颇具奇幻色彩的故事，"黄金屋顶"仅是其中一例。由于书中描述了许多奇异的生物、诡异的风俗习惯，以及充满异国风情的香料产地，又有许多前后矛盾、遗漏之处，还有明显的编造痕迹，所以很多人怀疑其真实性。从马可·波罗回国并记录其旅途见闻开始，人们就不相信他的说辞。据说，由于他的故事太过离奇，马可·波罗还得到了"马可百万"（Marco, II Millione，意为撒谎无数）的绰号。面对别人的怀疑和斥责，波罗家人会从身上穿的东方长袍里面掏出藏好的珠宝，作为证据出示：看，这就是忽必烈大汗送我们的礼物。

旅行者贩马

英国著名汉学家吴芳思（Frances Wood）在其专著《马可·

波罗到过中国吗？》(Did Marco Polo Go to China?)一书中，整理并分析了和马可·波罗旅行相关的疑点，然后得出结论。她指出，外国人到访中国，一般都会注意到许许多多的"中国特色"：长城、筷子、中国书法、裹脚风俗，等等，但是马可·波罗的游记中，根本没有这些细节描写。在中国的历史记录中，也只字未提马可·波罗到访一事，但是他却声称自己曾经担任过忽必烈可汗的特使。中国人素来重视记录历史，而且往往不会遗漏细节。

尽管吴芳思证实，《马可·波罗游记》中，有些内容纯属编造，有些细节疑点重重，但是如果马可·波罗离开意大利之后并未到过中国（马可·波罗称中国为"Cathay"），那他那么多年又到底在哪里呢，吴芳思找不到证据解答这一疑问。吴芳思提出，马可·波罗旅行时，根本没有到过黑海之外的任何地方，他的游记取材于家族中流传的故事，以及来自其他作者的二手资料。另一些史学家则持不同看法，他们认为《马可·波罗游记》由传奇故事作家执笔，当时又盛行虚饰渲染的游记文风，作家润色过程中，信手加上一些让人匪夷所思的故事，在所难免。事实上，现存的140个游记手抄本中，许多内容显然是马可·波罗死后由抄写人或译者添加的。无论如何，书中有许多细节描写，比如纸币、大运河、蒙古军队组织结构，还有帝国邮政系统，这些都是西方人无从知晓的中国内情，它们能证明波罗游记的真实性。书中提到了当时不为人知的储藏式太阳能即煤，它是历史上最早关于"可燃石头"的记录:"中国境内,到处都有一种石头,它藏在山中,人们走进山里从地底下挖出这种石头,运回家当柴火烧,他们确实还有很多木头,但是他们不用木头做燃料,因为石头烧火更旺,而且更省钱。"[19] 300年之后,英国人使用这种取自山中的可燃石头做燃料,掀起工业革命。吴芳思的结论是,尽管游记中记载的内容可能并非马可·波罗本人亲眼所见,但是它依然包含了反映13世纪中国风貌的精确细节,这些细节弥足珍贵,因此,游记"依然是丰富的信息宝库"。[20]

《马可·波罗游记》让克里斯托弗·哥伦布有充分的理由说服西班牙王室:亚洲如此富庶,值得一探究竟。哥伦布到达加勒比地区时,以为那里靠近传说中的以金砖盖屋顶的日本,所以他深入岛内找寻金子。《马可·波罗游记》还激发了学者对中国历史、社会和政治的兴趣,不用说,它也点燃了商人的贪欲之火。[21]《马可·波罗游记》被翻译成各种文字,激励数百万游客走向中国。以前在西方人心目中,中国是个遥远而且奇异的地方,现在却好似邻家一般——世界因此大大缩小。

1466年,俄国商人阿法纳西·尼基京(Afanasii Nikitin)从俄国古城特维尔(Tver,曾更名为加里宁)出发,乘船去印度,他本人用"漂过大海重洋"之词形容这次旅行——数十年之后,达·伽马和哥伦布才出海去印度寻找"基督徒和香料"。尼基京获得了俄国官员的支持和当地东正教主教的祝福,先沿伏尔加河出海,然后顺着古老的行商路线来到波斯。在霍尔木兹海峡附近的港口，尼基京买了一匹马，准备贩到印度，兴许他打算用贩马的钱付路费。有位历史学家指出，一匹马听上去可能微不足道，但是那时候，一匹纯种阿拉伯种马确实是贵重物品，能让尼基京大赚一笔。[22] 尼基京游记让俄国读者大开眼界：之前，他们只是隐约知道"印度"这个概念，如今，他们读到了尼基京根据亲身经历写成的旅游见闻——这片土地仿佛不再遥远。尼基京一去 6 年，尽管他是东正教基督徒，但是途中一直被认作是波斯的穆斯林商人。他一路基本上没有遇到任何麻烦，常常在"国字号"旅社内歇脚，享受女奴为旅客提供的服务。

犹太人的马可·波罗

中世纪时，许多欧洲人为朝圣而踏上旅途。前文已经介绍过，佛教徒出于宗教热忱，不远万里，不畏艰险，奔赴印度和东南亚。十字军东征之后一段时间，犹太教和伊斯兰教旅行者从地中海出发远行，迢迢旅途中，他们大大扩展了已知世界的范围。

1160 年，有位名叫本杰明（Benjamin）的拉比从西班牙图德拉城出发，前往圣地朝拜。本杰明被人称为"犹太人的马可·波罗"，其实在他结束旅程之后，又过了 100 多年，后者才踏上征程，但是本杰明远远不像马可·波罗那么有名。朝圣道路上，本杰明在中东和中亚各地盘桓，所以有的史学家猜想，本杰明一路上不仅拜访犹太同胞，探访圣地，而且还从事贸易活动。本杰明一去 13 年，并未止步于耶路撒冷，而是动身前往巴格达，最终抵达撒马尔罕（Samarkand）。然后，本杰明取道阿拉伯海、红海和开罗，于 1173 年返回西班牙。本杰明把旅途见闻写入《本杰明游记》(*Voyages of Benjamin*)，书中生动地记录了十字军东征时代中东人的生活。他还详细记录了流落在各个城市的犹太人的状况，这些记录过去是，现在仍然是珍贵的资料，因为它们让后人了解到，那时的犹太人如何从一个城市漂泊到另一个城市，用他们的脚步串联起世界的各个角落。本杰明在热那亚只找到两名犹太人，他也不喜欢这座城市，严厉地批评城中崛起的商业势力："城市四周砌有围墙，而且他们没有国王，只有法官，这些法官由他们自己随意任命。家家户户都有塔楼，一旦起了冲突，他们就在塔楼楼顶上一对一地打斗。他们控制了海洋，并建造'桨帆船'（galley），他们在基督徒和穆斯林的海域肆意横行，四处劫掠，他们还远征西西里，在希腊领土上抢劫，并把各地的战利品带回热那亚。"[23]

本杰明还记述了在波斯基什岛（Kish，靠近霍尔木兹海峡）上的见闻。从中不难发现，这是一座繁荣的商业城镇，集中反映了那个时代的特征："这是一个规模宏大的市场，印度商人也好，周围岛屿上的商贩也罢，都把当地的商品运到这里；伊拉克、也门、波斯商人则把各种丝绸、紫红布匹、亚麻、棉花、麻须（mash，一种豆类）、小麦、大麦、小米、黑麦以及其他各种粮食和豆类运到这里贩卖。印度人将大批香料进口到这里，岛上的居民充当买卖双方的中间人，并以此为生。岛上约有 500 名犹太人。"[24]

为了寻求知识，不惜远走中国

世界各地的穆斯林一直以来都会去麦加朝圣，这也是每个虔诚的穆斯林必须完成的功课。同时，伊斯兰教还鼓励人们走上另一种旅程：走上旅途，求索新知。在伊斯兰教文学传统中，旅游文学（Rihla）具有鲜明的特色。他们已经出版了大量游记，其中既有冒险故事，也有海员和商人的见闻，更有虚构的作品，描绘想象中的国度和人物。9世纪时的航海家辛巴达的故事深受全世界读者的喜爱，它就是一部虚构的游记，有许多"戏说"的成分。历史上最早的旅行家也许就是一位来自摩洛哥丹吉尔城（Tangiers）的穆斯林法理学家，他的名字叫伊本·白图泰，他是一位纯粹的旅行家。

1325年，在一个燥热的六月天，22岁的伊本·白图泰出发去麦加朝圣，从此漂泊四方，最终完成了那个时代全世界最长的旅行。当他骑着一头驴子去朝圣的时候，他并不知道回家的路会如此漫长：这一去就是30年，这一路竟有12万千米长。这是14世纪一个人在一生中能够走完的最长的旅途。路上他碰上什么交通工具就用什么：有时步行，有时骑骡子、马或骆驼，有时坐牛车或乘船。白图泰为何旅行？因为他希望走访圣地并获得圣徒的祝福，以此积累功德——在阿拉伯语中，这种愿望被称作"baraka"。但是白图泰在游记中写得清清楚楚：他还对许多东西感兴趣，比如美食。

白图泰并不是探险家，但是他对周围的世界充满好奇之心，因此他成为世界上第一位旅行家，而且还是最著名的旅行家。白图泰后来解释说："我一直渴望能够探访这些神圣的殿堂，这种渴望最终演变成难以抑制的冲动。于是我下定决心，告别男女亲友，抛弃家园，好比鸟儿飞离巢穴。"30年的旅途中，白图泰游历世界上每个伊斯兰国家，还到访了蒙古帝国，一路从中亚走入中国。在印度逗留期间，白图泰成为宫廷的法律学者，印度的伊斯兰统治者任命他为出访中国的大使。原本这一行人打算乘坐中国平底帆船出访，但是这些平底帆船在印度海港遇上风暴，沉入海底，然而白图泰还是想办法乘坐另一艘船到了中国。

1349年，白图泰返回摩洛哥非斯城（Fez），但是他从那里再次出发，走访欧洲和北非。到北非之后，他在西苏丹探险，"寻访黑人居住区，抵达最北的省份"。白图泰抵达尼日尔河，但是他以为那是尼罗河。和2000多年前的汉诺一样，白图泰在非洲看到河马的时候，也大吃一惊，还以为看到了大象。奇怪的是，白图泰回到家乡之后，根本没想过要写下旅游见闻，最终还是摩洛哥的苏丹指示他写出游记，并命令执笔者从旁协助。要么是游记中某些细节实在匪夷所思，要么是白图泰缺乏探索热情，总之他的游记令人生疑。直到20世纪早期，白图泰游记被重新挖掘出来，并译成欧洲语言后，这部作品才焕发生机。白图泰详细记录了许多国家的社会和经济状况，这些记录至今也是珍贵的史料资源，其中尤其宝贵的是他笔下的蒙古帝国的社会经济状况——

毕竟蒙古帝国是当时全世界陆地面积最广的帝国。"中世纪的旅行家们，无论是来自东方还是西方，都不曾像白图泰那样，留下如此珍贵的书面旅游记录，"丹·摩根（Dan Morgan）写道，"也曾有伟大的西方旅行家到访蒙古帝国，比如威廉·鲁不鲁乞（William of Rubruck），还有马可·波罗，但是这些人都远远不及伊本·白图泰。"[25]

宗教信仰一直激励人们离开家园，并在漫长的旅途中加强人与人之间的联系。犹太教徒大卫·贝斯·希勒尔（David d'Beth Hillel）也是这样一位旅行家，他受到宗教力量的感召，游历阿拉伯、库尔德斯坦、波斯和印度，留下珍贵的记录，反映了19世纪早期人们的生活状况，记述了世界逐步走向互联互通的过程。有作者称，希勒尔有"寻找同胞的强烈愿望，急于探访流落在远方各地的以色列子孙，犹太教传人"，所以他游历8年，留下了宝贵的资料，读者从中能够窥见这些国家的社会经济状况、语言和宗教特征，以及民间传说和风俗习惯——对史学家和人类学家而言，这些资料分明是天降宝物。[26] 尽管宗教热忱推动了贸易发展，1453年君士坦丁堡的信仰问题又成为重大贸易障碍。奥斯曼帝国成为贸易壁垒，越来越多的商人取道大西洋，绕过这一壁垒。威尼斯、热那亚、佛罗伦萨和里窝那的商人和金融家都积极支持探险者，希望他们能找到另一条通往亚洲的航道，带回丝绸、香料和钻石。这些城邦也乐意资助航海家克里斯托弗·哥伦布、亚美利哥·韦斯普奇（Amerigo Vespucci）、约翰（John）以及塞巴斯蒂安·卡伯特

（Sebastian Cabot）率队出海，既为满足人们对世界地理再次产生的好奇心，又为找到海上新航道。

新大陆淘金热

除了好奇心，宗教热忱依然是激励冒险家出海远航的又一动机。传说中的祭司王约翰（Prester John）在东非建立了基督教王国，虔诚的君主葡萄牙航海王子亨利急于找到这位祭司王，借助他的支持战胜新兴的帝国。此外，亨利对从非洲溢出的少量黄金抱有同样的兴趣，所以他也急于找到通往非洲的航道。[27] 亨利王子建立了史上第一个海洋研发实验室，搜集和海洋以及海岸相关的详细资料，并锐意革新航海技术。亨利王子出资支持航海家远征，并于1444年摘取成果——就在那年，历史上第一批作为货物交付的大活人从非洲几内亚被贩运到欧洲。亨利王子在码头认领属于他的那份奴隶货物，他打算卖掉这批货物以扩充其私产。丹尼尔·布尔斯廷（Daniel J. Boorstin）指出，来自非洲的首批人肉商品抵达之后，一些人对亨利王子的态度也大大改观——之前，有人批评王子把公共财富浪费在他个人热衷的探险活动上，未免儿戏。如今更多人有理由继续支持海上探险事业："这种几内亚外贸项目前景如此诱人，人人都希望分一杯羹。"[28] 亨利的继承人约翰二世（John II）沿用亨利的政策，继续派遣探险队沿非洲海岸航行，以寻找通往香料之国的直达航道。贪婪和幻想推动了探索风潮。佛罗伦萨的宇宙学家和天文学家保罗·托斯卡内利（Paolo Toscanelli）向葡萄牙宫廷提交了一份计划书，建议派遣航海队从欧洲出发，一路直接西行以抵达东亚。托斯卡内利提出，最重要的目的地就是"吉潘古"（马可·波罗 100 多年前称日本为"Cipangu"，其读音为"吉潘古"）。"（吉潘古）岛上，"托斯卡内利写道，"金子、珍珠和宝石数不胜数；要知道，岛上的居民用金子做披风，并用它装饰庙宇和国王的宫殿……显然，我们应该试着登上这些岛屿。"但是他又说，最重要的，还是应该找到马可·波罗笔下的 7440 座岛屿，这些岛屿不在可汗的统治范围之内，而中国的金子、贵重木材和各种香料都来自这些岛屿。[29] 但是，葡萄牙人已经把全副精力放在绕道非洲抵达印度的航道上。沿大西洋行至亚洲的航道开发任务落到了卡斯蒂利亚（Castilian）王室身上。

葡萄牙航海家巴尔托洛梅乌·迪亚士（Bartholmeu Dias）1487 年发现好望角，自那之后，寻找亚洲财富的竞赛日益升温。航海家渴望找到直接通往亚洲的航线，实现发财梦，于是他们竞相出海，斩获颇多。500 年之后，胸怀希望的企业家在硅谷排队等候和投资"天使"面谈的机会；500 年前，许多雄心勃勃的航海家、绘图者和融资人涌进里斯本和马德里宫廷，希望王室支持他们的探险事业——航海竞赛的奖品就是黄金和荣誉。

约翰二世曾派遣佩罗·达·科维良（Pêro da Covilhã）出海探明到印度的北方航线——1000 多年来，阿拉伯和希腊航海者一直在使用这条航线，但是欧洲人根本不知道这条航线，一位佛罗伦萨的银行家为这次探险提供资金支持。1489 年，科维良扮成伊斯兰商人，乘坐阿拉伯帆船穿越印度洋，到达卡利卡特港，并目睹当地繁华的贸易市场：香料、精棉和阿拉伯马匹是主要贸易产品。科维良返回开罗的时候，详细汇报了香料的产地，并指出，确实存在通往东方的海上航道。这就为瓦斯科·达·伽马的航行打下基础——后来，达·伽马绕过好望角，成功到达卡利卡特，其航行具有深远的历史意义。

达·伽马出海前不到 10 年，哥伦布也怀抱希望，在里斯本寻求葡萄牙王室的支持。哥伦布熟读托勒密的著作和《马可·波罗游记》，也钻研过其他书籍，他坚信世界是球形的，完全可以在"世界洋"（Ocean Sea）上航行，从欧洲到达亚洲。他推断，在西方的海洋上沿着西南方向航行，可能到达无比富庶的中国（Cathay，马可·波罗在其游记中对中国的称谓）和印度，在中途还能找到用金砖砌屋顶的日本。1484 年，哥伦布未能说服葡萄牙专业委员会，委员会觉得他的计划行不通。而且，那时葡萄牙航海者对绕行非洲南部海角至亚洲的路线更感兴趣，觉得沿这条航道探险胜算更大。

之后，哥伦布花了 7 年时间，试图求得卡斯蒂利亚（Castile，即后来的西班牙）王室的支持。哥伦布正打算放弃西班牙，动身去法国的时候，接到王室的传召。伊莎贝拉王后希望他返回圣塔菲（Santa Fe）——国王和王后在那里发布训示，为确保哥伦布迅速赶到，王室甚至还送了头骡子过来。[30] 伊莎贝拉王后刚刚战胜格拉纳达（Granada）的伊斯兰王朝。取得这一历史性胜利之后，她派遣哥伦布探险以实现神圣使命：除了获得东方的黄金和香料，实现财富之梦，哥伦布还应该在未知世界赢得新的子民，吸引更多人皈依基督。哥伦布本人也是个虔诚的天主教徒，他也认为，若探险成功，他也许有机会面见中国大汗，并与之结盟。[31] 在由王室代表签署的协议即《圣塔菲协议》（Capitulations of Santa Fe）中，王室承诺，将满足哥伦布很久以来的渴望，赋予其应得的荣誉。若能成功返航，哥伦布将获得世界洋海军上将（Grand Admiral of the Ocean Sea）的称号。途中若发现任何地方，哥伦布都将任该地总督，"途中若取得任何种类的商品，无论珍珠、宝石、金银、香料或者其他，其中十分之一归哥伦布所有"。[32] 哥伦布还获得王室写给路上有望遇见的各位君主的国书，其中包括致大汗的国书。

1492年8月3日早晨，哥伦布的3艘帆船，即圣玛利亚号（Santa María）、尼雅号（Niña）和平塔号（Pinta）张开船帆，离开巴罗斯港。尽管王室希望从这趟航程获得诸多收益，但是投入的资金却实在不多：200万马拉维迪（maravedís）。在之前的一场王室婚礼上，王室的花费比这笔钱的30倍还多。[33] 1492年10月12日凌晨，一轮满月照在地平线上，巡夜的海员胡安·罗德里戈·贝尔梅奥（Juan Rodrigo Bermejo）高声大叫："陆地，陆地！"然后放了一枪。当时船员们已经连续航行37天，心中的希望也一点点丧失——亚洲似乎遥不可及，但是就在这时，船员发现了一座岛屿，后来它被称为"圣萨尔瓦多岛"。哥伦布上岸并祈祷的时候，一群一丝不挂的原住民聚拢过来，盯着这群从长有翅膀的船里走上岸的大胡子男人。在人类离开非洲，分道扬镳5万年后，相隔2000代的表亲再次遇到了对方。这是一次充满伤痛和流血的相聚，它标志着人类的全球化进程迎来了最残酷、最剧烈的转型期。尽管哥伦布到死都认为自己已经到达印度，但他偶然发现的新大陆却突然扩大了欧洲人心目中已知世界的范围。到18世纪早期，已经有近100万西班牙人移居到西班牙在美洲的殖民地，墨西哥那时就被称为"新西班牙"——可见有多少西班牙人去那里开发新边境地区。

命丧麦克坦

欧洲人和亚洲人在南印度港口卡利卡特（6年后）和菲律宾宿务岛上，也分别上演了类似的相逢一幕。达·伽马从东非马林迪挑选了一位阿拉伯领航员，在这位领航员的带领下，达·伽马的舰队横渡印度洋，并于1498年5月20日在卡利卡特抛锚。尽管2000年来，希腊和阿拉伯船员一直在印度洋往来穿梭，但是达·伽马是第一位直接航行到印度的欧洲人。哥伦布到达圣萨尔瓦多的时候，他带去的阿拉伯口译员起不到任何作用，与之相反，在卡利卡特，达·伽马派出的前哨下船后就遇上了说西班牙语和热那亚语的突尼斯商人，这位前哨能够和这些商人交流，并解释此行的由来：为寻找基督徒和黄金。[34]

前后不到一个世纪，葡萄牙就夺取并巩固了香料垄断地位。"葡萄牙国王主宰香料市场，"纽伦堡市议会解释道，"他随心所欲地抬高胡椒价格，但是起码，德国人如今能够买到胡椒——无论代价多大，价格多么高昂。"[35] 香料、黄金和奴隶市场如此诱人，发现海上新航道的竞争已经演变为赤裸裸的抢夺，这使得同样具有基督教信仰的欧洲两强原本就脆弱的和谐关系变得剑拔弩张。教皇获得了分配权，负责划定天主教国王治理新发现土地并责令原住民信奉天主教的权利；当这场竞赛中风头最劲的两国矛盾激化的时候，教皇还会出面调停，维持和平。1494年，葡萄牙和西班牙签订《托尔德西里亚斯条约》(Treaty of Tordesillas)，双方一致同意将教皇提出的在葡萄牙控制的佛得角（Cape Verde）群岛以西1200海里处的一条南北经线作为势力分界线。这条线把大西洋一剖两半，分界线以东新发现土地的权利归葡萄牙所有，分界线以西归西班牙。于是达·伽马出发找寻直达印度的航道的时候，他就少了一层顾虑：起码路上不会有西班牙人挑起事端。数年后，有了这条分界线做保障，葡萄牙占领了非洲全部、亚洲南部和东南部部分领土。但是，《托尔德西里亚斯条约》尚未涉及地球另一面有待发现的土地上的权利。没过多久，费迪南德·麦哲伦向西航行到达东方，同为伊比利亚半岛国家的葡萄牙和西班牙在东南亚的香料群岛上正面对峙，分权不够彻底的问题暴露无遗。

麦哲伦到达太平洋，还形成另一种对峙局面：欧洲人到来之前，当地民族长期以来一直控制着从太平洋到印度洋马达加斯加的海域，并在周围岛屿上居住。哥伦布到达加勒比海时，发现当地原住民"印第安人"天真又顺从，易于奴役；麦哲伦的境遇完全不同，他和原住民的首次相遇就引发了致命后果。1521年4月7日，麦哲伦率队在菲律宾宿务岛登陆，当地原住民给予麦哲伦极大的尊重，并举行盛大的欢迎仪式，穿着暴露的原住民女性彻夜招待这些远道而来的船员。但是双方关系迅速恶化。麦哲伦要求菲律宾人改信基督教，他的态度傲慢又冷酷，激起原住民的暴力反抗。麦哲伦在宿务岛的登陆具有历史意义，但是他未能荣归塞维利亚，享受世界环航英雄的待遇，而是命丧黄泉。当地人不喜欢陌生人强行兜售他们信奉的上帝和那套法则，在麦克坦海滩上砍死了这位探险家。尽管麦哲伦死得惨烈，但是双方的联系并未因此断绝。之后数年，西班牙人用武力镇压了当地人的抵抗活动，然后在菲律宾兴建殖民地。这块殖民地在全球商业网络发展过程中，起到了重要的中转作用。但是，早期西方"发现者"如哥伦布、达·伽马、麦哲伦和原住民间的相逢为后来的全球化进程定下了仇恨的基调：接下来的500年间，全球一体化进程充满武力胁迫的因素。

接下来的200年间，欧洲探险家在各大洋穿梭，在世界各地开辟欧洲殖民地。热那亚航海家约翰·卡伯特（John Cabot）获得英国王室资助，向西航行，横渡大西洋，在纽芬兰（Newfoundland）登陆。继卡伯特之后，英国和法国航海家也纷纷出海，努力寻找沿西北方向航行至亚洲的航道。由于英国、荷兰和日耳曼探险家争相寻找至太平洋的西北航道，北欧大片土地被开发，航海家也最终发现了白令海峡。白令海峡正是当初白令陆桥所在地，我们的祖先曾跨过白令陆桥从亚洲走进北美。1577年，两位英国航海家弗朗西斯·德雷克（Francis Drake）和托马斯·加文迪西（Thomas Cavendish）爵士自西向东环航世界。一旦在新土地上找到落脚点，王室和商人就斥资支持更多探险家前去搜集贸易信息。南美地图已经绘出，土地被占领，北美洲的殖民活动也如火如荼地进行。这些由商业利益驱动的探险逐渐填补了古老地图上的空白之处——在托勒密的地图底部，大片地区被标注为"未知大陆"（Terra Incognita）。18世纪末期，荷兰航海家阿贝尔·塔斯曼（Abel Tasman）、法国航海家路易斯-安托万·德布干维尔（Louis-Antoine de Bougainville）、英国船长詹姆斯·库克，以及航海家乔治·巴斯（George Bass）和马修·弗林德斯（Matthew Flinders）等人完全贯通了欧洲、澳大利亚、新西兰和太平洋各地间的航道。这些新开发土地的名称让人回忆起它们的发现者。澳大利亚得名于欧洲旧地图上这片大陆的"预设名称"——欧洲人曾假定，在未知的南部海域，也存在大陆，并在地图上标注为"未知南方大陆"（Terra Australis Incognita）。荷兰航海家首先发现毛利人居住的岛屿，当地人称其为"奥特瓦罗亚"（Aotearoa），荷兰人却名之为"新西兰"（Nieuw Zeeland），与尼德兰王国的西兰（Zeeland）省遥相呼应。太平洋上的新西班牙殖民地则被称为"菲律宾",以示对西班牙菲利普国王的敬意。

　　法国探险家德拉彼鲁兹伯爵让-弗朗索瓦·加洛（Jean-François Galaup）1786年4月9日在复活节岛登陆。伯爵的船员在岛上仅停留数小时，他们送给岛上居民各种礼物：山羊、绵羊、猪、橘子树、柠檬树和玉米种子，以及"任何或许能在岛上种植的香料种子"。[36] 数千年前，刚刚适应安定的聚居生活之后，人类就从新月沃土出发，小心翼翼地走上探寻未知世界的旅途，及至此时，探索之旅终于完成，世界的帷幕已经完全拉开。世界上大部分可居住的空间都近在眼前，人类争相占领并开发领土，多多益善；人们急于开发出速度更快、载人更多的交通工具，拉近各地的距离。一个新的探险时期开始。在这个时期内，更多人离开祖祖辈辈生活的家园，移居至其他国家或地区。

治国就得增加人口

　　自大西洋两岸的奴隶贸易兴起以来，历史上规模最大的人口流动的方向也和先驱者克里斯托弗·哥伦布的航行方向一致。历史学家估计，西班牙殖民统治鼎盛时期，约有43.7万西班牙人和10万葡萄牙人分别移民到各自的美洲殖民地。"你必须知道，"一位刚刚抵达巴拿马的移民写信给尚在西班牙的儿子，"那些求上进的人不可能原地踏步，留在他们的出生地。"要想过上更好的生活，就得去马德里，办好证件移民，然后把全部家当卖掉，凑足旅费，先赶到塞维利亚，然后买好船票，等到4月或8月出海。[37]

设在塞维利亚的贸易管理所就是办理移民登记的地方。16世纪时，尽管大西洋风暴肆虐，去往美洲的路途异常凶险，仍有大约5.6万人在此登记。

19世纪早期，蒸汽机船出现，消除了严重制约大规模越洋人口流动的不利因素。一边是人口过剩的欧洲，一边是资源丰富、人口匮乏的广袤新大陆，又有定期出发的蒸汽机船在两地间往来载客，19世纪40年代，美洲迎来历史上规模最大的移民潮。彭慕兰和史蒂夫·托皮克写道："以蒸汽为动力的交通工具出现之后，大西洋和太平洋变得像池塘那么小，各大洲和小公国差不多……19世纪时，全球市场逐渐成形。"[38] 之后的70多年间，约有6000万欧洲人离开原籍在国外定居，其中3700万人在美国，其余的则在南美安家。1913年，美国移民人数达到峰值，仅一年内就有210万移民来美。[39]

19世纪早期来自欧洲的移民大部分是农民和手工艺者，他们拖家带口，在美国获得土地后安家。新石器时期，小亚细亚的农民也曾四处迁移，寻找聚居地，同时把小麦种植技术和原始印欧语传播到各个地方。这两波移民的动机其实并无不同。但是现代农民乘坐蒸汽机船穿越太平洋。欧洲工业化程度逐步加深，移民构成状况也随之发生变化。尽管从17世纪开始，英格兰就出现了护照，但是它的目的是保护旅行者，并非有意设置壁垒，禁止无照者出行。1872年，一条英国法律宣称："所有外国人都有权进入本国，并在国内居住，此权利不受限制。"[40]

随着资本主义的兴盛、工业的发展和大规模种植园的开发，市场对劳动力的需求迅速飙升，跨地区、跨国境的大规模劳务人口迁移也随之出现。爱尔兰就是个史学家耳熟能详的例子。曼彻斯特的工厂吸引了上百万信奉罗马天主教的爱尔兰工人，1844年，弗里德里希·恩格斯曾写道，每年都有大约5.5万名爱尔兰工人涌进英国，由于爱尔兰工人增多，工厂主给英国工人开出的工资价格一降再降。另一方面，欧洲大陆上的饥馑和政治纷争加重了人民的苦难，让更多的人情愿抛弃家园，在异国找寻更美好的未来。1846—1850年，爱尔兰连年饥荒，400多万人被迫移民美国。[41]

19世纪中期，像阿根廷这样地广人稀的国家不仅将土地分给移民，而且承担移民的交通和住宅费用。阿根廷思想家胡安·巴蒂斯塔·阿尔韦迪（Juan Bautista Alberdi）提出的口号是"治国就得增加人口"，这句话也反映了统治阿根廷的精英阶层的看法。[42]巴西也通过发放补贴、提供特惠政策等手段吸引移民在巴西安家，试图弥补奴隶制废除后留下的劳动力缺口。[43]

由于加拿大、阿根廷和巴西向移民开放，日本也跻身工业化国家行列，始于欧洲殖民地的国际经济一体化进程不断加速。人类历史上已延续数千年的移民运动进入快车道。

奴隶、苦力和老爷

跨境人口中，最引人注目的群体并非为改善经济状况而移民的欧洲人，而是被运送到殖民地的奴隶。1444年，第一批奴隶被运送至葡萄牙，奴隶贩运贸易自此开始，并很快发展成为席卷各大洲的大规模贸易。上文已经介绍过，约1200万非洲奴隶在胁迫之下，被运往新大陆。19世纪30年代，英国废止奴隶贸易；同期，英国取消了将罪犯流放到大洋洲殖民地的政策；1865年，美国也废除了奴隶制。于是，新的移民阶段开始——"不自由的劳动力"从受欧洲殖民帝国控制的一个地方转移到另一个地方。这是一种新型互补关系的产物。新大陆和大洋洲的农场、种植园和矿场急需劳动力，面临工资上涨的困境，自然会四处寻找新移民。在原有大陆上，穷人陷入战乱、饥馑和困顿之中，自愿成为异乡的契约劳工。诺斯拉普认为，尽管这看上去是奴役制度和罪犯流放移民政策的延续——最坏的情况下，它是一种"新的奴隶制"，但是最好的情况下，它让人们有机会改善生活境遇，甚至可以说，那些同期从欧洲移民到新大陆的自由民追求的，也就是这样的机遇。[44]

新兴的公共交通技术蓬勃发展，1869年，苏伊士运河通航，缩短了新旧大陆之间的距离，这些有利因素都推动了一波接一波的劳工和普通公民移民潮。自16世纪以来，单只船舶的出行费用持续降低，越来越大的船只相继投入使用，这大大降低了航海费用。[45]

中国和印度人口众多，成为输出劳工的主要移民来源国。历史学家休·贝克（Hugh R. Baker）解释了这种移民新动态。中国历史上，迫于人口压力，南迁移民潮几乎不曾停歇。19世纪中期，社会动荡，促使人们外出谋生。在新大陆和大洋洲，既有新的栖身之所，种植园和矿场又提供工作机会，自然能够吸引这些人。贝克写道：

这些人确实得走向蛮荒之地，但是这无关紧要；当务之急是，这些人必须得找到工作和食物。劳工们有的被绑架，有的因听信国外遍地黄金的传言而被诱骗，有的被丧尽天良的人口贩子贩卖。总之，在贪婪商人的威逼利诱之下，劳工们签订了长期合同，这些合同条件严苛，而且毫无回报可言，而商人一心只图利润，明知这些不幸的受害者会因签订合同而遭受艰难困苦，但毫不在乎。他们去古巴种甘蔗，去澳大利亚和加利福尼亚开采金矿，去新加坡扛货，去南非煤矿采煤，去瑙鲁挖磷矿，去马来亚割胶、淘锡矿，去美国和加拿大建铁路，去印度鞣制皮革，去秘鲁当家仆或铲鸟粪。[46]

驶向加勒比的棺材船

这些劳工或者被逼，或者被骗，背井离乡去陌生的地盘碰运气。为了运送这种新型的"探险者"，一种新型运输方式随之出现。运送劳工的船只被称为棺材船。每条船不仅塞满了劳工，还预先放好了8口棺材——去加勒比的航程漫长，劳工们得在海上颠簸三四个月，死亡在所难免。1843年，第一批劳工乘坐这样的棺材船抵达古巴。[47] 30年后，由于美国黑奴获得解放，棉花和甘蔗种植园人手不足，已经在古巴学会西班牙语的部分劳工又被运到美国南方，填补劳力空缺。一个劳工"代理人"、种植园主和银行家组成的国际网络逐步成形，将大量劳工源源不断地送入加利福尼亚和纽约，再从那里运抵南方各州。[48] 1842年到1900年是劳工移民高峰期，约40万人"移民"至美国、澳大利亚和加拿大，另有40万人去了加勒比海地区和拉丁美洲，还有150万人来到英属马来亚、缅甸、菲律宾和印度尼西亚。[49] 19世纪起直到20世纪初，通过签订抵债合同移民的亚洲劳工几乎达到200万人。19世纪30年代至20世纪20年代，约130万印度移民来到印度洋和加勒比海地区、非洲和斐济的英国、法国和荷兰殖民地，以及殖民地国家加拿大和美国。他们之中，有的靠签订抵债合同支付路费，有的则是自费移民。[50]

1882年，由于美国国内政治气氛的变化，引进中国劳工修建铁路并在加利福尼亚和俄勒冈承担其他工作的做法遭到反对，美国国会通过了《排华法案》(Chinese Exclusion Act)，此举改变了美国一直以来的态度——之前美国一直敞开怀抱迎接所有移民，堪称最开放的移民国家。1924年出台的《国家原籍法案》(National Origins Act)则扩大限制移民的范围，不仅华人，其他各国人移民美国都会受到种种限制。但是对欧洲移民而言，第一次世界大战才标志着自由（laissez-faire）移民时代的结束。第一次世界大战之前，欧洲各国政府对移民基本采取放任自流的温和态度；第一次世界大战之后，政府加强控制，直接规范、支持甚至强迫移民。继俄国、奥地利和德国政府之后,英国、意大利和法国政府也采取了移民控制和管制措施。这类措施后来成为20世纪的通行标准。这些抵制全球化的壁垒甚至比中国的清朝政府对移民的管制更为繁复和森严。

在大门开始关闭之前,四处流散的移民已经改变了各地的人口分布状况;在许多前欧洲殖民地内都有不少印度移民。在毛里求斯,印度裔构成人数最多的民族——约占总人口的70%。在其他国家,印度裔所占比例也相当可观:印度裔占斐济总人口的48%,占苏里南总人口的36%,占特立尼达和多巴哥总人口的36%,占圭亚那总人口的30%。印度和地中海地区自古以来就有贸易往来,许多印度移民沿着贸易路线走向因石油而富庶的中东地区,如今,印度裔占阿联酋总人口的11%~15%。[51] 到印度殖民时代结束的时候,居住在印度之外的印度裔人数约为250万,其中有六分之一从事贸易和金融活动。[52]

20世纪早期,美国试图将移民关在国门之外,其他国家也采取了类似的政策限制移民进入,巴西、阿根廷和澳大利亚就是其中典型。第二次世界大战期间,欧洲人口大量流失,移民政策才再次放开。

牙买加人抵达伦敦

第二次世界大战结束前,移民和签证程序已经出台,但是大规模的移民潮再次到来,唯一的区别是,其人口流动的方向与之前相反。之前，欧洲人和殖民者离家前往新大陆；彼时，大量人口离开殖民地，前往宗主国。被战争摧残的欧洲需要工人，为移民提供了诱人的工作机会；殖民地依然在贫困、战争和饥馑中挣扎，这迫使人们出走他乡。大英帝国那时在全球仍有多处殖民地，人们不必大费周章，就能从帝国的一个地方移居到另外一处——满足两个条件就能移民：一是意志坚定，决心要走；二是有现金，能支付路费。1948年，英国轮船"帝国疾风号"（*Empire Windrush*）即将把战争期间出海的士兵运回家乡。报纸上登出广告：以28.10英镑的价格出售去伦敦的船票。穷人自然不会错过这个机会——他们知道战后的英国需要工人。约300名牙买加人登船远行，走向他们的第二祖国，这些人的前辈最初被英国人贩运到牙买加岛。英格兰白人敌视这些到访者，之后数十年，种族关系也一直处于紧张状态。尽管移民的生活充斥着种族骚乱和群体冲突，但是移民仍然源源不断地涌入英国。不仅牙买加人，印度人、巴基斯坦人、孟加拉国人、非洲人和中国人都加入了移民大军，人数甚至超过牙买加人。2005年，英国人口总数为5800万，这些"少数民族"占8%。

19世纪被历史学家称为第一个全球化黄金时代，美国那时就是吸引最多移民的国家。第二次世界大战之后，美国再次成为世界移民的心头所好，周围较贫困的国家以及南半球的移民更是蜂拥而至。1990—2005年，约1500万移民进入美国。2005年，世界上五分之一的移民在美国居住。

欧洲人口老龄化，欧洲列强的前殖民地上却人满为患，欧洲大陆也成为移民的主要目的地。世界上的移民共有 2 亿，其中大约 5600 万在欧洲居住。世界上人口最多的 41 个国家中，移民所占比例高达 20%。

历史好似再次经历了一整个轮回。在殖民时代之前的全球化进程中，中国和印度人就曾经充当主力军，如今两国不仅经济崛起，而且有大量移民迅速分散至世界各地，再次令世人瞩目。2005 年，约 3500 万华裔散居在世界各地，离开故土在异地生活的印度裔则大约有 2000 万人。[53] 中国游客数量也跃居世界第一。过去半个世纪，跨境旅游迅速发展；全球国际游客的数量从 1950 年的 2500 万飙升至 2005 年的 8.06 亿。在此期间，欧美的国际游客所占比例降低，来自亚太地区的国际游客所占比例增长最为迅速。在经济增长的推动下，2005 年，约有 3100 万中国人出国旅行。中国和国际旅游业专家估计，到 2010 年，出国旅游的中国游客人数至少为 5500 万；到 2020 年，至少为 1 亿。[54] 中国曾吸引一代又一代的国外旅行者，马可·波罗也因这片土地而扬名立万，如今，这个国家实现角色转换，中国的马可·波罗带着照相机乘坐喷气式飞机遨游世界。

世事如棋，历史的回转随处可见。成千上万的非洲人再次"走出非洲"，他们的迁移让欧洲忧虑。15 世纪初，葡萄牙的航海家亨利征服港口城市休达（Ceuta），推动葡萄牙走上扩张道路。葡萄牙人在那里发现了诱人的财富，关于非洲中部的传说也让他们心驰神往，于是葡萄牙王室派遣远征队南下。休达如今是位于摩洛哥的西班牙飞地，由于非洲移民取道休达进入欧洲，这片新走廊地带登上新闻头条。2005年10月5日拂晓之前，500多名年轻的非洲移民试图强行穿越摩洛哥和飞地之间3米高的铁丝网。70名移民成功进入飞地，而且由于他们没有任何旅行证件，西班牙不知道该将他们遣返到哪个国家。从那时开始，一波又一波难民从撒哈拉以南非洲地区赶到摩洛哥，试图进入欧洲。成千上万的马里人和塞内加尔人挤进脆弱的渔船，来到加那利群岛，他们的目标也是进入西班牙。仅在2006年的前5个月中，就约有1万人在加那利群岛上岸，欧洲进入紧急状态。与此同时，休达政府主管部门计划将铁丝网加高至6米。

在美国和墨西哥边境，墨西哥移民前赴后继，不畏沙漠地带，无视重重壁垒，强行进入美国境内，有关部门也计划加高铁丝网。休达和美国边境的铁丝网无声地提醒着人们：过去6000年间，包括移民在内的探险家们塑造了今日的世界。

迁移历程

自古以来就存在这样的趋势：为了远离危险，人们会离开家园。由于现代战争破坏性太大，威胁无数人的性命，现代交通工具体积更大、速度更快，这种离乡去国的潮流因此越演越烈。截至巴尔干战争，20世纪的历次冲突一共产生了400多万难民，他们改变了移居国家的人口构成状况。而在难民时代之前，19世纪又是人口迁移的黄金时代，其间6000万欧洲人移居美国和澳大利亚，约1亿人在东南亚和南亚各地迁移。由于人口流动和迁移，全球人口分布好似"百纳被"一般。在希腊之外，希腊裔分布最密集的城市是澳大利亚墨尔本，在母国之外，最大的柬埔寨和越南裔聚居地位于加利福尼亚州长滩市（Long Beach）和马萨诸塞州洛威尔市（Lowell）。居住在苏格兰之外的苏格兰裔比苏格兰境内的还多。

在许多国家，移民已经成了当地生活不可或缺的一部分。来自古吉拉特邦的印度裔擅长经营廉价旅馆，韩裔的杂货铺开得有声有色，华裔的餐馆更是遍地开花。阿尔及利亚、摩洛哥和突尼斯移民在前宗主国法国开设大量夫妻杂货店；来自南亚的移民则在英国经营糖果店和书报亭。土耳其移民在荷兰经营面包店和杂货铺。联合国最近的一份报告指出，最引人注目的现象是，全球化劳动力市场日渐成熟，人口移动也出现新的特征。印第安纳州一家公司的监工去中国培训工人，帮助他们掌握新的生产方法；南非约翰内斯堡的一名教授决定在澳大利亚悉尼市居住，并往返于悉尼和中国香港两地，因为他在中国香港任教；一位在马尼拉完成培训的护士在迪拜工作。

使用长时段大历史观考察移民问题，不难发现，今日的移民活动仅仅是数千年前开始的漫长历程的延续。汉诺乘舟游弋地中海，伊本·白图泰骑驴跋涉撒哈拉沙漠，移民从塞维利亚登上开往新西班牙的大帆船，人类总是以身犯险也要走向远方，或者探索秘境后返回家园，或者在他乡觅得安身之地，个中原因从来没有改变。他们心系远方，渴望未来，把恶劣的气候、捉襟见肘或食不果腹的生活——总之，把一切不如意留在了故土。本章举出的大量例证告诉我们，漫漫历史长河中，探险家、移民和难民前赴后继，舍弃大部分旧身家，只为博得更光明的未来。在异乡旅行、淹留或定居的过程中，他们拉近了世界各地人与人的距离。现代交通越来越方便、廉价；国家间的贫富差距又越来越大——助推移民浪潮的历史动力无法阻挡。数千年来，因为对边境之外的世界充满好奇，探险家们踏上征途；如今，由于交通的进步、通信科技的发展，这种古已有之的好奇心插上了现代羽翼。安东尼奥·皮加费塔（Antonio Pigafetta）是土生土长的维琴察人，1519年，他加入麦哲伦探险队，历尽艰险返回家园，其撰写的航海记也成为经典。在航海记中，他这样解释自己为何登上麦哲伦船队的第一艘船，准备环航世界："1519年，我恰巧在西班牙，通过读书以及与人交谈，我了解到，如果在大海中航行，就能看到很多奇异的事情，所以我决定亲身历险，辨明素日听到的传闻是虚是实。"[55] 今天的旅行者只需要携带一本孤独星球出版的导游书，再委托旅行社代办相关手续，就能来一次"说走就走的旅行"。他们还能上网安排旅行事宜，无论去哪儿都易如反掌，想来皮加费塔对他们所到之地也会"心向往之"。

第 6 章　帝国经纬
The Imperial Weave

身处英国,世界每个部分都会以某种方式对我们造成影响,所以大臣们,请胸怀全球,着眼大局。

——英国首相纽卡斯尔公爵托马斯·佩勒姆(Thomas Pelham),1760 年

1997 年 6 月 30 日,星期一,这是号称"日不落"的大英帝国在亚洲的殖民统治结束的日子,香港的天空乌云密布,先是细雨蒙蒙,然后大雨滂沱——简直没完没了。天气预报称,由于中国南海上空气压低,在英国向中国政府正式交还香港主权的时候,天气将依然阴暗潮湿。交接仪式进行的时候,我恰好从播音室中走出来。我站在香港港口的防波堤上,和众人一起,目送香

港的最后一任英国总督彭定康（Chris Patten）和查尔斯王子登上游轮。这是伊丽莎白女王的老游轮——"大不列颠号"。香港警察乐队奏起风笛，在一曲乐声之中，游轮缓缓驶离码头，逐渐隐没在夜幕之中。"大不列颠号"的离开，标志着英国在香港历时156年的殖民统治的结束。

香港曾陷于首轮全球化战争之中。全球各个角落的不同元素——英国商人、印度鸦片、中国茶叶、新大陆上日渐稀少的白银——聚集在一起，形成一股旋涡，香港因此繁荣发展。1841年1月26日，在中国珠江入海口处一个岩石遍地的海岛上，一小队英国海军（主要由印度锡克教士兵组成）占领了一个小小的渔村。大英帝国坚持用武力确保其"天赋"之权——自由地在中国市场销售印度种植的鸦片，换取中国的茶叶和丝绸，于是清政府和大英帝国交火，战败之后，割让了香港。这场战争的起因是，自西班牙殖民者占领墨西哥和南美之后，白银一直大量流通，后来白银日渐稀少，又愈加昂贵，所以大英帝国试图用鸦片交换白银。中国统治者意识到了鸦片的危害：国人吸食鸦片上瘾，国库储备的白银却越来越少；于是清政府试图阻止英国的鸦片贸易，却以失败告终。

香港多山，主要由裸露在地面的岩层构成，岛面积约为67平方千米，曾经一度是渔民和走私者躲避风暴的地方，最终演变为熠熠生辉的大都会。作为交通枢纽，香港更是功不可没：以香港为核心，整个东亚地区连成不断发展的金融贸易网络。香港有高效的机场和海港和鳞次栉比的旅馆，百货店摆放着来自世界各地的物品，琳琅满目，其美食也荟萃全球各种口味，应有尽有。如今，香港已经成为旅游胜地，每年有数百万游客从世界各地来到这里领略其繁荣景象。香港就是教科书式的范本，精确诠释了《韦氏词典》（*Webster's Dictionary*）上"全球化"一词的含义，"即扩大（事物的）范围或适用性，遍及全球"。

本书前几章介绍过：商人、传教者和探险家率先垂范，重拾各自分散的聚居社群（早在1.2万年前，这些聚居社群就各自成形）的联系，并推动这些聚居社群走上一体化进程。由于人们渴望更好的生活，渴望吸引他人接受自己的信仰，渴望了解边境之外的天地，他们就有强大的动力以和平或暴力方式在各个国家和民族之间建立联系。武士就是第四类主力军——他们也用实际行动加速世界的一体化进程，如果再精确一点儿，我们可以称之为"帝国"，它是一种建立在武力基础上的政治组织。在拉丁语中，"帝国"用"imperium"表示，它由"imperare"即"指挥"一词衍生而来。在各种欲望驱使之下，人们试图建立帝国。这些欲望包括：建设人间天国的雄心、追求财富的贪欲、对荣誉的向往，以及拯救天下苍生的政治理想。从萨尔贡兴建的世界上第一个帝国阿卡德到其他国家的逐步建立和发展，从蒙古统治者成吉思汗到西班牙征服者弗朗西斯科·皮萨罗，历史长河中，灿若繁星的武士出于各种欲望开疆拓土，将大量来自不同民族，拥有不同信仰，使用不同语言的人民纳入彀中。

帝国开发出长途商贸路线并确保沿途安全，而且提供流通货币和法律框架，促进商业繁荣。国王和苏丹热忱地投入帝国建设之中，他们不惜动用国家资源探索边境之外的世界，花费国库资金组织探险队并获取长途旅行必要的科学和技术知识。帝国起到了基因混合器的作用，把那些自先祖离开非洲之后就散居在各地的种群的不同基因混杂在一起。在此过程中，细菌和生物统一性也随之产生。帝国在其广阔疆域上推广法律体制，传播宗教，促进远程贸易，并建设全球运输和通信网络，从而四处传播各种语言、植物和动物，并且整合知识和技术——如果帝国不曾出现，那么这些知识和技术只能各自困守于世界一隅。本章将以实例展示，武士以及他们建设的帝国如何以诸多方式建立世界各民族、各文化之间的联系——尽管这些武士本人怎么也不会想到，帝国还起到了这样一层作用。帝国作为一种体制，似乎已经成为历史陈迹，但是帝国控制这一理念依然深入人心。

普世帝国的梦想

无论新旧帝国建设者们怀揣怎样的动机征服异族，他们从来不缺乏理由和说辞——原则上有理有据，政治上顺理成章。柏拉图使用学术语，"科学地"解释了优劣种族的区别。在柏拉图看来，野蛮人（Barbarian）说的不是希腊语，他们的语言听上去期期艾艾，尽是"bar bar"之声，这些人（barbaros）显然不能算是健全完善的人。[1] 柏拉图认为，野蛮人是希腊人的天敌，希腊人对他们发动战争是理所应当的行为，希腊人甚至应该奴役或灭绝野蛮人。亚里士多德进一步发展了"野蛮人是天敌"这一理念，并坚称，野蛮人，尤其是居住在博斯普鲁斯海峡以东的一些人，天生就是奴隶。亚里士多德是马其顿少年帝王亚历山大的老师，他教导亚历山大：应该将野蛮人当作奴隶。[2] 但是亚历山大不以种族论善恶，只按个人行为辨别好坏——行为端方的，就是真正的希腊人；作奸犯科的，才是纯粹的野蛮人。亚历山大希望，能够通过制服坏人、联合好人，实现其帝国理想，即实现"homonoia"（团结和谐，万众一心）。著名的希腊文化专家威廉·塔恩爵士（Sir William Tarn）说道，亚历山大希望成为"大同世界（即其统治范围之内）的推动者和调解人；他希望在其帝国之内，人们和谐相处，精诚团结，同心同德——这就是他的真实意图"。[3] 亚历山大不希望作为征服者被历史铭记，借用普鲁塔克（Plutarch）的话说，他希望得到的评价是，"诸神派亚历山大来到人间，成为宇宙的调解人和仲裁者"。[4] 为了实现创建大同帝国的梦想，亚历山大大帝率军远征西亚和小亚细亚半岛，摧毁了波斯帝国，洗劫并焚毁波斯波利斯城（Persepolis），然后继续东征，到达印度旁遮普（Punjab）平原，首次打通从地中海地区到印度次大陆的路径。亚历山大率军东进，一路上留下数千士兵和管理人员，统治帝国吞并的土地。

罗马帝国本是台伯河畔的一个小城邦，屡屡攻城略地之后，疆域一度拓展到已知世界（oecumene）的尽头，将所谓的野蛮民族纳入治下,再次深化异族统治理论。为了加强异族管理和控制,罗马人创立一套详尽的管理制度,并制定了一部法典。罗马人的行为被誉为慷慨之举——罗马人把"市民社会"(civitas)即文明之源推广到帝国各地。"在人们眼中,罗马帝国的统治并非某种形式的压迫,不是一个民族掠夺其他民族的土地、物产和人员,"安东尼·派格登(Anthony Pagden)指出,"而是一种有益的统治形式,罗马帝国无意征服异族,仅仅提供庇护。罗马帝国统治异族,意在改善这些民族的生活状况。"[5] 后来,英国人提出,殖民统治是"白人的责任",法国人则抛出"文明教化的使命"理论为其殖民统治张目。其实罗马历史学家西塞罗(Cicero)堪称殖民理论的鼻祖。西塞罗声称,尽管非洲人、西班牙人和高卢人是"野蛮蒙昧的民族",他们也有权享受公正的管理体制。派格登不无诙谐地写道,引申开来,这就意味着"如果这些民族的本土统治者无法提供公正的管理体制,那么罗马人乐意代劳"。[6]

但是,普世帝国之梦有时仅仅意味着帝王的个人雄心——这些帝王渴望权力和荣耀。12世纪时,柬埔寨国王阇耶跋摩七世(Jaya varman VII)就宣称自己是普世大帝,16世纪时,日本军阀丰臣秀吉(Toyotomi Hideyoshi)也认为自己就是普世君主,"最终会统治全人类"。[7] 统治者总是希望成为宇宙大帝——即使他们心目中的"宇宙"本身就受到地理知识的限制。丰臣秀吉两度入侵朝鲜,图谋进攻中国,都以失败告终。在丰臣秀吉看来,中国就是宇宙边界。

美利坚合众国崛起后，更新了希腊—罗马人的政治帝国经典理念。经典理念中，帝国必须承担"文明教化使命"；但是托马斯·杰斐逊提出"自由帝国"概念，1823 年，美国实施"门罗主义"（Monroe Doctrine）政策，新"帝国"又拉起了反殖民大旗。西奥多·罗斯福（Theodore Roosevelt）总统当政时期，门罗主义被赋予新的含义：美国在拉美"后院"内，可以自由行动。美国宣称要在更广阔的天地中成为自由的灯塔，但是在第二次世界大战结束后，苏联军事力量扩张，美国力量受到制约。在这种严峻的局势下，美国急于在国外施加影响。1947 年，美国总统哈里·杜鲁门（Harry Truman）坦承，美国的责任甚至超过"大流士一世治下的波斯，亚历山大治下的希腊，哈德良治下的罗马和维多利亚治下的大英帝国"。"为了拯救世界，"他声称，"唯一的方法就是让全世界都采用美国制度。"因为只有成为"世界制度"，"美国制度"才能存续。[8]

60 年后，这种观点依然存在，苏联已不复存在，但是这种观点的理论根据并未动摇。尽管作为世界上领先的民主国家，美国内部未必就"帝国"这一概念达成共识，但是美利坚合众国是世界经济的核心枢纽；在全世界共有 700 多处军事设施，其驻军遍布全球；并且具有强大的政治和文化影响力。作家乔纳森·谢尔（Jonathan Schell）认为，美国是没有帝王的帝国。无论其称谓如何，总之，美国在全世界以促进民主和保护人权为旗号，以维护全球和平、保证海洋和天空自由的名义，四处施加影响。美国产品的控制力无处不在，比如，世界上 120 个国家都有麦当劳，因此，有人批评道，所谓全球化，其本质就是美国化。[9] 而且美国空军在 6 个大洲都保持着军力部署能力，美国特种部队更是和大约 170 个国家合作，开展数千次军事演习。[10] 英国作家兼工党政治家哈罗德·拉斯基（Harold Laski）曾于 1947 年写道："无论是鼎盛时期的罗马帝国，还是处于经济霸权时期的大英帝国，都不曾具有如此直接、深刻，无远弗届的影响力。"[11] 但是，普世帝国的梦想古已有之，它对全球化的影响也贯穿人类历史（本章会深入探讨这一现象）。

阿兹特克人（Aztecs）和印加人并没有宣称所谓的"帝国雄心"；促使他们建设帝国的动因是他们的宇宙观和对逝者灵魂的信念。阿兹特克人的宇宙观决定了他们会孜孜不倦地满足太阳神的需求。如果太阳神得不到武士鲜活血液的滋养，他就会疲惫不堪，无力日日与黑暗军团作战，宇宙将被毁灭。所以，阿兹特克人定期举行祭祀仪式。[12] 由于阿兹特克人不懈地寻求祭品，到了 15 世纪，许多中美洲部落都由阿兹特克帝国控制。印加人则有敬拜去世的统治者的习惯，他们需要大量的土地和劳力照看木乃伊。因此，新帝王不得不开疆拓土，掠夺财富和资源。"对皇家木乃伊的狂热让印加不断地寻求可耕地，最终推动印加帝国（Tawantinsuyu）走上毁灭性的军事冒险之路。"[13] 印加帝国疆域之内，各民族和部落云集，数量之多让人难以置信，但是印加帝国的领土最终落入西班牙征服者之手,帝国内部的民族纷争也是其覆没的原因之一。

非洲诱惑

萨尔贡统领阿卡德帝国时,他的欲望比较单纯:控制矿物和木材;随着时代的发展,帝国统治者开始追逐黄金和其他奢侈品。亚历山大大帝志向高远,他希望创建文明之邦、普世帝国;但同时,他也曾派遣舰队征服阿拉伯海上的索科特拉岛,只因那里出产的树脂和芦荟芬芳馥郁。[14] 葡萄牙和西班牙国王不仅希望侍奉上帝,赢得荣耀,还被贪婪之心驱使,渴望攫取香料和黄金。例如,航海家亨利攻克北非海岸上的港口城市休达时,他简直不敢相信自己的眼睛:城中财富惊人;亨利又听说,在非洲内陆有座金山,非洲人用黄金换取摩洛哥商品,于是他派遣远征队,深入非洲腹地探险。[15] 事实证明,十字军东征以及劝服异教徒也是利润丰厚的行当。航海家亨利于15世纪早期开始组织海上探险活动;15世纪末,达·伽马绕过好望角行至印度,这次航行成为同时代探险活动中最辉煌的一页,葡萄牙帝国因此崛起,并持续了400年。

亨利王子的大西洋探险之旅具有深远的影响,之后100年内,葡萄牙帝国在遥远的亚洲和美洲占领殖民地,葡萄牙政府总收入中,有四分之三的财富来自这些殖民地。[16] 葡萄牙本身成为西班牙君主菲利普二世觊觎的一块肥肉,其实菲利普二世统治的西班牙帝国已经占据了拉丁美洲和东南亚。哥伦布为了寻找黄金、香料以及有望皈依基督的人而远航,却意外发现新大陆,西班牙帝国也因此崛起。哥伦布远航后第3年,教皇正式授权:天主教君主卡斯蒂利亚的费迪南德和伊莎贝拉有权治理大西洋上新发现的所有不属于基督徒的土地,并有义务劝服所有原住民信奉天主教。教皇有处置世俗事务的权柄,无论基督徒,还是信奉其他宗教的信徒都必须服从教皇的权威。[17] 西班牙征服者如埃尔南·科尔特斯(Hernán Cortés)和弗朗西斯科·皮萨罗为西班牙帝国在拉美的扩张立下功劳,他们不仅汲汲于征服者的名声,而且疯狂掠夺新大陆的战利品。他们以"encomenderos"自居,或美其名曰"守护者",其实总是以残酷的手段剥削美洲原住民,掠夺他们的劳动成果。[18]

占地最广、历时最久的大英帝国也是起了贪欲和妒忌之心。哥伦布从新大陆返回,也带回诱人的传说:新大陆蕴藏着惊人财富。英国王室以及某些船员和商人都梦想得到新大陆上的黄金白银。1496年3月,哥伦布航行后第4年,亨利七世效仿卡斯蒂利亚君主,资助热那亚航海家约翰·卡伯特远航,授予卡伯特及其众子"所有相关职能和权力,(让他们)能够自由地向东方、西方和北方海岸与地区航行……作为我们的封臣、总督、将官及代表,征服、占领并拥有途中发现的所有城镇、城堡、城市、岛屿和大陆,为我们获取这些城镇、城堡、城市、岛屿和大陆的统治权、所有权和司法管辖权"。[19] 但是后来,工业革命改变了大英帝国的性质，经济和政治自由主义深入人心，疯狂的贪婪被高尚的理由所取代。1901年，英国历史学家詹姆斯·布莱斯（James Bryce）声称，看来，"一种新型的人类共同体正在形成"。1908年，英军进入巴格达时，弗雷德里克·斯坦利·莫德宣称："我们的军队进入你们的城市和土地，但是我们既非征服者，也非敌人，而是解放者。"[20] 历史总是诡异的相似，2003年3月，美国发动"自由伊拉克军事行动"并占领伊拉克之前，白宫也发表了类似的宣言。

英军在伊拉克的战事很快结束，但是数世纪之前，当那些探险的商人扛着英国的旗帜在弗吉尼亚和印度苏拉特（Surat）海岸登陆的时候，他们并不知道，大英帝国在全球扩张的大幕已经被他们掀开。几乎整整500年后，我在香港目睹了帝国的日落。500年间，大英帝国扩张的理由也在逐渐演变：开始时，殖民任务是"白人的责任"，是文明教化的必要手段，后来，帝国的存在有益于自由贸易，能够拯救生民免受独裁者的荼毒，还能创建以仁爱为纲领的全球社区。

我们的祖先走出非洲之后，他们的后代分散到地球上的各个可居住地区，并且逐渐改变了肤色和身体形状。早在人类居有定所、进入农耕文明之前，各类人种的区别已充分显现。由于商人四处流散，传教者远走他乡，也出现了小规模的基因交流。但是只有帝国崛起之后，许许多多不同民族、语言和信仰的人才在同一政权下实现大规模交流。帝国因此成为历史上最有效的基因混合器，人类迁移活动也因此延长了时间、扩大了范围。有些人自愿迁移，有些人则出于无奈——被边缘化的人群或者出于贫困，或者出于管制，被迫离乡背井，追寻更幸福富足的生活。安东尼·派格登曾写道：

> 从欧洲一路辗转到美洲，这些移民不可避免地破坏了曾经繁华的社区。他们还缔造出之前并不存在的社区。新的民族也逐渐出现。和亚历山大统治时期相比，现代希腊和巴尔干半岛上的居民已经完全不同；和罗马帝国时相比，现代意大利的罗马人也已经完全两样；美洲的黑人和他们的西非祖先也差异颇大。在美洲地区的原西班牙属地，大多数居民既非纯粹的欧洲人，亦非纯种的印第安人，借用1810年西蒙·玻利瓦尔（Simon Bolivar）的话说，他们是"介于这片土地的合法主人和西班牙霸占者之间的中间种族"。[21]

文明出现之后的人口迁移史如此浩瀚、复杂，在此根本不可能详细阐释，但是，只要稍微考察其中几例，就不难发现，帝国在推动人类基因交流过程中起到了决定性的作用，各族群之间的社会、经济和文化交流也在此基础上全面展开。公元前4世纪时，亚历山大大帝兴建帝国，人们因此了解到：世界原来如此广袤。许多希腊人离开家园，和外乡妇女通婚，作为士兵或是长官，在亚历山大帝国遥远的边陲开始新的生活。这些人创建了一种新的动态模式，这种模式具有深远的社会和文化影响。尽管亚历山大理想中的普世帝国十分美好，他也曾希望有朝一日"四海之内皆兄弟"，但是用威廉·塔恩（William Tarn）的话来说，亚历山大帝国给后人留下的，是"一个没有机器，尽是奴隶的世界"。[22] 非希腊人成为奴隶，甚至贫穷的希腊人也难免遭受奴役。

罗马帝国将更多族群纳入治下——罗马帝国的疆域西至苏格兰山谷，东接阿拉伯海，面积约达 1300 万平方千米，人口约为 5500 万。罗马帝国版图日益扩大，其扩张机制也日益成熟。刚刚开始时，罗马仅有一支小规模的军队，由一位坚决实施扩张政策的统治者率领，后来，帝国所有自由男性，无论生于何处，都有义务服兵役。到了帝国后期，有些皇帝就是被罗马征服的各民族的后裔。[23]

民族融合

罗马帝国历经 5 个世纪，其间促成各民族多方向融合，但是后来，阿拉伯帝国则将基因种子撒向四方。臣服的民族皈依伊斯兰教之后，成为阿拉伯人的"马瓦里"（mawali），阿拉伯人和这些民族通婚，改变了中东各地的基因图谱。从波斯到西班牙，阿拉伯老爷都娶当地人为妻。在此过程中，"阿拉伯人"这一称谓的含义也逐渐转变：过去，居无定所，在阿拉伯半岛上过着游牧生活的贝都因人才是"阿拉伯人"；如今，凡是接受阿拉伯文化，说阿拉伯语的人都被称为"阿拉伯人"。[24] 但是，13 世纪时，正宗贝都因阿拉伯人的人数已经少于其他臣服民族，根本无法满足哈里发国家军队建设对人口的需求。哈里发开始从今日的土库曼斯坦（Turkmenistan）进口中亚男童奴隶。通过培训之后，这些奴隶成为士兵。这些中亚奴隶后来取得政权，成为阿拉伯帝国部分地区的统治者。

但是，所有帝国之中，使用武力对基因融合造成最直接影响的，当属蒙古帝国。"有位历史学家认为，蒙古帝国的一个重要成果就是，将突厥各民族的种子分别播撒到地球上 3 个相隔甚远的地方，即中国、印度和中东。"[25] 在曾属于蒙古帝国的部分地区，科学家开展了一项令人瞩目的种群遗传学研究，其结果表明：成吉思汗及其后人对这些地区的基因分布造成了广泛影响。一组科学家已经发现，在亚洲大部分地区，8% 的男性 DNA 中，携带属于成吉思汗的 Y 染色体。科学家们估计，在全世界，约有 1600 万人继承了成吉思汗的 DNA。[26]

强迫迁移也促进了民族融合。由于蒙古族是游牧民族，只擅长打猎和放牧，他们从被征服领地上俘获具有专业技能的人和各类工匠。历史学家杰克·韦瑟福德（Jack Weatherford）写道："蒙古军队把译者、文书、医生、天文学家和数学家押在一起，再分给各蒙古家族——他们之前就曾按照同样的额度，分配乐师、厨师、金匠、杂耍艺人和画师。这些具有专业知识的劳工，以及所有其他各类工匠，和掠夺来的牲畜以及其他物品一样，都由帝国官员统一分配，然后或沿陆路，或沿海路，长途运输到蒙古大家族的各个分部。"²⁷ 例如，忽必烈就曾"进口"波斯译者和医生，以及约1万名俄国士兵，勒令他们在今日北京以北的地方定居。据中国官方编年史记载，这些俄国人作为永久居民在当地居住了将近100年。²⁸

征服和移民

15—16世纪，以海洋文明为基础的欧洲帝国崛起，历史上影响最深远的民族融合也拉开序幕。据专家估计，16世纪时，每年都有三四千青年男子从葡萄牙出发，乘船去往葡属印度殖民地。到1709年，葡萄牙北部各省人口陡降，国王约翰五世重申律令，规定旅行者必须办理护照，否则不得离开本土。同时，巴西的淘金热对葡萄牙人也颇具吸引力：17世纪末，每年去巴西定居的葡萄牙人约2000人，1700—1720年，每年移民到巴西的葡萄牙人增长到五六千人。除此之外，还有更多非洲奴隶被送到巴西的种植园和矿山充当劳工。1818年，巴西人口约为380万，专家估计，其中印第安原住民仅为25万。这意味着，由于之前3个世纪内，欧洲和非洲移民源源不断到达巴西，到1818年时，巴西总人口中，移民所占比例超过93%。²⁹

西班牙征服者杀死美洲印第安男性，抢占他们的妻女做妾侍。当时，陪伴征服者漂洋过海的西班牙女性非常少，这也是这些西班牙殖民者抢夺原住民做妾侍的原因之一。保存在塞维利亚的记录已经残缺不全，但是从中也能看出，当时去新大陆远航的西班牙人中，女性不足5%。移民中男女比例失调，会对殖民地人口造成非常不利的影响，王室因此深感担忧；1514年，费迪南德国王允许美洲原住民和西班牙人通婚，并声称，不得以任何理由"阻碍印第安人和西班牙人通婚，所有人都应有完全的自由，有权迎娶他们喜欢的对象"。[30]

除了西班牙人，从欧洲其他各国移民到西属殖民地的人亦非少数——这一现象更加引人注目。16世纪时，西班牙人口开始下降，"新西班牙"（即今日墨西哥）通过一条法律，允许非西班牙人定居，其中包括葡萄牙人、德国人、弗拉芒人（Flemings）、意大利人、希腊人和英格兰人。结果，在墨西哥出现了人数众多的"混合"种群。西属菲律宾也引领风潮——那里的亚洲人率先移民到新大陆。专家相信，17世纪早期，每10年就有约6000"东方人"从马尼拉出发，进入新西班牙。[31]尽管可靠的历史史料很少，但是专家还认为，进口到西班牙帝国的非洲奴隶也对拉丁美洲的人口构成产生了显著影响。比如，1795年在利马，自由黑人和奴隶占城市人口的45%。亨利·卡门（Henry Kamen）指出："尽管殖民者把非洲人带到美洲，就是为了让他们劳作并侍候殖民者，但是非裔还是改变了美洲大部分地区的社会和经济状况，而且无论他们走到哪里，都会把其种族和文化之根扎在那里。"[32]

今日南美人口中，非裔显然占有相当比重——这一现状有目共睹，但是，要了解欧洲移民对南美人口的深刻影响，就得透过现象考察本质。科学家在哥伦比亚进行了一项遗传学研究，揭示出欧洲男性 DNA 在西属南美和中美洲中占有压倒一切的优势地位。该研究显示，94% 的 Y 染色体（即来自父亲的染色体）源自欧洲。詹姆斯·杜威·沃森是现代遗传学奠基人之一，他结合在哥伦比亚发现的各类美洲印第安人线粒体 DNA（即母系 DNA）分布状况，清楚地解释了造成上述现状的原因："入侵的西班牙男性抢占当地妇女做妻子。各类美洲印第安人的 Y 染色体几乎绝迹，折射出殖民时代种族灭绝的惨痛历史：美洲男性原住民被赶尽杀绝，当地女性则被西班牙征服者霸占，实现了性'融合'。"[33]

17 世纪，辗转于异国他乡的英国商人转变为大英帝国的中坚力量，帝国留下遗产，为今日多种族全球化世界的形成奠定了基础。[34] 从帝国舰队在北美和加勒比地区登陆开始，直到英国人在澳大利亚、新西兰和加拿大逐渐占据统治地位，大英帝国不仅一直将移民从"母国"送入新领地，而且把国内的罪犯以及非洲的奴隶运到殖民地。整个 19 世纪，大英帝国都出资鼓励英国人自愿移民，其中包括提供旅途援助，向去加拿大定居的移民发放 10 英镑补贴等。这一政策一直延续到 20 世纪，第一次世界大战之后力度更大。一位英国高官解释说，"帝国迁移"政策旨在为"个人提供更多机会"，他口中的"个人"指的是那些能够在殖民地过上更好生活的英国公民。[35] 17 世纪初至 20 世纪 50 年代，离开英国后在殖民地开始新生活的移民人数超过 2000 万。尼尔·弗格森（Niall Ferguson）写道："迁出英国的移民改变了世界。整个美洲从此成为白人的天下。"[36] 在第一次世界大战之前的一个世纪内，约有5000万移民离开欧洲，其中绝大部分去往新大陆——人数约为4600万。大英帝国也为促成美洲人种多样化起到了一定的作用。1807—1882年，英国人沿海路将大约350万非洲黑奴运至新大陆；和同期西行至新大陆的白人移民人数相比，非洲黑奴超过后者3倍。仅在去殖民化运动之后，各殖民国家的人种分布才开始发生变化。

到了20世纪初期，殖民帝国的移民方向出现逆转——大批原住民离开殖民地，奔赴宗主国。在法属西非殖民地，法国人将前奴隶培训成步兵，为帝国继续扩张效力——"塞内加尔步兵"（tirailleurs Sénégalais）因此得名。譬如，马里被这些步兵征服之后，又成为"军力补给库"——查尔斯·曼京中校（Lieutenant Colonel Charles Mangin）的话一语中的，令人难忘。曼京赞成法国在第一次世界大战时使用殖民地军队抗击德军。第一次世界大战时为法军效力的西非人多达16万。[37] 军队遣散时，大批西非军人不愿意回非洲，决定留在法国，因此成为法国国内非洲移民社区的核心成员。此外，法属马格里布（Maghreb）脱离殖民统治之后，北非柏柏尔人（Berber）也大批移民至法国。到2005年时，在法国境内，这两批非洲移民的总数已增至500万，但是他们从未融入主流社会，反倒频频卷入民族冲突。

第二次世界大战末期，前殖民地子民返回宗主国的趋势愈发强劲，其开端当属著名的"帝国疾风号"事件。各地原住民纷纷移民到帝国本土以及富强的前殖民地如美国。这种逆向移民逐渐成为全球人口迁移的主流趋势，为全球一体化打下了更坚实的基础。

20世纪，美国在世界各地卷入战事，其中的一个副作用就是，大批移民随军队来到美国。越南战争结束时，到美国定居的人数超过100万。公元2世纪时，罗马帝国为了增强军队的实力，曾经授予巴尔干、中东和北非地区的精英以公民身份；布什政府如法炮制，为吸收在美国居住的外国人加入美国武装部队，为2万人迅速办理入籍手续。[38] 在战争中征募雇佣军的做法古已有之，但如今，世界一体化程度加深，征召雇佣军参战已经成为一种全球现象。2005年，在尼泊尔偏僻的角落，有些农民家庭开始意识到，所谓"地球村"可能是个致命的地方。有些家庭可能在数周前还不知道伊拉克到底在什么地方，但是一觉醒来就收到消息：他们的孩子被伊拉克叛军杀害。这些可怜的年轻人走投无路，所以受到劳务输出中介公司的蛊惑，远赴中东做厨师和厨工。[39]

语言之网

帝国强迫各民族迁移，把新的语言、食物、服饰、风俗和文化带到异乡——所有要素交织，形成网络，这种网络又发展为互联互通的世界。从这个角度看，帝国引发的基因扩散好比首次写在历史羊皮卷上的历史文本，之后数世纪中，这些羊皮卷被重复利用，于是最初的记载被刮去，一次又一次被新内容覆盖，直到今天，历史才迎来全球化的世界。

各个帝国在广大地区内促进贸易，因而丰富了当地的语言。例如，马来语是东南亚半岛上的传统通用语言，但是，在帝国历史进程中，它吸收了阿拉伯和印度主要商人的语汇。当葡萄牙和荷兰人统治东南亚时，殖民者带来新的词汇，同时，该地区各地人们说的"洋泾浜"马来语又成为商人的通用语，从而重焕生机。同样，在东非，伊斯兰教的传播以及欧洲殖民势力的影响也丰富了类似的一种杂烩式语言——斯瓦希里语。[40]

当然，雄心勃勃的统治者率军出征之前，美索不达米亚平原和印度河谷的人们早已开始交换货物，他们那时就使用通用语言，实现最基本的交流。[41] 亚历山大帝国衰落之后，原帝国境内，古希腊语（Koine）一直是权贵和商人的通用语言。[42] 即使在拉丁语成为罗马帝国的官方语言之后，人们依然普遍使用希腊语。拉丁语最初只是台伯河下游少数人群使用的语言，但是随着罗马政治权力的扩张，拉丁语也从意大利传入西欧和南欧，并到达地中海北岸以及非洲沿海地区。后来，在罗马帝国疆域内，现代拉丁系语言在拉丁语口语的基础上诞生。[43]

但是，传播速度最快、适用范围最广的，还是阿拉伯语。伊斯兰教传入美索不达米亚、波斯以及北非马格里布各国，阿拉伯语占据了统治地位，当地语言——库尔德语、柏柏尔语、亚拉姆语（Aramaic）和古埃及语（Coptic）只能退守一隅。[44] 8 世纪初，阿拉伯语已经发展为帝国的官方语言。迈克尔·库克写道："一种以伊斯兰教和阿拉伯语为中心的新的精英文化已经深入人心；阿拉伯语和中国的文言文或罗马帝国的拉丁语一样，成为特定文明的经典语言。市面上，可供知识精英阅读的任何书籍都会推出阿拉伯文版本。"[45] 尽管波斯人也接受了伊斯兰教，波斯语言和文化却保存下来，但是都发生了深刻的转变。波斯语采用了阿拉伯语字母并广泛借鉴阿拉伯语词汇，成为第二大标准语言广泛传播。尤其值得一提的是，波斯语传入印度之后很久，还传遍奥斯曼帝国。[46] 尽管突厥人并未被阿拉伯人征服，但10世纪时，他们皈依伊斯兰教，借鉴了大量阿拉伯语词汇，并用阿拉伯语字母书写突厥语。[47] 最重要的是，所有被征服民族或教派（伊朗人、叙利亚人、希腊人、科普特人和柏柏尔人、犹太人和基督徒）都开始使用阿拉伯语，各民族、教派的知识、艺术、科学、历史和技术宝库从此敞开，供帝国全境的学者使用。在各民族文化荟萃的基础之上，形成了璀璨夺目的伊斯兰文明。由于希腊经典（其中包括亚里士多德和柏拉图的经典）被翻译成阿拉伯语，这部分世界知识遗产得以保留至今。

蒙古人原本并没有自己的文字，但是帝国经历改变了境内语言的发展状况。尽管蒙古人的语言发展相对滞后，蒙古帝国在异族语言传播方面却起到积极的作用。为了统治领土广袤的帝国，蒙古人必须启用会说当地语言的行政长官和文员。杰克·韦瑟福德指出："解决敌军之后，蒙古官员派出文员，按照职业将被征服的平民分别处置。所有会读写文字的人都被视为专业人员，其中包括文员、医生、天文学家、法官、占卜术士、工程师、教师、伊玛目、拉比或神父。蒙古人急需商人、骆驼夫、会说多种语言的人，还有工匠。"[48]

欧洲各帝国的通用语言先后为葡萄牙语和西班牙语、荷兰语、法语和英语；这些越洋帝国继承了罗马帝国的遗产。殖民统治过程中，欧洲语言传遍世界各地，目前，世界上几乎三分之一的人口说欧洲语言。继汉语普通话和印地语之后，英语也是当今世上使用非常广泛的语言。英语是全球通用语，以英语为母语的人绝大部分是前大英帝国的居民——这不足为奇。1835年2月2日，大英帝国印度事务最高委员会成员麦考利爵士（Lord Macaulay）在其著名的印度教育备忘录中写道："（英语）可能成为东方诸海上通用的商业语言。它是正在崛起的两大欧洲社群（一个位于南非，一个位于澳大拉西亚）采用的语言……目前，我们必须竭尽全力，培养出大批口译员，方便我们和我们管辖的数百万印度人进行沟通；这一阶层有印度人的血统和肤色，但是其品位、观点、道德观和智识都应该具有英国特色。"[49]

一个月之后，1835年3月7日，威廉·本廷克（William Bentinck）发布政令支持麦考利的观点。投入帝国资源推广英语教育的决策具有重大历史意义，对世界一体化进程产生了深刻影响。印度成了世界上最大的使用英语的国家。到了21世纪初，印度的语言已经在服务业外包市场中为其带来巨大优势，在吸引外资领域也为印度大大加分。

在新大陆，人们能看出不同的殖民教育政策所产生的不同效果。大英帝国采取慷慨的通识教育政策，因此，在美国独立战争时期，英属北美殖民地人口为 50 万，大学已有 9 所，而且 13 个英属殖民地上还出现了知识精英集团，约翰·亚当斯、本杰明·富兰克林和托马斯·杰斐逊就是其中翘楚。这些知识精英已经完全融入世界。但是在西属美洲殖民地、巴西、加勒比地区等地，尽管有 1700 万常住人口，大学却只有两所，一所位于墨西哥城，另一所则设在瓜达拉哈拉市（Guadalajara），而且教学内容以神学和法律为主。

帝国与信仰

上文已经介绍过，神明的启示在帝国兴建过程中起到了推波助澜的作用。某些帝国肇始时期，并没有明确的宗教纲领，但后来它们也为宗教的传播发挥了作用。

公元前 3 世纪，印度孔雀王朝君主阿育王成为历史上第一位利用帝国权力传播宗教的统治者。当阿育王皈依 300 年前诞生的佛教时，已经建立起雄踞印度北部的广大帝国。阿育王赢得羯陵伽战役之后，受到一位僧人的点化，转而信奉崇尚慈悲的佛教。阿育王不仅树立铭刻佛家戒律的石柱——这些石柱好比今天的公共广告牌，他还派遣僧人在印度次大陆、斯里兰卡、缅甸以及希腊和中亚各国传扬佛教。[50] 由于阿育王的权力和影响，这些传道的僧侣得以进入宫廷，和那里的人们交流，并且吸引许多人皈依佛门。其中最成功的，当属阿育王的儿子摩哂陀的斯里兰卡传教之旅。⁵¹ 后来，佛教又从斯里兰卡传入东南亚。其他统治者继承了阿育王的传教事业，贵霜统治者迦腻色伽一世（Kanishka，公元 2 世纪）尤其热忱。在迦腻色伽的努力下，在阿富汗、大夏（Bactria）、东伊朗和中亚各地，佛教逐渐兴盛，并且和 1 世纪时已经引进佛教的中国形成呼应之势。⁵²

罗马皇帝君士坦丁在促进基督教传播过程中起到的作用不亚于阿育王。公元 312 年，君士坦丁皈依了这种由耶稣传扬的宗教，从此基督教的命运发生惊天逆转。君士坦丁分拨大量国家资源支持基督教——之前这些资源被用来兴建异教庙宇，基督教获得"皇帝的青睐，它得到的帝国资源几乎取之不尽，用之不竭"。⁵³ 25 年，君士坦丁和教皇召集帝国境内各地 300 名主教开会。君士坦丁身披金甲，坐在黄金御座之上，主持第一届尼西亚大公会议，庆祝教会从此成为帝国庇护下的组织。⁵⁴ 一位历史学家这样总结君士坦丁大帝入教："神职人员原本来自民间，靠教众的捐赠勉强度日，如今……获得地位和财富，并且被纳入体制之内，成为帝国公务人员。"⁵⁵

罗马沦陷之后，教会被迫重拾传教精神，派遣教士去非基督教领地内布道。5 世纪晚期，传教活动初见成果——法兰克大帝克洛维斯成为基督徒，并立即为他的 3000 名武士举行受洗仪式。克洛维斯的继任者也热忱地承担起传教使命。800 年时，查理大帝（Charlemagne）由教皇加冕，成为神圣罗马皇帝。查理大帝既看重这一头衔，又认真地履行职责，一旦征服新领土，立刻责令当地人转而信奉基督教。一位历史学家写道："每一次胜利之后，（查理大帝）就强迫俘虏集体受洗。"[56] 约 730 年之后，即 1532 年，西班牙征服者在南美洲以基督的名义降服原住民民族。弗朗西斯科·皮萨罗曾留下广为流传的"事迹"：他一次就杀死 2000 印加人，并且俘获了他们的国王。[57] 殖民者继续用武力胁迫原住民民族归顺基督教；尽管教皇发布禁令，不允许殖民者虐待原住民，西班牙人继续摧毁原住民的神庙并在废墟上建起教堂。一直以来，在经济和军事力量的支持下，葡萄牙和法国殖民统治者在其领地内勒令当地原住民民族改变信仰，信奉基督。葡萄牙声称，从莫桑比克到日本，葡萄牙殖民者已经吸引约 120 万人改信基督教。[58]

大英帝国原本是商贸帝国，但是作为基督教国家，甚至连它也承担起宗教责任。尼尔·弗格森指出："宗教改革运动之后，大英帝国甚至更加眼红——鼓动对天主教国家西班牙发动战争的人开始呼吁，英国责无旁贷，应该建立新教帝国，和西班牙和葡萄牙天主教帝国分庭抗礼。"[59] 英国有意安排基督教福音派传教士担任印度政府中职位最高的官员，还在各级军队中安插福音派传教士。传教士获得来自伦敦的资助，负责管理印度次大陆上几乎一半的学校。

美国也曾尝试过在亚洲实行殖民统治，虽然持续时间短暂，但是其间，美国也大力传播基督教。美国击败西班牙人之后，凭武力抢夺菲律宾，其理由冠冕堂皇：此举是为了推进菲律宾的文明进程，大力传播基督教。威廉·麦金莱（William McKinley）总统这样劝勉卫理公会神职人员："我们别无选择，只能照顾所有菲律宾人，教育他们，提高他们的文化水平，将他们变为基督徒，凭借上帝的恩典，尽我们所能善待他们，将他们视为我们的同胞，毕竟基督是为全人类献身，其中也包括他们。"[60]

从征服菲律宾开始直至1917年，美国购买并武力吞并新领土，逼迫别国开放市场——19世纪50年代，美国海军准将马休·佩里（Matthew Perry）远征日本，建立海军基地，并挖通巴拿马运河，确保美国能在大西洋和太平洋之间往来顺畅。之后，再利用这些便利条件传教、贸易和投资。

以报复越南迫害天主教传教士为由，法国皇帝拿破仑三世派遣部队远征越南，最终占领这个国家。[61] 今天，天主教徒构成了越南国内数目可观的群体。天主教组织作为一个重要的机构，也起到和世界沟通的作用。如今，世界上三分之一的人口是基督徒，其中天主教徒又占了绝大部分。在西班牙、葡萄牙和法国前殖民地内，就有不少这样的天主教徒。

有意思的是，欧洲殖民帝国试图吸引更多人加入基督教时，无意之间却增强了乌玛的凝聚力。比如，1869年苏伊士运河通航，印度和东南亚到欧洲和地中海的海运航线开通，结果去麦加的穆斯林朝圣者数量猛增。20世纪早期在印度，曾发生过短暂的穆斯林运动，旨在恢复哈里发国家，这次运动让人们意识到，分散在广大疆域中的穆斯林其实已经建立了密切的联系。"尽管和土耳其相隔数千千米，他们却决心在印度为土耳其作战。"有位巴基斯坦历史学家骄傲地写道。[62]

法律帝国

除了语言、信仰、食物和风俗，各大帝国还将其法律制度带进新领地。首先颁布法律，然后用国家政权的强制手段执行这些法律——罗马帝国首次将这套做法系统化、制度化。罗马法学家汇编了两部法律大全，其中既有过去法律的合集，又包含罗马法学专家的意见。法典中还包括法律的基础概论以及查士丁尼（Justinian）大帝颁布的新法合集。

5世纪后期，日耳曼部落首领登上罗马王位，日耳曼部落继承并改良了罗马法律，之后，整个欧洲逐渐采用罗马法律，同时不断丰富其内容，形成一整套法律体系，史称"万国公法"（Law of Nations），适用于罗马人以及外国人。安东尼·派格登写道：

> 这一概念将对后来所有欧洲法律思想产生持续而强烈的影响。欧洲帝国纵横四海，疆域遍布全球各地，虽然这些新地方远远超乎罗马人的想象，但是由罗马人首创的"公法"却成为基本文献，发展成为今天的"国际公法"（public international law），至今依然管辖着"国际社会"（international community）——尽管实际执法过程中，"公正无私，一以贯之"只是一句空话，但是起码理论上以之为纲……征服者只要能

赢得战役，就获得了占有权。但是，罗马人首创一套复杂的辨别机制，借以区分"正义"和"非正义"的战争，这套机制至今仍对大部分现代冲突行为起到了规范作用。[63]

新兴的大英帝国的领土遍布全球，它试图树立光辉的国际形象：恢复罗马帝国的荣光，将帝国建立在一系列高尚的理念之上——"以全球政府为愿景，以普世自然法则为准绳，以人类同胞情谊和平等为依托"。[64] 英国的习惯法和法国的《拿破仑法典》传入非洲和亚洲殖民地，在这些国家赶走殖民者之后，又以这两种法律为依据，制定出沿用至今的法律系统。

帝国的外交政策以及确保人民生活和交易正常运转的法律基础（今日的互联世界也建立在此法律基础之上）都起到了导向性作用，促进了交通路线的开发和建设。罗马帝国修建公路，在大西洋至阿拉伯之间建立不受海盗侵扰的交通体系，大大促进了贸易的发展以及各民族的交流。罗马帝国吞并了埃及，之后又打击红海海盗，令与印度和南亚之间的海上交流重焕生机。贸易关系往往以帝国外交使团远赴异国首都为开端。公元前25年，印度国王派遣使团到罗马，一行人从婆卢羯车出发远航，据说又转为陆路穿过美索不达米亚，辗转4年后终于到达罗马。印度国王的礼物是一群光怪陆离的人和动物：老虎、雉鸡、蛇、乌龟若干，一位僧侣，一个男孩——他没有胳膊但却能用脚趾射箭。[65]

阿拉伯帝国从一开始，就特别注重发展贸易。"在阿拉伯帝国的共同统治之下，阿拉伯人、埃及人和波斯人接受了相同的意识形态，并结成新的联盟；于是，波斯湾和红海两大航道结束了势如水火的竞争关系，转而成为推动海上运输的左膀右臂，就像回到了亚历山大时代。"[66] 实际上，阿拉伯帝国统一西方，东方的大唐王朝（618—907）则实施开放的贸易政策，双方共同促进洲际贸易的发展。哈里发王国首都从大马士革迁至巴格达，贸易重心也随之东移。彼得·曼斯菲尔德（Peter Mansfield）指出，巴格达成为广大的、日益繁荣的自由贸易区的中心，那里的商业蓬勃发展，多种人有机会参与其中，阿拉伯商船远赴中国、苏门答腊、印度，并沿非洲东海岸南下，最远抵达马达加斯加。[67]

在蒙古帝国统治下，欧洲和地中海地区与中国的贸易空前繁荣。珍妮特·阿布－卢格霍德（Janet L. Abu-Lughod）写道，13 世纪时，蒙古人统一了亚欧大陆中部地带、欧洲和亚洲终点站之间，千年以来首次实现直达运输；在北方，中国和黑海之间的交通路线也得以开通。[68] 过去，丝绸之路上危险重重，途经中亚时，地理环境最为险恶，商人们往往凭侥幸才能找到水源和歇息的地方，这些都限制了丝绸之路上贸易的发展。蒙古人只擅长生产羊毛和肉类，其他几乎所有商品都依赖外国进口，所以他们采取种种举措，不遗余力地促进外贸：建立并维护客栈和水井，维护驿站并提供牲畜作为运输工具。蒙古人甚至发行了一种用黄金或白银制成的令牌（gerege；paiza），兼具护照和信用卡的功能。持令牌者能够在蒙古帝国全境旅行，一路上不仅保证安全、食宿无忧，而且不必缴纳当地税费。[69]

蒙古人的礼物——裤子和弓弦

蒙古军队以武力横扫欧亚大陆，但同时也深化了中国和欧洲之间的商业交流，为文艺复兴的蓬勃发展创造了条件，并且为推动民族交流做出了贡献。一位研究蒙古帝国的法国专家写道："后人却享受到了这个全球帝国遗留下来的福利。帝国时期，各种辉煌的民族文化相互交融，后人则收获了累累硕果，这种融合可能为社会变革创造了宝贵的必要条件——之后数世纪中，欧洲得以发生波澜壮阔的变革，人们从来不曾料到，促推变革的动力如此强劲。"[70] 蒙古商人将中国瓷器引进波斯，又把钴矿带回中国，中国人得以改良青花瓷烧制工艺，著名的元代青花瓷因此大放异彩。从使用马鬃草原弓演奏弦乐器，到裤子以及新型食物，蒙古人和欧洲人的交流在生活中的方方面面都留下了印记。欧洲人甚至学来了蒙古人的叫好（Hurray）声，以表达对勇猛行为的赞叹和鼓励。[71]

蒙古帝国分裂后，奥斯曼帝国控制了印度洋贸易，在大西洋上开辟航线就成了欧洲人的紧迫任务。上文曾提过，葡萄牙的航海家亨利是开发造船新技术，开辟新航道的先驱人物。亨利以萨格里什（Sagres）为基地，主持其精心策划的航海项目，为实现安全的海上长途旅行而开发技术。他设计出轻盈且坚固的四桅帆船，他麾下的团队绘制出导航图，1498年，瓦斯科·达·伽马使用这些导航图绕过好望角，最终抵达印度；而达·伽马的航行又开启了欧洲帝国在亚洲的殖民时代。

为了建设帝国，统治者不仅需要拥有征服新地盘的军事力量，还得有战胜地理距离的手段。罗马人修筑的公路，蒙古人维护的畜力运输通道，印加人为控制人口和资源而开辟的小道，都为日后的征战和全球贸易打下了基础。

哥伦布首航使用的3艘船中，有两艘是"快船"，或称小吨位轻快帆船，这种船由亨利王子麾下团队在萨格里什的海洋研究站中设计开发。海洋研究团队开发出的技术四处传播，到1514年，船舶设计又出新成果：英国人为英格兰国王亨利八世造出了一条新船，每侧都装配一排大炮。当时海盗是海上常客，英国人驾驶着这种双侧炮舰，获得了海上优势。[72]

随着工业革命的兴起、蒸汽动力的普及，远洋巨轮和轨道列车不仅用于战事，而且在和平时期用于商业运输。1853年，英国人在印度修建首条铁路，连通孟买和约34千米之外的一片郊区。印度铁路逐渐发展成为一个坚实可靠的运输网络，总长度达3.86万千米，将农业和矿产资源运至港口，并有助于英国制造的产品在印度次大陆上进一步渗透。[73]

帝国不仅开发贸易路线，大力兴建可靠的交通网络以促进商业活动，他们还提供"润滑剂"，令交易更加便利——远方各国及其国人愿意接受并兑付的流通货币就是这样的润滑剂。亚历山大大帝开风气之先，发行国际通行的硬币。埃及的腓尼基人则发行另一种货币。所以，到了公元前3世纪时，地中海地区按其使用的货币可分为两部分。[74] 很长一段时间内，罗马和拜占庭金币和银币都是跨国贸易报价采用的合法货币，后来意大利城邦，如佛罗伦萨、威尼斯和热那亚分别发行货币，才改变了这一状况。在地中海东部地区，奥斯曼帝国印制的货币最为常见，但是意大利城邦发行的硬币更具影响力。

从16世纪起，葡萄牙和西班牙帝国开始在南美洲开采银矿，并将大量银条投放市场，彼时全球贸易也创历史新高。17世纪上半叶，西班牙硬币成为东南亚各国通行的有效货币，一位菲律宾官员因此议论道："从秘鲁运到中国的银条那么多，足够中国皇帝建座宫殿了。"[75]

西班牙人还推动了支付方式改革，即使用一纸债务凭证取代贵金属，即刻结清应付款项。比如，西班牙政府军事目标越来越多，财政上难以为继，为了向西班牙军队、银行家和供应商付款，西班牙开始发行"信用券"（bills of credit），这些纸币推动帝国车轮滚滚向前。随着贸易扩张，西班牙、英国和荷兰成为世界商品汇聚的巨大百货商场。[76]

中国火药，波斯工艺

帝国军队长途远征，在攻城略地的同时也往往起到技术传播的作用，而且促进了技术的融会贯通。成吉思汗和其他皇帝相比，更急于从其他民族那里获得技术。成吉思汗从另一个游牧部落内征召首批工程师，这些人已经学会了中国人使用火药的军事技术——这是历史上最早的能量储存、运输和利用技术。[77] 成吉思汗带着这群工程师西征，中国和伊朗工程技术得以会聚，并在碰撞中产生火花——历史学家几乎认定，大炮的发明正是源于此次技术交流。[78] 蒙古人结合中国的炼铁技术、火药和波斯及阿拉伯的工程技术，研制出先进武器，打败了强大的宋朝。技术史学家阿诺德·佩西（Arnold Pacey）说，蒙古军用来围城的战车由阿拉伯人设计，同时装配中国的火药，延长了投掷物和"震天雷"炸弹的射程。[79] 就在蒙古人于13世纪取得胜利后不久，同样的技术又引发了欧洲军火技术革命。阿尔弗雷德·克劳士比（Alfred W. Crosby）写道："欧洲人像从情人手中接过花束一样，将火药搂入怀中。"[80] 火器协助英国人征服诺曼底，帮助天主教国家西班牙战胜摩尔人，[81] 后来，装有大炮的战船则让欧洲人扬威四海，控制了亚洲和新大陆。

即使到了20世纪，坦克和飞机代替了战马，英国和德国的军事规划师仍在研究蒙古人的战略。第二次世界大战期间，两位机械化战斗的统帅，埃尔温·隆美尔元帅（Field Marshal Erwin Rommel）和乔治·巴顿将军（General George S. Patton）都是醉心于研究蒙古人战术的好学生。[82]

帝国既能凭借其官僚组织机构以及军事力量颁布并实施法律，也能借此引进新的粮食作物和牲畜。人类很早以前就开始收集并出售牲畜和粮食作物，但是行动规模小，也只能影响当地农业或畜牧业的发展。相比之下，帝国四处征服新领地，其行政权力也大肆扩张，导致帝国境内出现生物统一现象——克劳士比称之为"生态帝国主义"。帝国扩张开拓了生物知识领域。公元前327年，希腊历史学家阿里斯托布鲁斯（Aristobolus）伴随亚历山大大帝进入印度，他可能是第一个知道水稻的西方人："这是一种奇怪的植物，生长在水中，稻种则播于泥土之中……结出很多稻穗，产量大。"[83] 尽管欧洲人很早就发现了水稻，但是直至文艺复兴时期，稻米才登上欧洲人的餐桌。[84]

宋真宗（997—1022年在位）了解到，占婆（Champa，今日越南中部）有种抗旱快熟稻，他派遣特使出访越南，将稻种带回中国。这种稻米对粮食供应产生了显著影响，刺激中国人口骤然增长。历史学家杰瑞·本特利（Jerry Bentley）指出，1000年，中国人口为6000万，1100年为1亿，1200年则为1.15亿，两个世纪内，人口几乎翻了一番。[85]

阿拉伯帝国也将农产品传播到世界各地。阿拉伯帝国的东方各省成为中转站，东方植物、医药和药理学知识都从那里进入西方的地中海地区。安德鲁·沃森（Andrew Watson）阐释道，在伊斯兰统治者荫庇之下，大量主要农作物，如棉花、甘蔗、稻米、硬粒小麦、高粱、柑橘类水果、椰子、香蕉、洋蓟、菠菜和茄子等，从帝国东缘的印度一路传入摩洛哥和西班牙。沃森写道："这条贯通东西的通道不仅运送引进的农作物、耕作方法及灌溉技术（这些是构成农业革命的要素），而且传输即将赋予古典伊斯兰世界崭新面貌的因素：高级学问、行业技术、服饰潮流、艺术形式、建筑、音乐、舞蹈、烹饪艺术、礼仪、游戏等。通过这一媒介散布传播的东西如此之多，最终结果就是，尽管这片广袤的伊斯兰世界始于异族征服，但是其内部各民族迅速团结起来，既不同于它之前的帝国，也和其邻国相异。"[86]

蒙古统治者对棉花这样的农作物很感兴趣，虽然他们自己不种棉花，但是棉花能在蒙古帝国四处生长。10世纪时，中国已经引进了棉花，但是大力在中国推广棉花种植的，还是蒙古人。元朝皇帝于1289年设"木棉提举司"（Cotton Promotion Bureau），并派代表到各省督课植棉，征收棉布。[87] 皇帝还提供渠道，促成印度、中国和波斯药理学的混合和比较，在交流中丰富各国的药理知识。蒙古人意识到，仅仅运输草药是不够的，同时应该引进详细的草药用法说明。元朝宫廷引进波斯、印度和阿拉伯医生来中国经营医院，忽必烈还建立西药研究部门，由一位基督徒学者担任部门总管。[88]

朝鲜人有了辣椒

有些帝国征战异国时，无意间带来新的作物或物种，其中最重要的调味食品，可能就是从新大陆引进到亚洲的辣椒。哥伦布在美洲发现辣椒，这是一种辛辣的蔬菜，阿兹特克人称其为"chili"，欧洲人认为，它和素来熟知的胡椒可能同属，所以称其为"辣胡椒"（chili pepper）。亚洲人惊奇地发现，虽然许多亚洲菜肴以辣味为特色，但是辣椒并非本地植物，450年前，才被欧洲探险家发现，并由欧洲商人引进——假如没有哥伦布，就不会有辣咖喱口味的食品。朝鲜人不仅会震惊，还会有五味杂陈之感。有些现代朝鲜人不仅有强烈的民族自尊心，而且带有民族主义情绪，他们可能根本不愿意承认，丰臣秀吉竟然是朝鲜泡菜（kimchi）的功臣！朝鲜泡菜辛辣爽口，是以大蒜和辣椒为配料腌制的大白菜；而日本武士丰臣秀吉则是16世纪晚期入侵朝鲜的民族雠仇。辣椒最初由葡萄牙商人从新大陆带到日本，侵略战争期间，日本士兵身上原本背着口粮和辣椒种子，日本士兵撤退后，辣椒种子却留了下来。在这种红辣椒来到之前，泡菜中只有大蒜和白菜，口味自然寡淡。有位作者曾就此事发表议论："在朝鲜食品史上，全球化曾是苦难的代名词——因为日本人在16世纪的侵略战争中，不仅留下了红辣椒，更留下了满目疮痍的河山，但是全球化造成的悲剧并未就此落幕。"[89]

印度莫卧儿（Mughal）皇帝贾汉季（Jahangir）对葡萄牙人乘大帆船从新大陆带到果阿的异邦动植物感到好奇，于是派代表每两周去一次果阿，搜寻新奇物种。于是，这位代表从一艘葡萄牙商船上买来菠萝——在德里，有位宫廷画家还以此为素材作画，将这一幕永远定格在画布之上。后来，这位皇帝自豪地宣称，在阿格拉的御花园中，这种"来自欧洲港口"的菠萝树果实累累。[90]

葡萄牙帝国获得了海上控制权，在各大洲之间频繁往来，葡萄牙船舶也成为将植物和蔬菜从一个气候带运送到另一个气候带的主要交通工具。香料价格高昂，所以葡萄牙人一心希望在由他们亲自控制的土地上种植香料。传说中，1498年，当瓦斯科·达·伽马要求批量引进胡椒苗异地再植时,马拉巴尔首领扎莫林(Zamorin)淡然以对:"你能把我们的胡椒带走,但是你带不走我们这里的雨水。"但是,葡萄牙占领巴西之后,那里阳光和雨水充足,适合胡椒生长——葡萄牙人再也不必为移植胡椒苗而征求当地人的同意。[91]

大英帝国将一种原产于亚马孙流域的植物带到世界各地,也改变了世界工业史。美洲人称这种植物为"天然橡胶"(caoutchouc,法语中也保留了这一称谓),并用它制作防水靴和弹球。1755年,葡萄牙国王约瑟夫一世(Joseph I)把他本人的几双御用靴子送到巴西,要求加涂橡胶层——也就是当地人从橡胶树上割取的胶液。[92] 随后,橡胶乳液被带进欧洲实验室详细研究。19世纪初,橡胶雨衣问世,为了纪念成功制出橡胶防水布的苏格兰科学家查尔斯·马金托什(Charles Mackintosh),这种雨衣被称为"马金托什"(Mackintosh)。很快,橡胶成为推动汽车革命的神奇材料。橡胶需求量飙升,大英帝国出手解决难题。1876年,应英政府和居住在巴西的英国公民的要求,亨利·亚历山大·威科姆(Henry Alexander Wickham)将7万颗橡胶种子偷运出去。植物学家在邱园(Royal Botanical Gardens at Kew,英国皇家植物园)成功培植出树苗,这些树苗又被运到英属锡兰和马来西亚热带殖民地。当亨利·福特(Henry Ford)的T型车生产线如火如荼地开动之时,橡胶堪称"白色金子",制胶热潮席卷马来西亚,大片大片的土地被开辟为橡胶种植园。到1924年时,市面上的福特车多达 1000 万辆，马来亚（当时马来西亚被称为"马来亚"）年橡胶出口量超过 20 万吨，占全球产量一半以上。其间，约 120 万印度契约工人被运至马来亚，永远改变了这个国家的人口结构。如今，马来西亚人口中，有 10% 是印度裔，其中许多是原割胶工人的后代。[93]

19 世纪末，在西班牙人的鼓动下，菲律宾成为世界上最大的椰子出产国。美国宝洁公司曾因遭遇一系列暴风雪和干旱而面临牛油供应短缺的难题，于是公司转而在美国的新殖民地菲律宾寻找替代品，于是，菲律宾椰子种植园发展势头更加迅猛。到 1930 年时，菲律宾约 13% 的可耕地种上了椰子，以满足不断飙升的椰子油需求。但是更便宜的大豆和棉籽逐渐取代椰子成为新的产油作物，全球市场上的椰子油需求下降，三分之一的菲律宾农民因此深陷贫困的泥沼。[94]

堪比挪亚方舟

西班牙殖民者去新大陆时，把他们的家畜也带到美洲，希望能够在异乡重建他们抛下的家园。马、狗、绵羊、猪、山羊、牛和鸡原本都不是新大陆上的动物，但是它们很快就适应了环境。亨利·卡门一语中的："某些跨越大西洋的航船堪比挪亚方舟。"[95] 美洲印第安人喜欢上了马匹，好像他们才是天生的朋友。马改变了北美洲大平原的印第安人文化，而在南美洲，由于阿根廷有广袤的牧场，适合放牧牛羊，它逐渐成为世界上重要的牛肉和羊毛供应地。

当詹姆斯·库克船长1768年首次出航太平洋时,大英帝国下达的密令清楚明白:他此行是为了和原住民建立外交和贸易关系,并争取实现生物交流。库克应该"尽力采集并带回当地特有的树木、灌木、水果和谷物,多多益善"。[96] 协助库克完成这项任务的,是皇家邱园的荣誉总管约瑟夫·班克斯(Joseph Banks)。有位专家写道,班克斯是"传扬'植物互换福音'的先锋人物"。[97]

帝国为积累全球文化和推动知识进步立下卓著功勋。伊斯兰国家为人类知识的搜集、保护和传播做出了无与伦比的贡献。阿拔斯帝国早期,在巴格达的哈里发宫廷之中,有专人搜集世界各地的手稿,并且邀请各类专家学者。希腊语、波斯语、梵语,以及其他各种语言的典籍被翻译成阿拉伯语,由于许多原稿至今已经遗失,在巴格达翻译出的阿拉伯语版本往往成了仅存的孤本。统治西班牙的倭马亚(Umayyad)首领定期派专员出访巴格达、大马士革和开罗,以招募学者并购买珍本书籍。[98] 如果没有伊斯兰西班牙留下的藏书丰富的图书馆,欧洲的文艺复兴运动也就成了无本之木、无源之水。

帝国不仅一直在搜集知识,而且还在欧洲各殖民地上搜刮经济作物和资源。葡萄牙、西班牙、荷兰以及大英帝国都促进了各大洲之间的植物和动物交流,并在欧洲各首都建立了不同的学会,其专业多种多样,勘探、地理、植物、历史,不一而足。这些学会为殖民扩张正名——承担"教化使命"——而且以知识交流为手段增强了各国各地区之间的联系。过去的探险家演变为殖民帝国雇用的勘探者和研究人员。英国博物学者查尔斯·达尔文的贡献更是首屈一指：他试图用事实证明物种之间相互联系、相互依赖的本质。1831—1836年，他加入英国科学家团队，乘贝格尔号进行环球考察，途中，他登上太平洋上的加拉帕戈斯群岛（Galápagos Islands）。达尔文在加拉帕戈斯群岛以及其他许多遥远的地方潜心研究，仔细观察，最终摸索出进化论，并以之为主题，写出影响深远的惊世之作：《物种起源》（*On the Origin of Species by Means of Natural Selection*, 1859）。

维多利亚女王的全球电缆

派遣士兵骑马、骆驼或大象远征以降服其他民族，这是一项代价高昂而且困难重重的任务。但是帝国统治者发现，他们还面临一个更严重的长期问题：用历史学家费尔南·布罗代尔的话说，他们得征服"空间，这才是他们的头号敌人"。为了治理万里之外的被征服民族并维护自身的统治，帝国需要组织有序的信息网络。信息必须记录在泥简、莎草纸、羊皮纸以及其他各种媒介上，然后由信差递送。罗马皇帝凭借其先进的公路网和马车，开发出历史上第一个信息网络。安纳托利亚半岛上的城市帕加马（Pergamum）畜产丰富，制作羊皮纸本是当地传统，到了罗马统治时期，帕加马成了全世界首屈一指的羊皮纸（Parchment 和 Pergamum 本是同一个词，唯一区别是，前者是俗语，后者属于

"高雅语言")供应地。[99] 后来，以阿拉伯人为中介，欧洲人学到了中国的造纸技术，在此之前，用兽皮制成的羊皮纸一直是欧洲主要的信息存储和传播媒介。

无论用羊皮纸或纸张书写信息，帝国都必须跨越空间距离，将这些信息传递出去。亚历山大、汉尼拔和恺撒分别开发出组织严密的信息接力系统，即传令骑兵携带信息，从一站赶到下一站，依次接力。中国唐朝以及后来的蒙古帝国进一步改进了信息接力系统。在成吉思汗统治时期，蒙古帝国的通信网络由驿站和轮流接力的传令骑兵构成，传令兵一天能飞驰约 160 千米，并且连续数周接力传递信息。[100] 埃及马穆鲁克（Mamluk）苏丹在蒙古领地内考察这一系统，并加以仿效，这套系统又从埃及传至拉丁基督教世界，最终传入哈布斯堡帝国（Habsburg Empire），并在那里发展为完善的邮政服务系统。[101] 之后，19 世纪中期迎来具有重大意义的电报技术发明。1854 年克里米亚战争爆发，大英帝国首次在战时使用电报。4 年之后，凭借大西洋底铺设的越洋电缆，维多利亚女王向美国总统詹姆斯·布坎南（James Buchanan）发出首封电报。尽管破解这条用莫尔斯密码写成的信息可能花了 16 小时又 30 分钟，但是美国人举行盛大仪式欢迎这封电报，为庆祝而燃放的烟花不慎引发火灾，竟烧毁了纽约的市政大厅。到了 1880 年，越洋电缆总长约为 15.7 万千米，加强了英国和其殖民地（即英属亚洲、加拿大、非洲和澳大利亚）的联系。维多利亚女王登基 60 周年庆典期间，女王发了一封电报，类似于今天的群发电邮。詹姆斯·莫里斯（James Morris）写道："1897年7月22日，英国维多利亚女王来到白金汉宫的电报室。……11点刚过几分钟，她按下电钮，脉冲传输到大英中央电报局，数秒之内，女王的登基庆典电报就沿着电缆，冲向帝国的每个角落。电报内容很简单：'感谢亲爱的人民。愿上帝保佑他们。'"[102]

今天，10亿网民每天早晨都能在家中或是办公室查看电子邮件；当年维多利亚女王只要走进设在地下的宫廷电报室，就能阅读来自帝国遥远角落的电报——两者之前，区别并不大。到了20世纪早期，伦敦已经成为工业世界之都，经济学家约翰·梅纳德·凯恩斯（John Maynard Keynes）那时写下的一段话今天读来仍异常亲切："伦敦居民能够一边窝在床上喝早茶，一边拿起电话订购世界各地不同的商品，选择合意的产品数量，而且顺理成章地等着快递员早早地把这些产品送到家门口；同时，他还能以同样的方式，购买世界各地的自然资源和新企业，不必劳心费力，甚至不费任何功夫，只要承担投资风险，就能分享这些产业未来的成果和红利。"[103]

电报和电话开发过程中，私人企业家和公司夺得头功，但是帝国政府部门需要确保通信安全，它们也利用权力，大力推动所谓"世界电气神经系统"的发展。[104]电报网络预示着互联网的崛起，而互联网本身源于五角大楼发起的一个项目——美国政府担心在核战争爆发时失去指挥和控制能力，因此开始研制互联网。

所以，大英帝国辉煌时期，曾参与创建电报系统，而在其落幕时分，帝国再次使用这个遍布世界的"电气神经"系统——也许冥冥中一切自有安排。皇家游轮"大不列颠号"驶出香港码头，英国最后一届港督彭定康从游轮上发出一封简单生硬的电报："我已完成政府行政管理权交割。愿上帝保佑女王。"[105] "大不列颠号"隐没在黑暗之中，相互联系、文化多元的世界依旧运转不停，脉动不止，貌似并未将帝国的兴衰更替放在心上，尽管英帝国和其他帝国为迎来今日世界曾发挥很大的作用。

第7章　奴隶、细菌和特洛伊木马
Slaves, Germs, and Trojan Horses

我看到一片陆地，很像岛屿，但其实不是，那里有6间棚屋。只要两天，就能把这里变成岛屿，但是我觉得没有必要，因为住民做起活来笨手笨脚。我已经下令抓来7个带到船上，我打算送他们去西班牙学会我们的语言，然后再回到这里——到时候陛下就会发现他们有多笨。但是，一旦陛下有令，命我们把所有当地居民带回西班牙，或是把他们押在当地做奴隶，那我们也定会照办，我们有50个人，完全能降服当地所有居民，并任意使唤。

——克里斯托弗·哥伦布1492年首航新大陆后致西班牙国王费迪南德和王后伊莎贝拉的信

这是英国多佛尔港一个酷热难当的夏夜。第二天的报纸报道说，2000 年 6 月 18 日是一年中最热的一天。在多佛尔轮渡东码头，5 位英国皇家税务海关总署的官员等待着一艘来自泽布吕赫（Zeebrugge）的午夜渡轮入港靠岸。几小时之前，这艘渡轮离开比利时泽布吕赫港口时，英国海关官员就收到了一份传真过来的货物清单，清单上列出了这艘渡轮上货车运载货物的明细。这条路线上往来的货车很多，大部分是海关人员熟悉的知名公司旗下的货车，在欧洲大陆和英国之间往来运货。那天晚上，这份货物清单却吸引了海关官员的注意。

清单显示，这辆车拉的是西红柿——这倒是挺常见的，但是运输公司的名字太陌生：海关官员从未听说过"范·德尔·斯巴克运输公司"（Van Der Spek Transportation）。更蹊跷的是，渡轮费用既不是提前预支的，也不是用信用卡支付的，显然，卡车司机是在泽布吕赫渡轮柜台上用现金支付的费用。这种反常现象往往会令海关官员疑窦顿生：卡车上到底装着什么样的货物？走私者总是试图夹带一些高价商品进入英国，海关官员也经常会在成箱的洋葱或水果中，翻检到未申报的物品，如成箱的白酒或香烟。

所以，当这辆隶属于范·德尔·斯巴克运输公司的白色奔驰卡车从连接渡轮和码头的跳板上缓缓驶出，在海关检查站停靠的时候，海关官员并没有象征性地看一下文书然后挥手放行。几个官员走上前去和司机说话，而另一位则走到这辆装有冰柜的卡车后面，打开铁门，查看车内货物。这位海关官员注意到，这辆车异常安静；他听不到冰柜电机的轰鸣声——为了让农产品保鲜，电机一般会日夜不停地工作。当这位官员松开门上的密封装置，猛然打开铁门时，只听到门闩跳动并滑移的声音，以及空气被吸入车内时发出的嗖嗖声。一股温热、腐臭的味道扑面而来，令这位海关官员猝不及防。昏暗的光线下，这位官员看到西红柿箱子被掀翻，隐隐约约能分辨出两个人影，正在大口吸气。在两人身后，更阴暗的深处，金属地板上则是成堆的半裸尸体。这位官员并没有意识到，他碰巧发现了现代欧洲历史上十分可怖的一幕人口贩卖惨剧，他大声呼叫同事，请求支援。

海关调来一架叉车，卸下掩盖这惊悚场面的箱装西红柿。"遍地都是尸体，一堆接一堆，实在让人不适。"一位官员后来这样对记者说。后来，警方认定，那天夜里海关在货车上发现的那些死者，有54位男性、4位女性，都是非法移民。他们憧憬着能在西方过上好日子，于是经不起人口贩子的诱惑，支付巨款只为走上这一漫长、历经曲折、最终致命的旅途。他们途经俄罗斯和东欧，绝大部分最终魂断多佛尔港。非法移民中有位19岁少年，在穿越亚欧两大洲的恐怖旅途中，他一直定期给家中的母亲打电话。最后一通电话中，少年告诉母亲，只要再过几天，他就能在伦敦和之前偷渡成功的堂兄会合了。[1]

与惨死在横渡大西洋旅途之中的成千上万名奴隶一样，这些非法移民同样是国际人口贸易的受害者，只不过他们的悲剧刚刚发生。1495年，克里斯托弗·哥伦布就组织首批奴隶货物，运载到欧洲。哥伦布在新大陆苦寻黄金，但是希望破灭，他就组织了一次远征，用武力从伊斯帕尼奥拉岛（Hispaniola）抓捕印第安人。1495年2月（确切地说，在多佛尔惨案发生505年前），一艘船载着550名印第安原住民从新大陆出发，驶向西班牙。这艘贩运奴隶的船一路顺风顺水，按照当时标准看，它的速度算是快的。但是当这艘船抵达马德拉（Madeira）群岛时，200名奴隶已经活活冻死。[2]

17世纪时，大型船只出现，利用廉价劳力开发新大陆处女地的贪欲又甚嚣尘上，自东向西横越大西洋的奴隶贸易越发兴旺。两个多世纪之内，非洲奴隶被装运到特制的运奴船上，横渡大西洋；这种船一次最多能装载450名用脚镣铐在地板上的奴隶，尽管船体大，但是奴隶还是像被塞进罐头的沙丁鱼。[3] 中段旅程（开始时，这些奴隶被捕获，然后被迫跋涉到非洲的大西洋岸边；从大西洋另一端下船后，他们又被赶到奴隶拍卖市场，被新主人领走）极其恐怖，其间十分之四的奴隶死于疾病或饥渴。罹难者的尸体被草草扔进大海——那时，这片水体还被称为"世界洋"。

欧洲梦

对于58位前往英国"新大陆"，指望着"打洋工"的非法移民而言，冷藏卡车的金属车厢成了闷死他们的夺命棺。但是，和过去不同，这些人不是被奴隶贩子劫持后，在市场上拍卖给种植园主的。19世纪末，大部分地区已经废除奴隶制，但是那些无缝不钻的掮客却总是能找到许许多多渴望移民、毫不设防的"猎物",骗取钱财。20世纪70年代,公共旅游服务降低了价格,却提高了速度,而人口贩子也借机为远在万里之外的雇主运送廉价劳工——其中大多是契约劳工。由于这类行动总是得秘密进行,偷渡者必须牺牲现代旅游的舒适和速度,藏身于船舱或车厢之中,一路上不见天日,而且十分危险。

这58位非法移民梦想能在欧洲过上更好的生活,于是向现代奴隶贩子求助。在新大陆上拥有土地的奴隶主购买奴隶,将他们视为个人财产;而现代许多欧美公司则雇用非法移民,以满足它们对廉价劳动力的需求。过去,奴隶从家乡被劫走,卖到海外(其实这种现象如今仍然存在,下文还会介绍);如今,这些不幸的移民每人都向"蛇头"支付大约3万美金,才能登上秘密旅途,最终奔赴黄泉,而这些所谓的"蛇头"就是国际人口贩子。

其实,近年来,世界各地的大批非法移民涌进欧洲,一浪高过一浪,仅1999年,就有约7.1万人非法进入英国申请政治避难。根据美国中央情报局的一份报告,同年,被贩运到美国的妇女和儿童约为4.5万~5万人,全球被贩运的妇女儿童总数达70万~200万人。[4] 试图进入美国的非法移民人数持续增长,伤亡率也随之上升。根据《华尔街日报》上的一篇报道,2000年以来,每年因试图穿越墨西哥边境进入美国而死亡的非法移民平均为400人。相比之下,柏林墙从建造到倒塌,一共存续28年,在此期间,因试图翻墙而死的人共240名。[5]

过去，推动奴隶贸易的多重因素有：各地经济水平存在差异，权力分配极不平衡，人类追逐利润的贪欲；这些因素亘古不变，它们勾兑出的鸡尾酒依然散发着令人迷醉的魔力——奴隶贸易至今死而不僵。美国反对奴隶制组织（American Anti-Slavery Group）发言人杰西·赛奇（Jesse Sage）说："无论是被贩运到阿联酋的孟加拉幼童，还是被偷运至洛杉矶的中国儿童，幕后黑手都是蛇头犯罪团伙。人口贩运是个暴利勾当。当今的全球经济创造出对廉价货品的需求——再也没有比奴隶劳工更廉价的劳动力了。"[6] 蛇头从贫穷国家招来成千上万的女仆和保姆，投放到富裕地区为那里的家庭工作，其中既有因富含石油而大发横财的中东国家，也有因商业发达而积累财富的亚洲都市。世界银行曾估算过，仅 2004 年，移民工人（其中包括遭虐待的女佣）寄回家乡的汇款就超过 1500 亿美元。[7] 这些钱被用来建造房屋、开创公司、让孩子接受教育，并且拉动了移民们母国的消费经济。

阅读前几章之后，读者已经了解到，由于商人的推动，消费者需求的刺激，人类社群之间的经济联系越来越广泛，一个相互依赖的世界也因此诞生，而且各社群的依赖性也越来越强。读者还了解到，由于帝国扩张的影响，广阔疆域之内，相距遥远的社群臣服于同一位统治者，这也推动了它们之间的相互交流，最终形成今日互联互通的世界。但是在商人和武士推动全球化的过程中，人类也历经苦难、动乱和伤痛。人类最初通过战争和贸易建立联系，奴隶制就如影随形，构成互联互通关系中非常重要的一部分。胜利者把战俘带回家乡做奴隶，商人则把人当成跨境物品，转手贩卖以从中牟利。事实上，全球化进程总是存在阴暗面。多佛尔惨案又一次证明："日光之下，本无新事。"更有甚者，技术的发展加速了全球化进程；与此同时，全球化的有害作用也以更快的速度向四方扩散。人口贩卖并非唯一的阴暗面。很久以来，战争和商业都会传播病原体，引发流行病，给人类带来深重的灾难。这种威胁一直存在，随着全球贸易的深化，全球旅游业的发展，流行病的传播速度也变得更快。本章将举例说明，全球化的这些不利后果如何发展、变化；通信和商业交流的速度越来越快，新的威胁如何从中产生：释放计算机病毒造成破坏的黑客，从联网计算机上盗窃信用卡号和个人信息的罪犯都是危险因素。全球化带来了速度和便利，同时，人类也为之付出了高昂的代价。

最古老的贸易

亚当·斯密认为奴隶制度不合道德规范。1776年，这位苏格兰经济学家悲叹：欧洲和新大陆之间的新兴贸易原本应该互利互惠，却因奴隶贩子的贪婪而变味。亚当·斯密写道："对美洲来说，欧洲所有的商品几乎都很新奇；对欧洲而言，许多美洲商品也新鲜有趣。因此产生一系列新的商品交换，这种交换不仅出人意料，而且就其本质而论，应该对双方都有好处。但是，欧洲人野蛮地践踏公义，硬生生地把这种原本会让各方受益的贸易变为几个不幸国家的祸患和灾难。"⁸ 事实上，尽管在亚当·斯密的时代，跨大西洋的奴隶贸易就其规模和残酷性而言，堪称"前所未见"，但是，借用一位荷兰历史学家的话说，贩奴原本就是世界上"最古老的贸易"。大卫·克里斯蒂安说，奴隶主视奴隶为"活电池，人形牲畜"。由于人被视为一种重要的能量源，难怪在进入现代社会之前，世界上普遍存在强制劳动。⁹ 在"奴隶"一词出现之前，早已存在各种形式的蓄奴制度。人们不懈地搜寻财富、贪婪地追逐利润，再加上人类社群之间力量对比悬殊，于是，奴隶制度在 19 世纪发展到顶峰，并且深刻地改变了人类文明的发展进程。

"奴隶"，即"slave"一词，得名于 9 世纪，当时，中欧斯拉夫人（Slavs）普遍被奴役。中世纪时，斯拉夫人是维京和阿拉伯双边人口贸易中的主要目标或"资源"种群。尚未皈依基督教的斯拉夫人是"野蛮人"，无论男女，都被视为用于贸易的物品、绝好的奴役目标。自人类历史发端之时，战争、饥馑、个人的不幸遭遇以及自然灾害，都迫使人们背井离乡，去远方谋生，或是情愿做契约劳工以求生。有时，这就意味着，奴隶能够负责做苦工，或是承担危险的任务——亚里士多德就称奴隶为"人形用具"。¹⁰

既然奴隶的"人类资格"被剥夺，这类"劳作机器"的待遇就和买来的役畜差不多——这些生灵和其他商品一样，在市场中买卖。但是，和动产不同，奴隶把他们特有的种族、语言和文化带到远离出生地的异乡。和迁移一样，奴隶贸易也让各个种族的人能够面对面交流——5万多年前，人类原本拥有共同的祖先，但是自从先祖离开非洲之后，这些原属同宗的各个分支就四处流散，奴隶贸易又让他们再次聚首。数千年来，人们和其奴隶相互混杂（后来，移民和当地居民相互混杂），人类的身高、体形、肤色以及文化都因此发生变化。上文曾经提到，埃及人和非洲人首次接触时，埃及人就为法老搜罗奴隶。人类历史早期，就出现了用人换取其他商品的以"货"易货贸易。

公元前1世纪的历史学家狄奥多罗斯（Diodorus）观察到，意大利商人能够用酒换取高卢奴隶（其原文已成名句：一坛葡萄酒换一个奴隶小男孩）。极端贫困的父母把子女卖给商人，或是用子女抵债，官员出售罪犯。自然，战俘是最丰富的资源，多数强壮的奴隶都曾是战俘。公元前468年，雅典海军指挥官西蒙（Cimon）和波斯交战，就曾把2万战俘运到奴隶市场。[11] 这些奴隶大多从事一种劳作：用双手外加石器挖掘贵金属（比如白银）。矿石又在希腊崛起的过程中起到了举足轻重的作用。公元前1世纪中期，巴尔干-爱琴海一带的银矿业征用了成千上万的奴隶，而且需要大规模的、组织有序的奴隶贸易。人们还需要奴隶战士厮杀于疆场。奴隶挖出银子，战争因此有资金做后盾——雅典人和波斯以及斯巴达的战争就是典型的例子；不仅如此，奴隶还往往被征用为士兵，以补充兵源。

奴隶：士兵、劳工、同伴

《厄立特里亚海航行记》是由佚名作者所写，记录了1世纪时海洋贸易的盛况。这部名作曾提到，罗马贸易中，奴隶是一种常规商品。作为进口商品，他们既能从事手工劳动，又可供人消遣，比如为人唱歌助兴，给人做伴。罗马作家马歇尔（Martial）嘲笑凯莉娅（Caelia），尽管凯莉娅是罗马人，但是和各种各样的外国人混在一起，这些人可能是奴隶，"你的埃及爱人从亚历山大港扬帆而来，那位黑皮肤的印度人则来自红海"。但是，印度洋两岸都有奴隶出售。古老的印度文献中就有相关记载：富人蓄养西方奴隶，他们可能来自希腊—罗马地区。[12]

中亚部分地区的斯拉夫人口为罗马人提供了最多的人类"商品"。尽管罗马贵族享受着优渥的生活，但是对普通百姓而言，生活仍然艰难、残酷而短暂，在欧洲中南部尤其如此。由于死亡率高，预计寿命短，那些人口多的社群——历史学家称之为"人口储备仓"——成为奴隶贩子眼中天然的目标。除了斯拉夫人、希腊人、波斯人，居住在罗马帝国北部各地的日耳曼人、凯尔特人和罗曼人，以及来自非洲撒哈拉沙漠以南地区的人构成了人肉贸易产品的主要来源。

罗马帝国需要越来越多的奴隶在种植园劳作、伺候贵族，于是奴隶劫持和贸易越来越频繁。希腊地理学家和历史学家斯特雷波写道：在提洛岛码头，一天之内装船、卸载的奴隶有1万名。

为了避免被奴役者结盟（比如早期的工会组织）或骚乱，来自小亚细亚和地中海不同地区的各民族奴隶被安排在一起。[13]（有意思的是，大约2000年后，葡萄牙奴隶贩子在向巴西供应非洲奴隶时，也采取类似行动方案。这一政策就是"不允许将太多来自同一部落的奴隶集结在巴西全境之内，或是其他行政区内，以避免不利后果"。尽管奴隶贩子采取了这些预防措施，一个来自苏丹的部落仍然组织了一系列起义。）[14]基督纪元最初两个世纪之内，罗马帝国从大西洋扩张到幼发拉底河流域，在罗马出现大批国外奴隶人口，将罗马城变成了"一个缩微世界"。罗马城是奴隶贸易的中心，它的受害者从世界各地被带到城中，同时也带来了他们的服饰、语言、风俗以及本国文化。[15]渐渐地，奴隶之间，以及罗马人和不同种族的奴隶之间开始通婚，新型混血人口也因此产生。

之后1000年内，地中海地区各社群中，奴隶制一直存在，同时，奴隶制的规模也在逐步扩大。11世纪，尽管在国内生产领域，奴隶制逐渐被农奴制代替，但由于国际贸易繁荣，采矿和农耕产业内的需求持续增长，奴隶劳动力变得更为重要。[16] 9—10世纪，维京和俄国商人把东部斯拉夫各国的奴隶带到摩尔人统治下的西班牙和北非，作为家仆、士兵和矿工使用。奴隶贸易并不仅限于欧洲和中东两地。中国7世纪的文献记载，来自僧祗国（非洲撒哈拉沙漠以南地区）的奴隶被带到中国，到1119年时，广州城内，拥有黑奴已经成为富裕的象征。[17]直至14世纪，在意大利城邦中，斯拉夫家奴还随处可见；16世纪时，在西班牙和葡萄牙，许多家庭蓄养非洲奴隶。艾瑞克·沃尔夫（Eric Wolf）指出：威尼斯的大部分财富来自奴隶贸易。尽管威尼斯城中的法律规定，不得在公共拍卖场出售奴隶，但是整个16世纪中，奴隶贩子仍然通过私人合同继续贩卖奴隶。[18]

在中东，奴隶经过培训之后，大多充当艺人、工匠和士兵。欧洲各地以及非洲撒哈拉南部地区的奴隶被送往位于巴格达的阿拔斯哈里发首府。[19] 女奴主要来自中东或印度，她们大受关注。当时有许多文章对比来自不同地区的女奴的优劣，加以评述。有份报告读起来几乎像是一篇产品评述，作者比较了来自不同地方的奴隶之后，得出结论："完美的女奴应该是柏柏尔本地人，9岁时离开国家，在麦地那待上3年，在麦加待上3年，长到16岁时，再去伊拉克学一点儿当地文化。25岁时再次出售，那她既有麦地那女子的妖媚风情，又有麦加女子的温柔举止，还懂得伊拉克文化。"[20]

阿拉伯商人沿着印度洋海岸继续往南，最终进入西非，来自非洲撒哈拉以南的奴隶成为重要的贸易产品。阿拉伯语中，黑人被称为abd——这个单词是"奴隶"的同义词。早在652年，努比亚（今日埃塞俄比亚）的基督教王国就和阿拔斯哈里发国家签订条约，条约规定，努比亚王国每年必须向阿拔斯供应300名奴隶。该条约延续了6个世纪。[21]

某些进口至阿拔斯王国（今日伊拉克部分地区）的奴隶被步

兵部队招募，但是更多奴隶则被投放到大规模蔗糖生产行业，或是被迫成为农业劳工。[22] 9世纪时，巴士拉（Basra）地主引进数千名东非奴隶排干今日伊拉克南部的盐沼，希望能将这些盐沼变为良田。这些奴隶做着苦役，所得又只能维持生计，愤怒的奴隶掀起了目前所知的较早的一次黑奴起义。当时，一位自称是阿里（第四位哈里发）和法蒂玛（Fatimah，穆罕默德的女儿）后代的波斯人阿里·伊本·穆罕默德向这些黑奴承诺：一旦兴建由他统领的伊斯兰国家，就赋予这些黑奴平等和自由。14年中，这些被称为津芝（Zanj）的非洲奴隶和原为哈里发国家步兵的非洲人一起，洗劫了巴士拉城，并且占领了伊拉克南部部分地区和波斯东部，抵挡住了哈里发国家军队的进攻。他们最终被哈里发麾下埃及人支持的军队击溃。[23] 尽管黑人起义最终失败，但是这些津芝对哈里发国家展开疯狂报复，挫伤了哈里发国家的荣誉感。当时有位历史学家细细道来："阿里的士兵如此大逆不道，竟然当众拍卖哈桑、侯赛因和阿拔斯家族的女性后代（即阿里·伊本·艾比-塔利人和阿拔斯王朝统治者的后代），古莱什部落哈希姆家族（Hashem，即先知家族）的后代，以及其他阿拉伯妇女。这些女性被卖作奴隶，价格仅为1~3个迪拉姆，而且士兵们当众宣告她们来自哪个家族，每个津芝人都能得到10个、20个乃至30个这样的女性做小妾，她们还是伺候津芝主母的女仆。"[24]

军事奴隶制在阿拔斯王朝中扮演了重要角色，因为阿拔斯王朝越来越担心思想独立的来自阿拉伯宗族的部队不可靠，于是开始征募奴隶——首先是来自非洲的黑人，然后是来自中亚的骑马的突厥人。数世纪以来，阿拉伯帝国雇用的军事奴隶人数很难计算，有位学者估计，人数可能达到数千万。[25] 在中东，奴隶制度如此根深蒂固，在沙特阿拉伯，20世纪60年代，奴隶制仍未消失。

奴隶—蔗糖贸易联合体

12世纪，欧洲十字军到达地中海东岸，在那里，他们发现，种植园里的奴隶劳工种着一种植物，特别好吃——这种农作物就是甘蔗。甘蔗源自太平洋岛屿，后来传至印度，之后，印度就一直是蔗糖的主产地，产出的糖供应地中海地区，是难得一见的奢侈品。在那之前，欧洲人对糖的需求主要来自甜菜。伊斯兰势力崛起之后，地中海东岸地区与阿拉伯世界的贸易联系更紧密，甘蔗培植方法也传入地中海东岸。意大利的殖民地成为欧洲的主要蔗糖供应地，塞浦路斯更是盛产蔗糖。地中海东岸的意大利商人很快开发出一种所谓的"奴隶—蔗糖贸易联合体"——这是一套系统方法：使用大量奴隶种植甘蔗，再用甘蔗炼制蔗糖。"奴隶—蔗糖贸易联合体"是出现最早的资本主义经济模式，3个世纪之后被引进至新大陆。在这种模式中，土地、资本和劳动力经过合理配置，为实现利益最大化创造条件。巴巴拉·索罗写道，奴隶不仅是"一种新的更高级的生产因素，好比新型机器一般……奴隶劳工还能成为奴隶贩子投资组合中的一种资产"。[26]

意大利人在克里特岛、塞浦路斯等地，将种植园奴隶制和出口业结合起来，成功地将处女地演化为经营项目，并创造了巨额财富。1425 年，在大西洋岸边，葡萄牙人发现马德拉（Madeira）群岛，他们效仿意大利人的做法，在这片无人居住的土地上开发奴隶—蔗糖种植园。葡萄牙人从西非海岸劫持或购买奴隶，利用奴隶劳工种植甘蔗，生产蔗糖，然后在欧洲出售。圣多美（São Tomé）、马德拉和加那利群岛上的殖民者采用这种奴隶 – 蔗糖模式之后，其他欧洲人迅速效尤。

哥伦布首次横渡大西洋期间，为修理船只，曾在加那利群岛停泊，所以他有机会考察种植园，目睹种植园主如何利用奴隶劳工获利。尽管哥伦布很失望——他在伊斯帕尼奥拉岛没有找到香料和黄金，但他并没有坐失劫走免费劳工的机会。他写信给西班牙王室："我必须多说一句，这个岛屿（伊斯帕尼奥拉岛），以及其他各岛都属于陛下，在这里陛下王权永固——就像在卡斯蒂利亚王国一样。只要有人来到这里定居，并向当地居民发号施令，他们就全部照做……印第安人没有武器，几乎赤身裸体。他们根本不懂得战争之术，又胆怯至极，1000 个印第安人对付不了我手下 3 个士兵……只要向他们发号施令，他们就会乖乖就范，或劳作或播种，或是有效地完成任何任务。"[27]

哥伦布是第一个将奴隶从新大陆运回欧洲的奴隶贩子，但是横跨大西洋的人口贸易迅速调转方向。新世界有无穷无尽的资源有待开发，急需劳工，这种需求只能由非洲奴隶满足，因此跨大西洋的奴隶贸易突飞猛进。欧洲人逐渐意识到，奴隶制不仅是个生产可出口商品的高额利润模式，而且奴隶贩运本身就是利润丰厚的交易。英国人认识到，葡萄牙人使用军事手段，劫掠村庄抓捕奴隶，这种方法可能代价太大；他们转而寻求利润更高的方式：和酋长交易，用物品换人。

1562—1563 年，约翰·霍金斯（John Hawkins）率队从英格兰出发，抵达塞拉利昂（Sierra Leone），并带回 3 只船，装载着 300 名奴隶和其他货物，完成贩奴首航。[28] 尽管当时西班牙垄断了奴隶贸易，所以约翰·霍金斯船队遭受攻击，但是他把这些奴隶贩卖到西属加勒比岛屿，赚得盆满钵满。约翰·霍金斯远航的消息令伊丽莎白女王不快，斥其为"下作"。但是当女王意识到奴隶贸易能够实现的巨大利润之后，她改变心意，最终投资支持霍金斯再次远航，贩卖奴隶。霍金斯将奴隶从葡属非洲贩运至西属美洲，挑战伊比利亚半岛国家的贩奴贸易垄断权。其他奴隶船紧随其后，为新大陆上以奴隶制为基础的商业铺平道路。

由于能够源源不断地引进奴隶，葡萄牙殖民地巴西逐渐取代马德拉群岛，成为世界领先的蔗糖产地。1513 年，葡萄牙国王送给教皇一份浮华的礼物——这是一座真人大小的教皇塑像，周围有 12 个主教，以及 300 根蜡烛，全部由糖制成。[29] 1575—1650 年，大部分供应欧洲的糖来自巴西；与此同时，巴西进口大量制造产品和非洲奴隶。后来，巴西驱使奴隶种植从法属圭亚那引进的咖啡树——本书第 3 章曾详细介绍，咖啡从也门走进斯里兰卡和印度尼西亚，漂洋过海之后，又登陆美洲。奴隶劳工似乎取之不尽用之不竭，巴西种植园又无边无际——巴西成为全世界头号咖啡产地。秘鲁和墨西哥的亚热带海岸边有广袤的土地，西班牙人利用这些土地开发成片的甘蔗种植园和葡萄园。丰富的银矿——由墨西哥北部和玻利维亚奴隶开采——成为西班牙重要的财富来源，而银子也成为国际商业流通货币。非洲奴隶在巴西的钻石矿和金矿做工，开采的矿产令葡萄牙帝国越发熠熠生辉。英国、法国和荷兰借着加勒比海岸的蔗糖、咖啡和可可种植园，以及北美的棉花和烟草种植园大发横财。欧洲殖民国家的繁荣和国际贸易的崛起为互联世界的诞生创造了条件，而这一切都建立在残酷剥削非洲奴隶的基础之上——据估计，18—19世纪，约有1200万非洲奴隶被送至美洲。[30]

早在1688年，费城贵格会内部就首次传出反对奴隶制的声音，但直到近100年后，英国贵格会才向议会提交第一份重要的反奴隶制请愿书。18世纪晚期，"自由放任"思潮涌动，反对贸易保护主义的呼声高涨。在英国，一场以福音派教会为基础的慈善运动逐步发展壮大，因此，反对奴隶制的呼声也越来越高。大英帝国在印度的势力增强，而印度人口众多，资源丰富，而且加勒比海岸的重要性也逐步减弱，这些都让提倡废除蔗糖－奴隶制的一方更加理直气壮。1807年，议会通过首个反对奴隶制的法案，明令禁止非洲奴隶贸易。10年之后，英国和西班牙签订条约：西班牙同意立即终止赤道以北的奴隶贸易，并于1820年终止赤道以南的奴隶贸易。条约规定，英国海军战船有权搜查涉嫌贩运奴隶的船只。但是，由于条约存在漏洞，奴隶贸易仍然持续存在。1830 年，英国与西班牙再次签订条约，正式废止中美洲和南美洲大部分地区的奴隶制度。

但是在美国，随着 1793 年伊莱·惠特尼发明轧棉机，新兴的废奴运动却遭遇挫折。英国棉纺厂对棉花的需求飙升，加上惠特尼发明轧棉机后，棉花的清理变得易如反掌，于是在美国南部，棉花戴上了王冠，而奴隶制度成为南方人生活方式的一个重要组成部分。直至南方脱离联邦，引发血腥的南北战争，奴隶制方才终止。1833 年，英国议会就颁布法案正式取消英属西印度群岛的奴隶制，但是由于在巴西咖啡种植园四处扩张，实际上，自那以后，奴隶制继续存在达 50 年之久。1800 年，巴西约有 150 万奴隶，美国约有 87.5 万奴隶，英属西印度群岛约有 60 万奴隶，西属美洲约有 25 万奴隶，其他英国殖民地约有 15 万奴隶。[31]

虽然法律明令禁止了奴隶制，但世界不同地区因经济不平等造成的恶果仍持续存在。2004 年，一位逃脱的巴西奴隶当庭作证，让世人得以窥见巴西繁荣的出口贸易背后藏匿的黑暗世界。[32] 巴西政府已经承认，甚至现在，仍然约有 5 万人的工作条件和奴隶差不多，他们在亚马孙森林开辟路径，让伐木工人能够走入深林砍伐热带硬木；开辟土地放牧；开垦农田种植大豆。由于他们的劳动，巴西的低成本木材、牛肉和大豆大量出口，由跨国公司销售给消费者。多佛尔惨案之后，世界上其他地方也发生了类似事件，在美国，这类事件尤其触目惊心，让我们偶尔窥见冰山一角——在全球化的洪流之下，这座冰山在黑暗中漂浮。[33]

连通亚洲和新大陆的桥梁

3个世纪以来，奴隶贸易肆虐猖狂，深刻地改变了我们的世界，让人类社群之间的联系更加紧密。历史学家罗伯特·哈姆斯（Robert Harms）已经阐明：奴隶—蔗糖贸易体始于地中海，之后征服新大陆；这种模式持续发挥作用，并以贸易体制为共同纽带，建立各大洲之间的联系，构成全球商业的支柱。奴隶贸易成为"欧洲的新大陆贸易和亚洲贸易之间的重要桥梁"。实际上，在非洲，奴隶被称为"一块"，这是一个古老的葡萄牙短语（uma peça d'India），代表这个奴隶能够换取的货物：印花棉布。[34] 法国船只载着货物驶向非洲，用它们换取奴隶。然后，这些奴隶被运往法属新大陆殖民地，再用来换取蔗糖和其他种植产品。哈姆斯研究法国贩奴船只的往来航线，举了一个清晰的例子：

> 1731年，贩奴船"勤奋号"（Diligent）从法国驶向西非海岸，所载货物中，贝壳和各类印度纺织品超过一半。贝壳来自印度附近的马尔代夫群岛，在西非海岸可以当货币使用。"印度公司"的船只从印度和中国返回时，会在马尔代夫群岛停泊，并购买贝壳，用它作包装材料，垫在装瓷器或是其他物品的箱子周围，和我们今天使用的泡沫塑料

（Styrofoam popcorn）差不多。贝壳还起到压舱作用，保持船身稳定。由于亚洲的瓷器、茶叶、香料和纺织品比这些船从法国带过来的欧洲贸易商品更贵重，货船回航时，船舱中会多出大量空间，都用贝壳填补。一旦回到法国，贝壳就会被清出船舱，重新用木桶包装，然后运到西非。[35]

历史学家仍试着估计因奴隶制和奴隶贸易而丧失的非洲人口。1650—1800年，大约150万奴隶被带到英属加勒比殖民地，但是后期，由于痢疾、黄热病和营养不良，非裔加勒比人口降至50多万。[36] 国际商业繁荣的背后，太多人付出了生命的代价。

前面已经介绍过，16世纪出现体积更大、速度更快的帆船，19世纪出现蒸汽机船，运载限重因此逐步提升。除了那些轻巧昂贵的商品（如成批的丝绸、成袋的香料、盒装的珍珠和钻石）之外，新型船只能够运载越来越重的货物。奴隶们生产更重的货物，装进更大的船只，以满足不断增长的消费者需求——奴隶制也是改变产品规模的因素之一。成千上万的奴隶为蔗糖、咖啡、可可和烟草增产做贡献，这些曾经的奢侈品也开始进入寻常百姓家。"到1750年，最贫穷的英国雇农的妻子也会在喝茶的时候放点儿糖。"[37] 曾经，国王送教皇用蔗糖做的礼物，带有争豪炫富之意，这种时代一去不复返了。西班牙的伊莎贝拉王后喜爱可可这种新食品，她整天喝巧克力饮料，衣服上都留下了棕色污渍。

在世界的另一边，暹罗国王拉玛三世（King Rama III of Siam）甚至兴兵攻打邻国柬埔寨，以抢夺契约劳工生产蔗糖。19 世纪的前 25 年，因为有劳工从事徭役，蔗糖已经成了暹罗最重要的出口产品。[38] 在美国南部，非洲奴隶辛勤劳作，提高棉花产量，拉低棉花价格，因此，英国纺织制造业蓬勃发展，轻盈的棉质衬衫不再是只有王子和公主才穿得起的奢侈品。

成千上万的非洲奴隶在墨西哥和秘鲁的银矿中做苦工，生产出银块，其数目之多，令人不敢相信；这些银块为世界贸易提供了续命之血。历史学家估计，1450—1800 年，墨西哥和秘鲁的银矿内，约有 13 万～15 万吨银子被开采，然后这些银块被运到欧洲，还被运到西班牙帝国在亚洲的边远港口——马尼拉。[39] 来自马尼拉的银块和银币在世界流通，为节节攀升的贸易额提供支付货币。

奴隶贸易和其他商品的流通联结在一起，进一步拉紧了各大洲的联系。哈姆斯曾指出："亚洲贸易为奴隶船供给必要的贸易物品，奴隶船则为亚洲商品提供稳定的市场。"[40] 奴隶贸易给南特（Nantes）和波尔多（Bordeaux）的白兰地厂家带来信心，但是更重要的是，奴隶贸易促成的交易支撑着印度和汉堡的布料产业、马尔代夫的采贝业、荷兰的军火和管道业，以及瑞典的铁工业。[41]

稳定的奴隶供应拖长了殖民制度的生命周期：劳动力供应充足，就能抵挡提高生产力的新技术的侵袭，于是，殖民投资在一定时期内，能够获得稳定的回报。[42] 以奴隶制为基础的种植园经济创造出财富，这些财富还为英国工业产品提供了越来越大的市场。某位历史学家评论说，17世纪80年代和90年代，"增长的工业产品中，几乎60%用于出口"。[43] 到19世纪时，大西洋奴隶贸易已经发展为一种复杂的国际贸易，其中牵涉东印度纺织品制造业、欧洲金属制造工、非洲骆驼商人、欧洲运输公司和美国种植园主。[44]

最初，人们为了充分利用奴隶劳工种植蔗糖、采集贝壳、制造朗姆酒或烟草，发展洲际贸易，之后，跨洲贸易逐步扩大到其他领域。尽管刚开始的时候，奴隶贸易仅仅满足权贵的需求，很快，它就开始供应大众消费商品。有位研究奴隶贸易的学者写道："在任何一种情况下，这些精英也好，大众也好，其中大多数人对其消费品背后的故事要么一无所知，要么不感兴趣：生产这些消费品的劳动者总是默默承受悲剧命运。"[45] 今天的消费者也是如此，他们喜爱沃尔玛和西尔斯之类零售连锁店的"每日廉价商品"，这些商品由亚洲或其他地方的劳工制造，这些可怜的劳工在恶劣的工作条件下超时工作。低价格是要付出代价的！尽管消费者听到那些报道国外工作条件的新闻时也生出恻隐之心，但是依然大批涌向这些商店。"消费者非常矛盾，"Alter Eco（一家法国进口公司，它保证以公道的价格购买发展中国家生产的产品）的首席执行官和创建者特里斯坦·勒孔特（Tristan Lecomte）说道，"一方面，他们声称他们希望对社会负责，但是他们随后全对硬性折扣趋之若鹜。"[46]

推动工业革命

奴隶贸易创造的财富助推某些世界最高水平的大学崭露头角，其中包括哈佛大学、耶鲁大学和布朗大学。在布朗大学所在地普罗维登斯，奴隶贩子参与羊毛和铁的生产，而摩西·布朗（布朗大学由其家族建立）在棉纺工业发展过程中起到了关键作用。1790年时，布朗已是废奴运动的领袖，他倚重英国移民塞缪尔·斯莱特（他牢记机器设计图，从而突破英国的技术出口禁令），并为塞缪尔提供资金，在波塔基特建立美国首个棉纺厂，厂址就在普罗维登斯郊外。[47]

从奴隶制中获利最多的国家是英国。1662—1807年，英国船只将340万奴隶从非洲运至美洲，几乎占同期奴隶贩运总数的一半。[48]奴隶贸易高峰时期，英国出口的奴隶数超过其他任何国家。英国的产业因为把生产的物品卖给殖民地而繁荣起来，英国的企业通过出售奴隶生产的商品而赚取高额利润，整个英国都因蓄养非洲奴隶而获利，从而积累了巨大财富。英国反对奴隶制之前，大西洋奴隶制度已经为英国一跃成为全球强国打下了基础。

历史学家估计，19世纪约有100万奴隶被带到亚洲各地。[49]自然，在亚洲各地区也存在奴隶贸易——弱势和政治上四分五裂的社会中的人口被掳入更强大、更富裕的社会。事实上，1820年之前，亚洲城市人口中，大部分是通过战争掳掠或贸易交换而来——亚洲奴隶制覆盖范围可见一斑。[50]这和欧洲的情况形成了具有讽刺意味的对比：在欧洲，城市在农奴环境中崛起，以行业公会为基础的生产系统在城市形成，城市周边则成为逃亡农奴的避难所。法律规定，如果农奴能够在城市生活一年零一天，他就成了自由人。因此德国有条谚语："城市的空气给你自由。"（Stadtluft macht frei.）相比之下，东南亚殖民城市却成为奴隶制的堡垒。将奴隶贩卖给城市能够带来如此丰厚的利润，以至于许多国家主要靠劫掠东南亚岛屿上的海岸聚居地就能日渐兴盛。

国际奴隶贸易造成的一项恶果是：奴隶制在非洲内部扩散。在被掳奴隶中，约有三分之一（或700万）成为非洲本土的奴隶。由于出口的奴隶主要是男性，在西非和中非，男女比例严重失调。于是，在宫廷周围，女奴密集，这导致一夫多妻制的兴起——这是多偶制的一种形式，即一个男人同时可以拥有数个妻子。[51] 奴隶制成为非洲生活中不可分割的一部分，"冈比亚、刚果、达荷美和其他非洲国家的部落首领因奴隶贸易大发横财，他们派遣代表团去伦敦和巴黎，强烈抗议废除奴隶制"。[52] 非洲不仅损失了壮劳力人口，人口增长也受到影响；而且奴隶贸易又引发战争，继而造成社会分裂，造成出生率下降。奴隶贸易严重影响并削弱了非洲的社会、政治、经济和文化机制。

奴隶贸易造成的另一个后果是，新产品进入非洲，对非洲的文化和烹饪习惯造成了持久的影响。英国奴隶贩子把朗姆酒、奶酪、啤酒、精制糖和烟叶带进黄金海岸（即今日加纳）。葡萄牙商人则用蔗糖、白兰地、烟草、枪支和火药、木薯粉，以及亚洲和葡萄牙的新奇物品换取奴隶。因此，非洲消费者非常熟悉欧洲产品——奴隶贸易结束之后很长时间内，非洲人仍然喜爱欧洲产品。[53] 葡萄牙人将玉米和木薯引进非洲，它们成为非洲餐桌上两种最重要的主食。葡萄牙人还带来甘薯、菠萝、腰果、木瓜以及许多其他食品。巴西种植园的咖啡种子被运回圣多美，再以圣多美为起点，传播到非洲大陆。300年的奴隶贩运贸易在西非的日常生活中留下清晰的巴西印迹，其中包括饮食、信仰、流行节日和建筑。[54]

据估计，当欧洲人发现巴西的时候，那里约有150万美洲印第安人。然后殖民者带来了350万名非洲奴隶。一些具体数据反映出非洲人口对巴西人口分布的影响：19世纪60年代早期，1%的人口是美洲印第安人，11%是黑人，26%是混血，其他则是欧洲裔。著名的巴西作家吉尔贝托·弗雷雷（Gilberto Freyre）写道："每个巴西人，即使是白皮肤或浅色皮肤，在他的灵魂或身体里，或多或少，都流淌着非洲血液。"[55]

巴西生活的每一领域（食物、服饰、信仰、语言、音乐和民俗）之内，数世纪的奴隶贸易都留下了不可磨灭的印记。从桑巴舞到再现刚果国王加冕的康茄（congadas）歌舞，从 acarajé（一种棕榈油炸的烘豆蛋糕）和 carurú（炖虾和秋葵）到 quibebe（南瓜泥），巴西的日常生活总是让人想到这种生活的塑造者：全球化。[56] 刚果和几内亚湾是两大非洲文明的摇篮，来自这两地的传统信仰影响了非洲移民的宗教仪式以及视觉艺术，而且往往和占统治地位的基督教仪式和习惯水乳交融。最显著的例子就是被一些人视为巴西国教的巫班达（Umbanda）。内洛佩斯（Nei Lopes）解释说："巫班达是一种融合各种元素为一体的宗教，始于班图人的祖先崇拜和说丰语的约鲁巴人的'奥里沙'（Fon-Yoruban Orishas）崇拜。相关专家认为，巫班达融合多种元素，吸取了印度教中的'报应'、化身和转世说，吸取了基督教中的亲如一家和慈悲原则，还糅入了美洲原住民对信仰的虔诚态度。"[57]

同样，加勒比菜肴及其文化艺术形式——从特立尼达的卡利普索（calypso）歌曲到海地的伏都教（vodoun），无不留下鲜明的标记，反映出数世纪以来当地文化和非洲奴隶之间相互影响、相互塑造的结果。如今在加勒比海地区，人们广泛使用克里奥尔语。在这种语言中，多年来奴隶制留下的印记也随处可见——非洲语言和法国奴隶主的语言结合在一起，形成一种新的语言。欧洲人抵达新大陆，不仅带来了奴隶制及其对社会经济的长期影响，还带来了微生物，这些微生物造成的悲剧被某些历史学家称为"种族灭绝"。

来自远方的无形危险

1492年10月12日早晨，几个带有桅杆的浮动房屋出现在加勒比地区的一个岛屿附近。赤身裸体的当地人惊奇万分，围在一起观看这几个奇怪的浮动房屋。从"玛利亚号""尼雅号"和"平塔号"帆船中，走出一群脸色苍白、留着胡须的船员，他们说着陌生的语言，身上披着奇怪的罩衣；但是，他们发现了这个布满岩石的海湾之后，显然喜出望外。5万年前，人类离开非洲之后，各自分散；5万年后，欧洲人和美洲印第安人再次邂逅，两大人类种族重新聚首。

无论是如释重负的克里斯托弗·哥伦布，还是好奇的原住民都想象不到，这次邂逅预示着怎样的未来。这些蓬头垢面、胡子拉碴的陌生人穿着奇异的服装，带来隐形的病毒和病原体，这些病毒和病原体将令新大陆原住民陷入灾难。阿尔弗雷德·克劳士比的著作《哥伦布大交流》影响深远。他在书中写道："与世隔绝的新大陆迎来访客，哥伦布将地球的两半连为一体，此时，美洲印第安人首次遇上他们最狰狞的敌人——既非白人，也不是他们的黑人仆役，而是藏在这些人血液和气息中的无形杀手。"[58]

仅仅过了70多年，就有8000万到1亿原住民死于这些越洋而来的欧洲人所带来的疾病：天花、感冒和白喉。"中世纪黑死病流行之时，老鼠是传播病菌的黑手，"尼尔·弗格森评论说，"同样，白人是致命病菌的携带者。"[59] 1621年，英国清教徒在普利茅斯向印第安人表达感恩之情，其中一件值得感激的事情就是，尽管由于之前的访客带来疾病，导致新大陆上90%的原住民死亡，但是他们在死之前，已经耕完地，而且埋好玉米准备过冬。17世纪90年代，卡罗来纳州总督说："印第安人人口逐渐萎缩，把空间腾给英国人——这显然是上帝的旨意。"[60]

其实，世界各地人类交流的过程也是漫长的死亡和苦难史，美洲印第安人大规模死亡仅仅是其中一页。除人类之外，昆虫、牲畜和宠物全都携带病毒和病原体，它们穿越边境，发现新的宿主。于是，疾病的全球传播成为人类交流最早的不利后果。但是，人类旅行并非疾病全球化背后的原因；早期的狩猎—采集者不停地四处奔波寻找食物，好像也能保持健康。由于他们过着四方游走的生活，他们不是在自己的排泄物之中生活，而且他们不蓄养家畜，没有家庭。由于固定的、以农业为基础的社群日益兴盛，家畜、家禽、啮齿类动物、昆虫和人类亲密接触，导致疾病四处传播。贸易商队和船只开始在各自分散的人类社群之间建立联系，他们不仅运输货物，无意间也传播病原体：细菌和携带细菌的啮齿类动物、蚊子及跳蚤。作为贸易商品的奴隶同样携带可传播疾病，这些疾病改变了发生流行病的国家。远征的士兵将细菌带到新的疆域内，返回时，又带回新的病原体和传染病，比如瘟疫、流感之类。大规模旅游现象出现之后，今日的探险家——游客甚至也成为流行病携带者。因此，4种全球化生力军之中，至少有3种——商人、武士和冒险家无意间充当了灾难的传播者。

公元2世纪，帕提亚战争结束时，罗马士兵从美索不达米亚平原归来，也带回第一例记录在案的传染病，这场传染病席卷罗马帝国境内地中海地区。至于这是一场老鼠传播的瘟疫，还是第一例天花，仍然存在一定争议，但是无论如何，这场传染病来势汹汹，感染者中，至少三分之一病死，至多二分之一罹难。这场传染病造成地中海地区人口下降。公元542年，历史上第一次鼠疫暴发——经专家确认，这的确是一场鼠疫。鼠疫是由老鼠传播的芽孢杆菌（Y. pestis）造成的疫病，芽孢杆菌造成淋巴结肿大，临床表现为腹股沟腺炎和致命的继发性肺感染。这场流行病被称为"查士丁尼"，名字取自罗马皇帝。专家相信，这场瘟疫始于印度，由老鼠带进埃及：阿拉伯贸易船只驶入红海港口，老鼠在固定船只的绳子周围灵活地窜来窜去。老鼠快速繁殖，到处安家，它们身上又寄养着跳蚤，于是这场瘟疫沿着地中海贸易路线传播，从博斯普鲁斯海峡上的君士坦丁堡到伊比利亚半岛尽受其害。据历史学家普罗柯比记载，疫情严重时，仅在君士坦丁堡一地，一天之内，就有1万人死于鼠疫。大约30%~40%的罗马帝国人口（历史学家估计，此次鼠疫之前，罗马人口约为1600万~2600万）死于此次流行病。[61]当时一份文献留下了生动的记载：鼠疫"夺去城市人口，让整个国家凋零，原本热闹的居所变成野兽出没的荒野"。[62]

历史学家估计，在罗马帝国的东半部和西半部，至少四分之一的人口死亡。6个世纪之后，另一场流行瘟疫刷新了这一纪录，即后人口中的"黑死病"（这个名称源于翻译错误：拉丁文中，"atra mors"原义为"可怕的死亡"而非"黑死"）。许多人以为，因为染上瘟疫之后，第二天患者脸上就失去血色，而且肿大的淋巴结也呈黑色，所以才有"黑死"之谓。[63]

死亡之路

　　1347年，来自克里米亚黑海卡法（Kaffa，今日费奥多西亚）港口的几艘意大利商船抵达君士坦丁堡以及地中海沿岸海港，他们带去了杆菌瘟疫。之后，瘟疫横扫小亚细亚、中东、北非和欧洲。商人穿过啮齿动物肆虐的中亚草原，也被迫成为疾病传播者。

　　黑死病于1331年暴发，1345年传到克里米亚地区。1347年，这场瘟疫已经降临君士坦丁堡，之后迅速席卷波斯和热那亚。瘟疫一旦蔓延至欧洲主要港口，就沿陆路传播到各大城市，逐个屠城。这条著名的贸易路线曾经为欧洲城市带来繁荣富裕，此时却成为死亡之路，死神附在毛茸茸的黑老鼠身上，四处游窜。

　　历史学家欧莱·本迪尼克托（Ole Benedictow）得出结论：欧洲约60%的人口死于黑死病及其并发症（总人口估计有8000万，死亡人口约5000万）。[64] 当时的记载则留下细节：成堆的尸体逐渐腐烂，根本无法收殓，遑论下葬。比如佛罗伦萨这样的城市，原有10万人口，每天死亡人数在400~1000人不等。从1347年开始，黑死病在欧洲反复发作，直到1722年才逐渐消失。中间有段时间，商业也几乎停滞。如果那时人们就知道"全球化"这个词，那他们也会宣称，全球化已死。但是，欧洲人口降低，又推动了新的经济、社会趋势以及医疗方式，事实证明，这些新趋势和方式构成了世界历史的转折点。瘟疫带来的灾难有助于强化贸易中产生的互联互通性。一半人口，或是超过一半的人口死亡，这就意味着，幸存者的人均财富显著增长。幸存者通过继承土地、资金和金银储备而成为新晋的富人，又因为存活而狂喜，于是欧洲人开始狂购奢侈品，亚洲的丝绸和香料供应商、阿拉伯和越南中间商都因此变得富裕。购物狂潮还产生了另一后果，某位历史学家称之为"15世纪银荒"。银币骤然短缺，于是欧洲探险家更加投入地寻找贵金属。1516年，在德国小镇约阿希姆斯塔尔（Joachimsthal），"发现了历史上规模较大的银矿"。这个小镇的制币厂造出的硬币被称为"Joachimsthaler"，后来又减缩为"thaler"，也就是今日"美元"（dollar）一词的前身。[65] 但是，与此同时，正如前文所述，威尼斯—阿拉伯中间商垄断了香料贸易，促使欧洲人大力寻找到亚洲的新航线。[66] 黑死病促进了欧洲需求的增长，社会在许多方面呈现飞速发展的态势，最终，新大陆的供给热催生出消费者社会。

  瘟疫还有更直接的影响：由于劳动力短缺，其成本增高，于是人们开发出更合理的工作组织、更有效的生产方法，并设计出节约劳力的装置。13世纪早期就开发出的水力锯木厂得到广泛使用。大量文书死亡，手稿抄录价格飙升，人们急需找到自动抄写的办法。之前，欧洲人已经学习了中国的造纸术，也能够生产便宜的纸张。木刻活字印刷术也已经问世。德国美因茨的约翰·古腾堡（Johannes Gutenberg）精通冶金技术，1447年，他结合冶金和印刷术，生产出欧洲第一台金属活字印刷机，掀起了一场革命。[67] 英国和荷兰生产便宜的消费品，将经济重心从地中海移到北方——最终，现代造船业在这里萌芽、发展，工业革命也在此诞生。

像黑死病这样重大的灾难也暴露出人们对"异邦人"（比如犹太人）长久以来持有的偏见，并将这种偏见推向新的高潮。传言说，犹太人和其他"基督教世界的敌人"在水井和其他饮用水源投毒，导致这些患者死去，于是，在欧洲的许多地方，人们疯狂迫害少数民族。这"称得上是中世纪大屠杀，大批犹太人无缘无故惨遭屠戮。犹太人迅速迁往东欧，而在那里，600年之后，他们的后代再次遭遇新的，甚至更暴虐的大屠杀，几乎被屠杀殆尽"。[68]

隔离制度的诞生

黑死病对公共卫生政策产生了广泛的影响。世界上第一条要求乘客隔离的命令发布于1377年7月27日，发布者是拉古萨（今日克罗地亚的杜布罗夫尼克，Dubrovnik）的威尼斯殖民当局，地点则在达尔马提亚（Dalmatian）海岸。开始时，当局规定，来自受瘟疫影响地区的人必须度过30天的隔离期，后来隔离期延长为40天——"隔离"（quarantine）一词由意大利语"四十天禁令"（quarantenaria）演化而来。"由于14世纪中期暴发的黑死病，"乔治·罗森（George Rosen）写道："意大利、法国南部及其相邻地区创建了一套卫生控制制度对抗传染性疾病，其中包括观察站、隔离医院和消毒程序。文艺复兴时期和之后很长的时间内，人们沿用并发展了这套制度，而且它至今仍是公共健康规定中的一部分，只是其形式更严格、更具体。"[69]

但是隔离制度未必总是奏效。1720年春天，一艘来自地中海东部的小船载着几个染上瘟疫的人，出现在里窝那，当地人禁止小船靠岸；它又来到马赛（Marseille），依然被拒之门外。这只船在地中海上漂流数月，并在特里波利（Tripoli）短暂停留，然后来到法国的土伦港（Toulon）。在土伦港，许多乘客贿赂负责隔离的人员，混进市内。很快，土伦发生瘟疫，然后马赛也受波及，数十万居民中，有一半人死去。[70] 马赛灾难之后，人们更严格地执行隔离制度，而且试图限制或禁止中东布料贸易。于是，印度和欧洲的海上纺织品贸易日渐繁荣。

上文曾提到，全球化（指的是人类社群之间加强交流和联系）曾造成一场巨大浩劫，即欧洲人把疾病传染给新大陆上的印第安人，而后者根本没有免疫力，无法抵抗这些病原体。1519年，西班牙殖民者埃尔南·科尔特斯（Hernán Cortés）率领一小队人马成功击败人数众多的阿兹特克人，原因就是，科尔特斯还带着非洲奴隶，这些奴隶携带的天花病毒让阿兹特克人病弱不堪。历史学家威廉·麦克尼尔说，由于仅有阿兹特克士兵染病，阿兹特克人认为，这证明西班牙人崇拜的神更有力量。因此，科尔特斯带领的散兵游勇轻易降服了约1250万之众的阿兹特克帝国。天花在墨西哥暴发，一路传播到危地马拉，而且继续南下，于1525年到达位于今日秘鲁的印加地区。1563年，葡萄牙殖民者把天花带到巴西，多个原住民部落因此绝种。[71] 病毒继续往北传播。1500 年，在今日美国境内，约有 200 万原住民。1700 年，原住民人口降至 75 万；到了 1820 年，原住民人口仅剩 32.5 万。[72]

奴隶贸易和帝国征服把天花传播到陌生的地方，天花的治疗方法也从一个国家流传到另一个国家。天花接种的做法被称为"买天花"或"种痘"。据说，公元前 1000 年，印度人开始种痘。这种方法首先传入中国西藏地区，约 1000 年左右，又由中国四川地区寺院中的僧侣传至中国其他地区。[73] 17 世纪中期，商队把种痘知识传入阿拉伯、波斯和北非，整个奥斯曼帝国，老百姓普遍采用这种方法预防天花。18 世纪早期，英国驻君士坦丁堡大使夫人玛丽·蒙塔古（Mary Montagu）本人就是个天花幸存者，她给自己的儿子种痘，把这种方法传入英国。[74]

爱德华·琴纳（Edward Jenner）用牛痘患者的脓液为人接种，避免了更严重的天花感染。1798 年，琴纳著书详细介绍这一程序，他借用拉丁语词"奶牛"（vacca）发明"牛痘"（vaccine）一词，并将这一过程称为"种痘"（vaccination）。1881 年，法国微生物学家路易·巴斯德（Louis Pasteur）为了纪念琴纳，把"种痘"一词的词义扩展为"接种疫苗"，意为任何一种能够对可传播疾病产生免疫的接种。疫苗接种技术自那以后拯救了亿万生命，也改变了世界人口分布状况——它是人类历史上最重要的一项医药发明。海斯（J. N. Hays）曾指出："在现代公共卫生消毒制度、疫苗防治原则和实验室产品治愈力量（其中抗生素更是引发轰动效应）的共同作用下，各种不同的传染性流行病的威胁貌似渐渐消失。"[75]

士兵、蒸汽机船和西班牙流感

无论1918年暴发的流感（或称西班牙流感）源自何地，它在欧洲出现之后，仅一年就有占世界人口五分之一的人被传染，在美国，28%的人口感染病毒。估计死亡总人数在2000万～4000万。[76]这场瘟疫之所以被称为西班牙流感，原因就是，由于西班牙在第一次世界大战时保持中立，所以没有审查新闻报道，全世界都知道那里暴发流感。

吉娜·科拉塔在《流感》一书中，生动描述了1918年那场瘟疫的影响：

> 那年秋天疫情日益严重，当它结束的时候，50万美国人死亡。这场疫病波及全球最遥远的角落。有些因纽特人的村庄因此荒芜，几乎被荡平。20%的西萨摩亚人死去。……当世界厌倦战争的时候，这次流感到来。数月之内，这场流行病席卷全球，当战争结束的时候，它也偃旗息鼓。这场瘟疫来得莫名其妙，去时同样神秘莫测。这场瘟疫结束的时候，人们发现，数月之中因之丧命的人比世界历史上任何一次疾病都多。[77]

1918年流感也是首个真正的全球疾病，它的传播速度与蒸汽机船和蒸汽火车一样快，魔爪伸向世界上最遥远的角落。成千上万解散的士兵刚刚经历了历史上空前残酷的一场战争，却带着致命的传染病回到家乡，他们自己，还有其快乐的家人、朋友终究死于流感。那时，由于各大洲之间基本上都有远洋邮轮往来运客，火车网络也覆盖了大部分地区，流感也传向四面八方。过去，一场为祸四方的瘟疫从中亚传到欧洲要花3年的时间，这场流感只用了一年半，就肆虐全球。

1957—1958年，另一场由禽流感病毒，即H2N2菌株造成的流行病夺走了全世界100万～400万条生命。2005年，这种病毒貌似卷土重来。这一次，造成威胁的，并非新型变异菌株，而是旧菌株因疏忽而在全世界传播。2004年年末，辛辛那提一家私营公司迈迪安生物科学公司向大约4000个实验室和医生办公室发送了一包病毒样本做测试，这是美国病理学家协会实施的质量控制认证制度中的一项例行规定。操作人员不知道，这些样本中其实含有H2N2病毒，而且今天的人们对这种病毒根本没有免疫力。6个月之后，这个错误被发现，惊恐的世界卫生组织立即发出紧急通知，要求销毁这些危险样本。[78]

2003年，当大规模重症急性呼吸综合征（SARS）发生时，仅仅6个月之内，SARS就传入南非、澳大利亚和巴西。世界卫生组织发布全球警告，禁止旅游。学校停课，公司关门，惊慌的市民戴着口罩，生怕自己就是下个SARS患者。世界各地的许多港口和机场制定了严格的隔离程序，10个国家13所实验室的科学家四处奔走以识别这种新型病毒，并试图研制出解毒药物。

和死亡率高达2.5%的西班牙流感相比，SARS的毒性是它的4倍，有10%的患者死亡。全球一致行动，采取隔离和预防措施遏制了病毒，但是仍然有许多人死去。[79] 如果世界卫生组织没有发布旅行警告，如果不是科学发达，医疗监护得力，全球科学家精诚合作识别病毒，SARS会比1918年西班牙流感扩散得更远、更快。1918年，国际游客少得可怜。2003年，乘飞机的旅客约为16亿，其中三分之一是跨国游客，一路携带各种病毒。从亚特兰大到温哥华再到新加坡，在联网实验室中工作的科学家们和飞速传播的病毒赛跑，精诚努力，绘制出病毒基因组，不到一个月，就做出了惊人的成就。因此，全球化不仅让病毒获得了飞机速度，同样加快了应对措施出台的节奏。

没有国界的疾病

在2003年5月的年会上，世界卫生组织声称，SARS是"21世纪出现的第一种严重的传染性疾病"，"对全球健康安全，人们的生计来源、卫生制度的有效运行，以及经济的发展与稳定造成威胁"。SARS病毒乘飞机穿越国界，给全球卫生系统制造难题，所以它被称为"第一个后威斯特伐利亚病原体"。[80] 1648年签订的《威斯特伐利亚（Westphalia）条约》标志着以固定边界之内国家之主权为基础的国际秩序正式建立。1851年，欧洲强国开始制定国际法规和外交程序以加强合作，抵抗传染疾病，但是这种国际合作并未侵扰国家主权。世界卫生组织发布旅游警报，不允许游客探访特定国家，而且实施强行检查制度，这种现象此前未有：人类社会第一次对全球疾病做出全球响应。甚至连实行单边主义的乔治·布什总统也承认，应对全球疾病确实需要国际合作，保持国际透明度。显然，SARS留下的经验教训是："我们应该通力合作，制止致命新病毒传播，这符合我们共同的利益——这样我们才能够拯救太平洋两岸人民的生命。"[81]

科学家还担心，另一种后威斯特伐利亚病毒会在基因熔炉中出现——这类病毒会跨越国界，像野火一样蔓延，因为他们已经发现，1918年的致命病毒也源自禽流感。[82] 1997年，一个男孩染上了鸡鸭中常见的感冒，最终死亡，这表明另一种流感病毒又跨越了物种限制。自那以后，这种所谓的禽流感的"跳跃菌株"又传播到柬埔寨、印度尼西亚、泰国、越南、马来西亚、朝鲜和日本等地，感染那里的鸡群和鸟群；到2006年年末，已有93人感染，其中42人死亡。这种禽流感死亡率奇高——75%的病毒感染者死亡（相比之下，普通人类流感的死亡率为1%），这令主管卫生的官员毛骨悚然：假设这种禽流感变异之后，实现人际传播，那后果不堪设想。[83] 如果说SARS只是一种预警信号，那么不难想象，禽流感变异病毒也能够在全世界以商业喷气式客机的速度传播，而它造成的灾难会令1918年的流感看起来仅仅是早期全球化历史中的小插曲——尽管可能有 4000 万人死于那次大流感。

事实上，流感病毒变异速度相当快，对一个变种有效的解毒剂可能无法抵御另一个变种。全球约 120 个实验室中的科学家和世界卫生组织的全球流感项目合作，一直通过电子显微镜观察新样本，试图发现任何表明这种流感已经获得人际传播能力的变异信号。一旦确信存在这种威胁，世界卫生组织就会发布旅游警告，把成千上万架在全球天空中往来穿梭的客机留在地面，并隔离整个城市或国家。当黑死病或西班牙流感肆虐的时候，人类还不具备这种能力。

但是，另外一种危险潜伏在网络空间之中，类似的国际保护制度却尚未出现。

病毒捕手

夜已深。太平洋上，落日余晖散尽，星星开始闪耀。但是在用玻璃装饰的赛门铁克公司（Symantec）大楼内，二楼依然灯火通明。这家软件公司的实验室设在加利福尼亚州的圣莫尼卡，四周罩着玻璃的安全室中放着成排的大型服务器，服务器上的红色二极管正闪烁着诡异的光。在相邻的房间内，年轻男女穿着 T 恤和蓝色牛仔裤，正在各自的半封闭小隔间内全神贯注地盯着计算机屏幕。他们来自世界上不同的地方，说着不同的语言，但是在那个安静的实验室中，他们有个共同的目标：他们试图找到最新病毒的"特征"以及解毒剂，安全室中静静闪烁着红光的服务器已经预先筛选出这些最新病毒，并发给他们一一击破。不仅圣莫尼卡市有这些年轻的互联网卫士，各时区内其他实验室的互联网卫士也在战斗，和那些与世界卫生组织合作的科学家类似——他们也分布在世界各地的医药实验室中。科学家防备变异流感病毒，而计算机工程师扫描万维网，试图鉴别网络空间中的致命病原体。全世界大约有 10 亿台计算机，这些人为制造的病原体潜伏其中，威胁着全球化信息高速公路。这些恶性程序会让计算机受感染，删除和改变文件，偷走数据，并且控制计算机执行邪恶行为。将这些程序称为"病毒"其实是将自然现象污名化。肉眼看不到的生物病毒其实和所有生命形式类似，执行同样的基本任务——生存和繁殖。西班牙流感病毒和 SARS 病毒都试图占据宿主，为的就是生存和繁殖，它们对人和其他动物而言，具有致命后果，但是这些天然的病毒并非被邪恶和贪婪驱动。计算机病毒在运作时，则有更强烈的意图；每当一项新的技术发明问世，人类同胞中，总有一些人会挖空心思，试图利用这种发明盗取财物，通过损害别人牟利，或者纯粹出于恶意，故意伤害无名大众。恶意利用通信工具绝对不是 21 世纪互联网独有的现象。例如，电报刚刚出现，就有人使用它非法赌马，并诈骗公民钱财，骗取毫无疑心的受害者的汇款。有的人性之恶，不仅古已有之，而且无孔不入，自然有人会利用计算机实现其邪恶计划。

但是，和其他暗黑技术相比，计算机病毒也有其独特之处；大部分技术史学家一致认为，计算机病毒的历史证明，生活模仿了艺术。1972年，科幻小说作家大卫·杰罗德（David Gerrold）发表小说《哈里的故事》(*When HARLIE Was One*)。书中有个情节：计算机工作者写出流氓程序，称之为病毒。[84] 十多年之后，一个聪明的南加利福尼亚大学研究生弗雷德·科恩（Fred Cohen），在一次课堂作业中写出第一个能够自我复制、传播的程序。科恩的教授惊异地发现，这种程序和生物学病毒非常相似，于是将其称为"计算机病毒"。科恩在写毕业论文时，继续钻研自己的发明，并且倾尽全力研究新的人造病毒。[85] 计算机业界一致公认，巴基斯坦拉合尔法鲁克·阿尔维家的两兄弟，即阿姆加德（Amjad）和巴西特（Basit）1986年写出了第一个传遍全球的病毒程序。任何时候，只要有人从两兄弟的计算机商店拷贝软盘，一种名叫"布莱恩"（Brain）的病毒就会自动复制到硬盘上，并发布专利警告。[86]

自然世界中的病毒需要借助宿主吸取营养以利于繁殖，计算机病毒同样需要宿主。在计算机尚未接入互联网之前，软盘是传播计算机病毒的载体。和巴基斯坦病毒"布莱恩"一样，大部分早期计算机病毒只是恶作剧，还带点儿炫耀成分。随着计算机的迅速普及，互联网又铺就通途，更多恶毒的病毒菌株（被称为"流氓软件"）迅速散布开来。病毒不再仅仅是放首乐曲，或是播放滑稽信息那么简单，它会做一些恶劣的事情，比如删除机主珍贵的资料，盗取密码和信用卡信息。新形式的恶意软件也出现了，既有自我复制的病毒；也有能够自动安装在计算机中并发布电子邮件的"蠕虫"；还有"特洛伊木马"病毒，就和特洛伊战争中那个腹中藏有士兵的著名木马一样，它伪装成做好事的样子，但是暗藏杀机。比如，"Zelu"假扮成一款修复"千年虫"的程序，实际上会破坏硬盘中的数据。[87]

爱的陷阱

这是2000年一个再普通不过的夏日，比起在中国香港生活的色彩和气息，凉爽宜人的办公室更显诱人。但是我很快就发现，即使坐在铜锣湾安静的办公室中，也未必能避免来自远方的灾祸。那天，我吃完午饭返回办公室，打开计算机，查看电子邮件。我点开几封邮件阅读。突然，收件箱提示我，有陌生人给我发来一封邮件。这封信的主题是"我爱你"。这封有意思的信不断重复，像洪流一样涌入，几分钟之后，大量电子邮件布满我的计算机屏幕，每封信的主题都是这句充满诱惑的"我爱你"。我立刻明白，这是病毒在攻击计算机，于是开始进行"块删除"操作，清除迅速布满屏幕的"我爱你"邮件。很快，技术服务经理文森特站在办公室门外，探头进来警告我说，"不要打开任何'我爱你'信息！"，然后又赶紧跑开。但是灾祸已经酿成。有些同事很好奇，已经点开了附件，让这封毫无爱心的电子邮件进入他们的Outlook地址簿。几分钟之内，数百封带着爱情宣言的邮件从他们的计算机喷涌而出，冲向许多地方，飘向数千千米之外的众多计算机上。病毒还开始在受感染的计算机上执行编程任务——毁掉硬盘上的大批数据、图片和音乐。我后来了解到，这种病毒不会放过任何电子邮件用户。新加坡政治强人李光耀总理当时刚刚开始使用计算机写回忆录，他也发现了这封宣告爱意的电子邮件。他不认识发件人，但是，"我好奇。谁会给我这样的信息呢？"——他后来和我解释的时候，脸上还带着尴尬的笑容。[88] 李光耀的计算机很快就崩溃了。他的极客（geek）儿子，当时的副总理李显龙，特地赶来给计算机杀毒——当初正是他反复劝说，李光耀才愿意使用计算机。在千里之外的英国，由于好奇的议会议员打开了电子邮件，无意间又发布了更多这样的染毒邮件，议会的计算机系统被迫关闭。2000年5月4日，一天之内，"爱虫"跟随着阳光环绕地球，一路横扫亚洲、欧洲和北美洲部分国家，删除文件，令计算机系统崩溃。后来，调查者追踪溯源，发现灾难的始作俑者是年仅24岁的奥尼尔·德·古兹曼。这个牢骚满腹的黑客来自菲律宾马尼拉。他使用恶意代码写了一个留言——"我讨厌上学"，然后通过互联网服务器上传，之后病毒四处传播，踏上愉快的破坏之路。[89] "爱虫"在网络空间过关斩将，感染了全世界约1000万台计算机，其中包括白宫、美国国会和五角大楼的计算机终端，英国和丹麦议会，数百家欧洲和美国公司也未能幸免于难。有人估计，"爱虫"造成的经济损失高达100亿美元。[90]

"代码红"（Code Red）病毒 2001 年 7 月发作，是首批不需要任何用户互动就能复制的病毒之一，用户不用点击任何按键，病毒同样能够入侵计算机。"代码红"利用计算机操作系统上的安全漏洞，通过互联网进行自我复制，攻占一台又一台计算机。它能在你睡觉时感染你的计算机。赛门铁克公司的塞维尔·桑托约（Javier Santoyo）说，为了利用那个安全漏洞写病毒，病毒写手花了 3 周时间，但是"如今，3 周缩短为 24 小时，甚至更短"。[91] 7 月 19 日，14 小时还不到，"代码红""蠕虫"感染了全世界 359 104 台计算机和服务器。在互联网上，生动地记载着这个快速传播的"蠕虫"的详细情况。[92]

警惕零时病毒

回想起来，尽管"爱虫"病毒造成了巨大破坏，但它基本上是个无心的恶作剧。开始的时候，对写手而言，编写病毒程序意味着一种荣耀——他们能做别人做不了的事情。现在这个行当则主要由利益驱动。互联网从拨号连接发展到电缆和 DSL（数字用户线路）连接，速度大大提升，而万维网携带的病毒也以更快的速度传播并造成破坏。在计算机中，隐藏着一些间谍软件程序，监控用户访问的网站以及打印出的内容。有些广告程序则总是塞给用户一些便宜药品和旅馆的广告。许多计算机用户无意之间让流氓程序攻占了计算机，然后这些计算机就加入下位机大军，不停地向其他人发送大量垃圾邮件。还有一种"钓鱼"（phishing）

程序，试图偷窃银行卡和信用卡信息或是社保号码。由于我保持警惕，所以躲过了"我爱你"病毒的攻击。但是，2004年，互联网已经变得更加麻烦重重，危机四伏。平时我就特别讨厌访问网站时计算机弹出的广告，但是2004年冬天的一个早晨，我一旦开机，就会出现满屏的弹出广告。我反复按关闭图标，这些广告反而越弹越多，完全盖住了显示器屏幕，好似大学的公告牌，贴满了一层又一层的通知。但是这些不是学术报告或舞蹈表演的通知，而是出售便宜伟哥和彩票以及机票的广告。造成麻烦的间谍软件利用微软万维网浏览器中的漏洞，潜入我的硬盘，等待合适的触发时机，然后开始行动。结果，我浪费了许多时间，感觉自己像是从地上拾起恶心的玩意儿扔到窗外去，心中郁闷万分。全球化，看看你做的好事！我多么想念我那台奥利维蒂打印机啊。

最终，我升级了计算机操作系统，安装了一系列反间谍和杀毒软件，收复了我的计算机。我仍然比许多人幸运：他们的计算机被"蠕虫"攻陷，文件被删除，个人资料被窃取，而他们自己还毫不知情。另外一些人则吞下"钓鱼"欺诈软件抛出的诱饵：这些软件警告说，用户的电子银行出现安全漏洞，敦促用户重新启动已经关闭的账户；受骗的用户就这样拱手交出所有的个人信息。

你可能从来没有听说过康奈尔大学的研究生罗伯特·莫里斯（Robert Morris）、新泽西的大卫·史密斯（David Smith）、荷兰的简·德·维特（Jan de Wit）和德国少年斯文（Sven Jaschan），但是他们创出的恶意软件已经直接或间接影响了世界各地计算机用户的生活。莫里斯编写所谓的"莫里斯蠕虫",数天之内感染了约 6000 个主板。大卫·史密斯 1999 年炮制出梅丽莎(Melissa)病毒,阻塞用户邮箱;简·德·维特的病毒则顶着俄罗斯网球球星安娜·库尔尼科娃(Anna Kournikova)的大名,行阻塞邮箱之实。德国黑客斯文躲在小镇瓦芬森(Waffensen),以家中计算机为基地,发动被称为"拒绝服务"的病毒攻击,用大量数据淹没目标网站,令这些网站崩溃。过去 25 年来,互联网上发布了大约 5.6 万种计算机病毒、"蠕虫"和"特洛伊木马",为全球化之路平添许多波折。[93] 尽管病毒战士的武器日益精锐,病毒还是不断卷土重来。

你可能不曾见过刘亚娜,她是个真诚的年轻女性,戴着大大的塑料边框眼镜,脸上还挂着随和的笑容,平时在赛门铁克上班,坐在格子间中,面对两台显示器。她来自中国四川省成都市,毕业于电子科技大学,之后加盟杀毒软件公司,成为一名杀毒工程师。顶尖供应商旗下有成百上千名像她这样的工程师,赛门铁克、索防士(Sophos)、迈克菲(McAfee)以及趋势科技(Trend Micro)就位列其中。一个工程师可能得花上 7~30 小时,才能找到杀灭最新恶意软件病毒的解毒剂。[94] 他们监控全世界持续攻击客户服务器的病毒的模式,搜寻一种被称为"零时病毒"的恶意软件。这种病毒一旦发动攻击,就会无所不在地环绕全球。早晨,人们醒来后,打开互联网邮箱查看信息,无意间点开附件或打开电子邮件，就会触发这种恶意软件，让病毒四处复制、传播。这种病毒往往经群发传给计算机地址簿中的每一位联系人，而病毒也因此以越来越快的速度复制。刘亚娜这样的工程师负责识别并解码计算机病毒，不给它复制的机会。在太阳落山之前，就必须杀灭恶意软件，不能让"零时病毒"明天继续逍遥，继续感染数百万台计算机。

犯罪集市

尽管病毒能够发布数百万条垃圾信息，或是删除用户硬盘上的所有资料，但是和已经成为互联网标志的核心犯罪活动相比，害处还相对较小。2004年《商业周刊》杂志报道了一例罕见的成功案例：尽管活跃在互联网世界中的网络罪犯常常能逃脱惩罚，但是这一次，执法人员将他们绳之以法。一个名为"阴影船员"（ShadowCrew）的网络犯罪团伙窃取了将近200万个信用卡号码，从超过1800万个电子邮件账户中读取资料，并且为数千人搜集身份识别信息，其中包括假冒的英国护照和美国驾照，之后，联邦调查局破获了这一犯罪团伙。联邦调查局称，这个犯罪团伙由亚利桑那州的兼职学生和新泽西州的抵押经纪人创立，运营一个类似eBay的地下网站，向旗下4000名成员出售信用卡号码，这些成员分布在世界各地，从保加利亚到瑞典都有其踪影。一位联邦调查局的官员总结道："这就是个犯罪集市。"[95]

"阴影船员"这个名称起得非常精当，但实际上，万维网上，潜伏着成千上万个类似团伙。2004年1月，一个名为"末日"（MyDoom）的新病毒攻击万维网，在计算机中安装"特洛伊木马"，而用户却丝毫不起疑心。后来，恶意网站打开计算机"后门"，"末日"的创造者得以窃取任何硬盘上的信用卡号码和银行信息。据说，在被发现并制止之前，"末日"已经造成48亿美元的损失。另一个计算机犯罪集团名为"HangUp"，它的大本营在俄罗斯的阿尔汉格尔（Archangel），该集团开发出名为"Scob"的"蠕虫"软件攻击访问特定网站的用户，在这些用户的计算机上植入程序，通过监控用户点击键盘复制成千上万个信用卡号码和密码，并向位于俄罗斯的服务器发送这些信息。生物病毒占据宿主细胞繁殖，网络罪犯好似也在时时瞭望，找到那些网络犯罪法规不健全、执法不力，或是官员腐败的国家。高速互联网世界为犯罪组织的运营提供了便利，这些罪犯能够在一个国家建立驻地，然后通过服务器实施影响另一个国家的犯罪活动。全球化创造出一个无国界的世界，我能够订购一台iPod，而且能在数天之内，收到越洋而来的快递。而网络罪犯也能在更短的时间内，窃取数百万个信用卡号码，并利用这些号码购买价格昂贵的商品。尽管银行和信用卡公司因此受害，但是由于害怕反面宣传，他们往往不愿意承认其损失。据一家美国研究公司统计，2004年，网络犯罪造成的损失至少有175亿美元，达到最高纪录，比2003年多30%。

全球化就像奴隶制一样，也激起了很大的反响。西英格兰大学的一位讲师马奇·德莱塞（Madge Dresser）并未停止抨击19世纪的全球化，认为它是造成人类苦难的罪魁祸首。德莱塞说："奴隶贸易启动了全球化进程。"其实，德莱塞认为，全球化和奴隶制基本上是一回事。"（奴隶制）……是全球化的一种形式，它最明显地体现了全球化的剥削性质，自那以后，全球化又以其他新形式出现。"[96] 她说的虽有道理，但是未免片面。全球化其实是一种趋势：人类社群之间的联系越来越紧密，他们之间逐渐形成相互依赖的关系——这种发展趋势构成人类历史的一部分。奴隶贸易确实在全球化发展和深化过程中起到了主要作用，但是全球化的大趋势具有太多意义，绝不仅仅是奴役人民。全球化并非世界范围内的道德伦理大戏，也不是善恶势力的无尽对决。全球化是一个永不结束的传奇故事：数百万人为寻求更好的生活、更安定的环境，于是追求利润和谋生之道，求索知识，追寻内心的平静，渴望保护自己、保护爱人并捍卫自己的社群。在不懈地奋斗和求索的过程中，人类不仅跨越国境，而且开放心灵，拥抱新世界。这个永不止息的过程造成的结果是，有些人享受胜利果实，有些人却遭遇令人难以置信的苦难。奴隶和奴隶主，受折磨的和治愈者，失业的和新上岗的——所有一切为不停变化的复杂生活织就经纬，创造出今天为我们熟知的世界。

人类交流、贸易和沟通速度加快，疾病因此插上翅膀，虚拟的大门也向罪犯和恶人敞开——他们有机会利用今日便利和快捷的沟通网络，实现邪恶目的。过去，可传播疾病离开其发源地，随商队或乘船将灾难带到远方；如今，随着新的交通方式的问世，疫病的传播范围更广、速度更快。我们已经从前文了解到，数世纪以来，科学家和工程师们不懈地寻求知识，试图理解物质世界，微芯片随之出现，新技术也帮助人们以光速沟通。如果一厢情愿地认为，这种速度总是起到好的作用，那显然违背了历史原则。

第 8 章　全球化：从流行语到诅咒
Globalization: From Buzzword to Curse

　　全球化这一中心议题激起了巨大反感，有时还遭遇强烈抗议，它不可避免地成为一种人们争论不休的现象。支持者宣扬它的优点，声称它是无法避免的趋势。反对者历数它所谓的罪状，坚称它一定能够被遏制。反对全球化的呼声虽然繁杂，但是中心内容堪称"抗议三部曲"：人们真正不满意的，是资本主义理念、全球化进程和公司行为。而在许多抗议者心目中，这三种不满又相互交织，合为一体。全球化的敌人认为，所谓全球化，就是在世界范围内传播资本主义，而部分跨国公司就是全球化的武器，堪比B-52远程轰炸机。

　　——贾格迪什·巴格沃蒂（Jagdish N. Bhagwati），写于2002年《外交》（*Foreign Affairs*）杂志

英文中,"全球化"一词共有5个音节,读起来拗口,它可能是20世纪末世界上激发最多争议的词语,而且未来10年内,这种争议显然还会继续。这个词从诞生到现在,已经40多年了,为什么它会引发如此剧烈的争议,吸引成千上万的作者著书立说,试图解释其含义?许多社论声称,全球化具有"危险性质";而世界银行却宣称,全球化是帮助数百万人脱贫的救星。到底谁说得对?下一章我才会试着回答这些问题,因为首先,我得厘清全球化这一概念的演变历程。前文介绍过,全球化意味着各个社群之间的相互关系不断深化,世界也逐渐发展为相互依赖的共同体,从这个意义上讲,全球化其实是一种从上古时期已经开始的历史进程。但是定义这一进程的词语却刚刚出现。一项针对报纸、杂志和政府报告的调查显示,随着全球化的步伐加快,范围扩大,"全球化"一词的含义也历经巨大变化。全球化的后果招致越来越多的批评,这些批评又逐渐被用来定义全球化进程。根据"全球化"一词的使用次数判断,这个词,无论带贬义还是褒义,已经不再是个"热词",但是另外两个词——外包或海外建厂如今颇为流行,这两个词指的是经济一体化过程中两种更具操作性的做法,显然对发达国家的中产阶级产生了一定的影响。

　　"全球化"作为褒义词使用时,它的意义如此宽泛,简直难以辨明。德国历史学家于尔根·奥斯特哈默(Jürgen Osterhammel)和尼尔斯·派特森(Niels P. Petersson)在其著作《全球化简史》

中,批评记者为故作深刻而滥用"全球化"一词。两位作者认为,这个名词可能成了又一个被广泛滥用的术语——只为求得"语出惊人"的效果。但是他俩也承认,这个词之所以流行,也自有其原因——它能够满足一种合理需求:我们可以用这个词描述我们生活的时代。[1] 我们生活的时代又决定了我们理解这一名词的方式。大众对"全球化"一词的理解一直在变化,为了厘清变化过程,我采用电子数据库Factiva做参考。这个电子数据库集合路透社档案和道·琼斯新闻检索系统资料,收录了全世界约8000种报纸、杂志和报告,是该项研究最好的参考资料。[2] 在Factiva档案中,"全球化"一词首次出现于1979年欧洲经济共同体的一份行政管理文件,像是夜空中的一点微光。20世纪80年代后期,这个词出现的频率越来越高,在图表中也越来越醒目,好像飞入地球的彗星。1981年,这个词仅被使用两次;2001年,其使用次数增加到57 235次。2003年,该词的使用次数减少。2005年,其使用次数再次攀升到49 722次。2006年,其使用次数又大幅度减少,截至当年10月,降低至43 448次。

这个广受争议的词语也许不再是媒体热词,但是"全球化"依然是深受关注的话题,这体现出人们对全球化现象的理解程度。大众逐渐默默地接受了现实:尽管有人指控全球化带来了邪恶的后果,但是全球化反映了一种趋势,即世界逐渐合为一体,各社群越来越相互依赖;这种趋势会持续存在。过去批评全球化的人如今说,他们不再反对全球化,他们只是呼吁推行"另类全球化"政策，也就是说，应该采用更好的方式，管理无法逆转的全球化趋势。他们仍然在世界贸易组织会议或发达国家领导出席的八国集团峰会召开时举行游行示威，但是在会场外，他们高喊的新口号是，"呼唤另一个世界"。在公共话语中，新的流行语逐渐取代了"全球化"一词，其中包括工作"外包"，或是"海外建立"制造工厂，其实，工作和工厂从发达国家流向发展中国家，这也是全球化趋势造成的具体后果。

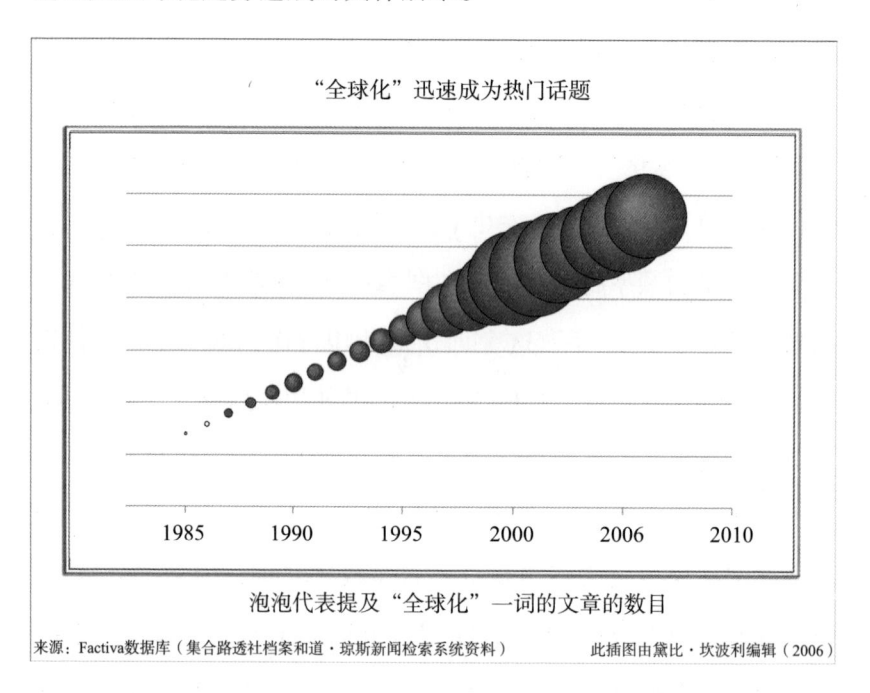

"全球化"迅速成为热门话题

1985　1990　1995　2000　2006　2010

泡泡代表提及"全球化"一词的文章的数目

来源：Factiva数据库（集合路透社档案和道·琼斯新闻检索系统资料）　此插图由黛比·坎波利编辑（2006）

本章大意为，尽管全球化的讨论基本上是近来数十年的事情，但这个词本身的演变与近期的社会经济和文化史有直接联系。过去40年来，几乎所有提到全球化的文章都认为，全球化是贸易和投资扩张，以及政府和公司组织有意实施相关政策的结果，而否认它是数千年来各种不同的人性欲望驱使之下，持续积累而成的必然结果。简单梳理20世纪最后40年"全球化"一词的演变历程，以及这个词逐步成为公开辩论的主要议题的过程，有助于我们在恰当的历史背景下研究全球化这一概念。

前文已经介绍过，人类通过贸易、战争、信仰传播和探险等手段，逐步加深了对世界的了解。只有确定了人类生活在球形星球之上，人们才能想象所谓的"全球化"。借用《韦氏词典》1961年的定义，"全球化"就是"扩展到全世界，或适用于全世界"。15世纪早期，人类第一次想象到，我们居住的地方可能是球形的。现存最早的地球仪是纽伦堡一位名叫马丁·贝海姆（Martin Behaim）的地理学家在1492年发明的。同年，克里斯托弗·哥伦布出海，一路往西，指望到达东方，并且开启了东西两半球合二而一的时代，这显然并非巧合。尽管历史学家并不认为在其划时代的航海旅程之前，哥伦布就已经看到过贝海姆的地球仪，但是贝海姆的地球仪显然说明了哥伦布取道大西洋探寻香料之国的原因。贝海姆的地球仪上，用方块标注的中国和印度位于大西洋之中。

"伴侣号"和大赦国际

1961年，《韦氏词典》首次收录"全球化"一词时，并未探讨其中一项含义——时间和空间的紧缩，但是仍然可以断定，世界越变越小，这就是"全球化"一词产生的背景。技术革新层出不穷，"人类同属一个世界"的概念深入人心。1957年10月4日，苏联火箭在拜科努尔（Baikonur）航天发射场腾空而起，世界上第一颗人造卫星发射成功。"伴侣号"每96分钟绕地球一圈，在其飞行轨道之下，地球上任何地方都能收到它发射的无线电信号。全球通信时代从此到来，世界骤然变小。1964年，东京奥林匹克运动会召开，在奥林匹克历史上，首次实现卫星实况转播，全世界人民得以共同感受运动员胜利和失败的激烈场面。5年之后，阿波罗十一号（Apollo 11）宇宙飞船冲向外太空奔月时，全世界的电视观众都能分享飞船成员看到的壮观景象。1969年，阿波罗十一号船员拍摄了一张月球上地球升空的照片，这张题为"地出"的照片从此成为经典形象——我们称为"家园"的星球就是如斯模样。1961年，"全球化"一词进入词典，战后世界上第一个以关怀地球为宗旨的非政府组织世界野生动物基金会成立。同年，一位天主教律师和一位贵格会教徒建立世界上第一个人权组织：大赦国际。

尽管上述事件显然和世界一体化进程有关，但是当时，人们并未把这些事件和全球化联系在一起。20世纪70—80年代，"全球化"一词逐渐成为官方热词，后来又成为商界流行语，随着世界经济一体化进程的明显加快，人们更广泛地运用"全球化"一词。该词的使用频率以及词义的变化都与世界经济和政治形势直接相关。尽管产品制造和销售全球化的发展进程一直很缓慢，直到 20 世纪 80 年代中期才加快速度，但是 1986 年时，电子银行兴起，英国则掀起金融大改革（Big Bang financial reform），这一进程因此突然加快。国际货币基金组织不断促进资本市场自由化，新一轮关税和贸易总协定（GATT）成功签署，北美自由贸易协定（NAFTA）签订——多管齐下，将全球一体化推向了前所未有的水平。和全球化有关的报道的数量在 1995—1997 年达到新高，其中又以正面报道居多。20 世纪 90 年代，人们越来越担心，市场主导的扩张不加限制——即全球化不加限制，会造成不利后果。1997 年亚洲金融危机爆发之后数年间，对全球化的批评之声越来越大。1999 年，世界贸易组织峰会在西雅图召开之时，人们的愤怒情绪最终爆发。2001 年，提到全球化的文章数目再创历史新高，但是这些文章的主要内容发生了变化，不再试图明确全球化定义，或是讨论全球化如何促进发展。大部分媒体文章包含两大内容：人们认为全球化有邪恶性质，强烈抵制全球化进程；反全球化运动方兴未艾。因此，当全球化一词从流行语变为诅咒时，它吸引了公众的广泛关注。一位英国观察家一语中的："正是反对全球化的运动令全球化广为人知。"他还写道，尽管这个词 20 世纪 60 年代已经出现，"但是，这个所谓的新进程遭到抗议，反对者谴责全球化进程，认为是它强行改变了人们生活的方式，拜这些抗议所赐，'全球化'走出了金融和学术界，成为日常用语"。[3]

全球化 = 保护主义

根据电子数据库中"全球化"一词在诞生之后第一个 20 年中的使用情况看，最初人们很少使用这个词，后来也仅仅用它借指总量，而非"无所不包的地理范围"。但是很快，这个词就开始引发争论。20 世纪 70 年代，欧洲经济共同体的官僚们提出所谓的"全球化"方案，向穷国征收纺织品出口关税。他们称，为公平起见，必须推行关税"全球化"。实际上，他们只是巧立名目，限制中国香港和韩国等地的纺织品出口额，因为这些地方正是纺织品主要供应商的所在地。这个计划招来强烈反对。[4]

许多年来，人们一直用"全球化"表达这种含义。1981 年，英国报纸《卫报》（*Guardian*）报道："发展中国家希望摒弃全球化理念，因为第三世界的出口量会被汇总，然后根据出口总数加以控制。"同年《华尔街日报》报道："出口国最害怕的，就是任何新的《多种纤维协定》（MFA）中，会加入'全球化'条款，那么进口国就能为来自不同地方的所有出口商品设置整体配额。出口商说，实际上，这种条款具有歧视性质，是用来打压强劲的竞争者（如中国香港和中国台湾，以及韩国等地）的一种手段。"[5]

20 世纪 80 年代早期，"全球化"一词的含义首次发生巨大变化——那时，由于 GATT 谈判成功，各国开始破除贸易壁垒，发达国家的制造业开始向低薪国家转移。由于世界各地的联系越来越方便，人们所说的"全球化"，往往符合《韦氏词典》提供的原义，即将某事物扩展到全世界，或在全世界广泛采用某事物。

20世纪70年代，运输和通信技术革新拉开序幕，为商品和人的大规模运输以及信息的迅速传播创造了条件。1970年，500座波音珍宝客机投入使用。越南战争期间，集装箱式运输大力发展，船舶、卡车和火车货运实现无缝对接，大大降低了货运成本。交易媒介，即国际贸易货币也经历了颠覆性的变化。1971年，"金本位"终结、美元开始浮动，货币贸易成为世界商务的一个重要部分。电子货币交易和股票交易系统的发展与金融市场改革相结合，开辟出全球商业新领域。货币转换成电子数据，瞬间传遍全球。发展中国家实施经济改革，新市场随之开放；发达国家实现经济增长，数字现金得遇良机，在全球迅速推广。因此，20世纪80年代早期，全球化综合理论不断发展，20世纪70年代悄悄融入商务实践的"全球化"进程也逐步成为深入人心的概念。1983年5月，《哈佛商业评论》刊出一篇题为"市场全球化"的文章，激起巨大反响。文章作者西奥多·莱维特（Theodore Levitt）提出："世界的需求和欲望已经同质化，这是一个无法逆转的趋势。因此，跨国公司已经过时，全球公司才是王道。"莱维特认为，均质化策略之所以可行，是因为全球公司在运营过程中，将全世界视为单一市场；而跨国公司根据国别调整其产品和商业行为，从而消耗了大量成本。全球公司则在所有地方以同样的方式出售同样的产品，成本自然降低。莱维特预见道："只有采取全球市场策略的公司才能赢得长期成功。"[6]

继这篇文章之后,莱维特又发表同名专著,于是,全世界的跨国公司争相走向全球化,在实际运营和公司形象两方面都采取无差别的全球市场政策。莱维特最著名的信徒是广告巨头盛世长城(Saatchi and Saatchi)的莫里斯·萨奇(Maurice Saatchi)。萨奇开始打造全球公司,实施全球市场运营政策,开展全球广告活动,营销全球品牌。盛世长城在为英国航空(British Airways)所做的广告"世界上最受喜爱的航空公司"中,以科幻手法,展示出曼哈顿岛在伦敦的希思罗国际机场降落的一幕。同一时期内,盛世长城还组织全球广告营销活动,旨在将一种来自丹麦的淡味啤酒打造成全球品牌。广告的主要内容是,一辆印有醒目的嘉士伯啤酒商标的卡车在全球各地出现,而广告语始终不变:"嘉士伯,努力酿造世界上最好的啤酒。"

莱维特的文章还引发一种现象:1984年7月,《金融时报》(*Financial Times*)推出一篇文章,首次使用"全球化"做头版标题。1985年,继莱维特之后,商界精神领袖大前研一(Kenichi Ohmae)发表《三元力量》(*Triad Power*)。大前研一是麦肯锡公司的日本董事,在这本书中,他详细阐述了推动行业和产品全球化进程的主要因素,并且为公司制定了全球化时代的商业策略。[7]

商业出版物指出,全球化战略为公司带来希望:它们能够通过广告开发更大的国外市场,从而突破狭窄的国内市场的限制。业内各种不同部门的执行者都觉得,无论他们从事什么样的业务,都有必要实施全球化策略,因为所有一切,包括消费者喜好，都已经全球化。[8] 这个词逐渐具备另一层含义：把生产部门搬到低成本国家，以此抵制工会的工资上涨要求。1984年，福特汽车公司主席菲利浦·考德威尔（Philip Caldwell）观察后得出结论："汽车行业全球化的特征是，劳动力和原材料成本非常低的国家竞争力增强，迫使本地的汽车制造商重新考虑产品投资策略。"[9] 全球化策略造成汽车城市如密歇根的弗林特等经历去工业化之痛，那里的人们失去工作。1989年，迈克尔·摩尔（Michael Moore）据此拍摄出尖锐的纪录片《罗杰和我》（Roger and Me）。这部纪录片鞭挞通用汽车公司：公司采取自私的经营政策，弃弗林特市内3万工人而不顾，将工厂搬到墨西哥。它可能是最早的反全球化电影，其实在那时，全球化仅仅是个商业行话，还未成为公共热议的话题。

跨国贸易成为过去，全球化引领未来

当时，新闻报纸以惊喜的态度，评论这种开始改变北美行业状况的新现象。一份加拿大报纸报道："业内传言，福特的下一款小型车将由日本的马自达汽车公司制造，福特公司拥有该公司25%的股份。通用汽车公司持有数家亚洲汽车制造公司的股份。分析家说，所有这些都指向汽车行业的'全球化'。"[10] 10年后，供应链管理以及组装来自世界各地的产品部件等做法如此普遍，以至于美国服装生产商协会（American Apparel Manufacturers Association, AAMA）推出一个活动主题：地球制造。协会宣称，为了和占据低成本优势的国外服装生产商竞争，它会完善世界采购和出口政策。即将上任的美国服装生产商协会主席解释说："产品在哪里制造其实无关紧要，重要的是，要在合适的时间，用合适的价格买到合适的产品。"¹¹ 为此，一家报纸发表增刊声称："跨国贸易成为过去，全球化引领未来。"

奇怪的是，成为全球化产品标志的，并不是用不同产地的原料制成的高级服装，反倒是一种橙色塑料瓶包装的洗涤用品。1983年冬天，宝洁公司的多国团队研发出一种液体洗涤剂，在美国和日本同时发售：在美国市场上，产品名称为"液体汰渍"（Liquid Tide）；在日本，则被称为"洗出望外2000"（Bonus 2000）。公司一位官员解释道，由于从一开始就以全球化市场为依据计划新产品，于是不必针对不同市场开发不同产品，从而节约了数年开发时间。据《金融时报》报道，这种橙色塑料瓶包装的洗涤用品象征着宝洁公司朝着既定的目标迈出了第一步，而这一目标，就是逐渐为人熟知的"全球化"，即以近乎全球统一的市场为依据，开发、生产并销售产品。¹² 全球化热潮很快扩展到其他经济领域。"这一次，热词就是'全球化'，它指的是一种日益显著的趋势——像乘飞机跨越国界一样，人们的思维也不再囿于民族国家，"1988年，一家加拿大报纸报道说，"如今，航空公司将国际合作伙伴联系在一起，他们之间的联系空前紧密，这种趋势看样子还会加速。"¹³

20世纪80年代，罗纳德·里根（Ronald Reagan）和玛格丽特·撒切尔（Margaret Thatcher）率领保守政府掀起一轮取消管制的风潮，这股风潮被技术进步推动——技术进步为信息和资金的快速流动创造了条件，为广受赞誉的"金融市场全球化"打下了基础。[14] 1985年年末，世界上主要的股票市场都是24小时营业。报纸称："英国和欧洲大陆许多主要股票交易所内，上市发售的股票大多由面向国外市场销售的部分组成，这种全球观念为投资者创造了新的机会。"[15] 第一家美国电子股票市场创建了24小时交易环境，到1985年时，美国全国证券交易商协会自动报价表（纳斯达克，NASDAQ）崭露头角。纳斯达克又将网络扩展到英国交易市场。金融市场全球化成为现实。[16]

1986年的所谓英国金融大改革不仅打开了英国金融市场，而且彻底改变了金融世界。撒切尔政府允许国外金融机构和经纪公司在英国国内经营，资金流从此可以跨越国界周转，全球资金市场迅速形成。"尽管全球化的概念迅速变为老生常谈，但是它绝非空谈，"一位专门研究金融的作者在英国金融大改革前夜写道，"毋庸置疑，伦敦秋季改革将改变世界证券市场。"[17] "全球化的终极原理"是，为了合理地利用资金，就必须拆除人为的障碍，取消管制，因为这些因素阻碍了资金流动，限制了国家经济的发展，总之，只有让资金不受限制地走向全世界回报率最高的项目，才能有效利用资金。银行家赋予全球化新的定义："全球化是一种简称，它包括在世界范围内改变资金市场和金融服务行业的各种不同的力量。"[18]

《美国银行家》也和其他杂志一样，十分关注"全球化"这一新现象。该杂志分析了推动全球化进程的力量及其表现形式：资金跨越国界，在全球范围内流动；公司试图削减成本，美国工作流向国外；计算机通信技术给予支持；采用所谓的金融工程或新技术筹集资金，比如利率和货币互换。[19] 全球化已经被视为不可避免的趋势。《美国银行家》将"全球化"定义为今日遍及世界的贷款、吸收存款和筹集资金的金融功能。仅在1985—1987年，国际银行的年均贷款额就迅速增长62%——从3.2万亿美元增长至5.2万亿美元。[20] 纽约的美联储主席直言不讳："我们喜欢也好，讨厌也罢，金融市场和机构的全球化已成现实。技术革新才是实现全球化的中坚力量，所以根本不可能采用规范或法律等强硬手段逆转这一趋势。"[21] 后来，尽管1987年金融危机爆发，但是金融市场全球化趋势也并未因此逆转，而是依旧持续，显然证实了美联储主席的观点。

黑色星期一

1987年10月19日，华尔街因黑色星期一陷入恐慌，这种恐慌通过高科技交易室瞬间传遍全球，全球市场上24小时交易的危险性也因此暴露无遗。但是，业内人士也清楚地看到：通信和计算机技术升级、金融市场放松管制，等等，都是造成危机的核心因素，但是金融市场根本无法规避这些问题。"金融危机并未阻挡公司继续实施全球化方案，"某报道引用一位金融业领袖的话说，"但是我们现在会采取一种更谨慎、更理性的方法规避风险。"[22]

全球资金市场壮大之后，成为全球化的引擎，发达国家计算机和通信基础设施升级换代，成本随之降低，穿越国界的信息流量也大大增加。于是，投资流动和市场的全球扩张随之加速。路易斯·尤奇特尔（Louis Uchitelle）1989年在《纽约时报》上撰文，只用寥寥数语，就刻画出公司踊跃加入全球化市场时的自信情绪。

1989年年初，《哈佛商业评论》上有文章称，全球化策略是增强公司实力的主要方法，20世纪90年代，全球化策略成为美国公司心目中的最佳选择。在全球化名义下，美国公司的国外工厂和设备开支数十年来首次回升，经理们言语之间渐渐透露出这样的情绪：美国已经不再是家园。"美国并非天生有权利使用我们的资源。"纽约高露洁—棕榄公司的首席财务官西里尔·西沃特（Cyrill Siewert）说，其实那时，公司出口销售的牙膏、肥皂和其他个人卫生用品就超过了在美国本土销售的部分。[23]

辛西娅·巴纳姆（Cynthia Barnum）和娜塔莎·沃尼安斯基（Natasha Walniansky）在《管理评论》（Management Review）上撰文，再次强调，全球化已成不可避免的趋势：

无论我们喜欢也好，讨厌也罢，无论我们能够理解，还是觉得不可思议，在我们周围的所有地方，每时每刻，全球化都是正在发生的事实。创意、收购计划和业务都通过电话、传真和快递邮件传到四面八方，而货物、服务和资金则借飞机、轮船和电子汇款系统在全球流通。上十亿宗往来交易构成我们称为"全球化"的进程，当我们进入21世纪时，全球化构成地球生活的特征——其实，就是商业交易的速度大大加快。

巴纳姆和沃尼安斯基还质疑狭隘的民族主义观念的合理性。美国工作转移到了国外，但是外国投资进入美国。"我们该怎样做？"她们自问自答，"购买美国货？但是如果'美国'的GTE产品碰巧是中国台湾制造的呢？"[24] 1993年12月，一份零售商业出版物上，有篇文章甚至宣称："从现在直到21世纪，零售业经理必须应对的最关键的问题，唯有全球化。"[25] 在公司看来，全球化不仅是个趋势，还是必须实现的目标，几乎是确保公司能够在新世界存续的唯一策略。1983年，报纸上首次出现详细介绍某些公司即将"迈向全球化"的文章。截止到1988年，"迈向全球化"这个词组共出现52次。第二年，该词组出现的频率激增至236次，之后稳步增长，到2000年达到峰值——当年有2600篇文章使用这一词组。2002年，使用该词组的文章数量降至1833篇。之后出现次数更少。

1995年，全球化的意义经演变后，代指一种无国界的全球生产系统。一位作者写道："过去，汽车的设计、整车制造和营销都在底特律进行。如今，美国（以及日本）汽车行业的设计中心位于加利福尼亚州。组装工序则在工资较低、技术水平较低的州，如田纳西州和亚拉巴马州完成。构成整车的部件成千上万，这些部件则可能来自马来西亚、墨西哥或安大略省米西索加市（Mississauga）。其他所有行业内，也都呈现出同样的全球化趋势。"[26]

迈向全球化

即将迈向全球化的公司显然既激动万分，又有几分担忧。"走向全球"成了公司奉行的准则。20世纪90年代，报纸和行业出版物中，充斥着公司急于制定全球化策略的新闻。为了学习全球化商务策略，研究如何利用这种新方法提升利润，各种会议和讨论纷至沓来。许多公司在这股"全球化"热潮面前不知所措，担心在竞争中错失机会，因而陷入恐慌之中。全球化热潮也影响到其他机构。韩国政府及其国家支持的企业集团（即财阀，chaebols）发起全球化活动，以抢占先机。

1995年，《财富》杂志上刊出一篇介绍零售行业全球化的报道，语气颇为凝重："零售商巨头，如沃尔玛和家乐福等正在以危险的速度在世界各地建立庞大的商场。整个地球也容纳不了这么多的巨型商场。"该报道还说，各巨头在全世界大量部署新商场，曾经在全球零售商进入处女地时起到保护作用的价格保护伞可能会毁于一旦。零售商为了将其商场名称打造成全球品牌，就会展开竞赛——好似可口可乐和百事可乐这对冤家。[27]

面对全球化热潮，世界银行则表态支持。在1995年题为"全球经济展望和发展中国家"（Global Economic Prospects and the Developing Countries）的一份报告中，世界银行称："全球化推动发展。"报告还指出："发展中国家与全球经济连为一体，其国内市场越来越开放，这就创造了机遇，有助于发展中国家和发达国家共同提高长期收入，这一机遇意义重大，可能是最重要的全球机遇。"[28]

1997年3月下旬，距离"二战"后最严重的因全球化而引发的亚洲经济危机还不到3个月，《华尔街日报》刊登帕斯卡尔·扎卡里（G. Pascal Zachary）撰写的文章。这位一贯谨慎的记者用热情洋溢的笔调，讴歌全球化带来的新黄金时代："经济学家说，种种迹象表明，全球经济进入一个长期发展的黄金时期。"文章还称，经济自由和财产权利在世界各地广泛扩张，这是全球化的表现形式；与此同时，管制范围缩减，贸易和私人投资呈爆炸式增长，种种利好条件的结果是，"在过去3年内的国际增长率几乎是之前20年的两倍"。哈佛经济学家杰弗里·萨克斯（Jeffrey Sachs）曾说：除非爆发大规模战争或环境灾难，否则，"和历史上任何时期相比，经济增长都将提高世界上更多地区更多人的生活水平"。多明戈·卡瓦罗（Domingo Cavallo）是20世纪90年代大刀阔斧推行阿根廷经济重组的总设计师,他的赞誉态度也许合乎情理。卡瓦罗称:"我们已经进入一个黄金时代,这个时代可能会持续几十年。"时任联合国秘书长科菲·安南(Kofi Annan)一般不会被与商业有关的夸张说法打动,但是他也认为,世界进入了"新的黄金时代"。安南觉得,私人投资激增,技术进步日新月异,这让穷国有机会实现"跃进式发展,和之前按部就班发展的国家相比,颇具后发优势"。[29]

考察和全球化相关的文章的数据库,不难发现所谓的"时差"现象:全球化迅速扩张并产生后果,但是媒体的反应却总是滞后。资本市场、投资和贸易全球化趋势在1995—1996年达到最高点,但是大众却是4年之后才逐渐了解这一趋势。4年后,已有更多领域的人感受到全球化的影响。1996年,跨境资金流(不包括国外直接投资)从4年前的5360亿美元增长到1.2万亿美元。1986—1990年,年平均国外投资额为260亿美元,到1996年,则增长到2500亿,6年间几乎增长到之前的10倍。[30]但是,提到这一现象的媒体文章数量却越来越少。比尔·克林顿总统牵头组织三方签订北美自由贸易协定(NAFTA),成为最坚定的全球化支持者,但是,他也意识到全球化可能遭遇的反对意见。

1995年10月,克林顿总统在世界银行和国际货币基金组织会议上发言,他指出,全球化释放出巨大的整合和分化力量,并且敦促相关人员谨慎应对全球化的后果。"(我们迎来了)自工业革命以来,经济急剧变化的时期。"他还指出,如果能够积极应对新的全球经济并获得成功，就能获得巨大优势。"但是，"他又警告说，"这些力量同样让人类社会更易遭受侵扰，之前，这些困扰似乎很遥远，但是如今，它们直接影响到世界上每个国家的就业形势和民生状况，无论贫穷或富有的国家，都不能独善其身。"最后，克林顿总结了其观察结果："国家间相互依赖的程度越来越深，以至于几乎很难严格地划分外交和国内政策的界限。"31

两年之后，国会否决克林顿总统的快速审议权，不允许他就世界贸易组织问题直接决策，但他发现自己的观察确实很精准。1999年，面临抵制贸易体和国际化的大规模示威游行，克林顿总统被迫取消原定在西雅图召开的世界贸易组织峰会。

全球化的"竹筒效应"

1989年，报纸文章首次提到了全球化的"不利影响"。20世纪90年代末期，"不利影响"一词往往和全球化联系在一起。2000年，全球化最受诟病。媒体文章经常提到，全球化的一个不利影响就是，公司将业务移到低工资国家，导致发达国家工作流失。不仅美国感受到国外建厂的影响，日本也是如此。1985年9月22日，美日等5国签订《广场协议》，各方一致同意美元相对于日元和德国马克贬值，日元因此空前升值，迫使主要的日本出口商将生产厂房搬到海外。日本工业全球化的过程逐渐获得俗称的"竹筒效应"。日本的工业运营好比竹竿，已经空心化了。只有总部还留在日本本土，好似空壳。尽管根据日本惯例，工人们被收编，但是全球化首次令日本人恐惧境内的失业和工时缩短问题。[32]

讨论全球化的文章骤然增多，大众因此意识到全球化的重要性，但是由于介绍反全球化观念的文章迅速增多，"全球化"一词带有越来越强烈的贬义。1997年亚洲金融危机将全球化拉下神坛，从奇迹变为威胁，之后一年内，却仅有67篇文章提及反全球化思潮。后来，亚洲金融危机波及世界，从巴西到俄罗斯，一个个国家都像多米诺骨牌一样依次受到影响，发达国家也开始遭受损失，大众屡屡发出"抵制全球化"和"反全球化"的呼声，这个曾经被视为推动世界发展和繁荣的驱动器的现象越来越激起大众的反感。2000年，提到反全球化情绪的报纸文章增至292篇，到2003年时，则迅速增长到将近9000篇。

实际上，早在发生西雅图灾难的3年前，两位身居高位的全球化信徒，即达沃斯世界经济论坛主席克劳斯·施瓦布（Klaus Schwab）及其秘书克劳特·斯马亚（Claude Smadja）就警告说："反对全球化影响的呼声越来越高，这可能会对许多国家的经济活动和社会稳定产生非常不利的影响，在工业化民主国家尤其如此……在这些民主国家中，无助和焦虑的情绪四处蔓延。"[33] 施瓦布和斯马亚主持的论坛与公司领导的全球化有紧密联系，他们都亲口承认反对全球化思潮的影响，其意义非同小可。世界经济论坛原是1971年创建的俱乐部，论坛会议期间，商业经理和政府官员齐聚瑞士滑雪胜地达沃斯,到了 20 世纪 90 年代末,世界经济论坛已经成为全球化的倡导者,其年会也成为世界商业气候的风向标。

1997 年 7 月 2 日,当全球化遭遇重大挫折的时候,反全球化思潮很快来临——全球化支持者们的梦魇成真。当时恰逢泰铢贬值,投资者们出于担忧,纷纷抛售泰铢,从而酿成席卷全亚洲的金融危机。外国银行和投资者恐慌不已,纷纷收回贷款,数十亿美元的亚洲投资化为乌有,工厂倒闭;公司负债累累,被迫拍卖资产。成千上万人走上街头抗议。全球化的批评者将全球化运动比作一场豪赌,大人物玩的是心跳,小人物却输得精光。人们认为,经济全球化就是这场祸乱的根源,它是万恶之源。全球化意味着,跨国公司残酷剥削、自然资源惨遭荼毒、海豚被杀、海龟落入全球化捕鱼业的罗网、地球遭受污染、发展中国家的文化和传统遭到破坏、饮食习惯麦当劳化,世界贸易组织则没有发挥积极的作用。

亚洲金融危机之后,人们清楚地看到,各国的关系越来越密切,这种相互依存的关系曾经帮助许多国家摆脱贫困,但是也很可能把它们重新推入灾难之中。[34] 世界经济越来越趋向一体,只要任意一个部分(比如俄罗斯)出现问题,都会殃及全球。科菲·安南将全球化世界比作一只小船。"(我们)不能忽视小船上乘客的生存状况,"他说,"如果他们生病,我们所有人都可能被传染。如果他们愤怒,我们所有人都容易受伤害。"《印度教徒报》(*The*

Hindu）在印度颇具影响力，它刊登了题为"全球化充满危险"的头条文章。一家加拿大报纸的社论则称："全球化似乎将我们含在它的巨颚之中。"³⁵

1999年1月，克林顿发表国情咨文，含蓄地承认全球化已经面临困境："我认为，贸易不仅让国会分裂，而且也让广大美国民众分裂，我们不能任由这种状况持续下去。无论如何，我们得找到共同基础……我们得把全球经济和有血有肉的人联系在一起。"面对来自左翼的批评，克林顿对一项新的国际劳工组织动议表示支持，"应提高世界劳动标准"，并承诺会积极谈成公约，以"禁止世界所有地方虐待童工"。克林顿还承诺，政府会制定贸易规则，以确保"劳动者有尊严，有权利"，并积极"保护环境"。³⁶

包括科菲·安南在内的一系列世界领导人都感到，人们认为全球化造成许多不利影响，因而越来越仇恨全球化。尽管数月之前，安南还做出了"黄金时代"的预言，但如今他发布警报。安南呼吁，提倡"全球化"的同时，不能忽视"人性化"。印度时任财政部长亚斯旺特·辛哈（Yashwant Sinha）在达沃斯世界经济论坛上也发表讲话，称政府急需平衡自由市场和社会责任的关系。"全球化的过程必须被视为民主化进程……（否则，）那些因全球化被边缘化的人将成为全球化的威胁。"辛哈警告说，对那些被全球化剥夺基本权利的人而言，"全球化这三个字，将一直是个诅咒"。³⁷

世贸组织的困境

"全球化"确实成了诅咒。数月之后在西雅图,在5.5万名示威者的抗议声中,世界贸易组织第一届峰会被迫取消,"全球化"正式跌落神坛。1999年,全球范围内反全球化运动兴起,"全球化"一词引起公愤,反对者觉得,必须不遗余力地对全球化加以鞭挞和攻击。有些抗议者甚至一边撒着五彩纸屑,一边重复口号:"世贸组织杀人,世贸组织该死。"[38] 时任世贸组织总干事迈克·穆尔(Mike Moore)严厉斥责西雅图反对者:"某些人攻击经济开放,其实他们对国际主义精神普遍不满,他们仇恨外国人、移民,憎恨一个更加多元化、一体化的世界。反全球化其实是古老思潮借尸还魂,他们倡导的,实质上仍然是分裂主义、宗族主义和种族主义。"[39]

但是1999年正值反全球化运动风起云涌之际,媒体也大肆报道,穆尔孤掌难鸣。因为抗议之声四起,公众开始留意全球化现象。时势造英雄,反全球化思潮涌动之时,不同国家也各自出现了领军人物,他们表达各种反对意见,指出自由市场和国际货币基金组织引导的世界经济秩序存在的种种问题。加拿大的莫德·巴洛成为反全球化运动的全球领袖,她反对任何意义上的"解除经济管制"措施。在法国,约瑟·博韦(Jose Bové)声名鹊起:这位留着小胡子、抽着烟斗的绵羊牧场主领导人们抵制快餐店麦当劳,指控它是美国贸易"霸权"和经济全球化的象征。美国的反世贸组织活动的领袖名叫劳丽·瓦拉赫（Laurie Wallach），她频频在西雅图现身。报纸头版刊登照片，定格了抗议者和警察发生冲突、破坏星巴克门店的场面。星巴克是商务全球化的象征，反对者指控它剥削发展中国家贫困的咖啡种植者以牟取巨额利润。

西雅图抗议事件之后的两年中，成千上万的媒体文章提到了"全球化"。越来越多的人开始关注全球化这一现象——它不再是一个抽象的词语。这个词是商业精英和顾问挂在嘴边的行话，涵盖世界上所有糟糕的现象。在纽黑文，上门帮我修插座的电工都知道，全球化是个坏事情，它破坏热带雨林。

西雅图事件之后数月内，全球化迅速被污名化。阿根廷曾经听从国际货币基金组织的某些建议，但是后来其货币崩溃，数百万人失业，突然陷入经济泥沼之中。世界银行之前打算在报告中以阿根廷作为正面教材宣传全球化的益处，但当危机爆发时，世界银行又迅速删去这部分内容。[40] 苏联解体之后，俄罗斯原本就在困境中苦苦挣扎，1997年之后，其经济状况更加恶劣。泰国曾因经济管理卓有成效而获得国际货币基金组织的赞誉，而那时面临公司大规模破产、人员普遍下岗的窘境。印度尼西亚经济崩溃，只有苦苦哀求，靠国际货币基金组织的救济维持。长期以来批评全球化的人则扬眉吐气。印度的环保活动领袖范达娜·席娃说："所谓全球化，其实就是经济极权主义——这种经济极权主义会导致另一个让人恐怖的极端，其表示形式为激进主义。"[41]

20世纪90年代末,作为全球化象征的自由市场和出口导向模式已经不再是神话,西奥多·莱维特的市场全球化理论也不复辉煌。本地化又成了新的法宝。全球品牌的拥有者之前在新的市场上颇有斩获,那时他们则开始担忧其品牌在当地市场的竞争力,而且急于应对新形势:人们的品位趋向本地化,而非全球化。市场全球化概念亟待修正。

克林顿总统2000年1月27日发表国情咨文,重申他的观点——全球化是"我们时代的核心现实",但是他又说,"全球化并非仅仅是经济问题"。克林顿不为西雅图事件所动,坚持说,"我们的目标是以自由、民主以及和平为纲领,将世界连为一体,反对那些试图割裂世界的人。"3年之后,我采访克林顿总统,他承认,许多人仇恨全球化,其原因是"对于世界上约一半的人而言,全球化系统没有起到良好效果"。克林顿认为,不建设全球社会系统,全球经济系统就是无本之木,所以,"我们必须在贸易协定中增加劳工和环境条约"。[42]

全球化趋势持续存在

20世纪90年代末,许多拥有全球品牌的公司股价下跌,他们撤换首席执行官,应对增长速度减缓的局面。2000年3月,可口可乐新任首席执行官杜达富(Douglas Daft)在《金融时报》上发表署名文章,透露出新的经营思维。杜达富写道,可口可乐一直都有兼顾多个本地市场的传统,但是全球化进程加快之后,公司实施了决策过程集中化、经营方法标准化的战略。全球化发展到目前阶段,公司必须"灵活应对,迅速反应,保持透明,并且对本地市场保持高度敏感"。杜达富写道,"迈向全球化"的进程中,下一个具有重大意义的发展步骤就是"实现本地化"。全球化的批评者害怕全球化会磨灭商品的本土文化特征,造成全球产品单一化,但是杜达富的观点则恰恰相反:全球化会让消费者有更多选择。[43] 这篇《金融时报》专栏文章具有代表性,它体现出,各方人士对全球化的理解发生变化。马尼拉一家报纸发刊声称:"全球化一词往往被误用。幼稚的左派认为全球化就是帝国主义。政客使用这个词,故作高深。他们鼓唇摇舌,反对全球化,只是惺惺作态,迎合民粹而已。从西雅图到马尼拉,每个人都喜欢对全球化唾弃一番。"作者得出结论:"如果你害怕全球化,这无可厚非;即使你仇恨全球化,这也可以理解;但是喜欢也好,讨厌也罢,全球化趋势仍将持续存在。"[44]

2000年,美国经济学家罗伯特·利坦(Robert Litan)承认全球化面临不被美国大众信任的问题,并声称"美国人一直为全球化感到焦虑,这实际上也是对经济形势变化的焦虑,我们必须更加努力,应对这种焦虑情绪……我们应该积极利用全球化带来的机遇,安抚它激发的焦虑情绪,改革并强化国际经济机构,以保持全球经济稳定,并促进其发展"。[45]

世界银行发表一项全球化研究成果,承认全球化造成的问题,但是也谨慎地指出:"'全球化'一词往往被用来表达更宽泛的含义，成了资本主义或市场经济的代名词，这可能不足为奇，但是确实招来麻烦。由于'全球化'一词指代过于宽泛，人们表达出的担忧之情其实是针对市场经济的主要特征，比如，以逐利为目标的私有制企业负责生产环节，人们根据供求变化频繁地重新配置资源，技术变革迅速发生而且具有难以预见的影响。"[46]

全球化反对者在西雅图赢得巨大胜利，他们开始寻找替代方案。世界社会论坛首届大会召开，为他们提供机会。世界社会论坛由一些非政府组织策划，旨在推翻达沃斯世界经济论坛倡导的所谓"正统观念"。2001年1月，世界社会论坛首届大会在巴西阿雷格里港召开。大会的正式主题为："为世界寻找另一种可能性。"加拿大作者娜奥米·克莱因（Naomi Klein）一直是反对公司全球化的领军人物，她写道：

> 一年半以来，反全球化人士一直在抗议，他们反对世界贸易组织、世界银行、国际货币基金组织，如今，他们寄希望于世界社会论坛，计划利用这个机会推进反全球化运动，不再叫嚷反对什么，转而开始清晰地表达支持什么。可以说，在抵制全球化的运动过程中，西雅图好比吸引许多人倾巢而出的亮相聚会；用索伦·安布罗斯（Soren Ambrose，"50年已足够"组织的政策分析师）的话说，"阿雷格里港则是新一届亮相聚会，它标志着人们开始认真思考替代方案"。[47]

恐怖袭击的阴影

恐怖分子对美国发动"九一一"袭击之后，人们发现，不仅必须认真思考当今全球化进程的替代性方案，而且这还是个亟待解决的问题。纽约和华盛顿伤亡惨重，人们的质问也更尖锐：世界日益开放，到底是否具有积极意义？批评者早就将全球化视为美国化，即美国通过控制文化将世界变为大美国。原本越来越多的不良现象都算在所谓的"全球化"头上，如今恐怖主义也成了其罪状之一。"九一一事件"提供了最新证据：世界各地的联系越来越紧密，于是非法移民可能会被剥削，更有甚者，国门大开之后，恐怖分子和罪犯也趁虚而入。恐怖分子通过互联网和手机策划恐怖袭击，他们还在网上购票。人们认为，全球化激起愤怒之情，最终酿成悲剧。由于许多人认为，"九一一事件"也是一种反全球化的抗议——恐怖分子采取了最极端的形式表达愤怒，于是，正常的全球化抗议者也觉得必须澄清立场。法国反全球化先锋组织"征收金融交易税以援助公民协会"（ATTAC）发布公告，强烈谴责"九一一事件"。当时，世界银行—国际货币基金组织即将在华盛顿举办年会，而反全球化组织本来计划举行示威活动，在震惊和愤怒的氛围之中，此次示威行动被取消。而数周之后在西雅图，为纪念卓有成效的反全球化大游行两周年而举行的示威活动也只有约200名抗议者到场，和上一年的周年纪念活动相比，人数降至五分之一。"九一一事件"之后，在愧疚情绪的影响下，国会给予乔治·布什总统快速审议权，让总统能够在一项全球贸易协议谈判中迅速决策，他们之前就没有给予克林顿总统这项权力。西雅图的世界贸易组织峰会因抗议而取消，但那时，新一届峰会在卡塔尔多哈召开。与会者也笼罩在歉疚的情绪之中，他们意识到全球化面临的风险越来越大。他们议定，将展开新一轮的全球贸易谈判，旨在通过贸易消除贫困。这轮谈判被称为"多哈发展回合"。

介绍反全球化思潮或运动的报纸文章从 2001 年的历史最高值，即 8718 篇降至第二年的 6021 篇，2005 年则稳步降至 1695 篇，这不足为奇。但是，总体来说，重点介绍反全球化思潮的文章大大超过对全球化感兴趣的文章。2004 年，提到全球化的文章降至 24 516 篇，2005 年稍微增长至 26 627 篇。2005 年之后，提到全球化的文章，或是以全球化为标题的文章逐步减少。报纸上全球化一词出现得越来越少，并非因为全球化的新奇度降低。全球化依然被提起，但是仅仅表示生活中的实际情况，再也不会像 20 世纪 90 年代末期那样——在描述这一现象时，充满了激动的感觉或强烈的情绪。

从反全球化到另类全球化

随着时间的推移，尽管美国境内相对平静，反全球化运动在美国境外有卷土重来之势。2002 年年初，世界经济论坛将年会地址从达沃斯迁至纽约，抗议者举行示威活动迎接与会者。但是，由于"九一一事件"余波犹在，人人担心恐怖袭击，安检措施相当严格，抗议者遭到更多限制。2001年1月，世界社会论坛首次会议在阿雷格里港召开，那里也成为新的大规模反全球化抗议行动的中心。[48] 2003年，世界社会论坛迁至印度孟买。当诺贝尔经济学奖获得者、世界银行前首席经济学家约瑟夫·斯蒂格利茨（Joseph Stiglitz）出现在会场时，与会者热烈欢迎这位新加盟的支持者。斯蒂格利茨是《全球化及其批评》（Globalization and Its Discontents）的作者，他斥责国际货币基金组织将所谓"绝对正确"的教条强加在发展中国家身上，造成灾难性的后果。

世界贸易组织部长级会议先后在多哈和坎昆举行，反全球化组织则趁此机会，举行集会并抗议全球化的各种弊病——他们把这些都归咎于新自由主义政策。2003年9月，世界贸易组织部长级会议在坎昆召开，数千名示威者在会场外示威，会场之内，各国无法就取消西方农场补贴事宜达成一致意见，示威者们高兴地跳舞庆贺。一些发展中国家在示威者的支持下，联合起来抵制欧美提出的有限削减农场补贴的方案。抗议者认为，他们一直希望建设"一个新世界"，在这个世界中，较贫穷的国家能够掌控自己的命运，抵制富裕国家的剥削；而这次成功，堪称新世界的开端。

当时，反对全球化的批评者们为了避嫌，同时也因必须摆脱其无政府主义形象，不再一味地诟病全球化，转而采取更具建设性的态度对待全球化。那些总是在各种集会上鞭挞全球化的批评者——无论是环保主义者、劳工组织，还是人权和贸易抗议者——也联合起来，呼吁实现"另类全球化"。抗议者们开始含蓄地承认：全球化并非公司暗自策划的阴谋，也不全是政府刻意追求的政策。它是一种趋势，反全球化口号喊得再响，也不可能阻挡这种趋势。

出于一系列原因，和美国相比，欧洲公众对世界一体化进程保持更为积极的态度。2003年年末，欧洲民调处（Flash Eurobaromètre）开展一项民意调查后发现，63%的欧洲人赞成全球化发展，超过一半的欧洲人认为，全球化的发展符合他们个人的利益。受调查者中，约有62%的人相信，相关部门能够控制并有效规范全球化进程。约80%的受调查者认为，反全球化运动提出的问题确实存在，但是超过一半的受调查者觉得，很难找到实实在在的方法解决这些问题。[49]

2004年1月，世界经济论坛年会召开，此时抗议者显然改变了策略，不再强硬地反对全球化。数年以来，每当世界经济论坛在这个新潮的瑞士滑雪胜地召开年会的时候，抗议者们总是趁机举行示威游行，反对全球化，反对资本主义制度的种种弊端。会议期间，抗议者说，他们仍然反对"剥削性的新自由主义世界秩序，它为了追逐利润，实现股东价值，任意践踏环境和社会责任"。但是如今，他们改变了斗争策略。他们承认，世界一体化是无法逆转的趋势。抗议者们不再像堂吉诃德那样，要和全球化风车决一死战，如今他们迫切要求实施"另类全球化"策略，也就是说，既然无法停止全球化进程，那就尽力改变其形式（"另类全球化"一词2001年首次出现在一篇法国人写的文章之中）。[50] "我们不反对全球化，我们就是希望能改变全球化的形式，为工人争取权利，并保护环境。"瑞士社会活动家马蒂亚斯·赫菲尔特（Matthias Herfeldt）如是说。[51] 如今，另类全球化活动的主要形式是，劝说公司和政府解决一些具体问题，比如和世贸组织谈判后达成协议，确保发展中国家有机会购进新药，给时装和服饰行业施压，迫使他们放弃剥削劳工的惯常手段。社会活动家不再和警察对抗，在世界经济论坛会场外抗议，而是组织"另类"达沃斯会议，即"达沃斯公共监督会议"，质疑世界经济论坛存在的目的和意义——世界经济论坛并未实现其使命，从其行为效果看，世界经济论坛尚未"改善世界现状"。2003年年初，八国集团首脑会议在法国埃维昂（Evian）召开，组织者邀请另类全球化倡议者与会，和来自工业化国家的"世界的掌控者"同台交流，这些昔日的抗议者对此十分满意。[52] 2006年夏，八国集团峰会在圣彼得堡召开之际，俄罗斯总统弗拉基米尔·普京（Vladimir Putin）甚至专门安排了一场峰会，和那些支持另类全球化的非政府组织共商大事。

外包威胁

2003—2004年，"全球化"这个无所不包的词语不再频繁出现，取而代之的是全球化进程中一个更具争议性的具体做法："外包。"1981年，通用汽车总裁罗杰·史密斯首次使用这个词。当时他说，通用汽车公司试图发展更多的外地供应商，以降低劳工成本。他还预言：这种操作，即所谓"外包"将在整个汽车行业内逐步推广，并成为惯例。[53] 2004年，不仅汽车工业，整个服务经济领域内，工作岗位都可能因外包而流失。美国经济当时正在从大规模失业中恢复，总统竞选活动日益激烈，社论作者和政治家争相热议的话题之一就是，软件、后勤部门和呼叫中心等工作岗位因外包而流失。在政治活动中，全球化一词太过含混，但是工作岗位外包却是个人人都懂的问题。报纸文章解释说，民主党总统候选人、参议员约翰·克里（John Kerry）积极地将外包纳入其重点竞选议题之中，背后大有政治文章。

民主党在新罕布什尔州举行初选，而工作岗位流失就是该州一个严重的问题。据国家制造者协会统计，从2000年7月到2003年6月，新罕布什尔州流失了2.1万个制造业工作岗位，几乎占总数的20%。2004年大选期间，对选举人团投票产生重要影响的其他各州——加利福尼亚、伊利诺伊、密歇根、俄亥俄和宾夕法尼亚的制造业工作岗位同期都在缩减，降幅在8%~15%不等。剩下5个制造业发达的州，即佐治亚、印第安纳、纽约、北卡罗来纳和威斯康星也流失了13%~20%的制造业工作岗位。难怪，11月份选举之前，使用"外包"一词的文章骤增至60 622篇。

2001年之后，提到"全球化"一词的文章急剧减少，但同时，讨论外包问题的文章却越来越多。相比之下，提到"外包"一词的文章数量从2002年的53 259篇增至2004年的96 387篇。尽管仅有少数工作因服务工作外包而流失到国外，但是这种新的发展态势令人深深担忧。这种趋势之下，不仅那些低技能蓝领工人下岗，高技能程序员、工程师和放射线学者也会失业，只因国外同等技能劳动力兼具工资低廉的优势。拗口又抽象的"全球化"听上去反倒不像"外包"那样危险——后者才对美国白领工人造成更急迫、更直接的威胁。但是，一旦竞选硝烟散尽，2005年，提到"外包"的文章就骤然减少到79 863篇，自那以后更是越来越少。由于经济回暖，因外包流失的工作岗位看上去数目不大，作为全球化替身的"外包"一词也不再是敏感词。人们似乎开始用全新的眼光看待全球化对美国经济的影响。从美联储主席，到普通经济学家都注意到，资本市场的全球化以及来自国外的巨额储蓄都让美国长期利率保持稳定，而且处于低位。

　　自从"全球化"一词首次在词典中出现，如今已经40多年，尽管20世纪90年代，它曾经从流行语沦落为诅咒，但是貌似公众听到这个词的时候，渐渐地不会再有什么激烈的反应。世界一体化进程仍在持续，各个地区之间形成了越来越深刻的相互依存关系——这些原是全球化的定义，但是如今，人们很少将"全球化"视为繁荣的原因，或是苦难的根源。10年来，全球化一词曾经频频出现在公共话语之中，如今它从绚烂走向平淡，人们用它描述一种长期趋势，而不是将其视为无所不包的现象，也不再用它表达因不受限制的经济交流而产生的愤怒和挫败感。人们的担忧和愤怒越来越集中在全球化的明显影响上：制造工厂搬迁至国外，许多业务环节也外包给其他国家。

2006 年 8 月，《纽约时报》发表专栏作家所著的评论文章《为什么"外包"一词的恐怖指数可能降低》。文中指出，预计美国每年因外包失去大约 28 万个工作岗位，而 7 月份的劳工总数为 1.35 亿，相比之下，前者仅是沧海一粟。但是没有任何人能断言：外包规模不会扩大，并在另一个政治敏感期再度成为头条新闻。"随着技术的进步，国外劳动力的质量更佳，经验增加，以电子方式交付服务的能力也将增强。"艾伦·布林德（Alan Blinder）在专栏中写道。根据长期预计，美国所有服务工人之中，因外包而失业的人将远远超过 2%。"我们不能上当受骗，认为外包已经不是个严重的问题。"布林德说。[54]

2006 年，全球化依旧是笼罩在美国工人头上的一片阴云，但是与之相关的新闻报道或评论文章却不像 2004 年那么多，甚至少于 2005 年。编辑社论和专栏文章仍然反映出人们对全球化的忧惧之情，但是语调不再尖刻，愤怒的情绪也变得平缓。美国财政部长亨利·保尔森（Henry Paulson）2006 年 8 月发表讲话，尽管他并没有把美国的工资增长停滞直接归咎于全球化，但是他承认："不幸的是，尽管贸易有明显的好处，比如助推经济增长，创造更多工作岗位，提高美国人民生活水平，但是这些优势往往过于宽泛，要很长时间才能显露出来，相比之下，和贸易相关的下岗问题非常直接，而且特别显眼。"[55]

从官方术语到商界热词，从实现增长奇迹的工具到邪恶阴谋，从激起抗议的敏感词到寻求替代模式——另类全球化的灵感之源，"全球化"一词反映出全球互联互通的复杂现状，而它也随着这一世界的演变而变化。为了更好地理解我们所处的互相联系、互相依赖的世界，我们大可不必纠结于"全球化"一词的意义，不如转而研究推动这种互联性的力量，并考察全球化进程的历史轨迹。

第 9 章 谁害怕全球化
Who's Afraid of Globalization?

（全球化）是一种进程，它几乎贯穿有记载的全部历史时期，也给人类带来巨大益处。全球化包括变化，所以人们往往害怕全球化，即使有些人最终因全球化受益，他们对全球化也心存畏惧。更何况，当局势发生变化的时候，另外一些人短期内确实遭受损失。但是全球化就像呼吸一样：人们无法阻止这一进程，也不应该试图阻止这一进程；当然，如果显然有办法呼吸得更轻松、更顺畅，那我们肯定得采用新办法。

——安恩·克鲁杰（Anne O. Krueger），国际货币基金组织首席副总裁（First Deputy Managing Director），2002

"全球化"一词被生造出来，传达一种虚假的希望——人们能够在一体化的，具有包容性的世界里生活，但在现实中，"全球化"的意义却与之相反：亿万人对生产和消费没有多大贡献，因而被21世纪的资本主义视为无用之人——他们被抛弃，受排斥。

——苏珊·乔治，《海湾时报》，2004

2003年9月10日，星期三，在坎昆，即墨西哥尤卡坦半岛旁一个热门的度假岛屿上，看起来一切和往日并无不同——这不过是一个普通的夏日。加勒比海的海水碧绿中透着幽蓝，在正午骄阳的照射下泛着粼粼波光。这里的海滩长达16千米，水面微微泛着浪花，数千名游客或在暖洋洋的水中嬉戏，或像蜥蜴一样在沙滩上晒太阳。但是地平线上出现了两艘墨西哥海军炮艇的侧影，它们提醒众人：今天不是个普通的日子。

在这个S形的岛上，沙滩北角有一个富丽堂皇的会议中心，如果有人走近会议中心，那他立刻就会明白，为什么炮艇会在这里出现。149位世界贸易组织成员方的代表济济一堂，讨论影响亿万人民的重大问题。数千名反全球化抗议者也齐聚坎昆，这也成了世界贸易组织会议期间的例行项目，由此可见，世界贸易组织的审议会对世界产生重要影响。1999年，示威者掀起骚乱，破坏了世贸组织的西雅图峰会，自那以后，全球机构（无论世界银行、国际货币基金组织，还是八国集团）的历次重要会议都必须应对反全球化游行示威。

岛上的两个入口和会议中心周围都竖起了钢丝栅栏，用来保证参会人员的安全通行。墨西哥警察决心避免低级失误：西雅图会议就惨遭滑铁卢；2001年八国集团热那亚会议期间，由于发生示威者死亡事故，会议招来媒体的口诛笔伐。成排的警察头戴钢盔，手持警棍和胡椒粉喷雾剂，在钢丝栅栏之后严阵以待，防止有擅闯会议的不速之客。在坎昆，最不受欢迎的集会组织可能就是"农民之路"（Via Campesina）国际组织，据说它在全世界有1亿成员。这个小农场主和农业劳工组织于1993年成立，旨在为其成员争取所谓的"食品主权"和农业贷款，倡导农业改革，反对外债。组织成员中，韩国农民的态度最激进，韩国分队还有个最敬业的领导人，他是个中年农民，名叫李耿海（Lee Kyung-hae）。李耿海身材矮小粗壮，国字脸，为人和善，笑容可亲；他曾在韩国全罗北道兴建一家实验农场。20世纪70年代，李耿海曾向来自农学院的学生传授科学种田技术，以及增加农作物产量的方法，但是他的务农生涯却惨淡收场。由于种庄稼赚不到足够的钱，后来李耿海把土地也赔给了债主。李耿海认为，韩国开放农业市场，农产品价格随之下跌，韩国农民的生活才变得如此艰难。韩国是世界上第12大贸易国，并向世界供应各种工业产品，比如巨型集装箱船、汽车、电视、手机，等等，因此，韩国被迫降低农产品进口的贸易壁垒。韩国实业家们大赚特赚，城市工人生活条件改善，但是农民却深受其害，而在20世纪末期，农民占韩国总人口的十分之一。世界贸易组织的农业出口方稳步施压，逼迫韩国政府取消进口配额和农业补贴，并且降低了百分之百的关税壁垒，韩国种植者失去了这些保护措施，面临破产的命运。许多农民无法偿还贷款，生活艰难。李耿海走访了这样一户农民家庭，并写道："除了倾听他妻子的哀号，我什么也做不了。如果你是我，你会有什么样的感受？"2002年，当世界贸易组织成员商讨农业贸易的时候，李耿海赶到日内瓦，高举标语牌，抗议"世界贸易组织杀死农民，"李耿海在威廉·哈帕德中心外"露营"，进行了长达一个月的绝食抗议——这也是他一生中第30次绝食抗议。

一年之后，李耿海离开家，和数千名在坎昆聚集的抗议者一起，反对世界贸易组织。9月10日，他们从市中心一家公园出发，走向会议中心，在那里，他们被钢丝栅栏阻挡，无法继续前进。有个巧合颇具讽刺意味：栅栏上方恰好是个旅游广告牌，欢迎游客到访——坎昆本来就是个度假城市。正午的阳光照在抗议者身上，四周锣钹喧天，"世贸组织该死"的喊声不绝于耳，一队韩国农民甚至抬着一副代表世贸组织的纸棺材冲向钢丝栅栏。数百示威者烧毁美国国旗，冲向钢丝栅栏，破坏了部分路障。警察带着水龙头冲进现场，浇灭火焰。李耿海身穿黄格子衬衫，头戴印有红色香蕉图案的沙滩帽，爬到栅栏顶上。李耿海把传单撒向人群，握紧拳头，振臂高呼，"世贸组织该死！"示威者们也随之高喊口号，国际新闻媒体持续摄像，就在这时，李耿海突然掏出一把老旧的瑞士军刀，猛然捅向自己的心脏。示威者们因受到惊吓而尖叫，李耿海流着鲜血，从栅栏顶上坠到地面。急救医生迅速把李耿海送到医院，但是已无力回天。2003年9月，医生宣告李耿海死亡。

李耿海因自杀而成为反全球化斗争中第一位备受瞩目的"烈士"，他是在深思熟虑之后，才采取这一极端行为的。离开韩国去坎昆之前，李耿海显然曾祭拜过早逝的妻子，修剪过坟墓周围的荒草，像是为自己留好了位置。李耿海临死前曾散发传单，传单上写着："我今年56岁，是个来自韩国的农民，我一直满怀希望，试图以组织农民联盟的方式解决我们的难题。但是我一败涂地——就像许多其他地方的农民领袖一样，我们都一败再败。如今，我向你们大声疾呼，这也是长期以来郁积在我心中却没有爆发出的声音：……农业必须脱离世界贸易组织体系。"[1]

"禁止世界贸易组织染指农业""恢复食品主权"，诸如此类的标语每每出现在反全球化示威活动之中，成为战斗口号；而李耿海的黑框照片也屡屡出现，象征着国际反全球化斗争中的团结精神。有些反全球化活动家如法国农场主约瑟·博韦则在争取食品主权时，反击"垃圾食品"（法语原词为malbouffe，1981年，Stella和Joël de Rosnay合著《垃圾食品》一书，发明这个贬义词，其含义为"恶食"，用来指代不健康的快餐食品），矛头直指麦当劳等快餐食品以及转基因农产品。当然，并非只有农民才反对全球化。所有国际会议（无论是世贸组织、世界银行、国际货币基金组织会议，还是八国集团峰会）召开之际，如影随形的示威队伍越来越壮大，各行各业内有不满情绪的组织相继加入。在抗议者和批评者看来，全球化就是诅咒。用泰国评论家苏拉克·斯瓦拉萨先生的话说，批评者将全球化视为"一种新的邪魔外道"。"由于全球化由大公司控制，"苏拉克写道，"它们利用媒体误导我们，让我们盲目跟从一种单一的文化，越来越依赖科技，患上了麦当劳式快餐、垃圾食品、可乐和牛仔裤综合征。"[2] 在他们看来，全球化存在种种弊端：贫困和不平等加剧，自然资源被无情掠夺，犯罪和疾病泛滥，全球恐怖主义滋生，生态灾难频发等。

反对者对所谓的"全球化"成见至深，由此看来，他们显然没有将全球化现象视为由各种力量推动的长期历史进程。他们认为，全球化是某些组织或机构通过选择相关政策而刻意营造出的结果。媒体和学院报告指出全球化的无数弊病，常常将新自由主义政治原则及其践行者（国际货币基金组织、世界银行和世界贸易组织）指认为全球化的幕后推手。有时，全球化又成为资本主义或自由市场政策的代名词。如果仔细考察所有发声谴责全球化的民间组织，我们就能了解他们为什么会对世界一体化的发展趋势如此担忧，但是其中原因太多，无法一一列举。粗略观察后，我们就会发现，各种反全球化组织五花八门，他们的纲领又往往相互冲突：其中包括无政府主义者、反资本主义者（社会主义和共产主义者）、转基因农产品反对者、环保主义者、反核积极分子、本土权利捍卫者、工会、支持和反对移民的游说团、反血汗工厂组织。诸多团体都反对全球化，其中有反对战争的，支持生物多样化的，支持文化自治的，还有纯粹的反美组织。全球化面临的最重要、最严峻的挑战来自发达国家的工人阶级和白领工人，他们害怕来自低工资国家的竞争会令他们失去工作。公共示威过程中，很少暴露激发反全球化思潮的其他因素，但是有些人抗议全球化，是出于恐惧和仇恨：有人害怕移民大潮会破坏他们的民族或文化特征，有人仇视强势而且富裕的西方——西方有些国家推行文化霸权，将清除或荼毒其他文化。

环保主义者指责富国向穷国出口污染物，而且批评说，生态灾难频发，全球贸易和旅游难辞其咎。但是另一些人则认为，贸易是推动经济繁荣的首要因素，他们仍然在问："难道全球化程度真的过头了吗？"[3] 来自左翼的批评者指责资本主义的新自由主义全球化是造成不平等、不公正的罪魁祸首，并且要求实施"另类全球化"政策，充当替代措施。[4] "反全球化"标签已经成为一个简称。不断加速的世界一体化进程造成一些不利后果，于是招来上述批评。现代交通、通信和机动性更强的资本主义将全球化的不利影响散布到世界各地，其实，早在"全球化"一词出现之前，这些问题就一直存在。

漫漫历史长河中，世界各地人民之间的联系不断加强，在此过程中，人们或被异族控制，或者因外来货物和异邦思想的到来而备感痛苦，他们就会抵制世界一体化进程。全球化主力军——商人、传教士、冒险家、武士以及移民改变了当地人的生活，当地人以各种方式进行抵制，有的诉诸武力，有的封锁边境，还有的设置关税和贸易壁垒。历史上两位举足轻重的全球化先锋——费迪南德·麦哲伦和詹姆斯·库克船长就曾试图和当地人建立联系，而后却死在他们手中。[5] 全球化发展到今时今日，它的影响看上去似乎和过去有很大的差别，原因在于，其中事无巨细，尽落世人眼中。媒体将今日世界连为一体，人人都能看得到全球化造成的"几家赤贫几家富"的局面，所以，古老的故事今天听起来更加震撼。世界联系发展进程中，有暴力、残忍的一面，不仅那些被迫遭受全球化影响的人奋起反抗，就是全球化内部阵营中，也出现了不同的声音。历史上，总是会有一些人出于社会良心和道德正义，出言谴责冷酷的全球化大军：这些人在全球化进程中，顶着各种名义，比如上帝、种族优越或是自封的自由贸易权利，将苦难加诸异地同胞。如今，通信网络越来越发达，世界各地的批评者和他们谴责的全球化公司和机构一样，相互间也有紧密的联系。过去，人们反抗全球化邪恶后果时，几乎只能组织地方性活动；如今，主要有两类人大声疾呼，要求纠正全球联系不断增强的过程中一直存在的不公平、不公正现象：其中第一类就是被边缘化的穷人，他们逐渐了解到，在遥远的地方，那些富人过着什么样的生活；另一类则是富于责任感的社会和国家成员，尽管因全球化受益，但是依然反对其中不正确的部分。

今昔对比，其中最根本的区别就是，今日反全球化话语中，反对者使用了一种新的分析工具。纵观人类历史，过去2000年来，人们反对的只是全球化的某些方面，如今，人们不仅反对互联互通进程中种种具体的不利后果,而且针对被指控为全球化元凶的大公司及其背后的支持者,批判与之相关的意识形态和原则。批评者谴责:贪婪的公司是今日全球化的推手。1848年,马克思和恩格斯(Friedrich Engels)发表《共产党宣言》(*Communist Manifesto*),其中一段话值得摘录,因为尽管笔调冷静客观,但是《共产党宣言》可能是现代史中第一篇批判全球化的文章:"不断扩大产品销路的需要,驱使资产阶级奔走于全球各地。……旧的、靠本国产品来满足的需要,被新的、要靠极其遥远的国家和地带的产品来满足的需要所代替了。过去那种地方的和民族的自给自足和闭关自守状态,被各民族的各方面的互相往来和各方面的互相依赖所代替了。"[6]

马克思认为,各民族之间存在越来越深刻的"各方面的互相依赖"关系,其根源就在于资本主义的逐利动机。资本主义"像人狼那样饥饿,榨取剩余劳动力"。[7]尽管现代批评者处处诟病贪婪逐利的资本主义,但是很难找到合适的经济模式取而代之。在这种真空状态下,"全球化"成了一种大而化之的替代语,批评全球化,也是从某种程度上鞭挞剥削成性的资本主义,但是批评者未必会转而支持社会主义体制。

贸易造成的麻烦

如果撇去意识形态方面的争论,全球化批评的实质其实是针对"他者"的批评,即针对外来的行为、货物、思想和机构的批评。在人类历史之初,一个国家中最重要的外事代理人是来自异乡的商人以及信奉外来宗教的传教士。但是,在大型海洋运输出现之前,贸易和旅游都深受限制。尽管如此,罗马、奥斯曼、中国以及其他国家全都试图限制"主体"和"他者"相互交流造成的影响。罗马颁布的第一部法律就专门用来解决进口商品课税问题。不仅关税是政府收入的主要来源,而且有些进口产品总是遭到抵制。中国人试图禁止鸦片贸易,英国人则坚持出口鸦片到中国,换取丝绸和茶叶,从而引发了19世纪中期的鸦片战争。落后国家依赖农产品出口,主动权又总是掌握在殖民国家手中,于是落后国家的农民和工人陷入永无止息的盛衰循环之中——这和今天的全球化经济也没有太大区别。[8] 18世纪时荷兰统治下的印度尼西亚就是经典例子。由于咖啡和蔗糖价格暴跌,印度尼西亚境内荷兰种植园主解雇了成千上万名工人,其中许多是中国移民。这些劳工听到风声:荷兰人打算遣返他们回中国。在随后发生的骚乱中,约1万名工人死亡,这次事件后来被称为"巴达维亚怒潮"(Batavian fury)。[9] 荷兰人残酷剥削移民,这在当地激起众怒,与此同时,深受阿拉伯影响的瓦哈比派运动在印尼蓬勃发展,爪哇战争因此爆发,这也是反全球化斗争早期发生的又一场大战。[10] 20年后,印度那些在东印度公司逼迫下种植低价槐蓝的负债农民也在反全球化抵抗运动中揭竿而起,这场起义后来以他们种植的农作物的忧伤颜色命名:"蓝色暴动"(Blue Mutiny)。[11] 前文曾经介绍过,由于在竞争中不敌英国纺织品,"棉花织工的累累骸骨，染白了苍茫的印度平原"。工业化国家同样遭受全球贸易的影响——它们为了消除贸易壁垒而掀起战争。1846年，英国为了维护其新兴工业的利益，敦促议会废止《大英谷物法案》，取消了谷物进口禁令，但是在欧洲大陆，各国提高关税壁垒，保护本土农民抵挡住美国谷物的入侵。然而，通过海运出口谷物的国家不少，在全球贸易过程中，它们得面对各种不同的难题。为了保护刚刚起步的本土产业，美国独立后不久，曾对便宜的外国工业进口产品征收关税，其中就包括英国纺织品。[12]

集体沦陷

在美国独立初期，移民问题引发争议，反移民浪潮兴起。本书刚开始就介绍过，移民可以归入"冒险家"一类，他们也是促进全球化的主力军。20世纪最初几十年内，美国和其他新大陆国家采用保护主义政策，最终结束了全球化的"黄金时代"。19世纪后期美国实施的开放移民政策也就此终结。导致移民政策改变的，是低工资劳动力到来之后，美国国内收入不平等现象加剧，使人们非常担忧——2006年，一些美国人出于同样的原因，呼吁政府采取更严格的移民政策。但是，拒绝移民的政策落实之后，其后果十分严重，大大超乎立法者预料。凯文·奥罗克（Kevin O'Rourke）和杰弗瑞·威廉姆斯（Jeffrey Williamson）曾研究这个时期，并撰文指出："采用配额制限定劳工数量之后，富裕国家内日益加剧的不平等现象应声而止，但是全球资本市场崩溃，由于贸易壁垒森严，国际社会遭遇挫折。"[13]

澳大利亚是另一个主要的国际移民国家，此时也采用所谓的"白色长城"政策，以阻挡"黄色"种族移民。[14] 直到20世纪下半叶，澳大利亚才取消"白色长城"政策。当时，澳大利亚是为了缓和澳大利亚人的畏惧心理才实施这项政策。中国移民降低了当地劳工的工资水平，澳大利亚人害怕被他们淹没——今日西欧和美国人也有类似的心理。

和禁止移民入境同时发生的，是另一项重创全球化进程的政策：政府逐步抑制全球贸易。1929年，赫伯特·胡佛（Herbert Hoover）在总统竞选期间承诺，会制定更严格的关税法案，帮助美国农民摆脱低价困扰。但是，早在斯姆特－霍利（Smoot-Hawley）法案通过之前，这项大型法案可能造成的后果就令市场异常紧张，增加了经济形势的不确定性，可能也是造成1929年10月24日股市大崩盘的元凶之一。全球一体化金融市场中，各种因素环环相扣，一天内股市的挫败竟成了第一张倒下的多米诺骨牌，最终演变为大萧条。1930年6月，奉行贸易保护主义的斯姆特－霍利法案通过，那一时代的全球化最终被送入棺木，棺盖也被彻底钉死。仅在参议院一处，焦虑的参议员就增加了1253条修正案，最终出台的税法中，包含2.1万项关税。哈罗德·詹姆斯（Harold James）在《全球化的终结》一书中写道："法案通过之后，国内局势和国际关系紧张，破坏了将世界连为一体的机制和机构。对国际经济的抵制终结了全球化进程。"[15]

自然，全球化进程永远也不会终止，但是1930年的诸项行动之后，尖锐的刹车声响起，全球一体化进程速度减缓。斯姆特－霍利关税法生效之后，美国的进口额锐减，1929年总值为44亿美元，一年之内降低金额超过13亿美元。[16]

1929—1933年，在大萧条最严重的时期，世界贸易额降幅超过一半。[17]曾经润滑世界经济齿轮的跨境贷款和投资几近枯竭。第二次世界大战烽烟四起，全球商业更是屡遭重创，世界上大部分国家奉行自力更生的原则，实施配给制度。历史学家尼尔·弗格森写道："从全球化失败中捞取最多政治资本的人，当属希特勒。"在德国，大萧条造成经济混乱，政治上的幻灭感，人民渴望国家建立大国形象，这都为纳粹的崛起奠定了基础。1932年7月，希特勒在竞选期间发表巡回演说，他反问选民："当今世上，有太多国际主义、国际道义和国际契约。国际联盟（League of Nations）、莫斯科、第二国际、第三国际——所有这些到底为德国带来了什么呢？"希特勒的反诘竟和如今某些发达国家的反全球化怒火如出一辙——这种巧合让人毛骨悚然。针对这一反问，弗格森答道："所有一切最终的结果，自然就是希特勒上台。"[18]每当政治家为了获得权力，将怒火引向移民或是文化"他者"时，我们都不能忘记希特勒的教训。

乘飞机的奶牛和麦当劳巨无霸

今日的世贸组织已经成为全球化的代名词，其实它的前身，关贸总协定也一直积极推进全球化，直到 1995 年才被后者取代。关贸总协定这一组织致力于降低第二次世界大战之前各国设置的关税壁垒。关贸总协定由联合国组织筹备，缔结近一打多边贸易协议，推动全球贸易迅速发展。过去 60 年来，世界贸易额从 100 亿美元增长至 12 万亿美元。1950 年，世界经济总量为 2000 亿美元，出口部分仅占其 5%；如今总量为 60 万亿美元，出口部分占 60%。但是，由于世界贸易规则及运作方式并不公平，所以尽管贸易增长显著，它创造的财富并非人人都能公平分享。据世贸组织统计，2004 年，所有国家的贸易总额约为 19 万亿美元，但是 50 个最不发达国家的贸易总额仅为 1330 亿美元，所占比重不足 1%。[19] 关税壁垒消除之后，发达国家制成品出口迅速增加，而依赖纺织品、皮革制品、渔业产品、农产品出口的国家却受关税樊篱和补贴所累，出口止步不前。世贸组织已签订 3 个框架协议，用来处理货物和服务贸易及知识产权等相关议题，但是在贸易总协定中，却并未涉及最敏感的两个议题，即农产品和纺织产品。[20] 事实证明，这两个议题终究会引发大战，暂时回避也只是起到拖延作用。2005 年，富裕国家的纺织品贸易工会的敏感性暴露无遗。根据一项协议，保护发达国家纺织业的《多种纤维协定》在 2005 年 1 月废除。限制取消之后，中国的低成本生产商抢滩市场，美国纺织业游说者因而提出抗议。美国制造业贸易行动联盟（American Manufacturing Trade Action Coalition）声称，自从《多种纤维协定》终止之后，已经有 19 家工厂倒闭，约 2.6 万个工作岗位流失。[21] 美国和欧洲官员害怕贸易保护主义者大举抗议，于是诉诸世贸组织规则中的保护条款，再次限制中国纺织品生产。全球化批评者又赢得了时间，但是这项保护措施也仅仅存续了4年。

农业贸易仅占世界贸易的10%，但是对于发展中国家而言，却是异常敏感的重要社会问题。它牵涉到最不发达国家（LDC）中绝大多数群众的粮食和生计问题，而在世贸组织成员中，这些最不发达的国家所占比例偏偏超过20%。韩国农民总是在世贸组织会场外同警察发生冲突，从坎昆到香港，处处留下他们抗议的声音，这让人们意识到，面临来自跨国大公司的竞争，让农民们忧心忡忡，害怕衣食无以为继。韩国、巴西、印度、肯尼亚和一些非洲国家拒绝进一步向发达国家开放市场——除非富国取消不公平的补贴、反倾销法规，以及其他非关税壁垒。某项统计表明，富裕国家斥资3000亿美元用于农业补贴，这笔钱足够让经济合作与发展组织（Organization for Economic Co-operation and Development）内工业国家的每一头奶牛每年乘坐头等舱环游世界，而且还有大量剩余。[22]

除了能让奶牛坐头等舱，发达国家的补贴政策还令国际贸易陷入不公平竞争之中，好比让一位膘肥体壮的相扑运动员和一个骨瘦如柴、营养不良的对手同台对垒。2005年秋天，我来到塞内加尔，看到大片的养鸡场被废弃，数百名青年失去工作。享受高补贴的欧洲禽类产品在塞内加尔倾销，当地供应商的家禽产品价格偏高，根本不可能有销路，于是养鸡场倒闭，无法继续为年轻人提供就业机会。富裕国家的保护主义主要体现在棉花贸易之中。难怪全球化的批评者经常以此为例，证明全球化的邪恶之处：富国操纵贸易规则，非法牟利。贝宁、布基纳法索（Burkina Faso）、喀麦隆、乍得和马里等国家的农民靠种植棉花谋生，但是他们的棉花在国际市场上根本销售不出去，因为美国和欧盟给予棉农丰厚的补贴（每英亩美国棉花地补贴230美元），所以棉花价格甚至比他们的生产成本还要低。[23] 某项估算表明，1999—2001年，8个非洲棉花种植国家损失了3.3亿美元的出口收入——对于这些相对落后的国家而言，这是一大笔收入。[24] 相比之下，2001—2002年，美国的2.5万名棉农享受的补贴就高达39亿美元。[25] 在此期间，欧盟一年向希腊农民支付10亿美元，让他们种植棉花。如果取消这一类的补贴，那世界棉花的价格可能会提高15%，甚至更多，成千上万名非洲农民的生计也就有了着落。[26]

另一个激起全球化批评者义愤的因素，则是发达国家鼓吹自由贸易，并大肆宣扬所谓的"对贫穷国家的经济援助"，但其伪善实质却暴露无遗。比如，2002年，经济合作与发展组织的富裕工业国家向发展中国家发放580亿美元的援助资金，但是向国内农民提供3180亿美元的补贴——约为援助资金的5.5倍。[27] 事实上，全部发展中国家每年因发达国家的农业关税和补贴而遭受的损失约为450亿美元，因纺织品和成衣贸易壁垒而遭受的损失约为240亿美元。发达国家提供的援助根本不能补偿其贸易保护措施给相对落后国家造成的损失。国际社会能否终结这种不平等现象呢？2006年7月召开的世贸组织日内瓦会议成了决定成败的关键。早在世贸组织的多哈回合谈判中，3个月之前发生的九一一事件就已经让世界在震惊之余，开始重视失败者的积怨，并承诺利用贸易实现欠发达国家的发展。

但是日内瓦会议终究以失败告终：美国和欧盟相互指责，声称对方没有在取消补贴的问题上做出足够的让步，发展中国家要求西方国家大幅削减农业补贴和关税，否则拒绝大幅降低制成品关税。某些反全球化积极分子为日内瓦会议的失败感到欣喜，认为这是穷国的胜利——穷国公民不会被富国攻陷。但是世贸组织总干事帕斯卡尔·拉米（Pascal Lamy）对这次失败的总结更为精当："四分之三的世贸组织成员在经济上比较贫弱，日内瓦会议失败之后，这些成员的发展前景堪忧。"[28] 世贸组织多边贸易协议进程受阻，穷国只有退而求其次，试图和富国谈成双边协议，但这样一来，它们根本没有什么讨价还价的实力。

尽管农业贸易问题最让穷国担忧，而且穷国在富国的补贴和关税中看到了全球化的不公平实质，但是它在富裕国家之中也引发争议。争议的根源是，美国人经营农场时，使用化学品和生物工程技术，欧洲人则担心这种做法会危害食品安全。在西雅图的抗议者中，有位留着小胡子的法国农民格外引人注目——他数月之前才突然出名。1998年，世贸组织做出对美国有利的裁决，判定美国有权出口激素喂养的肉牛牛肉——尽管欧洲禁止用激素喂养肉牛。批评者立刻指控世贸组织的争议解决机构偏袒美国。但是，尽管争议解决小组的成员由世贸组织指定，但也必须征得大西洋两岸各世贸组织成员的同意。

欧盟拒绝解除美国牛肉进口禁令（此举被美国视为以消除健康隐患为名，行贸易保护主义之实），世贸组织允许美国对欧洲产品征收报复性关税。来自诺曼底的洛克福乳酪因此遭遇沉重的进口关税。约瑟·博韦既是反全球化活动家，又是洛克福乳酪生产者，关税提高之后，其农庄业务受损。激愤之下，博韦组织绵羊农场主采取一致行动，抗议美国文化（食品）霸权主义——美国提高洛克福乳酪关税，显然是其实施食品霸权主义的明显例证。博韦率领农场主驾驶拖拉机赶到一处尚在建设中的麦当劳工地，捣毁施工现场。结果，博韦被监禁达20天，但几乎一夜之间，他就成了国际知名的反全球化明星。博韦长相酷似法国漫画书上的叛逆英雄阿斯泰利克斯（Astérix），他1999年作为法国代表团成员奔赴西雅图，率领抗议者反对世贸组织倡导的粮食作物商品化。在博韦及其组织看来，粮食在人民生活中具有举足轻重的地位，不应该进入世界贸易系统，否则风险难以控制。博韦在西雅图领导一项示威活动，其间有些头戴面具的抗议者砸毁了一家麦当劳店。博韦曾解释过，他支持的运动旨在团结小农场主（农民），抵抗因全球化而兴盛的"产业化"大农业。对这些小农场主而言，麦当劳就是全球化的象征，它意味着大公司以产业化大农业为手段，实现食品的标准化生产。如果任由其发展下去，农场主将再也没有用武之地。"对我们而言"，博韦宣称，麦当劳就是"活生生的例子，展示出世贸组织和大公司如何毁坏世界以塑造他们希望的未来"。[29] 具有讽刺意味的是，尽管博韦猛烈抨击麦当劳的"垃圾食品"，但是在120个国家和地区中，法国麦当劳连锁店获得的利润最高。麦当劳还雇用了大约3.5万名雇员，2006年，麦当劳还成为法国最大的外籍雇主。

博韦也许无法撼动麦当劳的地位，但是他还组织抗议活动，反对所谓的"科学怪物食品"（Frankenfood）。这又暴露出另一个问题：全世界越来越多的人反对美国大力推崇的转基因作物。反全球化组织控诉道，跨国公司如孟山都（Monsanto）、嘉吉（Cargill）之流开发出的转基因作物不仅让发展中国家的农民永久依赖这些大公司提供种子，而且还造成了无法预见的健康后果，殃及消费者。世贸组织拒绝禁止转基因食品出口，这被视为该组织和大公司共谋的一条罪证。尽管转基因食品支持者称，科学人员在研究过程中，尚未发现食用转基因食品会对健康造成不利影响，在世界人口激增的情况下，生物技术是希望之光——能够保证食品充足，为人类提供营养；但是从拉扎克（Larzac）到孟买，反全球化示威者根本不相信这些理由。2003年，在电视摄像头拍摄下，博韦率领支持者毁掉了一个种植转基因玉米和水稻作物的法国试验田。博韦继而因蓄意破坏行为入狱，假释期间，他去不了坎昆，也没办法在世贸组织会场外抗议。但是，他在拉扎克的一次政治集会上，面向25万人发表演讲，号召农民走上街头，破坏会议。[30]

尽管2003年世贸组织会议以失败告终，但这不是街头抗议者的功劳，发展中国家坚决反对西方国家的农业补贴，因而导致会议失败。讽刺的是，发展中国家反对的正是约瑟·博韦及其农民朋友支持的那种农业补贴。补贴保护法国绵羊农场主和美国棉花种植者免受全球市场的竞争压力，但同时伤害了美国牧场主和非洲的棉花种植者。农业全球化造成"几家欢喜几家愁"的局面，不仅全球如此，即使在同一个国家内，输家和赢家也壁垒分明。以韩国种稻米的农民为例——不幸的李耿海为了捍卫他们的利益，在坎昆自尽。由于韩国分阶段开放国家市场，稻米农民确实深受其害。但是，市场逐步开放之后，产品极大丰富而且价格降低，更多的消费者从中获益。以香蕉为例，如今，韩国从菲律宾和南美大量进口香蕉，它就是一种普通水果。20世纪60年代，韩国市场尚未开放，香蕉是真正的奢侈品，对政局不满的学生在推翻李承晚的独裁统治过程中，曾冲进副总统家中搜查，他们发现冰箱里有香蕉，大为震惊。示威者走出副总统宅邸，高举那串香蕉——那可是腐败的证据，称得上是"来源不明的财产"！今日韩国的繁荣建立在出口贸易基础之上，2005年，韩国出口的半导体、轮船、电子产品和其他工业产品净值达1700亿美元。有些农民转行成为首尔的出租车司机，他们又强烈要求降低大米的价格，而这恰恰是向国外种植者开放大米市场收到的成效。

开放稻米市场不仅对美国的稻米种植者有利，也让来自泰国和越南的种粮技术更高的农民获益。实际上，李耿海指控世贸组织杀死韩国农民，而且他本人也最终因此自杀，但也正是这个世贸组织让泰国和越南贫穷的种稻农民获得新生，而这些农民的成功又让这两个国家成为领先世界的稻米出口国。2005年冬天，走访湄公河三角洲时，我看到繁荣的市场、人民新居、闪亮的新摩托车以及密密匝匝的电视天线。农民有钱之后，他们的孩子上得起学，他们的生活变得富足——数年之前，他们绝对想象不到会发生这样的变化。乐施会是英国一家非政府组织，经常批评世贸组织，还曾发表一篇题为"兵临城下"（*Kicking Down the Door*）的报道，介绍世贸组织和稻米贸易，但是就连乐施会也承认，对于泰国和越南而言，"市场更开放，发展中国家的稻米业就会更繁荣，这些国家的种稻农民收入也更高。南南贸易任重而道远，发展中国家之间如果能进一步降低关税，也许能够赢得共同繁荣的局面"。[31]

由于相对落后的国家也存在巨大差异，一个国家的福音，可能是另一个国家的噩耗。世贸组织做出不利于欧盟蔗糖和香蕉补贴政策（这种政策让国内市场上的蔗糖和香蕉价格居高不下）的裁决，非洲、加勒比和太平洋国家最为沮丧，因为前殖民宗主国一直给予这些国家特权，允许它们以优惠条件向欧盟出口香蕉和蔗糖。补贴取消之后，它们被迫与那些更高效的发达国家和发展中国家的种植者竞争。[32]

长途污染

反全球化积极分子指控跨国公司犯下多重罪行：跨国公司不仅不惜代价追逐高利润，过度开发资源，令穷人生计无着，而且把工厂搬到环境法规宽松或缺失的国家，肆意破坏全球环境。但是，2003年世界银行的一项调查发现，并无证据显示，跨国公司有意在上述国家投资以逃避富裕国家的污染治理成本。其实，决定投资额最重要的因素是当地的市场规模。[33] 调查还发现，在特定行业中，外国人经营的工厂造成的污染往往低于当地同类工厂。

世界贸易组织也面临破坏全球环境的指控，全球化被泛指为污染元凶。全球化推动贸易扩张，造成一系列恶果：捕鱼量增加，林地被毁，污染严重的行业散布到发展中国家。2005年11月，联合国粮食及农业组织（U.N. Food and Agricultural Organization）发布报告称，全世界每年因乱砍滥伐而损失的森林约728万公顷——其面积相当于整个巴拿马或塞拉利昂。严谨的全球化批评者承认，造成森林砍伐的原因很多，全球化并非唯一元凶，我在纽黑文家中遇上的电工对全球化的指控未免有失偏颇。但是全球化批评者指出，尽管世界森林植被遭受破坏是各种因素共同作用的结果，全球化却起到了导管和加速器的作用——其中许多因素在全球化背景下，发挥更直接的影响，破坏性更强。显然，全球化促进贸易，所以鼓励消费，继而导致全球森林砍伐更严重。地方以及全球管理机构没有采取有力的保护措施，未能有效实现森林再造，这显然也是乱砍滥伐的重要原因。

以环保为宗旨的绿色和平组织算了一笔账：近年来，为了开垦耕地种植大豆，巴西损失的热带森林超过 100 万公顷。[34] 巴西大豆不仅出口中国市场，欧洲享受补贴的牲畜也需要大量巴西大豆作为饲料。[35] 绿色和平组织称，"这是一条长达 7000 千米的连锁反应链，巴西农民砍伐原始森林，好让英国和欧洲快餐店顺利出售鸡块"。绿色和平组织还斥责进口巴西大豆喂养动物的英国，认为这种交易无异于"森林犯罪"。[36]

荒诞剧场

国际抗议者在诟病全球化恶果时，很少向发展中国家开火，他们主要将矛头针对多边组织。世贸组织、联合国、欧盟以及所有超国家组织面临多项批评，其中一条就是，极度缺乏民主精神——这项指控也针对大部分被批评者定义为"全球化"的组织。贸易谈判总是暗中进行，从来也没有邀请受影响的社群代表入席，但是却由跨国公司幕后操纵。有些人批评发达国家，他们指控世贸组织已经成为美国和欧洲的侍女，尤其为这些国家的强势农业、制药和金融公司的说客张目。有位批评者说，重要的协议由若干强国的贸易部长通过谈判敲定，而穷国的贸易部长们只有在会议室之外的吧台上等消息的份儿。[37]

世贸组织的维护者反驳道，参加谈判的，肯定只有世贸组织成员的代表，这些代表可不愿意在众目睽睽下谈判。但是如果政府本身具有民主性质，签约方必须面对相关群众集团和非政府组织，说明签署这些协议的理由。从这一点看，世贸组织确实具有民主性质，但是其民主程度完全受其成员的制约。如果我们观察实际情况就会发现，批评者的指控更有道理，不够民主确实是世贸组织的先天不足之处。理论上，所有成员都是平等的，但是——实际上，规则由市场特别大的一些国家制定。加入世贸组织之前，每个国家都必须与美国及其他主要贸易伙伴签订双边贸易协议。当初，越南希望加入世贸组织，但是美国谈判人员反复要求越南做出更多让步，屡屡将其拒之门外，最终，越南满足了美国的所有要求，才于 2006 年 10 月 8 日正式成为世贸组织的第 150 个成员。越南已经从全球化中获益颇多，所以下定决心跨越最后的障碍，并成功加入世贸组织。

相比越南坚决加入世贸组织，传统左派却对世贸组织大加鄙薄。在他们看来，世贸组织几乎成了跨国公司俱乐部。20 世纪 90 年代，一度追求革命的越南决意加入世贸组织，这让左派异常悲痛。1975 年内战结束后，越南试图在国内消灭资本主义，并把资本家驱逐出境。3 年之内建设半自给自足社会主义的热潮将越南推向了灾难边缘。20 世纪 70 年代，我不幸目睹了越南逐渐陷入贫穷的过程。自身难保的苏联最终切断了对越南的援助，国内爆发抢粮骚乱，越南被迫实施市场经济，面向世界打开国门。20 世纪 80 年代中期，越南开始改革，逐渐融入世界经济，一跃成为最新的亚洲经济小虎，2006 年的增长率达到 8.4%。日消费仅为 1 美元的人口比例从 50% 下降到 1990 年的 8%。[38]

但是，抗议者根本不关心越南发生的情况。许多美国工会和人权组织在西雅图聚集，反对全球化，他们指出，世贸组织鼓励没有底线的恶性竞争，导致企业盘剥穷国工人，迫使他们在血汗工厂劳动，剥夺他们基本的劳动者权利。克林顿政府也为此感到担忧，于是试图在西雅图贸易谈判中加入劳动标准议题。事实证明，抗议活动来势汹汹，大有乌云压城之势，而克林顿政府的这一举措竟成了导致会议崩溃的最后一根稻草。对部分人而言，西方国家高高在上，对陷入恶劣处境的工人假惺惺地表示关怀，其实是以人权和劳工权利为口实，公然设置非关税壁垒。他们辩称，在经济发展早期，发展中国家理应利用其主要的比较优势即低工资加入全球贸易竞争。

所有的反全球化积极分子，无论来自发展中国家还是发达国家，都厌恶资本主义，但是在劳工权利这一重要议题上，态度却截然不同。一位印度活动家声称，西雅图抗议好比"荒诞剧场"，它分明是一场新帝国主义运动，由北方的富裕国家操纵，以要求贫穷国家贯彻劳动权利、人权或环保标准为幌子，巧妙地保护其本土行业。这位活动家讽刺说，西雅图示威活动中既有美国"钢铁工会联合会"，又有纺织品和服装工会，前者要求贸易保护、实施配额制并开展反倾销调查，以限制穷国钢铁进入美国市场，后者则以保护"童工"为名，抵制来自发展中国家的产品。[39]

反全球化批评者厌恶世贸组织还有一层原因：世贸组织强烈捍卫知识产权，却损害了部分贫弱国家的利益。这也是全球化进程中的古老冲突，破坏专有产品或技术持有者和非持有者之间的关系。从蚕种到咖啡豆，从橡胶树种到纺织机器设计，知识产权一直都是争议的焦点。高科技和制药公司的研发投资金额巨大，风险更高，因而成功之后的抢夺战也更激烈。由于穷国没有足够的资金启动研究项目，无法获得知识产权，所以无论芯片还是新药都依赖进口，巨额资金因此从发展中国家流向发达国家，换得科研成果的使用权。世界银行前首席经济学家约瑟夫·斯蒂格利茨说，世贸组织"强化了'知识产权'，以至于发展中国家更加难以使用'知识成果'"。[40] 印度反全球化批评者发起抗议活动，反对西方提出的专利保护要求，因为这样会剥夺印度穷人的福利——他们原本能够用上便宜的仿制药品。在印度签约认可世贸组织原则之前，印度制药公司已经破解了知识产权保护流程，为印度公民提供廉价药品。但是知识产权是一把双刃剑，对于依靠创新的国家而言，专利保护非常重要。印度之所以默默地放弃了反对的态度，签约认可世贸组织的知识产权规则，是因为印度现在已经能够从自己的创新成果中获得巨大收益。

和世贸组织相比，国际货币基金组织招来反全球化抗议者更强烈的批评。很久以来，国际货币基金组织被视为推行新自由主义经济政策的大主教——所谓的"华盛顿共识"中，包含如下规定：自由贸易、资本市场自由化、保护知识产权、撤销管制、将资产从公营转移到私有行业。[41] 2001年秋，"50年已足够"网络（这是个由环保主义者、发展经济学家、传教士以及其他试图推动世界银行和国际货币基金组织彻底改革的各类团体组成的联盟）呼吁："国际货币基金组织是新自由主义全球化的首席设计师……支持全球经济公正的人们，你们必须表明态度：这场追求全球公正的运动方兴未艾，上述国际组织和七国集团政府一直试图重组世界，为公司和富人谋福利，但同时剥夺世界大多数人民最基本的公正平等权利——决不能让他们得逞。"[42]

有些批评者还算温和，并不想废除国际货币基金组织，但是他们也抱怨道，国际货币基金组织创建之初，旨在避免再次发生"大萧条"式的经济危机，并且在最后关头提供贷款，"但如今，国际货币基金组织在任何情况下都主张市场至上，成了华尔街和美国财政部的应声虫，它不再尽心尽力为穷人服务，而是更关注富裕的债权人的利益——保证他们的借款能按时收回"。[43]像斯蒂格利茨那样的批评者则指控说，国际货币基金组织设计的政策让国际出贷方获益，却让工人和国内企业受到重创。斯蒂格利茨指出，全球化现状和国际货币基金组织的政策有密切的联系；国际货币基金组织给穷国的建议具有破坏性，堪称"高空轰炸"。他写道，国际货币基金组织的经济学家"住在豪华旅馆里面，以漠然的态度将政策强加于人，而这些政策毁掉了人民的生活，如果他们认识那些受害者，那他们应该会更谨慎一点儿"。[44]

解雇通知书和沃尔玛

　　知识分子最为关注的是牵涉到国际货币基金组织和世界银行的政策问题，公众和媒体则对全球化的另一面更敏感：贸易对就业的影响是最持久、争议最大的话题。当初在西雅图，人们担忧全球政策和血汗工厂，最终走上街头游行示威，到了2004年年初，这些担忧貌似渐渐缓解，相比之下，人们更关注全球化对美国和西方劳动力市场以及经济大势的影响。

　　2006年，美国贸易赤字升至历史最高点，高达7500亿美元。纵观西方世界，失业也普遍增加，人们更加焦虑：全球化到底会带来什么样的后果？[45] 2004年，民主党总统候选人约翰·克里将美国工作外包作为竞选活动中的基本议题，也让更多美国公众开始了解外包问题。但是，保罗·萨缪尔森（Paul A. Samuelson）助阵反对工作外包，它不仅是一项政治议题，更引发公众对相关国策的关注。萨缪尔森是曾获诺贝尔奖的经济学家，也是自由贸易的倡导者，但是2004年，他显然站在批评者一边，质疑全球化的功效——这引起了强烈反响。萨缪尔森在《经济展望杂志》上发表文章，重申他长期持有的观点：贸易就是大规模移民的替代品。萨缪尔森声称，过去美国劳动力在先进技术和资金方面具有垄断优势，现在其垄断地位已经丧失，自由贸易实际上会降低美国国内生产总值中工资所占的部分，加剧整体不平等现象。萨缪尔森指出，美国人平均收入以及不同阶层之间的不平等状况都发生了剧烈变化，这可能就是自由贸易带来的后果，其中包括服务业内的自由贸易。萨缪尔森写道，将工作外包给其他国家，相当于从这些国家进口劳动力到美国，其后果也类似，都导致工资下降。萨缪尔森还提出，低工资国家中，有些迅速改善技术水平，比如印度和中国，它们有潜力改变和美国签订的贸易条款，并且降低美国的人均收入。尽管美国能够进口低价消费品，但是和工作岗位流失相比，这种安慰十分苍白。萨缪尔森语带嘲弄："能够在沃尔玛买到便宜 20% 的食品，未必能弥补工资损失。"[46]

尽管媒体大肆报道服务业贸易的不利影响，而且将矛头对准白领工作的外包行为，但是很难找到统计数据证明这些指控的合理性。1984 年，美国劳动统计局开始统计"工人离岗"数据，专家估计，截至 2004 年，离岗的全职工人至少已经达到 3000 万。但是，研究人员根本无法确定，在这些人中，有多少是因为贸易原因离岗的。尽管没有确切的数据，失业者依然认定，便宜的进口货和全球化就是元凶。人们还意识到，资本主义的发展具有所谓的"创造性毁灭"性质，这尤其让人担忧，这个概念由经济学家约瑟夫·熊彼特（Joseph Schumpeter）提出，指的是资本主义发展过程中，它终结的岗位比创造的岗位多得多。有些人不加质疑地接受工人下岗现象，认为它虽然令人厌恶，但又是资本主义经济中无法避免的现实——下岗是革新的一部分，但是他们已经醒悟：离开国内的工作岗位很少回归。外包辩护者称，从这种"创造性毁灭"中获益的国家也成为西方产品的主要进口国，但是公众对这种说法并不买账。发展中国家确实进口波音和空中客车公司大量的飞机和机械，或是购买更多摩托罗拉的手机，但是这并未给普通公民带来看得见的好处。经济学家考察远程数据，发现美国经济全球化导致中产阶级的收入冻结或下降，进一步加大了巨富和中产阶级之间的收入差距。

美国境内，企业的利润一直在增长，具体原因是什么就不得而知了：全球采购和营销，供应链物流的智能管理，技术的高效利用，这些都可能是其中的原因。同时，工人工资却停滞不前。在美国，企业的税后利润从1990年的2920亿美元增长到2004年的9000亿美元。[47]由于劳动力市场相对疲软，企业能够保留利润，而不是和工人分享。因此，批评者指出，基层工人的收入停滞不前，美国的富人却独享全球化的成果。

世界银行经济学家布兰科·米拉诺维奇（Branko Milanovic）认为，美国全球化之所以令人失望，一些基本经济事实就是罪魁祸首：过去25年来，尽管美国中位工资并无实质性增长，但是工资水平最高、仅占总数1%的富人的实际工资增长却达两倍以上。他说："在当今的美国，1%的巨富之人几乎控制着占总额20%的收入，自'咆哮的20年代'以来，这个比例达到历史最高值。"[48]大多数下岗的制造业工人最终进入服务行业，当起了卡车司机或保安，和之前相比，他们收入不升反降。富人和受过高等教育的人能够充分利用全球化经济，而中产阶级和缺乏劳动技能的人却无法把握这个机会，导致两者之间的收入差距越来越大。

岗位掠夺者入侵

唐·希格尔（Don Siegel）曾拍过一部名为《身体掠夺者》（*Invasion of the Body Snatchers*, 1956）的电影，主角是小镇医生，他发现外星人正在一一替换镇上的乡邻。到了 21 世纪，全美工作场所中，类似的科幻故事在实际生活中上演。现实中，"岗位掠夺者"是隐形的入侵者，他们远在万里之外，坐在毫不起眼的格子间里，接受分配任务之后，通过高速光纤网络完成任务。耶鲁本科生马特在纽约为一家跨国公司做暑期工，他就曾经遇到过这样的隐形劳动者，颇受惊吓。马特的计算机出现故障，于是给技术支持部门打电话求助。一位来自班加罗尔的员工接到电话，请马特暂且移交这台计算机的控制权。然后，一双看不见的手在屏幕上打出天书一样的指令，光标在屏幕上飞速移动，窗口忽开忽关，最终系统恢复正常，整个进程看得马特目瞪口呆。一位坐在万里之外的技术员帮马特解决了计算机问题，而且这位技术员的工资可能只是纽约同等资历技术员工资的十分之一。英特尔前总裁安德鲁·葛罗夫（Andrew Grove）说道："从技术和生产力角度看，坐在 6000 英里（约 9700 千米）之外的工程师和坐在隔壁格子间，在局域网上工作的工程师几乎没有差别。"[49] 诡异的隐形劳动者在你的计算机屏幕上移动光标；如果你致电询问和抵押支付相关的事宜，在电话那一端，带着陌生口音的嗓音响起来，为你答疑解惑；还有人在电话另一头，帮你寻找丢失的行李——每天你都有可能和这些人打交道，让你意识到，就像电影中的外星人一样，他们夺走了你邻居的工作——这些芳邻本是你觉得熟悉的人。和电影不同的是，大多数美国人和欧洲人经常和德里市外古尔冈（Gurgaon）的电话接线员通话，日本人也常常和位于中国工业城市大连的呼叫中心接线员联系，他们已经习惯了热线电话那端各式各样的口音，丝毫不以为怪。用行业内术语说，这就是所谓的"业务流程外包"（BPO），但是，这种外包模式具有更深的含义，在西方，它已经成为人们担心的主要问题。它意味着，岗位掠夺者在食物链上的地位逐步提升。他们不仅抢夺蓝领工人和呼叫中心接线员的岗位，而且也对那些拥有政治权力的高薪白领雇员产生威胁。

　　和世界经济中许多其他现象一样，服务岗位的外包也是逐步发展的进程，它本身毫无恶意。信用卡公司和银行很早就把记录送到低工资国家，完成数据录入或调节。但是，新千年到来之际，这种后台服务工作的外运才真正时兴起来。千年之交，全世界的公司都面临所谓的"千年虫危机"（Y2K）。旧的软件代码仅用两位数记录时间，全世界的公司都担心：如此一来，2000年就会被误读为1900年，继而造成大规模数据丢失和系统崩溃等恶果，于是公司争相求助。此时，印度再度获得历史的青睐，这个过去发明了"零"的国家如今拥有成千上万的软件工程师，有条件出手相助，解决这个和"零"相关的世界难题。那时，印度新兴的信息技术产业具备多项优势：工程师云集，高速互联网建设起步，而且遇上了经济改革的东风，所以印度信息技术产业蓬勃发展。17 世纪时，葡萄牙、荷兰和英国商人来到印度后发现，这个国家古老的纺织产业和大批熟练工人就是巨额财富之源，即将迎来 21 世纪之时，美国和欧洲公司老总在印度找到了宝藏。[50] 美国通用电气公司行政总裁杰克·韦尔奇（Jack Welch）曾经铁腕降低成本为股东创造价值。1989 年，他访问印度，发现"这个发展中国家具有发达的智识能力"。翻译成大白话就是说，印度劳动力技术高，但是工资低。1997 年，印度通用电气资本国际公司（Gecis）成立，带领印度走向大规模服务外包时代。[51]

阿莱克斯·泰勒（Alex Taylor）是英国电信集团（British Telecom）技术服务经理，他去印度参观，不由感叹道："还有哪些业务包不出去？因为如今的印度人可以在本土替我们完成任何任务。"[52] 印度经理也有同样的想法。"所有事我们几乎都能做，而且我们做得更快，价格更低，质量更高。"印度一流软件公司印孚瑟斯的总裁南丹·尼勒卡尼（Nandan Nilekani）如是说。[53] 英国电信集团最终决定把信息技术流程成套外包给印度公司。

公司争相降低成本，提升获利能力，唯恐落后。西方许多顶级高管也和泰勒有同样的想法，这令西方员工脊背发寒，但是数百万印度应届毕业生则心中窃喜。世界上所有大公司都宣布解雇本土员工，低成本雇用国外员工，这样的通告貌似没完没了。美国劳工领袖为之恐慌，他们抱怨道，全球化意味着"公司高管只要点一下鼠标，就能把资本转移到万里之外，数据沿光缆传输的一瞬间，工作岗位就奉命离开本土，迅速飞往地球另一端"。[54] 通用汽车公司则将成套信息技术流程外包给 IBM 和惠普，再由 IBM 和惠普将任务分配到国外完成，不少公司采用这种做法。[55] 下岗员工不仅深受伤害，而且忍辱负重：公司往往要求他们在离职之前，花数周时间培训那些即将取代他们的国外员工。[56]

客户关怀服务、呼叫中心和医疗转录服务的外包只是个开始。通过信息技术实现的服务存在巨大的外包潜力，而且这种潜力与日俱增，其中既有物理硬件和公司计算机网络管理，也有业务软件的维护和开发，还包括法律文书、税务筹划、研究、分析和工作流程建模等服务。开始的时候，所谓外包，仅仅是工资套利，或是将低端工作岗位移至国外以降低成本，但是如今，它已经成为大规模的系统改革——通过大调整，将公司变为高效的全球运营单位，在全球范围内整合专业知识和效率。2006 年年初，《商业周刊》发表文章，详解介绍这样的转变往往会带来什么样的结果："简柏特（Genpact）、埃森哲（Accenture）、IBM 咨询公司或其他大型外包公司派遣团队，细致分析人力资源、金融或信息技术部门的整体工作流程。然后，这个团队会帮助公司建立新的计算机技术平台、重新设计所有流程，并且管理项目，就像分公司那样运作。然后，承包商将工作分派到全球职工网络，最终散布在美洲、亚洲、东欧等世界各地。"[57]

低工资，高带宽

当年，欧洲商人借季风和三桅帆船把成船的印度纺织品运送到欧洲市场，如今，季风和帆船被光纤光缆组成的电子高速公路取代，运送的产品也与往日不同——它们是声音、文本、数据和思想。托马斯·弗里德曼在《世界是平的》一书中解释说，诸多因素同时发力（微软操作系统之类的通用软件平台横空出世，网景浏览器使得整体合作成为可能，掌上计算机以及网络电话等新技术出现，美国网络公司泡沫破灭），空余带宽产生[58]，从而为印度迎来外包繁荣创造了条件。[59]之后10年内，通用电气公司以及其他众多公司迅速赶到印度，利用那里刚刚发现的资源。到2006年时，承接外包业务的印度人已经超过100万，这些公司日夜加班，为美国和欧洲公司落实各项客户关系和后台服务工作。

左翼知识分子迅速批评这一现象，将呼叫中心员工称为"当今全球化时代的网络苦力"，但是印度人急于抓住电子高速公路带来的机会。[60]不仅印度，其他已连通高速网络并拥有受过教育人口的国家也是如此。从爱尔兰到立陶宛，从塞内加尔到菲律宾，大学毕业生如今不必离开家，就能在外国公司找到工作。2004年，我参观位于班加罗尔市的印孚瑟斯厂区，在玻璃饰面的大厅内，许多青年男女坐在计算机显示器前面，为他们的外国客户做维护工作，这些客户的服务器却远在欧美。同样，在达喀尔郊区的一家呼叫中心，我也看到数百名年轻的塞内加尔人坐在那里，头戴耳机，教法国（塞内加尔的前殖民宗主国）境内的客户修理洗衣机或安装电邮软件。这些员工不仅乐业，而且和发达国家同类员工相比，其工资也只是九牛一毛，他们凭借信息技术的协助提供服务，突然扩增外国公司能够利用的人力资源库，因此将联网国家变为世界的后台服务办公室。

只剩下大亨和美发师的国家

大规模的公司重组悄然开始，尽管只有贸易杂志注意到这一动向，但是全球化的幽灵却因此更加迫近。2005年麦肯锡全球研究院的一项调研预计：从软件到信息技术，从银行到保险、制药，再到工程以及会计行业，共有13%～50%的工作岗位可以派至国外。[61] 普林斯顿经济学家艾伦·布林德（Alan S. Blinder）在《外交》杂志上发表文章，其中的预测更加悲观。他写道，电子时代即将来临，目前美国服务业岗位可能会大批流向国外，外流服务业岗位总数可能为目前制造业岗位总数（约为1400万）的2～3倍。到目前为止，服务业国外建厂的现象并不严重，但是，"最终它可能发展为第三次工业革命，工业革命总有办法改造社会"。[62] 美国就业市场上，岗位流动原本是司空见惯的现象，但是令一些经济学家担心的是，多数新岗位在国内服务业，而且薪资低。英国制造业技术工人联合会（Amicus）警告说，除非政府采取行动遏制外包浪潮，否则英国将来就会成为只剩下"大亨和美发师的国家，除此之外，别无他物"。[63]

许多美国和欧洲公司实施外包，进一步弱化了全球公司原本就薄弱的地域忠诚度。大型跨国公司的国外销售量占总数的60%~80%，执行经理们把忠诚献给了全球消费者，而非留给单个国家或其国民。戴尔（Dell）是世界上最大的计算机制造公司，它43%的销售收入来自美国之外的国际市场。难怪，戴尔为国外业务雇用的员工比负责美国国内业务的人数多5倍。2002年的一项调查显示，50家世界最大的跨国公司内，有55%的员工和59%的销售额来自"祖国"之外的其他地方。[64] 借用一位英国银行家的话说，由于全球化的发展，新市场的开放，"公司是否还和国家联系在一起，这话越来越难说"。[65]

参与世界就业市场竞争的白领劳动力数量惊人，单单这一点就让人担忧全球化的后果。公司领导也忧心忡忡，英特尔公司首席执行官克瑞格·贝瑞特（Craig Barrett）就曾拉响警报。"看看印度和俄罗斯，"在接受一家报纸的采访时，贝瑞特说道，"它们都是历来就重视教育的国家。就算那里的人民有相当一部分是没有受过教育的农民，仍然还有大部分受过教育的国民，哪怕只有3000万人受过教育，也比美国劳动人口总数还多。"[66] 这个数据看上去确实让人震惊，但是我们仍然得考虑另外一些事实——尽管很少人知道、了解这些事实，但是正是它们严重限制了大规模岗位外流的可能性。比如，印度每年产生40万名工程师，但是由于国内教育质量普遍糟糕，其中只有四分之一的工程师被视为合格[67]，具有世界级工程师能力，或是具备足够的语言能力、能够在国外公司任职的人比例就更少。研究表明，尽管媒体一再报警，但是在损失的全部岗位之中，流向国外的美国或欧洲岗位仅占一小部分。2004年第一季度，美国的初步数据显示，失业总数中，因"国外派驻"而造成的岗位损失仅占1.9%。[68] 公司外包某些职能以节约成本，这种趋势确实在上升，但是大部分工作仅仅分流到本国其他公司，而且将来可能依然如此。以通用汽车为例，它把许多组件的生产分包给德尔福公司（Delphi Corporation），并且从独立的美国供应商处采购重要的汽车零件——分包过程在国内完成。调查显示，多数外包岗位仍将留在国内，这并不是任何政策壁垒在起作用，而是由公司的特殊情况决定的，比如运营问题、管理层对国外建厂的敌视态度，以及生产规模太小无法获利等。管理咨询公司麦肯锡调研后发现，花费在印度建厂的每一美元都能为国内带来1.12~1.14美元的收益，这说明，不能仅仅从劳工就业角度看待这一现象。[69] 弗雷斯特研究公司（Forrester Research）的预测则比较危言耸听：未来15年间，将有330万美国岗位被外包；但是，如果冷静思考，人们不难发现，平均算起来，每年仅有少于0.2%的美国员工受影响。[70] 但是，事实和数据作用并不大，因为这个问题不仅和经济有关，更关乎人们的心态。重要的是，正如政治经济学家大卫·罗特科普夫（David Rothkopf）所说，大多数岗位并非被外包到印度或中国——大多数岗位"被外包到过去"。[71] 这些岗位因新技术的出现而遭淘汰，并非被外国人抢去。比如，许多办公室不再设接待员，由语音信箱取而代之，航空公司则用在线电子订票取代了票务员。无论在欧美，还是在日本和韩国都出现了这种趋势。在韩国，激进的工会总是抨击大公司，投票给民粹主义政治家。在西方，政治家利用中产阶级的恐惧大做文章，把岗位流失打造成热门议题，从中捞取政治资本。由于受服务岗位外包影响的人们大部分是具有政治影响力的白领员工，所以他们的不平听者甚众。普林斯顿经济学家艾伦·布林德警告说，一直以来，在国外建厂大潮中，蓝领工人默默承受苦难，但是"这群新的下岗员工不同，他们不会再被动承受，或是保持沉默，那些教育程度更高的下岗员工更是不会逆来顺受"。[72]

波兰水管工的幽灵

自然，对全球化的恐惧并非仅仅源于外包。周边贫穷国家中，有越来越多的移民涌进富裕的西方国家，这激发了更深刻的恐惧。一波又一波的新移民"走出非洲"，源源不断地抵达欧洲海岸，激起恐慌之情：当地人既担心失业，又害怕国家特征就此改变。美国的非法移民约为1300万，非法移民现象成了非常具有争议性的议题，也激化了美国内部的矛盾。经济学家米拉诺维奇注意到一个颇为讽刺的现象："两个大国经济迅速发展，令人们担忧工作岗位流失的风险；具有讽刺意味的是，其他发展中国家经济发展缓慢，又引发了人们对移民的恐惧。"[73] 无论是从亚非一路颠沛到欧洲的移民,还是穿过墨西哥边境到美国的移民,都来自未能登上全球化火车的相对落后国家。米拉诺维奇指出,1980年,墨西哥的实际人均收入(根据墨西哥和美国价格水平差异调整后的数据)是美国的三分之一。如今,这个比例几乎是4.5∶1。每天都有贫穷的非洲人来到西班牙控制的加那利群岛或是意属地中海兰佩杜萨岛,他们大多来自那些50年来经济发展缓慢的国家。

欧洲工人秉承强大的工会传统,他们抵制美国人已经司空见惯的岗位流失现象。但是,他们要求终身工作保障和福利,这就意味着,公司宁愿在国外投资新项目,也不愿意承担国内的长期工资负担。其中一个后果就是,整个欧洲的失业率居高不下。另一方面,经济增长率持平,欧洲人口老龄化,为提供退休福利,支付医保成本,政府负担日益加重。尽管面临强烈抗议,德国总理格哈德·施罗德(Gerhard Schröder)仍然主导政府削减养老金,限制就业保险,并且为此付出代价——他们在2005年选举中落败。

欧洲出现了一系列社会问题,比如社会保障水平下降、失业率居高不下、收入差距持续增大,等等——难怪人们会把这些问题归咎于全球化。法国是对全球化批评最猛烈的欧洲国家,但是它本身也是个意味深长的例子,展示出全球一体化的两面性。为了促进发展,法国利用优惠条件吸引外资,但是总统雅克·希拉克(Jacques Chirac)发布民粹主义言论,公开表达对全球化批评者的同情。在欧洲，法国接受的国外直接投资额位居第三，2005年，外国人在法国的直接投资高达 500 亿美元，占国内生产总值的 42%。法国公司能够将生产过程挪至国外，并外包各项服务（达喀尔的呼叫中心就是其中一例），这不仅提高了利润，而且让公司能够不动声色地拉低国内工资水平：接受我们的条件，否则我们就搬到印度或者波兰。过去数年间，法国经济曾迅速增长，而且国内有强大的工会组织，所以出现了双极社会：高工资、高福利的"内部"工人阶层，工时不足或失业的"外部"流民阶层，后者的队伍在发展壮大。欧盟扩大，吸收苏联阵营国家加入之后，"波兰水管工"以及其他移民就像幽灵一样，他们利用欧洲劳动法中的相关规定，进入西欧劳动力市场，不仅成了法国大众的噩梦，而且惊扰了英国各行业劳工。整个欧洲涌起反移民思潮，德国和法国尤甚。近年来，法国城市贫民窟内年轻的失业移民以及宽裕中产阶级的后代都掀起骚乱。

2006 年春季，法国政府曾试图改革劳动力市场，这触发了中产阶级青年的强烈抗议。具有讽刺意味的是，就业改革方案原本会鼓励企业雇用更多的年轻人。但是，面临暴力骚乱，计划被迫流产。法国和某些其他工业国家一样，似乎陷入矛盾之中。一方面，法国因全球化受益，其成功的全球性公司为它带来了财富，它鼓励外商投资，令法国与世界融为一体；另一方面，法国采取保守的社会政策，坚持民粹主义立场——试图保护国民，不让他们承受不可避免的竞争压力。整个国家的经济状况因全球化而改善，而公民却为不确定性感到担忧，畏惧竞争。"你认为全球化意味着什么？"这是 2005 年一项民意调查中，调查人员向 20~25 岁年轻人提出的问题。48% 的受访者回答"恐惧"，仅有 27% 的受访者回答"希望"。[74] 法国作家帕特里克·阿特斯（Patrick Artus）2005 年出版著作《海外建厂：我们明天还会有工作吗？》（*Délocalisations: aurons-nous encore des emplois demain?*），详细阐述了这种恐惧。

20 世纪即将结束之际，美国工业圈内最可怕的一个词就是"中国价格"。中国员工乐意以低于美国平均工资的价格工作，因此美国人开始担忧未来：美国工资可能骤降，制造业工作岗位可能会大量流向中国。到 2006 年，甚至连支持全球化的西方人也开始担心中国和印度从全球化中获益，但是，用斯蒂芬·罗奇（Stephen Roach）的话说："在发达国家，靠工资和劳动收入生活的一代却恰恰因为同样的原因而遭遇强劲的逆风。尽管经济复苏，但是高薪的工业国家中，将有越来越多的人失业，或是人们的工资会越来越低，或是同时存在这两种变化。"[75] 担忧的论调几乎成了"主旋律"，经济学家约瑟夫·斯蒂格利茨还就岗位外包发出警告。"美国等富裕国家的工程师和计算机专家将来要么被迫接受降薪，要么被迫失业，或是另寻高就——工资几乎非降不可。"[76] 而国际货币基金组织竟然同意斯蒂格利茨的预判。一位国际货币基金组织的高级官员介绍该组织对 2006 年经济形势的展望时说，他承认，在那些充分开放并面向全球竞争的行业内，国外竞争已经限制了工资增长，甚至降低了和生产率提高相对应的工资敏感度。这位官员指出，这未必意味着全球化一定会降低工资，因为全球化同时还刺激生产率。但是他不得不承认："全球化对工资的影响将引发越来越多的争议，发达国家的总产出中，劳动收入所占比重会持续下降，这更加令人担忧。"[77]

赢家和输家，尽人皆知

全球化到底是帮助了穷人，还是坑害了穷人？这是一个古老的辩题，但是在第二个千年初期，世界的发展又为这个辩题增加了新的变数。20世纪90年代以来，尤其是西雅图反全球化骚乱以来，全球化的反对者和支持者一直争论不休：发达国家和发展中国家之间进一步实现经济一体化，到底有什么样的好处和危险。

20世纪90年代初，以不同调研单位搜集的家庭调查数据为基础，世界银行估计，发展中国家总人口中，收入低于一天1美元（按照1993年价格计算）的人口比例已下降。世界银行经济学家大卫·多拉尔（David Dollar）认为："在这个全球化时代中，世界上飞速发展的经济体都是那些积极地融入世界经济的发展中国家。"根据世界银行的调研，在人口众多的部分亚洲国家，贫穷状况迅速改善，印度、印度尼西亚和越南莫不如此。1981—2001年，在印度，从63%降至42%；在印度尼西亚，从55%降至11%。但是批评者质疑说，消除贫困的原因未必是全球市场开放,难道拿下头功的不是各国正确的政策举措吗?比如印度掀起绿色革命。

反全球化批评者坚持认为,全球一体化导致国内不平等现象加剧,穷人却没有获得好处。但是,支持这种说法的数据最多只能用"含混"形容。基尼指数(Gini coefficient)是个用来衡量不平等的常用指标(0 代表完美平等,1.00 代表完全不平等),该指数显示,迅速走向全球化的印度,消费差距仅仅略有增长,达到 0.33,但是另一项反映资产分配不平等程度的标准基尼指数却显著增长。2002 年,印度农村的基尼指数为 0.63,城市的基尼指数为 0.66。[78] 还有一项数据值得注意,1980 年之前,历史上极端贫困人口总数一直在增长。1980 年后,尽管世界人口增加了 18 亿,但是极端贫困人口总数却减少了 2 亿。这种进步鼓舞人心,但是 16 亿人依旧在贫困中挣扎。

经济学家讨论全球化和贫穷问题,从而能以新眼光考察一个古老的问题:贸易到底是促进了全面繁荣,还是加深了贫富差距。世界银行经济学家大卫·多拉尔和阿尔特·克拉(Aart Kraay)调查 92 个国家近 40 年的情况之后,得出结论:尽管贸易促进了经济增长,但是就收入分配而言,其作用不偏不倚——换言之,贸易对所有收入群体具有同样的影响。[79] 另一方面,世界银行经济学家伦德伯格(M. Lundberg)和斯夸尔(L. Squire)以 38 个国家为样本,调查它们 1965—1992 年的变化,得出结论:加大贸易开放程度,帮助社会上层增加了收入,但是却降低了占总人口 40% 的最贫困者（以购买力平价为依据，经测定一天生活费低于 1 美元者）的收入。两位经济学家写道，穷人独自承担了为适应贸易进一步开放而付出的代价，因为和那些富有的同胞相比，穷人深受国际价格变化的影响。[80]

最终我们应该得出什么样的结论？在 2003 年所做的调查中，世界银行的布兰科·米拉诺维奇使用更详细的新数据，其中包括 95 个国家的家庭收入，他的结论与分析师伦德伯格和斯夸尔更接近。"我们发现了相当坚实的证据，表明收入水平非常低的情况下，因开放而获益的，就是富人。"但是，中等收入国家的收入水平上升过程中，和占人口 20% 的最富裕人群相比，穷人和中产阶级的相对收入上升。米拉诺维奇得出结论："看起来，开放最初会加大收入分配差距，但是后来则改善分配不公的状况。"[81] 总体而言，调查结果显示，贸易发展可能导致不公平状况恶化，因为最贫穷者的收入增长更缓慢。总人口之中，以及整个国家之内，部分人群和地区享受优惠条件，能够从全球联系中获得更多好处，他们往往遥遥领先，而那些不幸的人与过去相比，显得更加落后。对于穷人之中的最贫穷者而言，贸易是否也能起到发展引擎的作用？尽管"永远不可能"未必是正确解答，但是贸易必须首先提高平均收入，之后才有可能增加穷人的实际收入。

拉丁美洲和非洲的可疑进程

20 世纪最后数十年中，全球化以贸易增长和资本流动为特征，它在非洲和拉丁美洲却表现为令人生疑的进程。实际上，在拉丁美洲和非洲，许多人往往觉得，全球化不过是西方企图再次实施殖民政策的把戏而已。20世纪90年代，拉美国家采用政策努力推进全球化，但是仅仅实现了1%的人均增长率。经济学家南希·伯索尔（Nancy Birdsall）语带嘲弄：全球一体化带来的好处落入"少数特权人士囊中，他们要么有大学文凭，要么善于把握时机，把资产转移到了外国"。[82] 非洲是历史上的全球化迁移之母，也是实施开放贸易政策的大洲之一，却成为全球化进程中的反面典型。20世纪90年代，改革确实为某些国家带来投资，也有些国家（比如毛里求斯）实现了高速增长，但是非洲三分之二的地区陷入贫困。1981—2001年，生活在国际贫困线以下（即每天花费不到1美元）的非洲人所占的比例从42%增加到47%。但是，（如上文所述）印度的成功不能全部归功于全球化；同样，非洲的衰落也不能全部归咎于全球化。撒哈拉以南非洲地区陷入赤贫，背后的原因众多：一系列的历史原因、政府管理混乱、地理条件差、气候灾难、疾病侵扰，等等。20世纪80年代，非洲海岸国家原本能够吸引自由投资，但是由于政府管理不力，基础设施匮乏，最终错失良机。投资者转而涌向亚洲。伯克利经济学家普兰纳布·巴德汉（Pranab Bardhan）说："和全球化批评者的指责相反，全球化并非造成发展中国家困难的主要原因；和自由贸易的疯狂支持者的鼓吹也相反，全球化并非解决这些难题的主要手段。"[83]

实际上，对穷人而言，全球化到底有益还是有害？关于这场古老的辩论，穷人自己已经给出答案。反对全球化的积极分子聚集在国际会议会场之外，代表穷人发表演讲，为世贸组织的失败而欢呼，但是大多数真正的穷人希望融入全球化进程。早在 2003 年，皮尤人民与新闻研究中心（Pew Research Center for the People and the Press）在一场全球调查中就发现了一种趋势：和富裕国家相比，低收入国家的人民对全球化的看法要积极得多。如今，这种趋势已经非常明显。皮尤调查显示，世界范围内，大多数人认为全球贸易的发展、商业关系的深化对他们的国家有利；但是在美国和西欧，只有 28% 的人认为这种融合"非常有益"。再来研究一下对全球化的负面评价，富裕国家中，有相当一部分人（27% 的家庭）认为"全球化对本国产生了负面影响"，相比之下，在亚洲（9%）或撒哈拉沙漠以南的非洲发展中国家（10%）中，支持这一观点的家庭数目则微不足道。该调查得出结论："发展中国家的人民不仅普遍渴望民主和自由市场，而且大体上认可并接受全球化。"被调查者中，几乎每个国家都有四分之三或更多的人认为如今的孩子必须学习英语才能在世界上获得成功。[84] 对穷人而言，全球化意味着面向世界开放，是获得他们渴望的，曾在电视屏幕上看到的产品和服务的途径。

2005 年，尼尔森（A. C. Nielsen）在线调查欧洲、北美、亚太、拉美、南非和中东等地 42 个市场上的 23 500 名消费者。调查结果引人注目：在发展中国家和地区中，出现了新兴的中产阶级，他们因全球化获益。对这些人而言，全球化意味着更好的工作机会，带来职业发展的福音，持这种想法的印度人（78%）最多，菲律宾人（73%）紧随其后，中国人（71%）则位居第三。超过半数的拉美人（57%）和亚太消费者（53%）相信，在本国市场内，由于全球企业增多，人们有了更多的工作机会和更好的职业生活。[85]

发展中国家的人们对全球化的看法更积极，这本在情理之中。世界各地通过贸易和旅游建立了越来越紧密的关系，世界并未因此走向平等，但是显然实现了经济增长。1985年以来，生活在贫困中的世界人口所占比例持续下降，但是贫困人口绝对数量从1亿增长至16亿。[86] 和过去不同，在今日全球化进程中，这些受冷落的人不可能再被忽略。由于电视在全球已经普及，就连最穷的人也知道西方的富人，甚至包括他们本国的权贵过着什么样的生活。在许多国家，穷人急于加入全球化世界，由于求之却不得，他们的愤懑和挫败感对社会稳定构成威胁。前文介绍过，在全球化的进程中，总是"几家欢喜几家愁"，而赢家往往成功地为发展全球互联互通关系制定规则。目前的西方反全球化思潮就被视为又一例证：一旦觉得利益受损，掌握权力的一方就试图改变游戏规则。从鸦片战争时代开始，西方人一直在鼓吹自由贸易的好处，但是现在，他们貌似突然为希望加入全球贸易系统的中国人、印度人和越南人感到担心。中国和印度正在崛起，而且影响了西方的经济，对此西方人越来越担心，但是在发展中国家，许多人却认为，这种担心根本就是杞人忧天。发展中世界的无数民众都清楚地意识到，由于被关在世界市场之外，他们的哪些权利被剥夺；他们也明白，在他们和那些全球化受益者之间，存在着巨大的鸿沟。今日全球化进程中，相对落后者的困境尽人皆知。在历史上，人们总是受希望、欲望和恐惧交织的复杂情绪影响，至今如此，而且程度越来越严重。与帆船及骆驼商队时代不同，今日世界高速连通，合为一体。从历史观点看，世界一体化进程已经持续了数千年，今日全球化世界也从中诞生，这一进程无法逆转。人们可以竖起壁垒，延缓这一过程，但是全世界的联系只会越来越密切，而那些壁垒仅仅是临时障碍而已。同时，高速全球化也带来一些问题，令人们心中不公正、不平等的感觉越来越强烈，这些都是不容忽视的事实。韩国农民李耿海在坎昆自尽，像他这样的抗议者也许不多，但是在发展中国家有无数人被遗弃在互联世界之外，或是只能吃点儿全球化盛宴留下的残羹冷炙，这些人的怒气在沉默中郁积，如果无视这些人的困境和愤怒，世界稳定将深受威胁。那些在全球化进程中受益的人，无论身处发展中国家，还是发达国家，都不会走上街头赞美全球化——这一事实不会改变。波音公司的员工不会因为中国和印度重金订购珍宝客机而上街游行，表达对全球化的支持，同样，幸福的消费者也不会列队游行，为沃尔玛成排的商品纷纷降价而欢庆。但是，西方人普遍享受的高水平生活和全球化有密不可分的关系：西方国家和发展中国家的关系日益密切，并且为其公民提供更多机会改善生活，令西方人从中获益。今日互联互通的世界中，可供使用的人力资源以及创造力无比丰富，如果富裕的工业国家为了逢迎今日的政治风向，突然试图阻断全球化进程，这将是个严重的错误。20世纪早期的战争和衰退为我们提供了深刻的教训：世界一体化发展过程中，会出现一些不可避免的问题，如果因为找不到简单的解决方案就强制性地切断人类社群之间的联系，那后果将十分可怕。

第 10 章　前路漫漫

The Road Ahead

> 手中有钱使，哪知世事艰？
> 囊中有余钱，为欢几时休？
> 现世枉沉沦，何曾畏阴司？
> ——17 世纪西班牙诗人贝尔纳尔多·德·巴尔布埃纳（Bernardo de Balbuena）

2006 年 11 月初，为了兑现很久以前许下的诺言，我登上大韩航空 KE82 次航班，从纽约直飞首尔。尽管我得在飞机上待 14 个小时，但是当时我正为完成这本书稿而忙得焦头烂额——这个历时 5 年的项目已经到了收官阶段，所以我十分乐意出行：忙里偷闲，休整片刻。我还希望借旅行之机，反思一下我学到的知识——数千年来，我们的生活如何演变为今天的模样，最好还能为将来的研究找到大致方向。

事实证明，我在飞机上的经历丰富多彩，远远超过预期。午饭吃的是"bulbibi"，这是一种韩国传统风味的米饭，外加蔬菜和碎牛肉，上面浇一层芝麻油和红色辣椒酱。吃过午饭，我不知不觉地进入梦乡，睡了几个小时。睡着之前，我回忆起来，芝麻油是人类最早学会炼制的植物油——3000年前，印度人掌握了用芝麻榨油的方法，后来芝麻油还成为印度面向罗马帝国的主要出口产品。辣椒酱用塑料管包装——16世纪，葡萄牙和西班牙商人把这种墨西哥植物带到亚洲，如今辣椒已经投入工业化生产。佐餐葡萄酒则产自智利和加利福尼亚。载我飞越太平洋的波音747-400实现了人类飞行的梦想，它也是数千年来人类不断试验、大胆尝试后获得的成果。这架客机的许多部件来自世界各地，并运至华盛顿州埃弗雷特市（Everett）的波音工厂内组装。那么这顿午餐吃的米饭到底是哪里来的？韩国、美国得克萨斯州、越南，还是泰国？我想着想着就睡着了。醒来时，机舱内一片昏暗，平板电视屏闪着诡异的光芒，像洒在舱内的点点繁星——我有一种置身外太空的感觉。我打开遮阳板，想看看脚底的世界，迎头炫目的阳光几乎让我瞬间失明。眼睛适应强光之后，凭着轮廓，我分辨出了阿拉斯加州——它越退越远，飞机在迷雾茫茫的太平洋上遨游。我不禁暗自称奇：大约1.2万年前，人类祖先在这片荒无人烟的大地上跋涉，穿过冰雪覆盖的白令陆桥，自那之后，海平面上升，白令陆桥没入水中，亚洲和美洲从此隔水相望。我关上遮阳板，打开笔记本计算机。

计算机正在加载 Windows 操作系统，我发现在系统任务状态栏内，有几条绿色显示棒变亮，随即屏幕上弹出一条消息，告诉我此处有可用的无线互联网。我兴致勃勃地点开，发现计算机正在接收网络信号，而提供无线网络服务的，正是波音连接公司（Connexion by Boeing）。这项服务居然免费——次年1月1日，公司将不再提供 Wi-Fi 服务，之前则算是送给乘客的礼物。我迅速打开电子邮箱，并且给在世界各地居住的家人群发了一封邮件，这封邮件飞到万里之外，落入位于不同时区、不同大洲的家人手中。之后我舒舒服服地坐好，先读取邮件，然后回复。此时，我逐渐意识到通信革命的震撼之处——本书之前已经详细叙述过这一革命进程。现在我坐在机舱内，以每小时约 885 千米的速度飞越太平洋上空，同时使用我那台不起眼的戴尔 Latitude 笔记本电脑，从位于纽黑文的耶鲁大学服务器中读取存储信息。我和数百人同乘一机，而这架飞机称得上是一间虚拟办公室。我是一名离开家找寻世界的记者，属于冒险家一类——无数冒险家为世界变小做出了贡献。那天下午，我仍然在充当冒险者，执行着联络任务：坐在大韩航空 KE82 次航班上，向世界各地发送电子邮件，以此拉近各地的联系。

查收电子邮件之后，我点开谷歌新闻（Google News），那里汇聚了来自不同网址的世界要闻。根据我读到的新闻标题判断，飞机之下的世界问题多多。身处高空，不仅看得到大地的轮廓，还能读到新闻，了解到地球表面发生的种种事件，我有一种奇怪的感觉：仿佛我是个地球之外的旁观者。我猜，当阿波罗号上的宇航员看到地球球体悬浮在漆黑一片的外太空时，也有同样的感觉，不过，他们的感觉想必更真切、更震撼。在身体上，能和地球保持一定的距离，但是意识上却与脚下这颗蓝色星球息息相关——人们在阅读古老文明的历史时，也曾有类似的感受。

我暗自猜想：人类通过贸易、宗教、移民和帝国统治等种种手段，重拾和其他社群的联系，在此期间，人类到底走过多少旅程？亚述商人普苏-肯随身携带着用来记录商品库存的小块泥简，如今已经被黑莓手机上的电子表格取代。集装箱船和货运飞机已经取代了毛驴和商队。今天，大批布道者当属在卫星电视上播送福音的远程传教士和网络上的非政府组织活动家，他们警示世人：人权遭到践踏，环境步步恶化。昔日的冒险家屈指可数，今天的游客达数百万之众，他们和我一样乘坐客机，使用全球卫星定位导航系统，再也不必趴在帆船上，靠观察星象辨别方位。帝国的工具从弓箭升级为坦克、洲际导弹，还有"掠夺者"无人机（所谓的"飞行员"端坐在位于内华达州的空军基地内，只要按下开关，就能向位于千里之外的目标发射导弹）。世界越来越小，但是读着新闻标题，我却意识到，人类选择了，或被迫走向了不同的发展道路，各个人类社群的距离越来越远。

数百万人脱贫

当西伯利亚和中国海岸线出现在眼前时,我正在思考:全球各地之间的关系如何改变了我到访的这个大洲。在亚洲大片地区,仅仅在一代人的时间内,成片的稻田就被繁忙的大都会取代,在那里,处处都是流光溢彩的摩天大厦、熙熙攘攘的购物中心。在那些与世界联系更紧密的发展中国家,全球化对群众脱贫起到了多大的作用?不同的人可能会持不同观点,但是大家公认:商品、资本和技术流动都是必要条件,否则这些国家不可能如此迅速地改善人民生活。

但是浏览新闻标题,不难看出:这个世界也充满愤怒和焦虑——人们为全球互联互通的后果感到忧虑。在个别发展中国家,贫穷仍在加剧;而在部分发达国家,由于经济不平等和失业状况更加严峻,人们越来越害怕失业,于是他们强烈要求国家实施贸易保护政策,并对移民加强限制。与此同时,高速经济增长导致环境恶化,而气候变化也不再是一种遥远的威胁,它成了迫在眉睫的忧患。

与全球化有关的忧虑多种多样,人们经常清晰表达出的某些忧虑来源于穷国和富国之间的收入不平等,以及面向全球贸易市场开放的国家内部出现的收入不平等现象。我们将世界各部分之间的互联互通状况称为"全球化",但是从非洲大部分地区、巴尔干、高加索、中亚、西南亚至南亚、东南亚部分地区,以及加勒比海部分地区却并未加入这种全球互联互通的贸易网络。过去20年来，贫穷国家在世界贸易中所占的份额一直在下降。

　　10多亿人依然在贫困中挣扎，他们的平均生活费低于每天1美元，大多数人可能从来没有用过电话，从来没有离开过出生的地方。由于缺乏基础设施，比如饮用水、初等教育和卫生服务匮乏，没有公路、电和港口等，将近20亿人被遗忘，成了另一个世界的隐形居民，我也不可能乘坐班机到达他们所处的世界。但是正是这些人令发达国家面临道德拷问和实际挑战。在亚洲和非洲部分地区，那些营养不良、疾病缠身的孩子（由于当地农业破产，这样的孩子越来越多，而富裕国家为农民提供高额补贴，正是造成当地农业破产的原因之一）遥望光鲜时尚的西方世界，心中充满无声的责难。在富裕国家的政策制定者看来，这些人仅仅是不安全因素（从非法移民到毒品走私和犯罪，大多是这些人所为）和疾病传播者。一位五角大楼的政策专家称这些地区为"尚未融合的断裂带"，新型的、非传统的安全威胁往往来自这些地区。美国国防部已经不动声色地派出多名特别顾问，在100多个国家举行数千次演习，积极预防这些威胁。但是这种触目惊心的社会经济不平等造成的危险其实是更深刻而且长期存在的问题。[1]这些被冷落的人群蕴藏着巨大的人类潜力，但这种潜力无法被利用，这不仅限制了发达国家和高速发展国家的商品和服务市场的开发范围，而且会造成经济停滞、国家破产，继而滋生越来越多的非法移民，并为犯罪和恐怖主义提供后备军。

在人类历史之初，冒险家和移民是全球化的主力军，但是如今他们被视为威胁全球化世界稳定的巨大隐患——这也是一出深刻的历史讽刺剧。2005年，根据联合国提供的数据，国际移民人数约为2亿。如果他们都居住在一处，那就相当于世界第五大人口国巴西的人数。国际移民人数随时还会增加。

在那些欠发达国家看来，尽管移民汇款带来可观的收入，但是大规模移民未必总是带来好处。此外，还存在一股逆势移民趋势：大多数发达国家，甚至连抵制移民的日本，也制定法律鼓励国外医生、工程师、程序员以及来自发展中各国的工商管理硕士移民。学业有成的人员出走，穷国往往因此陷入停滞，走向衰落。比如，在撒哈拉以南非洲地区，某些国家的医疗服务系统就遭受重创。与此同时，非洲和亚洲医疗工作者在英国从事医疗服务工作。据称，自从赞比亚独立之后，仅有十二分之一的医生仍在国内行医。有关专家估计，在英国北部城市曼彻斯特一地行医的马拉维医生比马拉维全国境内的医生还要多，而马拉维的人口有1300万之众。[2]

事实上，移民危机是全球就业危机，其元凶是"尚未融合的断裂带"中各国的经济衰败。国际劳工组织提供的数据称，2004年，全球约有1.85亿人失业，全球28亿工人中，一半以上的工人每天收入不到2美元。高收入国家的人均国民生产总值增长速度是低收入国家的66倍，所以高收入国家的工作岗位具有前所未有的吸引力。在撒哈拉以南地区，各国经济毫无发展希望，数以万计的人孤注一掷，也要闯进欧洲。2006 年，约 3 万非洲人赶到加那利群岛。塞内加尔人常说的一句俗语"Barcelone ou barxax"，道破许多移民的动机，翻译过来，就是"不到巴塞罗那，就得死"。

大洋彼岸，数千名中美洲农民趁着黑夜在墨西哥沙漠中跋涉，试图奔向灯光闪耀的美国。由于无法和廉价的进口谷物竞争，许多墨西哥农民放弃了农村生活，走上危险的北上之路，沦落为非法移民。大量墨西哥移民涌入美国，这成为大选年中的爆炸性议题。2006 年，民主党在国会取得胜利，威胁到哥伦比亚和美国的贸易协定草案，有人担心，哥伦比亚失去了合法出口的增长机会，走投无路的情况下，毒品走私和非法移民可能会再次猖獗。

"全球化"在拉丁美洲也成为禁忌词。这片大陆曾被称为"地球上最不平等的地方"。[3] 世贸组织多哈谈判过程中，美国和欧洲坚持各自立场，拒绝在扰乱正常贸易的农业补贴议题上让步，发展中国家则拒绝进一步开放国内市场，谈判最终破裂，对非洲、亚洲和拉丁美洲的贫困农民而言，这是坏消息。富裕国家每年在农业补贴上花费 3000 亿美元，比其国外援助款项的 6 倍还多；但是富裕国家愿意提供援助，却闭口不谈市场准入，其说辞显然空洞无力。农业补贴降低了世界农产品的价格（棉花、花生和家禽都是实例），还让发展中国家的农民更难维持生计。

自由资本,失业劳工

发达国家的中产阶级不仅担心移民问题,还害怕世界一体化进程产生的经济后果——尽管长期以来,发达国家一直通过国际贸易和投资推动经济繁荣。电子交易出现,银行业放松管制,金融家可以跨境转移资金,但是对普通公民而言,这未必是一件好事。甚至那些至今还保留工作的人也心存恐惧:在这个急速变化的世界中,他们的技能将惨遭淘汰。

摆脱了束缚的资本四处游荡,寻找更廉价的劳动力或更好的技术,与此同时,美国员工感到越来越无助,而他们的欧洲同行们也是如此。欧盟的失业率一直持续在8%,美国的失业率则长期保持在5%左右。过去30年中,成千上万美国人因自动化和国外建厂而失业。人们害怕,新技术和国际化劳动力市场会威胁到目前依然留在本土的某些中层工作岗位。西方工厂过去能靠生产某些产品持续运营,但是如今中国或捷克共和国也能生产同样的产品,而且每件还便宜几美分,于是西方的工厂被迫倒闭。大批量外国产品进入美国,美国工厂的岗位因此缩减,但是,其中大部分产品由美国设计,却在中国制造。生产厂家移至国外,不仅增加公司利润,而且为沃尔玛提供廉价商品,但是在分配方面,这些福利要么被公司首席执行官收入囊中,要么被数百万消费者平分,那些痛苦的下岗工人却得不到补偿。由于国外的低成本劳动力几乎可以无限量供应,目前西方流失的工作岗位可能再也不会回流——难怪人们忧心忡忡。根据"创造性毁灭"理论，生产率持续上升，导致旧行业凋零，但是同时也催生新行业；但是这一次，这一理论未必适用。旧的工作岗位流失，同等或更高薪资的新岗位却不会出现。教育和再培训原本是解决失业问题的经典对策，但是在新的全球经济形势中，由于高速互联网的连通，在网络的另一端，掌握高技术的员工能够以欧美薪资十分之一的价格接手工作，经典对策未必奏效。

人们不仅担心当前工作岗位的流失，更为未来担忧。即使以降薪为条件保住了某些工作岗位，员工往往也得付出代价，他们的医疗待遇和退休福利降低，长此以往，员工生活水平会逐渐下降。2006年11月，旧金山联邦储备银行（Federal Reserve Bank of San Francisco）总裁珍妮特·耶伦（Janet L.Yellen）在一次演说中坦率发言：经济形势变化，一些员工遭受重创，美国政府应该负责再培训，为他们提供公平的机会，帮助他们重获技能，找到新职业。耶伦指出，为完善社保兜底机制，联邦政府必须承担高成本；为了保护自由贸易，美国应该为员工提供失业和残疾保险，提高最低工资，并且为受全球化影响的员工提供更有力的社会保障。在西欧，人们也越来越愤怒。尽管欧洲有强大的社会保障系统，那里的公司不能像美国公司那样大规模裁员，但是它们以外包相威胁，运用这把悬在员工头上的达摩克利斯之剑成功地拉低工资。具有讽刺意味的是，不仅基层员工害怕失业，就连那些高薪管理人员也担心：不知道哪里会突然冒出对手，或是拥有秒杀市场的产品，或是掌握了新的人力资源，能招募到技术同样娴熟但是薪资低的员工，那管理人员也会被取而代之。如果个体员工希望保持竞争力，就必须时刻准备着，学习新技术，开拓新的职业领域。在许多西方国家，就业增长停滞，社会成本增加，激发了经济民族主义思潮。更糟糕的是，政府貌似束手无策，不知道该如何应对全球劳动力市场扩大造成的失业问题。2006年夏天，美国财政部长亨利·保尔森承认，政府无法针对特定问题迅速拿出解决方案，他接着说："我们将遭遇大动荡。大动荡贯穿人类历史——想想19世纪的工业革命，不难想象到未来会发生什么。我仅仅希望，这一次我们能够更好地控制类似的动荡。"[4]

大洋对岸，英国财政大臣戈登·布朗（Gordon Brown）发布严厉的警告："世界可能重回保护主义老路，以邻为壑，逃避现实，20世纪30年代，各国曾采取这种政策，最终陷入自相残杀的境地。"布朗表达了他的失望之情："具有讽刺意味的是，数百万人原本是全球化的受益人——他们目睹生活消费品价格降低、低通胀、低利率、高经济增长和高就业，但是他们却像受害者那样，反对全球化。"甚至连受益的人也像受到不良影响的人那样思考，他们受到消极的影响，太多人只注意到全球化的害处：制造业岗位流失，服务业岗位因国外建厂而流失，移民进入社区，夺走了工作岗位。[5]

富人的派对时光

其实，公众对全球化持悲观态度，还有另一层原因——财政大臣布朗却并未提起：无论是在美国，还是在其他积极参与全球化的国家，收入不平等现象都越演越烈。2004年，美国联邦储备委员会的一项调查发现，占总数1%的美国顶层家庭拥有的财富比90%的底层家庭合起来的还要多。公司因实施全球化政策而受益，它们向首席执行官支付天价薪酬，而普通员工的工资却止步不前。美国联邦储备委员会指出，2004年，一位寻常的美国总经理的总薪酬比普通美国员工多170倍；在英国，则多22倍；在日本，多11倍。旧金山联邦储备银行总裁耶伦警告说："多种迹象表明，不平等现象越来越严重，激发人们对全球化的抵制，破坏社会和谐统一，最终会葬送美国民主。"耶伦承认，技术变革和全球化已经开始影响受过良好教育的中层员工，"和那些受教育程度较低的同事相比，这些中层员工原本职业稳定，但是他们现在发现，自己的岗位也朝不保夕"。[6] 2006年11月，美国中期选举期间，民主党候选人以保护主义为政治平台，对群众因失业和不确定性而产生的愤怒做出反应，结果在中西部工业地带的民调中取得绝对优势，反全球化思潮之盛，可见一斑。选举日的投票后民调显示，有40%的选民说，他们预计下一代美国人的生活水平会降低，相比之下，30%的选民预计生活水平会提高。产业领袖注意到了这种悲观态度。全美对外贸易委员会（National

Foreign Trade Council）主席比尔·赖因施（Bill Reinsch）承认，即使美国出口迅猛增长，"全球化是好事这种说法也已经失去市场，应者寥寥"。赖因施说："过去有不少人相信这种说法，现在情况完全变了。"[7]

在欧洲，技术和贸易不可避免地造成失业，许多国家的政府未能解决这一问题，所以工人要求实施保护主义政策。政治家们被民意绑架，耍噱头以获得短期效益，所以政府无法做出艰难而必要的决策——维护开放政策。多哈谈判破裂之后，自由贸易的未来岌岌可危，世贸组织总干事帕斯卡尔·拉米提醒世界领袖：保守主义会让人类付出惨重的代价。1930年斯姆特–霍利法案通过，1933年，美国失业率从9%上升至25%；出口减少60%；进口减少三分之二。拉米回顾历史时说："使用制裁手段挑起贸易战，经济国家主义因此甚嚣尘上，而这正是导致第二次世界大战爆发的原因之一。"[8]

在那些试图融入世界经济的发展中国家，某些不平等现象也在迅速恶化：农村和城市之间的差距拉大；融入世界交通及通信网络的城市部门和中产阶级从全球一体化中获益，但是未受教育的农村贫民却远远落后。在印度，全球化带来繁荣景象，但是它造成的贫富差距也让人触目惊心。

历史上，国家不断开放，新技术不断发展的过程中，总会有些人获得成功，但是也有很多人输得很惨，这样的例子不胜枚举，人们也多次反对过全球联系造成的影响。历史上各地之间的相互关系和今天的全球化相比，最大的区别在于信息。在今日超级互通的世界中，反对全球化的声音也会以更快的速度升级、传播。2006年年初，电视新闻和在线博客放出风声：一些公司预计会被出售给外国人。这些报道瞬间激起欧美境内的经济国家主义思潮，政府被民意裹挟，迅速采取并不明智的行动——从媒体报道到政府被迫迎合，速度都如电光火石一般，这体现出快节奏的全球化面临的困境。在发展中国家，通信革命同样加大了社会压力。大城市的灯火不再是远方明灭的幽光。无论身处乡村窝棚、城市贫民窟，还是最边远的农舍，电视观众足不出户，就能在小屏幕上看到迷人的城市之光。今天，穷人太了解富人如何生活。问题曝光的速度远远超过其解决的速度——政府需要时间计划并实施明智的政策，才能解决这些问题。

新闻和图片能够即时传播，能够随时与外部世界互联互通的公民成了思想和信息的观察者和消费者——甚至连那些和外部世界稍有关联的公民也是如此。在海啸或地震发生的时候，那些反映自然灾害和人类苦难的图片唤起人类发自本能的同情心，并能争取到受众的支持。观看奥运会比赛和世界杯足球赛事的观众多达10亿，拉近了各类族群的距离。但是通过卫星电视和互联网传播的社会、文化和政治话语同样令人迷惑，让人相互疏远，并且加深人们的偏见。

技术进步既增加了人类社群应对全球问题的能力，又让那些心怀不满的人有机会发起进攻，造成危害。惨痛的例子比比皆是，纽约、华盛顿、马德里、伦敦、孟买和巴厘岛都曾受害。2006年11月初，军情五处处长伊莉莎·曼宁汉姆－布勒（Eliza Manningham-Buller）警告说，大约1600名英国宗教激进主义分子一直在策划与巴基斯坦和阿富汗境内的基地组织合作实施恐怖袭击，这种威胁迫在眉睫。

体育频道或电视连续剧吸引了全世界的观众，同样，电视和广播也提供了机会，为仇恨插上自由的翅膀。在征服时间和距离的过程中，全球化也掀起了一场延续数世纪的冲突。那些依然生活在18世纪经济发展阶段的人被带到久已失散的同胞面前，但是后者已经迈入21世纪。这种相遇令人震惊，非但不能促进对话和理解，反而往往激起强烈的反感和仇外心理。

流行病的阴云

国家间的接触不仅引发糟糕的文化冲突，而且带来可怕的病原体。过去（无论是14世纪欧洲的黑死病，还是1918年的大流感），病原体的传播受到运输数量和速度的限制。今天，世界越来越小，出行速度飞快，人类也因此面临前所未有的挑战。我写下这段话的时候，世界正严阵以待：如果潜伏在某个地区的禽流感出现突变后具备人际传播能力，那么新一轮全球流行病可能就此暴发。

但是，2003年SARS疫情却显示出乌云的金边。这次疫情表明，由于世界深度融合，传染病可能会迅速传播，但是全世界也能积极行动起来，阻止疫情进一步扩散。21世纪之前，由于缺乏技术条件，世界卫生组织不具备针对疫情采取迅速行动的能力——即便如此，该组织已经于1977年之前成功地遏制并灭绝天花，毕竟，在20世纪前75年间，死于天花的人比第一次和第二次世界大战、纳粹大屠杀等种种浩劫中遇难的人加起来还多一倍。当时的世界卫生组织总干事说，天花的灭绝是"管理的胜利，而非药物的胜利"——或曰，是监管的成功。[9]

当今世界强调国家权利，在这种氛围之内，如果想复制当年的胜利，绝非易事。2003年，世界卫生组织获得发达国家以及深受疫情影响的国家和地区的支持，成功地克服了其他国家行动迟缓造成的不利影响。SARS危机终究表明，世界已是人类共同体，地球上任何一个遥远的角落出现的疫情都会危及全球安全，为了维护全球健康，必须保持管理透明度——这是合力控制疫情的关键因素。

全球变暖的威胁也越来越让人担忧——在飞机上，作为消遣，我曾观看艾尔·戈尔（Al Gore）讲解的警世纪录片《难以忽视的真相》（*An Inconvenient Truth*），各家报纸都在头版刊登相关文章，英国政府更是就此问题发表长达575页的报告。该报告由经济学家尼古拉斯·斯特恩（Nicholas Stern）编写，文中指出，全球变暖可能会让全球经济总量降低20%，它对经济和社会的破坏程度可能不亚于第一次世界大战和第二次世界大战，以及大萧条。[10] 全球化推动贸易增长和工业化进程，而贸易增长和工业化的发展又与以碳排放为代价的经济增长息息相关——这种关系尽人可知。世界贸易增长，数百万厂家加入全球供应链；为了满足消费者不断增长的需求，矿山被开采，树木遭砍伐——污染越来越严重，这往往是人们为发展而付出的代价。污染首先影响原发国家，损害其水土，但是很快污染物就被大气吸收，继而成为全球问题——毒害空气，并在世界其他地方形成酸雨。

会不会有数百万人因为地球变暖引发的洪灾而被迫离开家园？目前，这还只是相关专家的推测。和SARS危机不同，环境破坏不具有鼓励各国政府采取联合行动的效力——毕竟它不是具有威胁性的流行病。令人惊奇的是，尽管有可用的节能技术和诀窍，但部分决策者往往弃之不用，眼看世界面临全球变暖威胁，却貌似失去了行动能力。美国是世界上最大的温室气体排放国家，但是它拒绝签署《京都议定书》（Kyoto Protocol），而那些已经签署该协议书的国家也未能始终如一地履行协议。部分国家只做表面文章，并未认真应对全球变暖问题。其实，即使各国能够完全履行《京都议定书》，也未必会从根本上解决温室气体的排放问题，但是目前，就连这点儿有限的成效也未曾实现。京都谈判从开始到现在已历经16年，其间导致全球变暖的大气温室气体浓度持续上升，专家相信，即使各国严格履行《京都议定书》，大气温室气体浓度仍将增高。

但是依然有证据显示，只要国家有决心，并实施有效的全球管理，仍然有可能避免这一危险的趋势——这确实令人振奋。由于各国签署《蒙特利尔协议》(Montreal Protocol)共同采取行动治理臭氧层空洞，臭氧层空洞缩小，南半球皮肤癌广泛发病的威胁减退。甚至有迹象表明，随着经济的增长，城市化的发展，以全球意识为基础的开明公共政策的实施，越来越多的国家正在扭转长期存在的毁林趋势。

大批技术机构在联合国支持下制定出全球标准，以保证国际通信、贸易、航空和运输系统顺利运转。统一标准为贸易和金融交易的无缝操作创造了基础条件。但是，制定标准易，实施标准难——有时甚至会触犯个别国家主权及其政治和金融权贵的利益。多哈谈判过程中，尽管发达国家承诺，会维护自由贸易原则，促进公平，但是谈判最终破裂。发达国家也未能帮助那些贫穷而孤立的国家，这些国家依然没有足够资源进入世界经济圈。甚至连部分积极参与全球化的发展中国家也并未试图在其国内公民的赞同和理解的基础上加强全球联系。由于许多参与全球化的国家并未实施民主制度，所以权贵们能够强制推行相关策略。在越南等一党制国家，由于缺乏问责制度，全球化进程中，出现大量腐败和不公平现象，损害了全球互联互通带来的益处，而且长此以往会影响这些国家开放政策的可持续性。相比之下，印度经验显示出，民主选举出的政府在实施全球化政策的过程中，不仅有暂时停止重新启动的风险，有时甚至会倒退。资本主义经济增长不可避免地产生缓慢及不均衡的再分配过程，而公民如果没有耐心，可能会反对政府实施开放政策，但是从长远看，民主制度提供了更坚实的社会基础，能保障互相依赖的全球体系的可持续性。

如今，每个国家的生活都和世界其他部分有千丝万缕、无法割舍的联系，如果不能正确理解这种互相依赖的全球关系及其长期影响，那么世界就面临风险，可能会失去前进的方向，乃至遭遇重大危机。我们面临种种问题，但是国际系统显然缺乏解决这些问题的组织能力。目前，联合国在处理某些重大人道主义灾难时，无法有效运作，这体现出我们的困境。但是，一味指责联合国几乎没有什么意义。问题的根源在于，全球舞台上的主要国家及其选民不愿意或是没有能力赋予联合国足够的权力，所以联合国无力应对当前的全球现实，对于未来可能发生的种种状况更是毫无办法。全世界有大量的非政府组织，这些新型传道者提供有价值的服务，解决了许多因世界互联互通而产生的问题。但是任何组织都无法替代主权政府，各国政府如果能够同心协力解决全球挑战，那将发挥巨大力量。

互相依赖的世界貌似即将在发展过程中失控，在此我提议，所有政府必须积极行动，维护这种互联互通的全球关系，这和本书的主旨大意并不相悖——全球化就是许多参与者为追求各自利益而推动的进程。尽管没有人掌管全球化事宜，但历史证明，政治力量能够引导或阻碍多股助力全球化的潜流，从而改变其进程。

帝国遗产，问题多多

尽管各国都能在互联互通的全球关系中获益，但是各自的政府总是单独行动，这一直是个重大问题。人类已经迈入21世纪，目前的全球关系却是武士打拼出的历史遗产，所以今日全球化面临太多问题。美国是世界上唯一的超级大国，许多人视其为新时代的罗马帝国——尽管它表面上并非帝国，但是它的确拥有较大的话语权。"九一一事件"刚刚发生时，全世界对美国抱有同情态度：德黑兰学生点起蜡烛，纪念受害者；法国《世界报》（*Le Monde*）的声明更是直截了当——"我们都是美国人"。但是美国领导的联军进入阿富汗之后，媒体上到处都是再现破坏、屠杀和酷刑的照片，人们渐渐觉得，也许用不着同情美国。数千年人类历史中，世界上总有暴行发生，无辜的人也经常受难，但是之前的悲剧尽管更加惨烈，却不会像今天这样出现在电视机和计算机屏幕上，让千家万户都能看到。前文曾介绍说，过去，新闻传播和传令官骑行速度一样，相比之下，对待今日的信息，政府得更加谨慎。1453年，教皇在40天后，才得知君士坦丁堡已落入土耳其人之手。2001年，世贸中心双子塔倒塌之时，整个世界在直播电视上看到现场实况，恐惧之情瞬间传遍全球。一个月之内，美国B52轰炸机在阿富汗狂轰滥炸，塔利班政权倒台。"九一一事件"以及之后的恐怖爆炸事件表明，经济一体化进程中，从某种程度上讲，国界似乎失去了意义，"全球化"一词成了表达威胁的咒语，充满不祥的气息。

　　全球化是否面临着脱轨的危险？有人依然觉得可以高枕无忧，在他们看来，世界各地有千丝万缕的联系，根本无法拆分。这种观点不由得让人想到，在第一次世界大战前夕，英国作家诺曼·安吉尔（Norman Angell）曾发表著名预言：从经济角度看，世界大战不可能发生。但是当人类被狂热的情绪左右时，整个社群往往无法坚守经济实用主义原则和理性主义信念——历史上，这种例子比比皆是。未来永远出人意料，但是，阅读历史后，我们就会发现：全球化进程（世界一体化进程）永远不可能终止。世界的互联互通是个复杂的进程，在数千年历史中，它的势头越来越猛，任何人都不可能终止这一进程，也不可能解除人类社群之间的多重联系。历史上也曾出现过令全球化进程受阻的重大事件，比如罗马帝国覆灭和黑死病蔓延，20世纪两次世界大战之间贸易崩溃、移民中止，但是这些事件只是暂时中止全球化进程，延缓人类社群之间的交流活动。而读者读这本书的时候，人类可能正再次走向这样的破坏性阶段。

　　这种中断总是给人类造成巨大苦难，但是和往日相比，最大的区别就是，由于当前全球经济已经连为一体，每个人面临的风险都大大增加。实际上，在亚洲繁华的都市中，在韩国的半导体实验室内，在世界上最繁华的新加坡集装箱港口旁，在越南的湄公河三角洲，或是印度喧闹的城镇（这些城镇一度沉寂，但是如今满是商店和网咖）中，甚至在复苏的爱尔兰都柏林商业区，人们都无法理解，为什么会有全球化已陷入困境这种提法。有史以来，亿万人民的生活首次发生变化，他们首次找到希望：下一代将比这一代过得更好。全球化世界中出现了两重天：在亚洲、爱尔兰、东欧、非洲和拉丁美洲等新兴经济体中，数百万人带着乐观情绪，普通公民渴望把握住开放经济带来的机遇；而欧美的中产阶级则格外焦虑，那些被全球化浪潮遗弃的人依然在贫困和绝望中煎熬。问题是，焦虑和恐惧会不会压倒乐观情绪，将世界送回另一个孤立主义盛行的黑暗年代？

经济一体化和与之相伴的文化全球化的发展速度已经远远超过人们全球思维进步的速度——从心态上看，人们的国家主义理念依然根深蒂固。世界给予我们种种好处，但是我们的思维方式依然狭隘，只愿意保护国境之内的土地和人民。我们架设铁丝网和钢丝围栏，部署安保部队和移民与海关官员，将我们和世界上其他地区隔开（其实我们来自同一片大陆，同一个村庄，我们称之为"顿亚"），但是我们改变不了这样的事实：看不见的历史经纬，已经将人类的命运密密匝匝地交织在一起。我们的祖先在红海边试着蹚水，即将开始千年之旅的时候，他们觉得，目之所及的范围，就是全部世界。如今，我们不仅能看到更广阔的世界，而且我们知道，人类如何走到今天，未来又可能走向何方。足够的历史经验告诉我们：人类的欲望、抱负和恐惧合在一起，织就人类共同的命运，我们既不可能将这个统一体拆分开来，也不可能回到过去。但是我们又无法精确预测：这些元素混合在一起，将如何塑造我们这个星球的未来。和过去相比,全球因其不断深化的联系而面临意外时,我们更有能力预见到潜伏的危险和潜在的机遇。我们如今拥有全球机构以及数以万计的民间社团,能够在全球一体化进程中,避免挫折,并且能够充分意识到,那些到目前为止尚未进入全球化世界的人有希望赢得更光明的未来。我们必须克服狭隘的民族观念,超越宗派利益,除此之外,别无他法。在未来数世纪之内,我们的命运仍将交织在一起,割舍不断。叫停全球化根本没有任何意义,因为无人统领全局,但是如果通力合作,我们就能够努力调整迅速融合的世界的发展方向,推动它迈向更和谐的道路——因为我们大家的命运息息相关。

年 表

时间	商人	传教士	武士	冒险家
公元前5万—前2.8万年				祖先走出非洲；祖先来到印度；祖先来到马来西亚；祖先来到澳大利亚；祖先来到中国和朝鲜；
公元前1.2万年				祖先来到智利
公元前第八千年	商人远行至加泰土丘，购买能用来做镰刀的黑曜石			印欧移民找寻土地
公元前第六千年	用泥筒和楔形文字计数物品			
公元前第四千年	亚述商人普苏－肯远赴安纳托利亚经商谋利；印度和美索不达米亚两地间发展贸易			乌克兰地区，马匹被驯化

（续表）

时间	商人	传教士	武士	冒险家
公元前第三千年	腓尼基商人建立了广泛的网络，行迹遍布地中海西部，直至埃及的广大地区		萨尔贡成立阿卡德帝国；阿卡德语成为帝国以及周边地区的通用语	
公元前第一千年	希腊商人在地中海东部建立贸易聚集地			
公元前7世纪	雅典金币成为通用货币	佛祖开悟，敦促门徒四方传道		
公元前6世纪	新型骆驼鞍问世，骆驼被广泛使用			尼科派人驾船环游非洲
公元前5世纪				汉诺乘船驶过直布罗陀海峡，来到西非海岸；波斯王大流士派遣西拉克斯勘察印度地区 希罗多德寻找尼罗河源头

（续表）

时间	商人	传教士	武士	冒险家
公元前 4 世纪			亚历山大大帝建立第一个横跨亚非欧的帝国，印度一希腊条约允许两地人民通婚，希腊语（Koine）成为已知世界中大部分地区的通用语	皮西亚斯为了寻找锡矿，远行至英国；色诺芬（Xenophon）途经土耳其，来到欧洲中南部
公元前 3 世纪	丝绸之路连通中国和地中海地区；地中海地区大致可分为希腊硬币通行区和腓尼基硬币通行区	佛教僧侣会派遣弟子传道	印度国王阿育王大兴佛教	
公元前 2 世纪			汉朝使节张骞出使赛西亚	
公元前 1 世纪	印度国王派遣贸易使团去罗马，仿制意大利葡萄酒出口印度		印度国王派遣使团去罗马	
公元 1 世纪	希腊水手称，季风被发现，季风推动印度洋贸易蓬勃发展	基督说："所以，你们要去使万民做我的门徒"；基督教传入印度；佛教传入中国		

（续表）

时间	商人	传教士	武士	冒险家
公元 2 世纪	罗马和印度之间的香料贸易繁荣兴盛	来中国传道的佛教徒络绎不绝；基督教教学院在亚历山大港成立	今日阿富汗的贵霜统治者在中亚推广佛教	
公元 4 世纪	佛教在中亚传播，促进丝绸贸易	尼西亚大公会议指定基督教世界内的主教；普鲁盟提乌斯在埃塞俄比亚传播福音	罗马皇帝君士坦丁皈依基督教	
公元 5 世纪	罗马和拜占庭的金币和银币成为国际法币	法兰克国王克洛维皈依基督教；传教士进入西欧各地；教会学院在君士坦丁堡成立	欧洲采用罗马法律，罗马法律构成许多法律体系的基础，拉丁语成为罗马帝国的通用语	
公元 6 世纪		朝鲜使将佛教传入日本，景教修道士将基督教传入中国	罗马皇帝查士丁尼首次颁布进口商品关税法	

（续表）

时间	商人	传教士	武士	冒险家
公元7世纪	唐朝进口中亚马匹，出口丝绸，棉花从印度传至伊拉克和中东	玄奘从印度持佛经返回中国，中国人开始印刷书籍；穆罕默德率领穆斯林大军征服异教徒领地	阿拉伯穆斯林军队入侵美索不达米亚；伊斯兰教传入波斯；唐朝定都长安，长安城是丝绸之路的东方端点	
公元8世纪	中国钱币和产品传至东非；广州商人、阿拉伯商人大量侨居的亚洲商人和欧洲商人	哈里发曼苏尔建都巴格达；阿拉伯军队从北非出发，攻陷西班牙，止步于图尔之战	教皇为查理大帝举行神圣罗马帝国皇帝加冕仪式；阿拉伯语取代各地方言，希腊经典著作被翻译成阿拉伯语；阿勒法扎里将婆罗摩笈多介绍"零"概念的作品翻译为阿拉伯语	

(续表)

时间	商人	传教士	武士	冒险家
公元9世纪	巴格达成为东西方的贸易中转站	哈里发家族权力被篡夺，引发伊拉克境内的黑人奴隶（又称为"津芝"）起义		花拉子密使用"印度"数字系统，编写《积分和方程计算方法》一书，拉丁文中的"算法"一词正是由花拉子密的名字演变而来
公元11世纪	非洲象牙成为产品供应链上的一环，印度手工业兴盛	波斯的布维希家族入侵巴格达，从哈里发手中夺取政权	中国宋朝皇帝组织引进新的水稻品种占城稻；塞尔柱突厥人攻陷巴格达；伽色尼的马赫穆德攻陷德里；哈里发王国从中亚进口少男奴隶充当士兵	阿尔·比鲁尼用阿拉伯语记述印度见闻，为西方人打开了了解东方的大门；雷夫·埃里克森（Leif Eriksson）航行至文兰
公元12世纪	非洲奴隶在中国出售	西班牙图德拉城的本杰明拉比游历东方	成吉思汗开始征服世界	安达卢西亚阿拉伯旅行家伊本·朱拜尔出行麦加；花拉子密的代数著作被译成拉丁文

（续表）

时间	商人	传教士	武士	冒险家
公元13世纪	阿拉伯商人将中国商品运至热那亚；蒙古人推出兼具旅游护照与信用卡功能的令牌；船舵和指南针问世，亚欧之间全年都有更多贸易往来；犹太商人以开罗为基地，在印度从事产品制造和商业活动	教皇特使访问蒙古宫廷，试图与之结盟；东南亚商人皈依伊斯兰教	成吉思汗创建蒙古帝国；伊斯兰武士征服印度；奴隶士兵组成马穆鲁克军团在埃及和叙利亚掌权；土耳其的圣战武士建立奥斯曼帝国	马可·波罗在亚洲旅行之后，返回威尼斯
公元14世纪	中国人开始大规模生产棉花	马里统治者曼萨·穆萨去麦加朝圣；意大利波代诺内的鄂多立克游览西藏		白图泰出发旅行，历经12万千米路程

（续表）

时间	商人	传教士	武士	冒险家
公元15世纪	俄国商人阿法纳西·尼基京去印度；马六甲港口崛起，成为东南亚的威尼斯；汇票之类的金融凭据促进欧洲贸易	马六甲在统治者率领下皈依伊斯兰教；克里斯托弗·哥伦布希望在东方找到黄金，帮助基督徒收复耶路撒冷；信奉天主教的西班牙王室驱逐15万名犹太人	中国航海家郑和探索印度洋；葡萄牙人运回首批非洲奴隶；奥斯曼土耳其人攻陷君士坦丁堡；《托尔德西里亚斯条约》将世界一剖两半，分别交给西班牙和葡萄牙	克里斯托弗·哥伦布在加勒比海地区登陆；瓦斯科·达·伽马抵达印度
公元16世纪	古吉拉特穆斯林商人散居在东南亚各地；里斯本出现中国瓷器商店；荷兰人建造的快艇令远程贸易加速	耶稣会传教士方济各·沙勿略抵达果阿；教皇克莱门特八世给予咖啡合法地位；西班牙传教士卡萨斯谴责传教过程中的暴力手段，支持人权；亚齐苏丹请求奥斯曼帝国的保护，并打起土耳其人的旗号	皮萨罗征服秘鲁，开始逼迫当地人信奉基督教；在亚洲，葡萄牙人令120万人改信基督教；日本人侵者丰臣秀吉将辣椒传入朝鲜；土耳其人围攻维也纳未果，却把咖啡传入中欧	西班牙国王允许西班牙人和印第安人结婚；麦哲伦的船只完成环球航行；弗朗西斯·德雷克、托马斯·加文迪西完成环球航行；亨利八世麾下海军制造的配有重炮的战舰下水

（续表）

时间	商人	传教士	武士	冒险家
公元17世纪	英国和荷兰东印度公司成立，它们是世界上最早的跨国公司；新大陆的白银推动欧洲和亚洲之间的贸易繁荣发展；在牛津，欧洲第一家咖啡馆开业；法国和荷兰用东南亚的香料和非洲奴隶换取印度纺织品	伊玛目劝说穆拉德四世关闭伊斯坦布尔的咖啡馆	奥斯曼大使出访法国，成为风度卓绝的咖啡特使	葡萄牙人开始涌入巴西；葡萄牙人移民至亚洲；英国人开始移民美洲
公元18世纪	荷兰人将咖啡引进爪哇；法国人把咖啡带到加勒比地区；非洲金矿开始开采；巴西为葡萄牙人进口的亚洲奢侈品买单；英国工人示威抗议进口金、伊莱·惠特尼发明的轧棉机大大促进美国棉花贸易	耶稣会传教士用拉丁字母书写越南语，创建越南语；1701年，纽黑文的新教徒学校获得前驻印度总督捐助的资金，成立耶鲁大学	英国人威廉·康格里夫从印度的提普苏丹那里学到火箭技术（相关知识来源于蒙古和波斯人）	大量亚洲人从西班牙控制下的菲律宾移民至墨西哥；库克船长为大英帝国占领大洋洲；让－弗朗索瓦·加洛在复活节岛登陆

（续表）

时间	商人	传教士	武士	冒险家
公元19世纪	海军准将佩里远征日本，日本开放通商口岸；路透社曾用信鸽传送股票消息，电报发明后通信设备升级；股票报价专用机问世；跨大西洋电缆投入使用，运输成本降低；英国将橡胶树种从巴西偷运出去，第一艘冷藏船出现；石油被发现，再次引发交通革命	荷兰船运公司运送大量穆斯林去麦加朝圣；中国历经太平天国运动和义和团运动；利文斯敦传教记述非洲见闻，为西方人打开通往非洲的大门；爪哇爆发宗教战争；英国传教士领导社会活动，禁止奴隶贸易；在中国留学的基督徒将首批中国留学生送至耶鲁进修	英国在印度开展英语教育；英国开始在印度修建铁路；法国人修建的苏伊士运河通航；法国创建塞内加尔步兵；英国征服越南，保护天主教徒；维多利亚女王向帝国全体人民发送电报；美国接管菲律宾	查尔斯·达尔文开始环球考察，后来写出影响深远的以进化论为主题的惊世之作；英国考古学家解密楔形文字；犹太旅行家大卫·贝斯·希勒尔出游阿拉伯和印度；蒸汽机船投入使用之后，历史上最大的移民活动开始；中国和印度契约劳工移民至加勒比地区和北美；1882年美国国会通过《排华法案》

（续表）

时间	商人	传教士	武士	冒险家
1900—1960	福特T型车使用马来西亚橡胶制成的轮胎；美国推出大米卡；美国电话电报公司安装跨大西洋电话；第一艘集装箱船下水	1948年，《世界人权宣言》正式通过；深受瓦哈比思想影响的伊斯兰运动试图颠覆印度尼西亚国家政府；摩门传教士培训中心在犹他州成立	巴拿马运河通航；第一次世界大战期间，法国派遣16万名塞内加尔射手抗击德军	生于匈牙利的考古学家奥莱尔·斯坦因在敦煌发现古老的佛经；首批加勒比移民在英国登陆；美国移民人数最高时达到每年210万；1925年，世界旅游组织的前身成立；1950年，国际游客达到2500万
1961—1969	"全球化"一词被收录入《韦氏词典》；施乐公司发明传真机；ASCII码被用来传输计算机数据	彼得·贝内森成立大赦国际；世界野生动物基金会成立	越南战争爆发，美国参与更多亚洲事务	
1970—1979	波音747投入飞行；联邦快递成立；UPC条形码投入使用；苹果计算机公司掀起个人计算机革命；《多种纤维协定》推动发展中国家的纺织品生产	赫尔辛基观察组织开始监控人权状况；环保组织绿色和平组织成立	越南几场战争中出现数百万难民	140万越南人来到美国；波音747推动环球旅游的发展，国际游客达到1.65亿

（续表）

时间	商人	传教士	武士	冒险家
1980—1989	跨大西洋光纤光缆铺设；印度软件公司印孚瑟斯开创"猎身"模式		苏联进攻阿富汗，塔利班崛起	蒂姆·伯纳斯·李创建超文本协议，为万维网诞生提供条件
1990—1999	芝加哥证券交易所开放24小时交易市场；世界在线市场易贝创立；全球在线支付公司美银宝成立	基督教团体推出福音卫视；172个国家参加里约地球峰会；在非政府组织努力下，122个国家签订禁雷公约；塔利班夺取阿富汗政权；奥萨马·本·拉登呼吁部分穆斯林抗击西方；反全球化运动令世贸组织西雅图峰会被迫取消	苏联解体，全球化进程加快；香港回归中国，大英帝国在亚洲的殖民统治终结	1990年，国际游客达4.41亿

（续表）

时间	商人	传教士	武士	冒险家
2000—2007	苹果公司推出 iPod；印度和新加坡公司从破产公司手中以甩卖价格购入大量光纤网络	2001 年 9 月 11 日，奥萨马·本·拉登培训的恐怖分子袭击美国五角大楼	五角大楼招募 3.5 万名外国人在伊拉克服役	美国为 2 万名移民迅速办理入籍手续，以此鼓励这些移民为伊拉克战争效力；成千上万的非洲人试图以非法手段移民欧洲；国际游客达 8.06 亿

鸣　谢
Acknowledgments

　　本书是全球化的产物。我游历世界各地，探访那些古老的，或是新兴的连通世界的枢纽城市，和无数加入全球化进程的人交谈，研读相关作品并吸取其中精要，最终写成此书，探讨全球化这一现象——尽管备受争议，但全球化却影响着我们生活的方方面面。我试图理解全球化这一现象，针对这一主题开展研究，并写下研究心得——在此过程中，许多人帮助过我，对此我感激不尽。

　　布鲁金斯学会（Brookings Institution）会长斯特罗布·塔尔博特（Strobe Talbott）是我的老朋友，他和妻子布鲁克在本书写作过程中起到了至关重要的作用。1991年，斯特罗布打算办一份新的月刊《全球》，希望获得他那时的东家，即时代华纳出版公司的支持,我和斯特罗布探讨数月之后,萌生这样的想法:有必要理解全球化这一现象。时代华纳否决了斯特罗布的提议,之后不久,斯特罗布就加入克林顿政府,而我也搬到位于中国香港的《远东经济评论》杂志总部,20年来,我一直为这本杂志效力。但是我对全球化的兴趣越来越浓,心中的渴望也越来越强烈:我得深入研究这一议题。到了1999年,作为《远东经济评论》的编辑,我开始筹划推出系列特刊迎接千年——这时我才真正有机会继续研究"全球化"议题。

那段时间,我潜心研究亚洲数千年来的历史,学习某些世界顶级思想家的真知灼见,我对"全球化"这一话题越发痴迷。时光荏苒,2001年,斯特罗布不再担任政府职务,"无官一身轻",着手筹建耶鲁全球化研究中心,他邀请我加盟,我自然求之不得。耶鲁大学群英荟萃,坐拥雄厚的学术资源,我在那里又有许多朋友,我渴望在那里集中精力钻研全球化现象,并争取著书立说。尽管塔尔博特一家后来迁回华盛顿,但他们夫妻俩一直热情、坚定地支持我完成本书,他们已经成了我的家人。本书修改期间,斯特罗布多次审读书稿,不仅花费大量时间,而且提出了宝贵意见。这本书质量如何,读者自有公论,但是最初是斯特罗布鼓励我踏上研究之旅,这一路走来,难免艰辛,但也充满乐趣——所以我对斯特罗布心怀感激。

斯特罗布卸任之后,埃内斯托·塞蒂略(Ernesto Zedillo)成为耶鲁全球化研究中心主任,他不仅大力支持此项研究,而且

Acknowledgments

就世界贸易和商务相关内容，提出真知灼见。我的同事海尼·惠勒（Haynie Wheeler）善始善终，认真阅读每一份手稿，并提出宝贵建议。我还得感激另一位同事苏珊·弗洛切尔（Susan Froetschel），她仔细校阅书稿，改正谬误之处，使我免于尴尬。安东尼·斯派斯（Anthony Spires）分担了研究工作，黛比·坎波利（Debbie Campoli）则负责书中部分插图。来自"耶鲁全球在线"的学生志愿者莎拉·亚历山大（Sarah Alexander）、亚伯拉罕·库格勒（Abraham Koogler）、马修·李（Matthew Lee）和艾美·桑托克（Amy Suntoke）则帮忙查找资料，核对事实。阿兰（Alain）和米歇尔·阿尔尚博（Michèle Archambault）、保罗·德·巴克（Paul de Bakker）、大卫·古德曼（David Goodman）、卡罗尔·洪萨（Carol Honsa）、芮乐伟·韩森（Valerie Hansen）以及普利敏德·辛格（Preminder Singh）也阅读了部分书稿，并提出了宝贵建议。

　　我花了数年时间为本书做研究，其间有许许多多的朋友和同事曾经帮助我厘清思路，而且还提醒我查阅某些资料，在此无法一一致谢。但是有些人我不得不提：永格伦（Borje Ljunggren）和我渊源颇深，我们的友谊持续了20年，而且横跨三大洲。他和我一样，是世界的观察者，他仔细阅读了本书初稿，并且提出许多建议，使得本书更经得起推敲，更通俗易懂。德里克·希勒（Derek Shearer）自始至终对这本书抱有极大的热情，使我深受鼓舞。波·艾克曼（Bo Ekman）花时间阅读了部分章节，而且积极支持我完成本书。幸得波鼎力相助，在泰柏尔论坛（Tallberg Forum）会议期间，我有机会和世界领先的全球化思想家倾心交谈，检验、推敲我在本书中提出的主要观点。帕雷士·恰德巴塔依（Paresh Chattopadhyay）、戈登·克洛维茨（L. Gordon Crovitz）、大卫·达皮斯（David Dapice）、大卫·多拉尔（David Dollar）、斯塔奇·福特（Staci Ford）、保罗·弗里德曼（Paul Freedman）、班宁·加勒特（Banning Garrett）、拉杰莎瓦丽·高斯（Rajeshwari Ghose）、里亚·哈桑（Riaz Hassan）、渡部矶（Masato Iso）、沈宰勋（Shim Jae Hoon）、赛思·利普斯基（Seth Lipsky）、乔纳森·利杰（Jonathan Lizee）、马凯硕（Kishore Mahbubani）、布鲁斯·马兹利什（Bruce Mazlish）、拉凯什·默罕（Rakesh Mohan）、迪恩·纽鲍尔（Deane Neubauer）、克莱德·普雷斯托维茨（Clyde Prestowitz）、乔丹·瑞恩（Jordan Ryan）、瑞尔美提·尚卡尔（Ramamurti Shankar）、戈登·斯勒索格（Gordon Slethaug）、玛莎·斯莫利（Martha Smalley）、友田关（Tomoda Seki）、弗朗西斯卡·特里维拉托（Francesca Trivellato）、奥阳格日尔·泰德达姆巴（Oyungerel Tsedevdamba）和敏奇·沃登（Minky Warden）都曾给予我支持和鼓励，在此我深表感谢。我首次去非洲旅行时，阿卜杜勒·阿齐兹·卡丝（Abdoul Aziz Kasse）博士是位了不起的向导——耐心、慷慨，而且知识渊博。

著名历史学家罗米拉·塔帕尔（Romila Thapar）和社会学家伊曼纽尔·沃勒斯坦（Immanuel Wallerstein）也是慷慨相助的

引路人。塔帕尔让我意识到，全球化有非常深厚的历史渊源；在沃勒斯坦的指点下，我对全球化在现代阶段的发展历程有了更深刻的理解。数年以来，我经常和托马斯·弗里德曼（Thomas L. Friedman）探讨学术问题，不仅带来智力上的乐趣，而且从中获得了许多和全球化相关的新观点。人权观察组织的活动家肯尼斯·罗斯和理查德·迪克抽出宝贵时间，向我介绍他们的工作。新兴的全球化产业中，出现了一批商界领袖，印孚瑟斯技术公司的纳拉亚纳·穆尔蒂、联邦快递公司的邓博华（Michael Ducker）和赛门铁克公司的塞维尔·桑托约就是其中翘楚，他们耗费时间，耐心地向我解释各自的运作系统，增进了我对现代商业的理解。

感激故去的德雷克·戴维斯（Derek Davies），他生前是《远东经济评论》杂志的编辑，也是为我打开全球化研究大门的启蒙导师。感谢加尔各答统辖学院和加尔各答大学的各位恩师：狄利普·库马尔·比斯瓦斯（Dilip Kumar Biswas）、阿辛·达斯·古普塔（Ashin Das Gupta）、阿马利什·特里帕蒂（Amalesh Tripathi）和锡布拉·萨卡尔（Sipra Sarkar），是他们激起了我的兴趣，引导我付出毕生心血，钻研世界。我在巴黎大学的导师弗朗索瓦·乔约（François Joyaux）为我打开一扇新的窗户，指导我钻研国际政治，并且教会我分析错综复杂的全球问题。

感激耶鲁大学出版社社长约翰·多纳蒂契（John Donatich），曾在耶鲁大学出版社任职，后来调入基础读物出版公司的拉里萨·海默特（Larisa Heimert）以及市场总监蒂娜·维纳（Tina Weiner），他们的支持让我备感温馨。感谢编辑迈克尔·奥马利（Michael O'Malley），他给予我热情支持，而且提出重要的修改意见；感谢亚历克斯·拉尔森（Alex Larson），图书出版过程中事务繁杂，是他帮我一一理顺。最后，能够找到劳拉·琼斯·杜利（Laura Jones Dooley）这样卓越的编辑实属幸运：她博学、耐心，而且一如既往地热忱积极，简而言之，她是每位作者梦寐以求的编辑。

屈指一算，从我离开家园，踏上征途，已经度过35个春秋，其实这本书一直在我心头酝酿。一路走来，我最忠实的伴侣就是我的妻子吉檀迦利（Geetanjali）。我和妻子经常探访世界各地，并和当地人民交流，我俩还总是在一起讨论心得，并就国际事务展开辩论。我一旦完成一轮书稿，吉檀迦利总是第一位评论者和编辑，而且往往是最严厉的那个。我家两个儿子阿米特（Amit）和阿迪什（Ateesh）也多次阅读并编辑书稿，他们在深思熟虑之后，提出修改意见，令本书重点更加突出。当我感到倦怠的时候，家人总是用爱心唤醒我的意志力。我的兄弟普拉克（Pulak）也是位作家兼出版商，他详细通读书稿，改正其中的错误，而且提出宝贵意见，指导我加工、润色书稿。我的侄女阿姆里塔（Amrita）是个计算机奇才，她帮助我了解数据世界最新进展。那些居住在加尔各答、班加罗尔和德里的家人则是我的坚强后盾，给予我支持和信心。本书确实是整个家族共同的结晶。

尾 注
Notes

前 言

1. Branko Milanovic, "Can We Discern the Effect of Globalization on Income Distribution? Evidence from Household Surveys" (Washington, DC: World Bank, Development Research Group, 22 September 2003).
2. Roland Robertson, *Globalization: Social Theory and Global Culture* (London: Granta Books, 1991), 8.

第 1 章　始于非洲

Epigraph: Quoted at http://www.pbs.org/empires/egypt/special/virtual_library/hatshepsut_punt.html.

1. Nicholas Wade, *Before the Dawn: Recovering the Lost History of Our Ancestors* (New York: Penguin Press, 2006), 75, 81.
2. Charles Darwin, *The Descent of Man*, reprint ed. (New York: Penguin Classics, 2004), chap. 6.
3. Matt Ridley, *Genome: The Autobiography of a Species in 23 Chapters* (New York: HarperCollins, 2000), 49.
4. 按照线粒体 DNA 数据推算出人类在各洲聚居的大致时期；James D. Watson, *DNA: The Secret of Life* (New York: Alfred A. Knopf, 2003), 246.
5. Richard Klein and Blake Edgar, *The Dawn of Human Culture* (New York: J. Wiley, 2002).
6. Wade, *Before the Dawn*, 58.
7. Steve Olson, *Mapping Human History: Genes, Race, and Our Common Human Origins* (New York: Houghton Mifflin, 2003), 206.
8. Rebecca L. Cann, Mark Stoneking, and Allan C. Wilson, "Mitochondrial DNA

and Human Evolution," *Nature* 325 (1 January 1987): 31–36.
9. Watson, *DNA*, 233–239.
10. Olson, *Mapping Human History*, 26.
11. Rebecca L. Cann, "DNA and Human Origins," *Annual Review of Anthropology* 17 (1988): 127–43, at 127.
12. A. Underhill et al., "The Phylogeography of Y Chromosome Binary Haplotypes and the Origins of Modern Human Populations," *Annals of Human Genetics* 65 (2001): 43–62.
13. Russell Thomson et al., "Recent Common Ancestry of Human Y Chromosomes: Evidence from DNA Sequence Data," *Proceedings of the National Academy of Sciences of the United States* 97 (20 June 2000): 7360–7365.
14. Xinzhi Wu, "On the Origin of Modern Humans in China," *Quaternary International* 117 (2004): 131–140.
15. Robert Lee Hotz, "Chinese Roots Lie in Africa, Research Says," *Los Angeles Times*, 29 September 1998.
16. Yuehai Ke et al., "African Origin of Modern Humans in East Asia: A Tale of 12 000 Y Chromosomes," *Science* 292 (11 May 2001): 1151–1153; see also Li Jin and Bing Su, "Natives or Immigrants: Modern Human Origin in East Asia," *Nature Reviews: Genetics* 1 (November 2000): 126–133.
17. Peter Forster and Shuichi Matsumura, "Did Early Humans Go North or South?" *Science* 308 (13 May 2005): 965–966.
18. Nicholas Kristof, "Is Race Real?" *New York Times*, 11 July 2003, and personal communication with author.
19. Kumarasamy Thangara et al., "Reconstructing the Origin of Andaman Islanders," *Science* 308 (13 May 2005): 996.
20. Vincent Macaulay et al., "Single, Rapid Coastal Settlement of Asia Revealed by Analysis of Complete Mitochondrial Genomes," *Science* 308 (13 May 2005): 1034–1036.
21. Ibid., 69.
22. Robert C. Walter et al., "Early Human Occupation of the Red Sea Coast of Eritrea during the Last Interglacial," *Nature* 405 (4 May 2000): 65–69.
23. Stephen Oppenheimer, *The Real Eve: Modern Man's Journey Out of Africa* (New York: Carroll and Graf, 2003), 80; Walter et al., "Early Human Occupation of the Red Sea Coast of

Eritrea," 65–69.

24. Spencer Wells, *The Journey of Man: A Genetic Odyssey* (London: Penguin, 2002), 104.
这部分基于威尔士领导的"基因地理工程"对笔者基因组的分析; ibid., 78.

25. Wade, *Before the Dawn*, 81.

26. Alan J. Redd et al., "Gene Flow from the Indian Subcontinent to Australia: Evidence from the Y Chromosome," *Current Biology* 12 (16 April 2002): 676.

27. Paul Plotz, quoted in Elia T. Ben-Ari, "Molecular Biographies: Anthropological Geneti-cists Are Using the Genome to Decode Human History," *BioScience* 49, no. 2 (1999): 98–103.

28. Spencer Wells, quoted in ibid., 104.

29. Cengiz Cinnioğlu et al., "Excavating Y-Chromosome Haplotype Strata in Anatolia," *Human Genetics* 114 (2004): 134.

30. Susanta Roychoudhury et al., "Fundamental Genomic Unity of Ethnic India Is Revealed by Analysis of Mitochondrial DNA," *Current Science* 79 (10 November 2000): 1182–1191; Toomas Kivisild et al., "An Indian Ancestry: A Key for Understanding Human Diversity in Europe and Beyond," in Colin Renfrew and Katie Boyle, eds., *Archaeogenetics: DNA and the Population Prehistory of Europe* (Cambridge: McDonald Institute for Archaeological Research, 2000).

31. Wells, *Journey of Man*, 117.

32. Wei Deng et al., "Evolution and Migration History of the Chinese Population Inferred from Chinese Y-Chromosome Evidence," *Journal of Human Genetics* 49 (July 2004): 339–348.

33. Olson, *Mapping Human History*, 131; Ke et al., "African Origin of Modern Humans in East Asia."

34. Ke et al., "African Origin of Modern Humans in East Asia."

35. Wells, *Journey of Man*, 121.

36. Olson, *Mapping Human History*, 131.

37. Jin and Su, "Natives or Immigrants."

38. Michael F. Hammer et al., "Dual Origins of the Japanese: Common Ground for Hunter-Gatherer and Farmer Y Chromosomes," *Journal of Human Genetics* (Tokyo) 51 (2006):47–58.

39. Svante Pääbo, "The Mosaic That Is Our Genome," *Nature* 421 (23 January 2003): 409–412. 2006 年 11 月,科学

家发现新的基因证据表明，现代人和尼安德特人曾进行种间交配——尽管这一现象也许并不常见。现代人和尼安德特人的种间交配的证据留在一种基因内，而目前拥有这种基因的人占世界人口的 70%。John Noble Wilford, "Neanderthals in Gene Pool, Study Suggests," *New York Times*, 9 November 2006.

40. Watson, *DNA*, 245; Charles Pasternak, *Quest: The Essence of Humanity* (Chichester: Wiley, 2003), 97.

41. Paul Mellars, "A New Radiocarbon Revolution and the Dispersal of Modern Humans in Eurasia," *Nature* 439 (23 February 2006): 931–935.

42. Diego Hurtado de Mendoza and Ricardo Braginski, "Y Chromosomes Point to Native American Adam," *Science* 283 (5 March 1999): 1439–1440.

43. Olson, *Mapping Human History*, 207.

44. A. Gibbons, "Geneticists Trace the DNA Trail of the First Americans," *Science* 259 (15 January 1993): 312–313.

45. Olson, *Mapping Human History*, 205.

46. David Christian, *Maps of Time: An Introduction to Big History* (Berkeley: University of California Press, 2004), 212.

47. Carles Vilà et al., "Widespread Origins of Domestic Horse Lineages," *Science* 291 (19 January 2001), 474–477.

48. Francis S. Collins, "What We Do and Don't Know About 'Race,' 'Ethnicity,' Genetics and Health at the Dawn of the Genome Era," *Nature Genetics Supplement* 36 (November 2004): S13–S15.

49. Luigi Luca Cavalli-Sforza, *Genes, Peoples, and Languages*, trans. Mark Seielstad (Berkeley: University of California Press, 2001), 11.

50. Ian J. Jackson, "Pigmentary Diversity: Identifying the Genes Causing Human Diversity," *European Journal of Human Genetics* 14 (24 May 2006), 978–980.

51. Wade, *Before the Dawn*, 16.

52. Watson, *DNA*, 254.

53. Ibid., 255.

54. Olson, *Mapping Human History*, 133.

55. Luigi Luca Cavalli-Sforza and Francesco Cavalli-Sforza, *The Great Human Diasporas: A History of Diversity and Evolution,* trans. Serah Thorne (Reading, MA: Addison-Wesley, 1995), 124.

56. Ben-Ari, "Molecular Biographies,"

103.

57. Olson, *Mapping Human History*, 99.
58. Ofer Bar-Yosef quoted in John Noble Wilford, "In West Bank, a First Hint of Agriculture: Figs," *New York Times*, 2 June 2006.
59. J. M. J. DeWet, "Grasses and the Culture History of Man," *Annals of the Missouri Botanical Garden* 68 (1981): 87–104.
60. Dennis Normile, "Archaeology: Yangtze Seen as Earliest Rice Site," *Science* 275 (17 January 1997): 309–310.
61. Mordechai E. Kislev, Anat Hartmann, and Ofer Bar-Yosef, "Early Domesticated Fig in the Jordan Valley," *Science* 312 (2 June 2006): 1372–1374.
62. 难怪《圣经》记载的7种食物中,有5种来自果树:橄榄油、葡萄酒、葡萄干、枣子和无花果。
63. Daniel Zohary and Pinhas Spiegel-Roy, "Beginnings of Fruit Growing in the Old World," *Science* 187 (31 January 1975): 318–327.
64. Romana Unger-Hamilton, "The Epi-Palaeolithic Southern Levant and the Origins of Cultivation," *Current Anthropology* 30 (February 1989): 88–103.
65. David W. Anthony, "Migration in Archeology: The Baby and the Bathwater," *American Anthropologist* 92 (1990): 895–914.
66. Ibid., 898.
67. Michael Balter, "Search for the Indo-Europeans," *Science* 303 (27 February 2004): 1323.
68. 两派争论摘要参见 Guido Barbujani and Andrea Pilastro, "Genetic Evidence on Origin and Dispersal of Human Populations Speaking Languages of the Nostratic Macrofamily," Proceedings of the National Academy of Sciences 90 (May 1993): 4670–4673.
69. David W. Anthony, "The 'Kurgan Culture,' Indo-European Origins, and the Domestication of the Horse: A Reconsideration," *Current Anthropology* 27 (August–October 1986): 291–313.
70. David Anthony, Dimitri Y. Telegin, and Dorcas Brown, "The Origin of Horseback Riding," *Scientific American* (December 1991): 44–48.
71. Steven Mithen, *After the Ice: A Global Human History, 20 000–5000 BC* (Cambridge, MA: Harvard University

Press, 2004), 67.

72. Robert P. Clark, *The Global Imperative: An Interpretive History of the Spread of Humankind* (Boulder, CO: Westview, 1997), 46.

73. Ian Hodder, "This Old House," *Natural History*, June 2006.

74. Joan Oates, "Trade and Power in the Fifth and Fourth Millennia BC: New Evidence from Northern Mesopotamia," *World Archaeology* 24, no. 3 (1993): 403–422.

75. Rita Smith Kipp and Edward M. Schortman, "The Political Impact of Trade in Chiefdoms," *American Anthropologist* 91 (1989): 370–385.

76. G. A. Wainwright, "Early Foreign Trade in East Africa," *Man* 47 (November 1947): 143–148.

77. Philip D. Curtin, *Cross-Cultural Trade in World History* (Cambridge: Cambridge University Press, 1984).

78. Christian, *Maps of Time*, 248.

79. Saul N. Vitkus, "Sargon Unseated," *Biblical Archaeologist*, September 1976, 114–117.

80. Fernand Braudel, *Memory and the Mediterranean*, trans. Sian Reynolds (New York: Alfred A. Knopf, 2001), 60.

81. Christopher Edens, "Dynamics of Trade in the Ancient Mesopotamian 'World System,'" *American Anthropologist* 94 (1992): 131.

82. Cited in ibid., 132.

83. Charles O. Hucker, *China's Imperial Past: An Introduction to Chinese History and Culture* (Stanford, CA: Stanford University Press, 1975), 126.

84. R. H. Pfeiffer, "Hammurabi Code: Critical Notes," *American Journal of Semitic Languages and Literatures* (1920): 310–315.

85. "Business in Babylon," *Bulletin of the Business Historical Society* 12 (1938): 25–27.

86. Cited by Christian, *Maps of Time*, 317.

87. Robert N. Bellah, "Religious Evolution" (lecture, University of Chicago, 16 October 1963).

第 2 章　从骆驼商务到电子商务

Epigraph: E. Backhouse and J. O. P. Bland, *Annals and Memoirs of the Court of Peking* (Boston: Houghton Mifflin, 1914), 322–331.

1. 联合国将跨国企业定义为"在一个以上国家从事外国直接投资和拥

有或控制增值活动的企业"。

2. As calculated by Cécile Michel, *Correspondance des marchands de kanish* (Paris: Éditions du Cerf, 2001), 173.

3. Ibid., 434.

4. Ibid., 296.

5. Louis Lawrence Orlin, *Assyrian Colonies in Cappadocia* (The Hague: Mouton, 1970), 53.

6. Mogens Trolle Larsen, *Old Assyrian Caravan Procedures* (Istanbul: Nederlands Historisch-Archaeologisch Institut in het Nabije Oosten, 1967), 83.

7. Richard W. Bulliet, *The Camel and the Wheel* (Cambridge, MA: Harvard University Press, 1975), 56.

8. William H. McNeill, "The Eccentricity of Wheels, or Eurasian Transportation in Historical Perspective," *American Historical Review* 92 (1987): 1111–1126.

9. 朝廷用100万匹丝绸换取10万匹马。8世纪中期，即盛唐时期，政府通过课税，征收740万匹丝绸。Xinru Liu, *Silk and Religion: An Exploration of Material Life and the Thought of People, AD 600–1200* (Delhi: Oxford University Press, 1996), 183.

10. David Christian, "Silk Roads or Steppe Roads? The Silk Roads in World History," *Journal of World History* 11, no. 1 (2000): 1–26; Tansen Sen, *Buddhism, Diplomacy, and Trade : The Realignment of Sino-Indian Relations, 600–1400* (Honolulu: Association of Asian Studies and University of Hawai'i Press, 2003), 118, 197–215.

11. Morris Rossabi, "'Decline' of the Central Asian Caravan Trade," in James D. Tracy, ed., *The Rise of Merchant Empires: Long Distance Trade in the Early Modern World, 1350–1750* (Cambridge: Cambridge University Press, 1990), 352.

12. 公元751年，中国朝廷派遣中国造纸技工前往撒马尔罕创建造纸厂，但是这些技工被阿拉伯人俘获。他们将造纸术传入欧洲。James Burke, *Connections* (Boston: Little, Brown, 1978)。尽管这个的故事未必真实，但是有一点确定无疑：造纸术源于中国，在伊斯兰统治中亚时期传至欧洲。参见Jonathan M. Bloom, *Paper before Print: The History and Impact of Paper in the Islamic World* (New Haven and London: Yale

University Press, 2001), 62–65.

13. Rossabi, "'Decline' of the Central Asian Caravan Trade," 358.

14. Philip D. Curtin, *Cross-Cultural Trade in World History* (Cambridge: Cambridge University Press, 1984), 39.

15. Valerie Hansen, *The Open Empire: A History of China to 1600* (New York: W.W. Norton, 2000), 205.

16. Shereen Ratnagar, *Trading Encounters: From the Euphrates to the Indus in the Bronze Age*, 2nd ed. (New Delhi: Oxford University Press, 2004), 129–133.

17. Bridget and Raymond Allchin, *The Birth of Indian Civilization: India and Pakistan before 500 B.C.* (Baltimore: Penguin, 1968), 271–272.

18. Shereen Ratnagar, *Understanding Harappa: Civilization in the Greater Indus Valley* (New Delhi: Tulika, 2001), 10, 53.

19. Rondo Cameron, *A Concise Economic History of the World: From Paleolithic Times to the Present* (New York: Oxford University Press, 1997), 35.

20. Romila Thapar, *Early India: From the Origins to A.D. 1300* (London: Penguin, 2003), 178.

21. Quoted in Jay S. Fein and Pamela L. Stephens, eds., *Monsoons* (New York: Wiley, 1987), 143.

22. 普林尼称，到达马拉巴尔海岸需要 40 天，现代研究者认为这种说法并不准确。现代研究者称，有东南季风相助，帆船只需 20 天就能从曼德海峡行至马拉巴尔海岸。Lionel Casson, "Rome's Trade with the East: The Sea Voyage to Africa and India," *Transactions of the American Philological Association* 110 (1980): 33.

23. Felipe Fernández-Armesto, *Civilizations* (London: Pan Books, 2001), 462.

24. Cited by Lionel Casson, "Rome's Trade with the East: The Sea Voyage to Africa and India," *Transactions of the American Philological Association* 110 (1980): 21–36.

25. Lionel Casson, "Ancient Naval Technology and the Route to India," in Vimala Begley and Richard Daniel De Puma, eds., *Rome and India: The Ancient Sea Trade* (Madison: University of Wisconsin Press, 1991), 10.

26. Grant Parker, "Ex oriente luxuria: Indian Commodities and Roman Experience," *Journal of the Economic*

and *Social History of the Orient* 45, no. 1 (2002): 40–95.
27. Michael Cook, *A Brief History of the Human Race* (New York: W. W. Norton, 2003), 163.
28. Robert B. Jackson, *At Empire's Edge: Exploring Rome's Egyptian Frontier* (New Haven and London: Yale University Press, 2002), 88.
29. Ibid., 87.
30. Vimala Begley, *The Ancient Port of Arikamedu: New Excavations and Researches, 1989–1992* (Pondicherry: École Française d'Extrême-Orient, 1996), 23.
31. Elizabeth Lyding Will, "The Mediterranean Shipping Amphoras from Arikamedu," in Begley and De Ouma, eds., *Rome and India*, 151–152.
32. M. P. Prabhakaran, *The Historical Origin of India's Underdevelopment: A World-System Perspective* (Latham, MD: University Press of America, 1989), 15.
33. Haraprasad Ray, *Trade and Diplomacy in India-China Relations: A Study of Bengal during the Fifteenth Century* (London: Sangam Books, 1999), 105.
34. I. C. Glover, "Early Trade between India and Southeast Asia: A Link in the Development of a World Trading System" (University of Hull, Centre for South-East Asian Studies, Occasional Papers 16, 1989).
35. Eric R. Wolf, "The Social Organization of Mecca and the Origins of Islam," *Southwestern Journal of Anthropology* 7 (Winter 1951): 329–356.
36. G. A. Wainwright, "Early Foreign Trade in East Africa," *Man* 47 (November 1947): 143–148.
37. Milo Kearney, *The Indian Ocean in World History* (New York: Routledge, 2004), 64.
38. George F. Hourani, *Arab Seafaring in the Indian Ocean in Ancient and Early Medieval Times* (Princeton, NJ: Princeton University Press, 1951), 64.
39. Michael McCormick, *Origins of the European Economy: Communications and Commerce, A.D. 300–900* (Cambridge: Cambridge University Press, 2001), 585.
40. Jerry H. Bentley, "Hemispheric Integration, 500–1500 C.E.," *Journal of World History* 9, no. 2 (1998): 237–254.
41. Hourani, *Arab Seafaring in the Indian Ocean*, 73.

42. R. W. Beachey, "The East African Ivory Trade in the Nineteenth Century," *Journal of African History* 8, no. 2 (1967): 269–290.
43. 一个名叫 Yaqut（公元 1179–1229）的阿拉伯地理学家创造出 "Malabar" 这个词，前半截 "Mala" 来自 "Malayalam"，后半截 "bar" 则取自波斯语 "国家" 一词。Bindu Malieckal, "Muslims, Matriliny and A Midsummer Night's Dream: European Encounters with the Mappilas of Malabar, India," *Muslim World* 95 (April 2005): 297–316.
44. Ibid.
45. Hourani, *Arab Seafaring in the Indian Ocean*, 104
46. Frederic C. Lane, "The Economic Meaning of the Invention of the Compass," *American Historical Review* 68 (1963): 605–17. See also Amir D. Aczel, *The Riddle of the Compass: The Invention That Changed the World* (New York: Harcourt, 2001), 77–109.
47. Burke, *Connections*, 26–28.
48. This section is based on S. D. Gotein, trans. and ed., *Letters of Medieval Jewish Traders* (Princeton, NJ: Princeton University Press, 1973), 186–193.
49. Ibid., 203.
50. R. S. Lopez, quoted in Janet L. Abu-Lughod, *Before European Hegemony: The World System, A.D. 1250–1350* (New York: Oxford University Press, 1989), 10.
51. Patricia Risso, *Merchants and Faith: Muslim Commerce and Culture in the Indian Ocean* (Boulder, CO: Westview, 1995), 49.
52. Amando Cortesao, trans. and ed., *The Suma Oriental of Tomé Pires ... and the Book of Francisco Rodrigues ...* (London: Hakluyt Society, 1944), 286–287.
53. Anthony Reid, *Southeast Asia in the Age of Commerce, 1450–1680*, vol. 2 (New Haven and London: Yale University Press, 1993), 327.
54. Wolfgang Schivelbusch, *Tastes of Paradise: A Social History of Spices, Stimulants, and Intoxicants* (New York: Pantheon, 1992).
55. Paul Freedman, "Spices and Late Medieval European Ideas of Scarcity and Value" (unpublished paper), quoted in Joaquim Romero Magalhães, *Portugueses no mundo do século XVI:*

espaços e produtos (Lisbon: Comissao Nacional para as Comemoraoes dos Descobrimentos Portugueses, 1998), 24–25; Vitorino Magalhães Godinho, *Os descobrimentos e a economia mundial*, 2nd ed., vol. 2 (Lisbon: Editora Arcádia, 1965), 159, quoting the anonymous chronicle attributed to Álvaro Velho. See also Sanjay Subrahmanyam, *The Career and Legend of Vasco da Gama* (Cambridge: Cambridge University Press, 1997), 129.

56. Philip D. Curtin, *Cross-Cultural Trade in World History* (Cambridge: Cambridge University Press, 1984), 142.

57. Serge Gruzinski, *Les quatre parties du monde: histoire d'une mondialisation* (Paris: Martinière, 2004), 46.

58. Robert Finlay, "The Culture of Porcelain in World History," *Journal of World History* 9, no. 2 (1998): 141–187.

59. Francesca Trivellato, "Trading Diasporas and Trading Networks in the Early Modern Period: A Sephardic Partnership of Livorno in the Mediterranean, Europe and Portuguese India (ca. 1700–1750)" (Ph.D. diss., Brown University, 2004). 感谢特里韦拉托与我分享这一时期的知识。

60. Karl Moore and David Lewis, *Birth of the Multinational: Two Thousand Years of Ancient Business History, from Ashur to Augustus* (Copenhagen: Copenhagen Business School Press, 1999).

61. Jaap R. Bruijn, "Productivity, Profitability and Costs of Private and Corporate Dutch Ship Owning in the Seventeenth and Eighteenth Centuries," in Tracy, ed., *Rise of Merchant Empires*, 190.

62. Frank J. Lechner and John Boli, *The Globalization Reader* (Malden, MA: Blackwell Publishers, 2000), 52–56.

63. Ibid.

64. Kevin H. O'Rourke and Jeffrey G. Williamson, *Globalization and History: The Evolution of a Nineteenth-Century Atlantic Economy* (Cambridge, MA: MIT Press, 1999), chap. 3.

65. Kevin H. O'Rourke, "Europe and the Causes of Globalization," in Henryk Kierzkowski, ed., *Europe and Globalization* (New York: Palgrave Macmillan, 2002), 74.

66. Kenneth Pomeranz and Steven Topik, *The World That Trade Created: Society,*

Culture and the World Economy, 1400 to the Present (Armonk, NY: M. E. Sharpe, 1999), 50.
67. Ibid., 49.
68. *Electronic Business*, February 2006, 26.
69. D. Hummels, "Time as a Trade Barrier" (mimeo), quoted in O'Rourke, "Europe and the Causes of Globalization," 75.
70. Abu-Lughod, *Before European Hegemony*, 15.
71. Thapar, *Early India*, 198.
72. Abu-Lughod, *Before European Hegemony*, 16.
73. Ronald Finlay, "Globalization and the European Economy: Medieval Origins to the Industrial Revolution," in Kierzkowski, ed., *Europe and Globalization*, 43.
74. John H. Munro, "The Monetary Origins of the Price Revolution: South German Silver Mining, Merchant Banking and Venetian Commerce, 1470–1540," in Dennis O. Flynn, Arturo Giráldez, and Richard von Glahn, eds., *Global Connections and Monetary History, 1470–1800* (Aldershot: Ashgate, 2003), 18.
75. Andre Gunder Frank, *ReOrient: Global Economy in the Asian Age* (Berkeley: University of California Press, 1998), 295.
76. Jan De Vries, "Connecting Europe and Asia: A Quantitative Analysis of the Cape-Route Trade, 1497–1795," in Flynn, Giráldez, and von Glahn, eds., *Global Connections and Monetary History, 1470–1800*, 80–81.
77. Ibid., 94.
78. M. N. Pearson, "Asia and World Precious Metal Flows in the Early Modern Period," in John McGuire, Patrick Bertola, and Peter Reeves, eds., *Evolution of the World Economy, Precious Metals and India* (New Delhi: Oxford University Press, 2001), 25.
79. Jeyamalar Kathirithamby-Wells, quoted in Anthony Reid, ed., *Southeast Asia in the Early Modern Era: Trade, Power, and Belief* (Ithaca, NY: Cornell University Press, 1993), 124–125.
80. De Vries, "Connecting Europe and Asia," 75.
81. Tom Standage, *The Victorian Internet: The Remarkable Story of the Telegraph and the Nineteenth Century's On-Line Pioneers* (New York: Walker, 1998), 83.
82. Ibid., 104.
83. Ibid., 151.

Notes

84. 人们在英属马来亚殖民地内种植橡胶，生产出神奇的绝缘材料马来乳胶，在更加坚固的合成材料发明之前，这种绝缘材料用于电缆制造，为世界互联互通提供了物质基础。

85. O'Rourke, "Europe and the Causes of Globalization," 76.

86. Steve Lohr, "Bar Code Détente: U.S. Finally Adds One More Digit," *New York Times*, 12 July 2004.

87. Tim Berners-Lee with Mark Fischetti, *Weaving the Web: The Original Design and Ultimate Destiny of the World Wide Web by Its Inventor* (San Francisco: HarperSanFrancisco, 1999), 9–29.

88. Frances Cairncross, *The Death of Distance: How the Communications Revolution Will Change Our Lives* (London: Orion Business Books, 1997), 30.

89. "Electronic Trading," *Britannica Book of the Year, 2000*, Encyclopædia Britannica Online, http://search.eb.com/eb/article-9342433.

90. Lowell L. Bryan, "The Forces Reshaping Global Banking: Technology and Demography Are Changing the Deep Foundations on Which Traditional Financial Services Rest," *McKinsey Quarterly* 1993, no. 2.

91. Anthony Giddens, *Runaway World: How Globalisation Is Reshaping Our Lives* (New York: Routledge, 2003), 28.

92. *Indian Express*, 1 January 2004.

93. 2003年12月，新加坡科技电信媒体公司（Singapore Technologies Telemedia）以2.5亿美元的价格，购入环球电讯（Global Crossing）61.5%的股权，印度的移动运营商Reliance Infocomm则以2.11亿美元的价格，并购FLAG Telecom电信公司。购买TGN，只花去1.3亿美元，大约只花5美分，就购得价值1美元的资产，这和Reliance Infocomm购买FLAG类似，都十分划算——印度移动运营商大约只花6美分，就购得价值1美元的资产。Press release, *TeleGeography*, 1 November 2004.

94. "Today India, Tomorrow the World," *Economist*, 2–8 April 2005, 54.

95. Martin Kenney with Richard Florida, eds., *Locating Global Advantage: Industry Dynamics in the International Economy* (Stanford, CA: Stanford University Press, 2004), 1.

第 3 章 内藏乾坤

Epigraph: Rabindranath Tagore, *Letters to a Friend*, ed. C. F. Andrews (New York: Macmillan, 1929), 133–137.

1. "Protests Turn Ugly outside WTO Meeting," Dan Rather, John Roberts, *CBS News: Evening News with Dan Rather*, 30 November 1999.
2. K. N. Chaudhury, *Asia before Europe: Economy and Civilisation of the Indian Ocean from the Rise of Islam to 1750* (Cambridge: Cambridge University Press, 1990), 308.
3. Victor Lieberman, *Strange Parallels: Southeast Asia in Global Context, c. 800–1830*, vol. 1, *Integration on the Mainland* (Cambridge: Cambridge University Press, 2003), 145.
4. Arnold Pacey, *Technology in World Civilization: A Thousand-Year History* (Cambridge, MA: MIT Press, 2001), 23.
5. Mark Elvin, *The Pattern of the Chinese Past* (Stanford, CA: Stanford University Press, 1973), 184.
6. Lynda Norene Shaffer, "A Concrete Panoply of Intercultural Exchange: Asia in World History," in Ainslie T. Embree and Carol Gluck, eds., *Asia in Western and World History: A Guide for Teaching* (Armonk, NY: M. E. Sharpe, 1997), 812–813.
7. Kenneth Pomeranz and Stephen Topik, *The World That Trade Created: Culture, Society, and the World Economy, 1400 to the Present* (Armonk, NY: M. E. Sharpe, 1999), 17.
8. Chaudhury, *Asia before Europe*, 305.
9. Ruth Barnes, Steve Cohen, and Rosemary Crill, *Trade, Temple and Court: Indian Textiles from the Tapi Collection* (Mumbai: India Book House, 2002), 90.
10. Jasleen Dhamija, "The Geography of Textile," in *Textiles from India: The Global Trade*, ed. Rosemary Crill (Calcutta: Seagull Books, 2006), 265.
11. Chaudhury, *Asia before Europe*, 19.
12. Pomeranz and Topik, *World That Trade Created*, 226.
13. 罗马帝国用金银换取印度纺织品，由于进口量大，人们甚至开始担心：罗马国库会因此耗竭。罗马历史学家老普林尼对此颇为愤慨：每年对东方贸易花费罗马帝国5.5亿赛斯特斯，其中五分之一用于进口印度产品。尽管普林尼为鞭挞罗马权贵阶层的铺张浪费，言辞未免夸大，但是在印度南部出土的大量罗马金币，足以证明当时两地贸易繁荣昌盛。William Wilson Hunter, *Annals of Rural Bengal* (London, 1899), 42, cited in M. P. Prabhakaran, *The Historical Origin of India's Underdevelopment: A World System Perspective* (Lanham, MD: University Press of America, 1989), 15.

14. Jack Goody, *The East in the West* (Cambridge: Cambridge University Press, 1996), 127.

15. John McGuire, Patrick Bertola, and Peter Reeves, eds., *Evolution of the World Economy, Precious Metals and India* (New Delhi: Oxford University Press, 2001), 42, 62.

16. Dharma Kumar, *The Cambridge Economic History of India* (Bombay: Cambridge University Press, 1982), 842.

17. Barnes, Cohen, and Crill, *Trade, Temple and Court*, 92.

18. "Industries: Silk-weaving," in William Page, ed., *A History of the County of Middlesex*, vol. 2, *General* . . . (Victoria County History, 1911), 132–137. Available at http://www.british-history.ac.uk/report.asp? compid=22161.

19. Peter Dicken, *Global Shift: Reshaping the Global Economic Map in the Twenty-First Century*, 4th ed. (New York: Guilford Press, 2003), 317.

20. Kumar, *The Cambridge Economic History of India*, 131.

21. 此系卡尔·马克思在《资本论》第一卷406页（英文版）中转引威廉·本廷克之语。由于马克思未注明出处，研究者曾怀疑这句引语可能由马克思杜撰。但是，马克思主义研究学者帕莱什·钱梦德（Paresh Chattopadhyay）在新版的德语《马克思、恩格斯全集》（德语简称为MEGA）中发现，这句引文出自1863年4月28日的《泰晤士报》，但是原文的措辞略有不同："总督说，恒河两岸的手摇织机工人境遇悲惨，他们的骸骨染白了印度平原。"这句引文实际上出自英国下议院议员威廉·布什菲尔德·费兰德（William Bushfield Ferrand），他头一天在正式讲话中发表这番言论，这句话次日见报——马克思这段引语最初出自这位议员之口。Private communication with author.

22. Hugh Thomas, *The Slave Trade: The History of the Atlantic Slave Trade, 1440–1870* (London: Picador, 1997), 69–570.

23. Sven Beckert, "Emancipation and Empire: Reconstructing the Worldwide Web of Cotton Production in the Age of the American Civil War," *American Historical Review* 109 (December 2004): 1405–1438.

24. Grace Rogers Cooper, "The Sewing Machine: Its Invention and Development," Digital edition (Washington, DC: Smithsonian Institution Libraries, February 2004), 217, available at http://www.sil.si.edu/digitalcollections/hst/cooper/.

25. Ibid., 58.

26. Dicken, *Global Shift*, 320.

27. International Labour Organization, "Globalization of the Footwear, Textiles and Clothing Industries," news release, 28 October 1996, 6.

28. Joan Magretta, "Fast, Global, and Entrepreneurial: Supply Chain Management, Hong Kong Style: An Interview with Victor Fung," *Harvard Business Review* 76 (September–October 1998): 102–114.

29. News release, Vietnam News Agency, 20 February 2001.

30. Guy de Jonquières, "Garment Industry Faces a Global Shake-Up," *Financial Times*, 19 July 2004.

31. Mark S. Henry, "How Are Rural Workers and Industries Affected by Globalization? Discussion of Papers by Jean Crews-Klein and Karen Hamrick," paper presented at conference sponsored by USDA's Economic Research Service and the Farm Foundation, 6 June 2005, Washington, DC, available at http://www.farmfoundation.org/projects/documents/Henry.pdf.

32. Marc Lacey, "Along with That Caffeine Rush, a Taste of Seattle," *New York Times*, 22 July 2005.

33. Mark Pendergrast, *Uncommon Grounds: The History of Coffee and How It Transformed Our World* (New York: Basic Books, 2000), 5.

34. Bernard Lewis, *From Babel to Dragomans: Interpreting the Middle East* (London: Orion Books, 2004), 48. 一位学者在分析阿拉伯语中"咖啡"一词的词源之后，得出结论："无疑，阿拉伯语的咖啡并非源于埃塞俄比亚语中'Kaffa'一词，它最初的意思是'黑色的'，要么指咖啡豆，要么指饮料的颜色。" Alan S. Kaye, "The Etymology of 'Coffee': The Dark Brew," *Journal of the American*

Oriental Society 106 (1986): 557–558.

35. Heinrich Eduard Jacob, *Coffee: The Epic of a Commodity* (New York: Viking, 1935),7–10.

36. Jean de la Roque, *Voyage de l'Arabie heureuse* (Amsterdam: Steenhower, 1716).

37. Jacob, *Coffee*, 1–10. 根据《伊斯兰百科全书》"Kahwa"条目记载，'Abd-al-Kadir Djaziri（生卒年不明，约16世纪）认为，两位不同的苏菲派人物将咖啡引进也门。援引 Ahmad 'Abd-al-Ghaffar（1530）所著文章，他写道：Muhammad b. Sa'id Dhabhani（卒于1470年）是来自亚丁的一名法理学家，曾经流放至非洲，在那里接触到咖啡，了解到它具有提神的功效，之后将其引进苏菲派，从此苏菲派教徒在守夜晚祷时，开始饮用咖啡。

38. Jacob, *Coffee*, 32.

39. Jacob, *Coffee*, 33.

40. Ralph S. Hattox, *Coffee and Coffeehouses: The Origins of a Social Beverage in the Medieval Near East*, Near Eastern Studies, University of Washington, vol. 77, no. 3 (Seattle: Distributed by University of Washington Press, 1985).

41. Pendergrast, *Uncommon Grounds*, 7.

42. Merid W. Aregay, "The Early History of Ethiopia's Coffee Trade and the Rise of Shawa," *Journal of African History* 29 (1988): 19–25.

43. *Encyclopaedia of Islam*, s.v. "Kahwa."

44. 由于有畜牧传统，长久以来吸收动物乳的营养，欧洲人貌似已经摆脱了乳糖不耐症，但是其他大部分人患有此症。See James D. Watson, *DNA: The Secret of Life* (New York: Alfred K. Knopf, 2003), 256–257.

45. John Crawford, "History of Coffee," *Journal of the Statistical Society of London* (1852): 50–58.

46. "La grande histoire du café," http://www.nestle.fr/enseignants/docs/histoire.doc.

47. Robert Harms, *The Diligent: A Voyage through the Worlds of the Slave Trade* (New York: Basic Books, 2002), 345–346.

48. Kenneth Davids, *Coffee: A Guide to Buying, Brewing, and Enjoying*, 5th ed. (New York: St. Martin's Griffin, 2001); Davids, "Coffee Fundamentals," http://www.lucidcafe.com/ fundamentals.html#history.

49. Thomas, *Slave Trade*, 634.

50. Ibid., 788.
51. Luella N. Dambaugh, *The Coffee Frontier in Brazil* (Gainesville: University of Florida Press, 1959), 5.
52. Nicholas Tarling, ed., *Cambridge History of Southeast Asia*, vol. 1, pt. 1, *From Early Times to c. 1500* (Cambridge: Cambridge University Press, 1992), 595.
53. Fernand Braudel, *Civilization and Capitalism, Fifteenth–Eighteenth Century*, vol. 1, *The Structures of Everyday Life*, reprint ed. (Berkeley: University of California Press, 1992),258.
54. Sidney W. Mintz, "The Forefathers of Crack," in North American Congress on Latin America, *Report on the Americas* 22, no. 6 (1989), available at http://instruct.uwo.ca/ anthro/211/ crack.htm.
55. Sherri Day, "Move Over Starbucks, Juan Valdez Is Coming," *New York Times*, 29 November 2003.
56. Celine Charveriat, "Bitter Coffee: How the Poor Are Paying for the Slump in Coffee Prices" (Oxfam, May 2001).
57. David Adams, "Waking Up to World Coffee Crisis," *St. Petersburg Times*, 11 August 2002.
58. http://www.tws.com.sg/singapore/sin_ html/directory/shopping/it_electronics. html.
59. Prbhakaran, *Historical Origin of India's Underdevelopment*, 13–16.
60. Mariá Rosa Menocal, *Ornament of the World: How Muslims, Jews, and Christians Created a Culture of Tolerance in Medieval Spain* (Boston: Little, Brown, 2002), 180. 雅各布·布朗诺夫斯基观察后发现："正因为摩尔帝国疆域广阔，所以它成为各种知识汇集之处，那里的学者既有来自东方的'异端'——基督徒中的景教徒，又有来自西方的异教徒犹太人。伊斯兰这种宗教可能具备这种特质：尽管它也努力劝服别人入教，但是它绝不轻视异教徒的知识。" Bronowski, *The Ascent of Man* (Boston: Little, Brown, 1973), 168–169.
61. Bronowski, *Ascent of Man*, 168–169.
62. T. R. Reid, *The Chip: How Two Americans Invented the Microchip and Launched a Revolution*, rev. ed. (New York: Random House, 2001), 11.
63. Jeffrey Zygmont, *Microchip: An Idea, Its Genesis, and the Revolution It Created* (Cambridge, MA: Perseus,

2003), 79.

64. Alan M. Turing, "On Computable Numbers, with an Application to the Entscheidungs-problem," in Martin Davis, ed., *The Undecidable* (New York: Raven Press, 1965), 116–151.

65. T. R. Reid, *The Chip* (New York: Random House, 2001), 132.

66. "Jack Kilby (1923–2005), Inventor of the Integrated Circuit," *IEEE Signal Processing Magazine*, September 2005, 6.

67. Jack S. Kilby, "The Electrical Century," *Proceedings of the IEEE* 88 (January 2000): 110.

68. L. Buckwalter, "Now It's Pocket Calculators," *Mechanics Illustrated* 69 (February 1973): 69, 108–9, cited in Kathy B. Hamrick, "The History of the Hand-Held Electronic Calculator," *American Mathematical Monthly*, October 1996, 633–639.

69. William Aspray, "The Intel 4004 Microprocessor: What Constituted Invention?" *IEEE Annals of the History of Computing* 19, no. 3 (1997): 4–15.

70. Jeffry A. Frieden, *Global Capitalism: Its Fall and Rise in the Twentieth Century* (New York: W. W. Norton, 2006), 395.

71. Video footage of antiglobalization and other demonstrations is archived at http:// video.indymedia.org/en/archive.shtml.

第 4 章 传道世界

Epigraph: "New Light from an Old Lamp: A Strategic Analysis of Buddhism" (documented researches), five lectures by Tan Beng Sin, Piyasilo, 1990 (unpublished manuscript).

1. Max Weber quoted in Thomas Arnold, *The Spread of Islam in the World* (London 1886; reprint, New Delhi: Goodword Books, 2002), 1.

2. Elie Wiesel, "The Perils of Indifference: Lessons Learned from a Violent Century," Address at the Seventh Millennium Evening at the White House, 12 April 1999.

3. Philip Jenkins, *The Next Christendom: The Coming of Global Christianity* (Oxford: Oxford University Press, 2002), 28.

4. Nicholas Tarling, ed., *The Cambridge History of Southeast Asia*, vol. 1, pt. 1, *From Early Times to c. 1500*

(Cambridge: Cambridge University Press, 1992), 356.

5. Robert P. Clark, *The Global Imperative: An Interpretive History of the Spread of Humankind* (Boulder, CO: Westview, 1997), 66.

6. Romila Thapar, *A History of India*, vol. 1 (London: Penguin, 1966), 131.

7. Romila Thapar, *Asoka and the Decline of the Mauryas* (New Delhi: Oxford University Press, 1997), 46–49.

8. 在《中印文化交流》一书中，谭云山写道："据中文著作《历代高僧传》所述，在印度修习并获得成就的高僧有 200 位，在中国传教并大获成功的印度圣僧有 24 位。但是我们不应该忘记：除此之外，一定还有许许多多的僧侣和学者，他们可能在途中死亡，或者捐弃世俗的名誉，所以其名号佚失于后世。" Available at http://ignca.nic.in/ks_40038.htm.

9. Jonathan M. Bloom, *Paper before Print: The History and Impact of Paper in the Islamic World* (New Haven and London: Yale University Press, 2001), 36. See also Mishi Saran, *Chasing the Monk's Shadow: A Journey in the Footsteps of Xuanzang* (New Delhi: Penguin, 2005), 11–12.

10. Sally Hovey Wriggins, *Xuanzang: A Buddhist Pilgrim on the Silk Road* (Boulder, CO: Westview, 1996), 160.

11. Li Yongshi, trans., *The Life of Hsuan Tsang by Huili*, quoted in ibid., 176.

12. Ibid., 168.

13. Tan, "Cultural Interchange between India and China."

14. Victor H. Mair, "Buddhism and the Rise of the Written Vernacular in East Asia: The Making of National Languages," *Journal of Asian Studies* 53 (August 1994): 707–751.

15. Xinru Liu, *Silk and Religion: An Exploration of Material Life and the Thought of People, A.D. 600–1200* (New Delhi: Oxford University Press, 1996), 14. 在中亚和印度，用来装饰佛教圣地的五颜六色的丝绸彩旗大多来自中国；Xinru Liu, *Ancient India and Ancient China: Trade and Religious Exchanges, A.D. 1–600* (New Delhi: Oxford University Press, 1988), 69. 5 世纪时的印度诗人迦梨陀娑曾描绘盛大的婚礼景象：全城都布满了中国制造的丝绸旗帜（*ci~nams'ukam keto*）。有意思的是，1000 多年之后，中国又成了各种外国国旗的供应商，其中包括美国国旗。

16. John Kieschnick, *The Impact of Buddhism on Chinese Material Culture* (Princeton, NJ: Princeton University Press, 2003), 262. 前文曾借鉴柯嘉豪的观点，指出佛教传播具有推动图书生产的意义。
17. Liu, *Silk and Religion*, 187.
18. Martin Baumann, "Global Buddhism: Developmental Periods, Regional Histories, and a New Analytical Perspective," *Journal of Global Buddhism* 2 (2001): 1–43, available at http://www.geocities.com/globalbuddhism/html/2/baumann011.pdf.
19. Based on Huston Smith, *The Religions of Man* (New York: Harper and Row, 1986), 425–443.
20. Michael Cook, *A Brief History of the Human Race* (New York: W. W. Norton, 2005), 222.
21. Thapar, *History of India*, 134–135; see also David Chidester, *Christianity: A Global History* (New York: HarperCollins, 2000), 452–459.
22. Daniel J. Boorstin, *The Discoverers* (New York: Random House, 1983), 122.
23. "European Exploration," Encyclopædia Britannica Online, http://search.eb.com/eb/ article?tocId=25961.
24. Christopher Columbus, *The Four Voyages*, ed. and trans. J. M. Cohen (London: Penguin, 1969), 300.
25. Chidester, *Christianity*, 353–354.
26. Ibid., 412.
27. Margarita Zamora, *Reading Columbus* (Berkeley: University of California Press, 1993), 19.
28. Karen Armstrong, *A History of God: The Four-Thousand-Year Quest of Judaism, Christianity, and Islam* (New York: Ballantine, 1994), 258.
29. Serge Gruzinki, *Les quatre parties du monde: histoire d'une mondialisation* (Paris: Martinière, 2004), 49.
30. John King Fairbank and Merle Goldman, *China: A New History* (Cambridge, MA: Harvard University Press, 1998), 223.
31. Jonathan D. Spence, *The Search for Modern China* (New York: W. W. Norton, 1990), 206.
32. Lamin Sanneh, *Translating the Message: The Missionary Impact on Culture* (Maryknoll, NY: Orbis, 1989), 123.
33. Lê Thành Khôi, *Histoire du Viêt Nam: des origines à 1858* (Paris: Sudestasie, 1981), 290.
34. A. J. R. Russell-Wood, *The Portuguese*

Empire, 1415–1808: A World on the Move (Baltimore: Johns Hopkins University Press, 1992), 202.

35. George Shepperson, "David Livingstone (1813–1873): A Centenary Assessment," *Geographical Journal* 139 (June 1973): 216.
36. Alvyn Austin, "Discovering Livingstone," *Christian History* 16, no. 4 (1997): electronic copy, n.p.
37. Shepperson, "David Livingstone," 217.
38. Leila Koivunen, "Visualizing Africa: Complexities of Illustrating David Livingstone's Missionary Travels," in *The Papers of the Nordic Conference on the History of Ideas*, vol. 1 (Helsinki: University of Helsinki, 2001). Also see T. Jack Thompson, "Images of Africa: Missionary Photography in the Nineteenth Century; An Introduction" (Occasional Paper, University of Copenhagen, Centre of African Studies, February 2004).
39. Shepperson, "David Livingstone," 216.
40. Quoted in ibid., 210.
41. Martha Lund Smalley, ed., "Communications from the Field: Missionary Postcards from Africa," *Occasional Publications*, 5 (New Haven: Yale Divinity School Library, 1994).
42. Victor Lewis-Smith, "God on the Box," *New Humanist*, 1 September 2002, available at http://www.newhumanist.org.uk/volume117issue3_more.php?id=224_0_12_0_C.
43. Arnold, *Spread of Islam*, 412.
44. R. Hunt Davis, Jr., "Teaching about the African Past in the Context of World History," *World History Connected*, http://worldhistoryconnected.press.uiuc.edu/2.1/davis.html.
45. Cook, *Brief History*, 287–290.
46. Reid, *Charting the Shape*, 26.
47. Ibid., 27.
48. Immanuel Wallerstein, *European Universalism: The Rhetoric of Power* (New York: New Press, 2006), 5.
49. Michael Wood, *Conquistadors* (Berkeley: University of California Press, 2002), 271.
50. Quoted by Martin Dugard, "Stanley Meets Livingstone," *Smithsonian* 34 (October 2003): 68–76.
51. Quoted by Dan Jacobson, "Dr. Livingstone, He Presumed," *American Scholar* 70 (2001): 99.
52. William Cobbett, *The Parliamentary History of England: From the Norman Conquest in 1066 to the Year 1803*,

36 vols. (London: T. Curson Hansard, 1806–1820), 28:45.

第 5 章 周游世界

Epigraph: Laurence Bergreen, *Over the Edge of the World: Magellan's Terrifying Circumnavigation of the Globe* (New York: William Morrow, 2003), 396.

1. W. M. Spellman, *The Global Community: Migration and the Making of the Modern World* (Stroud: Sutton, 2002), 24.
2. Anthony Pagden, *Peoples and Empires* (New York: Modern Library, 2001), xix.
3. E. H. Hair, "The 'Periplus of Hanno' in the History and Historiography of Black Africa," *History in Africa* 14 (1987): 43–66.
4. 这一解释基于 Lionel Casson, *Travel in the Ancient World* (Baltimore: Johns Hopkins University Press, 1994), 44–57.
5. "European Exploration," Encyclopædia Britannica Online, http://search.eb.com/eb/article?tocId=25961.
6. W. H. Schoff, trans. and ed., *The Periplus of the Erythraean Sea: Travel and Trade in the Indian Ocean by a Merchant of the First Century* (London, 1912).
7. Sima Qian, *Records of the Great Historian, Han Dynasty* II, trans. Burton Watson, rev. ed. (New York: Columbia University Press, 1993), 123.
8. Bin Yang, "Horses, Silver, and Cowries: Yunnan in Global Perspective," *Journal of World History* 15 (September 2004): 286.
9. David Christian, "Silk Roads in World History," *Journal of World History* 11 (Spring 2000): 1–26.
10. Hok-Lam Chan quoted by Ed Gargan, *Newsday* (New York), 19 January 2003.
11. 一位来自肯尼亚附近岛屿的 19 岁少女姆瓦玛卡·夏瑞福（Mwamaka Sharifu）受邀参加郑和远航 600 周年纪念活动。Joseph Kahn, "China Has an Ancient Mariner to Tell You About," *New York Times*, 20 July 2005.
12. Philip Snow, *The Star Raft: China's Encounter with Africa* (London: Weidenfeld and Nicolson, 1988), 22.
13. Edward Dreyer, "Review of Gavin Menzies, 1421: *The Year China*

Discovered America," *Journal of the Society for Ming Studies* 50 (Fall 2004): 131.

14. Fernand Braudel, *Civilization and Capitalism, Fifteenth–Eighteenth Century*, vol. 3, *The Perspective of the World* (Berkeley: University of California Press, 1992), 106.

15. Jean Verdon, *Travel in the Middle Ages*, trans. George Holoch (Notre Dame, IN: University of Notre Dame Press, 2003), 147.

16. Maxine Feifer, *Tourism in History: From Imperial Rome to the Present* (New York: Stein and Day, 1985), 29.

17. Michael McCormick, *Origins of the European Economy: Communications and Commerce, A.D. 300–900* (Cambridge: Cambridge University Press, 2001), 227–235.

18. K. N. Chaudhury, *Asia before Europe: Economy and Civilisation of the Indian Ocean from the Rise of Islam to 1750* (Cambridge: Cambridge University Press, 1990), 134.

19. Cited in Robin Hanbury-Tenison, ed., *The Oxford Book of Explorers* (Oxford: Oxford University Press, 1993), 15.

20. Frances Wood, *Did Marco Polo Go to China?* (Boulder, CO: Westview, 1996), 160.

21. Greg Clydesdale, "European Explorers, Entrepreneurial Selection and Environmental Thresholds," *Prometheus* 23 (March 2005): 47–61.

22. A. S. Morris, "The Journey beyond Three Seas," *Geographical Journal* 133 (December 1967): 502–508.

23. Cecil Roth, "Genoese Jews in the Thirteenth Century," *Speculum* 25 (April 1950): 190–197.

24. David Whitehouse, "Maritime Trade in the Gulf: The Eleventh and Twelfth Centuries," *World Archaeology* 14 (February 1983): 328–334.

25. D. O. Morgan, "Ibn Battuta and the Mongols," *Journal of the Royal Asiatic Society*, 3rd Ser., 11 (2001): 1–11.

26. Charles Beckingham, "In Search of Ibn Battuta," *Asian Affairs* 8 (October 1977): 268.

27. Walter J. Fischel, "David d'Beth Hillel: An Unknown Jewish Traveller to the Middle East and India in the Nineteenth Century," *Oriens* (December 1957): 240–247.

28. 传说中的祭司王约翰的领地也让人向往：那里可能是宝贵的贸易市场。约1170年时，欧洲流传着一封信，信中祭司王约翰声称，在其领土上，有各种丰富的贵重物品（宝石更是数不胜数）。宝石比香料更吸引人，因为尽管祭司王领地也盛产胡椒，但是这些胡椒生长在树林之中，由蛇看守。Cited by Paul Freedman, "Spices and Late Medieval European Ideas of Scarcity and Value" (unpublished paper), quoted in Joaquim Romero Magalhães, *Portugueses no mundo do século XVI: espaços e produtos* (Lisbon: Comissao Nacional para as Comemoraoes dos Descobrimentos Portugueses, 1998). 亨利王子是十字军战士。亨利王子的帆船上，由骑士的扈从而不是商人指挥，沿着非洲海岸航行，伺机攻击摩尔人。Clydesdale, "European Explorers," *Prometheus* 23 (March 2005): 54.

29. Daniel J. Boorstin, *The Discoverers* (New York: Random House, 1983), 168.

30. Michael Prawdin, *The Mongol Empire: Its Rise and Legacy*, trans. Eden and Cedar Paul (New York: Free Press, 1967), 510.

31. Hugh Thomas, *Rivers of Gold: The Rise of the Spanish Empire, from Columbus to Magellan* (New York: Random House, 2003), 68.

32. Abbas Hamdani, "Columbus and the Recovery of Jerusalem," *Journal of the American Oriental Society* 99, no. 1 (1979): 39–48.

33. Thomas, *Rivers of Gold*, 76.

34. Boorstin, *Discoverers*, 176.

35. Wolfgang Schivelbusch, *Tastes of Paradise: A Social History of Spices, Stimulants, and Intoxicants* (New York: Vintage, 1993), 12.

36. W. S. Merwin, "Name in the Sand," *New York Review of Books*, 27 May 2004, 36–37.

37. Henry Kamen, *Empire: How Spain Became a World Power* (New York: HarperCollins, 2003), 129.

38. Kenneth Pomeranz and Steven Topik, *The World That Trade Created* (Armonk, NY: M. E. Sharpe, 1999), 49.

39. Leslie Page Moch, *Moving Europeans: Migration in Western Europe since 1560* (Bloomington, Indiana University Press, 2003), 147; Alan M. Taylor and Jeffrey G. Williamson, "Convergence in the Age of Mass Migration," NBR Working Paper No. 4711, April 1994; Andrés Solimano, "International Migration and the Global Economic

Order: An Overview," World Bank Policy Research Working Paper No. 2720, November 2001.

40. John Torpey, *The Invention of the Passport* (London: Cambridge University Press, 2000), 92.

41. Roger Sanjek, "Rethinking Migration, Ancient to Future," *Global Networks* 3 (July 2003): 315.

42. Solimano, "International Migration."

43. Stephen Castles and Mark J. Miller, *The Age of Migration: International Population Movements in the Modern World*, 2nd ed. (Basingstoke: Macmillan, 1998), 57.

44. David Northrup, "Free and Unfree Labor Migration, 1600–1900: An Introduction," *Journal of World History* 24, no. 2 (2003): 125–130.

45. Hugh R. Baker, "The Myth of the Travelling Wok: The Overseas Chinese," *Asian Affairs* 28 (March 1997): 28–37.

46. Cláudia Rei, "The Role of Transportation Technology in Economic Leadership," paper, Boston University, Department of Economics, September 2002, available at http://people.bu.edu/cr/Rei_C_Transportation.pdf.

47. 移民过程中死亡率极高。1850年，740名移民登上两艘开往卡亚俄的船，其中247人在途中死亡，死亡率超过33%。Baker, "Myth of the Travelling Wok."

48. Matthew Pratt Guterl, "After Slavery: Asian Labor, the American South, and the Age of Emancipation," *Journal of World History* 24, no. 2 (2003): 209–241.

49. Sanjek, "Rethinking Migration," 315.

50. Ibid.

51. K. Laxmi Narayan, "Indian Diaspora: A Demographic Perspective," Occasional Paper, University of Hyderabad, 2002, available at http://www.uohyd.ernet.in/sss/indian_diaspora/oc3.pdf.

52. Claude Markovits, "Indian Merchant Networks outside India in the Nineteenth and Twentieth Centuries: A Preliminary Survey," *Modern Asian Studies* 33, no. 4 (1999): 883–911.

53. *Migration in an Interconnected World: New Directions for Action* (Global Commission on International Migration, Geneva, October 2005), available at http://www.gcim.org/attachements/gcim-complete-report-2005.pdf.

54. Howard W. French, "Next Wave of

Camera-Wielding Tourists Is from China," *New York Times*, 17 May 2006.

55. Henry Kamen, *Spain's Road to Empire: The Making of a World Power* (London: Penguin, 2002), 198.

第 6 章 帝国经纬

Epigraph: Quoted in A. G. Hopkins, ed., *Globalization in World History* (New York: W. W. Norton, 2002), 124.

1. Anthony Pagden, *Peoples and Empires: A Short History of European Migration, Exploration, and Conquest, from Greece to the Present* (New York: Modern Library, 2001), 12–13.
2. William W. Tarn, "Alexander the Great and the Unity of Mankind," Raleigh Lecture on History, British Academy, 10 May 1933, 4.
3. Ibid., 27.
4. Plutarch quoted in Pagden, *Peoples and Empires*, 13.
5. Ibid., 31.
6. 西奥多·罗斯福总统宣称："如果一国政府长期作恶，或是缺乏行政能力，文明社会中各国的关系会因此松散，在美洲也好，世界各地也罢，如果出现这种情况，最终某些文明国家必须出面干预……" Niall Ferguson, *Colossus: The Price of America's Empire* (New York: Penguin, 2004), 52–53.
7. Cesare Polengh, "Hideyoshi and Korea," 25 April 2003, Samurai Archives, http://www.samurai-archives.com/hak.html.
8. Ferguson, *Colossus*, 80.
9. 120 个国家都有麦当劳餐厅，其总数超过 3 万家，70% 的可口可乐销往北美之外其他地区。Ibid., 18.
10. Robert Kaplan, "Empire by Stealth," *Atlantic Monthly*, July–August 2003, 66.
11. Cited by Ferguson, *Colossus*, 68.
12. Geoffrey W. Conrad and Arthur A. Demarest, *Religion and Empire: The Dynamics of Aztec and Inca Expansionism* (Cambridge: Cambridge University Press, 1984), 1, quotation at 129.
13. Ibid., 129.
14. 之后有文献记载，当亚历山大大帝出发去叙利亚的时候，亚里士多德写信给他，建议他占领索科特拉，并派遣一群希腊人在那里定居，以获取树脂和芦荟。Vitaly Naumkin, "Fieldwork in Socotra," Bulletin of

the British Society for Middle Eastern Studies 16, no. 2 (1989): 133–142.

15. Daniel J. Boorstin, *The Discoverers* (New York: Random House, 1983), 160–161.

16. Henry Kamen, *Spain's Road to Empire: The Making of a World Power, 1492–1763* (London:Penguin, 2002), 301.

17. Anthony Pagden, *Spanish Imperialism and the Political Imagination: Studies in European and Spanish-American Social and Political Theory, 1513–1830* (New Haven and London:Yale University Press, 1998), 14.

18. Robert L. Tignor, "Colonial Africa through the Lens of Colonial Latin America," in Jeremy Adelman, ed., *Colonial Legacies: The Problem of Persistence in Latin American History* (New York: Routledge, 1999), 35.

19. Niall Ferguson, *Empire: The Rise and Demise of the British World Order and the Lessons for Global Power* (New York: Basic Books, 2002), 7.

20. James Bryce and General Stanley Maude quoted by Tony Judt, "Dreams of Empire," *New York Review of Books*, 4 November 2004.

21. Pagden, *Peoples and Empires* , xxiii–xxiv.

22. Sir William Tarn, *Hellenistic Civilisation* (London: Edward Arnold, 1927), 4.

23. Pagden, *Peoples and Empires*, 25.

24. Peter Mansfield, *A History of the Middle East* (London: Penguin, 2003), 17.

25. John Keegan, *A History of Warfare* (New York: Vintage, 1994), 212.

26. Tatiana Zerjal et al., "The Genetic Legacy of the Mongols," *American Journal of Human Genetics* 72 (2003): 717–721.

27. Weatherford, *Genghis Khan*, 227.

28. Ibid., 221.

29. A. J. R. Russell-Wood, *The Portuguese Empire, 1415–1808: A World on the Move* (Baltimore: Johns Hopkins University Press, 1992), 60–62.

30. Kamen, *Spain's Road to Empire*, 354.

31. Ibid., 345.

32. Ibid., 355.

33. James D. Watson, *DNA: The Secret of Life* (New York: Alfred A. Knopf, 2003), 250–251.

34. 殖民者往往登临他国海岸，成为当地的少数民族，并宣传本民族如何优异，但是英国人并没有这样做。英国人创建国家：美国、加拿大、澳大利亚、新西兰、南非。古希腊人移民时，他们实际上离开了完美的希腊城邦，但是英国人移民后，他们把自己的完美城邦带到了当地。Engseng Ho, "Empire through Diasporic Eyes: A View from the Other Boat," *Comparative Studies in Society and History* 46, no. 2 (2004): 210–246.

35. Stuart Mole, "From Empire to Equality? Migration and the Commonwealth," *Round Table* 358 (2001): 89.

36. Ferguson, *Empire*, 60.

37. Gregory Mann, "Immigrants and Arguments in France and West Africa," *Comparative Studies in Society and History* 45 (2003): 362–385, quotation at 364.

38. Claudia Zequeira, "A Petty Officer and Now, a U.S. Citizen," *Orlando Sentinel*, 30 July 2006.

39. Cam Simpson, "U.S. to Probe Claims of Human Trafficking," *Chicago Tribune*, 19 January 2006.

40. Hopkins, ed., *Globalization in World History*, 155.

41. 航海者亨利听到一个传说：在北非，有一种"沉默的贸易"，适用于那些语言不通的民族。丹尼尔·布尔斯廷写道："商队从摩洛哥出发，一路南行，越过阿特拉斯山脉，20 天之后，抵达塞内加尔河畔。摩洛哥商人把一堆堆的盐、棕褐色珊瑚珠和便宜的制造产品分别摆放整齐。"然后这些摩洛哥商人就会找到一个隐蔽的地方躲起来。当地部落的成员平时就住在露天矿场，在那里挖掘黄金，这时他们会走到海滩上，在每堆物品旁边放一堆黄金。之后，这些部落成员也会找个地方躲起来，避免露面。这时，摩洛哥商人再走上前去，要么把金子拿走，留下与之对应的那堆货物，要么根据当地人开出的黄金价格，扣除特定货品的数量。之后，摩洛哥商人再次退场，贸易活动则继续进行。Boorstin, *Discoverers*, 161.

42. Sir William Tarn, *Hellenistic Civilisation* (London: Edward Arnold, 1927), 2.

43. Pagden, *Peoples and Empires*, 36.

44. Mansfield, *History of the Middle East*, 15–16.

45. Cook, *Brief History*, 279.

46. Fernand Braudel, *A History of Civilizations*, trans. Richard Mayne (New York: Penguin, 1993), 79.

47. Mansfield, *History of the Middle East*, 16.

48. Weatherford, *Genghis Khan*, 112.

49. Macaulay's speech is available at http://www.languageinindia.com/april2003/macaulay.html.
50. Romila Thapar, *A History of India*, vol. 1 (London: Penguin, 1966), 86.
51. Romila Thapar, *Aśoka and the Decline of the Mauryas* (New Delhi: Oxford University Press, 1997), 46–49.
52. Priyatosh Banerjee, "The Spread of Indian Art and Culture to Central Asia and China," *Indian Horizons* 43, nos. 1–2 (1994), available at http://ignca.nic.in/pb0013.htm.
53. Richard Fletcher, *The Barbarian Conversion: From Paganism to Christianity* (New York: Henry Holt, 1997), 19.
54. *Catholic Encyclopaedia*, s.v. "The First Council of Nicaea," available at http://www.newadvent.org/cathen/11044a.htm.
55. Rodney Stark, "Efforts to Christianize Europe, 400–2000," *Journal of Contemporary Religion* 16, no. 1 (January 2001): 109.
56. Ibid.
57. Michael Wood, *Conquistadors* (Berkeley: University of California Press, 2002), 133–135.
58. Russell-Wood, *Portuguese Empire*, 201.
59. Ferguson, *Colossus*, 7.
60. Ibid., 49.
61. Lê Thành Khôi, *Histoire du Viêt Nam: des origines à 1858* (Paris: Sudestasie, 1981), 371.
62. Story of Pakistan, "Khilafat Movement [1919–1924]," http://www.storyofpakistan.com/articletext.asp?artid=A033&Pg=2.
63. Pagden, *Peoples and Empires*, 28.
64. Ernest Barker, quoted in ibid., 32.
65. Romila Thapar, *Early India from the Origins to A.D. 1300* (New Delhi: Allen Lane, 2002), 255.
66. Janet L. Abu-Lughod, *Before European Hegemony: The World System, A.D. 1250–1350* (Oxford: Oxford University Press, 1989), 198.
67. Mansfield, *History of the Middle East*, 18.
68. Abu-Lughod, *Before European Hegemony*, 170.
69. Weatherford, *Genghis Khan*, 221.
70. Michael Prawdin, *The Mongol Empire: Its Rise and Legacy*, trans. Eden and Cedar Paul (New York: Free Press, 1967), 507.
71. Weatherford, *Genghis Khan*, xxiv.
72. William H. McNeill, *The Age of*

Gunpowder Empires, 1450–1800 (Washington, DC: American Historical Association, 1989), 14.

73. Ferguson, *Empire*, 171.
74. Tarn, *Hellenistic Civilisation*, 250–251.
75. Kamen, *Spain's Road to Empire*, 295.
76. Ibid., 295.
77. 木材和煤中储存的能量能在运输过程中实现转移，但是直到蒸汽机发明之前，这些能量只能用来取暖，无法实现其他用途。弓弩和投石机无法存储肌肉传送的能量。因此，由硝石、硫黄和煤炭制成的火药成为首个能够存储、运输和利用能量的人类发明。Kenneth Chase, *Firearms: A Global History to 1700* (Cambridge: Cambridge University Press, 2003), 31.
78. Findlay and Lundahl, "First Globalization Episode," 32.
79. Arnold Pacey, *Technology in World Civilization* (Cambridge, MA: MIT Press, 2001), 46.
80. Alfred W. Crosby, *Throwing Fire: Projectile Technology through History* (Cambridge: Cambridge University Press, 2002), 118.
81. Chase, *Firearms*, 71–72.
82. Giancarlo Casale, "The Ottoman 'Discovery' of the Indian Ocean in the Sixteenth Century: The Age of Exploration from an Islamic Perspective," paper presented at Seascapes, Littoral Cultures, and Trans-Oceanic Exchanges, Library of Congress, Washington, DC, 12–15 February 2003, available at http://www.historycooperative.org/proceedings/seascapes/casale.html.
83. K. T. Achaya, *A Historical Dictionary of Indian Food* (New Delhi: Oxford University Press, 1999), 209.
84. Alfred W. Crosby, *Ecological Imperialism: The Biological Expansion of Europe, 900–1900* (Cambridge: Cambridge University Press, 1986), 136.
85. Jerry H. Bentley, "Hemispheric Integration, 500–1500C.E.," *Journal of World History* 9, no. 2, citing Ho Ping-ti, "Early-ripening Rice in Chinese History," *Economic History Review*, 2nd ser., 9 (1956): 200–218.
86. Andrew M. Watson, "The Arab Agricultural Revolution and Its Diffusion, 700–1100," *Journal of Economic History* 34 (1974): 22.
87. Weatherford, *Genghis Khan*, 229.
88. Ibid., 229.
89. John Feffer, "Korean Food, Korean

Identity: The Impact of Globalization on Korean Agriculture," available at http://iis-db.stanford.edu/pubs/20815/Globalization_and_Korean_Agriculture_John_Feffer.pdf; see also Choe Yong-shik, "Historians Unearth Secret Past of Kimchi," *Korea Herald*, 3 October 2001. See also Amal Naj, *Peppers: A Story of Hot Pursuits* (New York: Vintage Books, 1992), 8.
90. Achaya, *Historical Dictionary of Indian Food*, 188.
91. Russell-Wood, *Portuguese Empire*, 154.
92. Ibid., 172.
93. Murray Hiebert, "Tin Cans and Tyres," *Far Eastern Economic Review*, 15 April 1999.
94. Rigoberto Tiglao, "Roots of Poverty," *Far Eastern Economic Review*, 10 June 1999.
95. Kamen, *Spain's Road to Empire*, 270.
96. Wade Graham, "Traffick According to Their Own Caprice: Trade and Biological Exchange in the Making of the Pacific World, 1766–1825," paper presented at Seascapes, Littoral Cultures, and Trans-Oceanic Exchanges, Library of Congress, Washington, DC, 12–15 February 2003, available at http://www.historycooperative.org/proceedings/seascapes/graham.html.
97. Tony Ballantyne in Hopkins, ed., *Globalization in World History*, 135–136.
98. Watson, "Arab Agricultural Revolution," 21.
99. Tarn, *Hellenistic Civilisation*, 168.
100. William H. McNeill, *Plagues and Peoples* (New York: Anchor, 1977), 162.
101. Quoted by S. A. M. Adshead, *T'ang China: The Rise of the East in World History* (New York: Palgrave, 2004), 183.
102. James Morris, *Pax Britannica: The Climax of an Empire* (London: Penguin, 1968).
103. Cited in Ferguson, *Empire*, 171.
104. Ibid.
105. Nisid Hajari, "A Most Dignified Retreat with Bagpipers," *Time* (International), 14 July 1997, 22.

第 7 章　奴隶、细菌和特洛伊木马

Epigraph: Christopher Columbus, *The Four Voyages*, ed. and trans. J. M. Cohen (London: Penguin, 1969), 58.

Notes

1. Maureen Johnson, "Another Arrest in Truck Deaths as Details of Journey Emerge," Associated Press, 20 June 2000. 根据当代新闻报道整理的多佛尔惨案情况。
2. Hugh Thomas, *Rivers of Gold: The Rise of the Spanish Empire, from Columbus to Magellan* (New York: Random House, 2003), 155.
3. Milton Meltzer, *Slavery: A World History*, 2 vols. (New York: Da Capo, 1993), 2:39.
4. Amy O'Neill Richard, *International Trafficking in Women to the United States: A Contemporary Manifestation of Slavery and Organized Crime* (Central Intelligence Agency, Center for the Study of Intelligence, April 2000), 3.
5. *Wall Street Journal*, 11 March 2006.
6. Mark Riley, "27 Million Slaves, and We Look Away," *Sydney Morning Herald*, 4 June 2001.
7. Amy Waldman, "Sri Lankan Maids Pay Dearly for Perilous Jobs Overseas," *New York Times*, 8 May 2005. See *Migration in an Interconnected World: New Directions for Action* (Global Commission on International Migration, Geneva, October 2005), available at http://www.gcim.org/attachements/gcim-complete-report-2005.pdf, 26.
8. Adam Smith, *An Inquiry into the Nature and Causes of the Wealth of Nations*, vol.1, ed. R. H. Campbell and A. S. Skinner (Oxford: Clarendon Press, 1976), 448.
9. David Christian, *Maps of Time: An Introduction to Big History* (Berkeley: University of California Press, 2004), 263.
10. Meltzer, *Slavery*, 1:71.
11. Ibid., 1:63.
12. Grant Parker, "*Ex oriente luxuria*: Indian Commodities and Roman Experience," *Journal of the Economic and Social History of the Orient* 45, no. 1 (2002): 50.
13. Timothy Taylor, "Believing the Ancients: Quantitative and Qualitative Dimensions of Slavery and the Slave Trade in Later Prehistoric Eurasia," *World Archaeology* 33, no. 1 (2001): 34.
14. Jose Honorio Rodrigues, "The Influence of Africa on Brazil and of Brazil on Africa," *Journal of African History* 3, no. 1 (1962): 54, 56.
15. Meltzer, *Slavery*, 2:132.

16. Chris Harman, *A People's History of the World*, pt. 3, chap. 6, "European Feudalism," 143, available at http://www.istendency.net/pdf/3_06_european_feudalism.pdf.
17. Eric R. Wolf, *Europe and the People without History* (Berkeley: University of California Press, 1982), 42.
18. Ibid., 74.
19. Ronald Findlay, "Globalization and the European Economy: Medieval Origins to the Industrial Revolution," in Henryk Kierzkowski, ed., *Europe and Globalization* (New York: Palgrave Macmillan, 2002), 37.
20. Mustafa al-Jiddawi, "Al-Riqqfi al-Tarikh wafi al-Islam" (Slavery throughout history and during Muslim times) (Alexandria, 1963), 92–93.
21. Robin Blackburn, *The Making of New World Slavery* (London: Verso, 1997), 79.
22. Jere L. Bacharach, "African Military Slaves in the Medieval Middle East: The Cases of Iraq (869–955) and Egypt (868–1171)," *International Journal of Middle East Studies* 13 (1981): 471–495.
23. "Zanj Rebellion," Encyclopædia Britannica Online, http://search.eb.com/eb/article? eu=80343. 大约1000年之后，另一次重大的奴隶起义在大西洋上一艘奴隶船上爆发。Mitra Sharafi, "The Slave Ship Manuscripts of Captain Joseph B. Cook: A Narrative Reconstruction of the Brig *Nancy's Voyage of 1793*," *Slavery and Abolition* 24 (April 2003): 71–100.
24. Ghada Hashem Talhami, "The Zanj Rebellion Reconsidered," *International Journal of African Historical Studies* 10, no. 3 (1977): 456.
25. Patricia Risso, *Merchants and Faith: Muslim Commerce and Culture in the Indian Ocean* (Boulder, CO: Westview, 1995), 16.
26. Barbara L. Solow, "Capitalism and Slavery in the Exceedingly Long Run," *Journal of Interdisciplinary History* 17 (Spring 1987): 711–737, quotation at 715.
27. Columbus quoted in ibid., 722.
28. April Lee Hatfield, "A 'very wary people in their bargaining' or 'very good marchandise': English Traders' Views of Free and Enslaved Africans, 1550–1650," *Slavery and Abolition* 25 (December 2004): 9.
29. Fernand Braudel, *Civilization and*

Capitalism, Fifteenth-Eighteenth Century, vol. 2, *The Wheels of Commerce* (New York: William Collins and Sons, 1982), 191.

30. 从非洲运往新大陆的奴隶到底有多少人，研究者们并未就此达成共识。历史学家菲利普·科廷估计，大西洋奴隶贸易期间，约有800万至1050万奴隶被运往新大陆。但是其他研究者质疑这一数据的准确性，认为真实数目要高得多。See J. E. Inikori, "Measuring the Atlantic Slave Trade: An Assessment of Curtin and Anstey," *Journal of African History* 17, no. 2 (1976): 197–223, and Curtin's reply, Philip D. Curtin, "Measuring the Atlantic Slave Trade Once Again: A Comment," ibid. 17, no. 4 (1976): 595–605. 后来，有位研究者估计，共有约11 863 000名奴隶离开非洲，其中10%~20%在途中死亡，消逝在被称为"中间通道"的大西洋中。Paul E. Lovejoy, "The Impact of the Atlantic Slave Trade on Africa: A Review of the Literature," ibid. 30, no. 3 (1989): 365–394.

31. Blackburn, *Making of New World Slavery*, 581.

32. Kevin G. Hall, "Brazilian Slaves Help Make Products That End Up in the United States through World Trade," *San Jose Mercury News*, 14 September 2004.

33. 警方发现18名非法移民死于得克萨斯州的冷藏拖车之中。*Houston Chronicle*, 18 May 2003. 有报纸说："奴隶制正式废除距今将近150年，但是全世界约有2700万人仍然背负着有形的枷锁，或受经济条件束缚，根本得不到自由——这个数据已经创下历史新高，而且还在增长"；"27 Million Slaves."

34. Fernand Braudel, *A History of Civilizations*, trans. Richard Mayne (London: Penguin, 1993), 381.

35. Robert Harms, "Early Globalization and the Slave Trade," *YaleGlobal Online*, 9 May 2003, available at http://yaleglobal.yale.edu/display.article?id=1587.

36. Patrick K. O'Brien, gen. ed., *Atlas of World History* (Oxford: Oxford University Press, 2002), 126.

37. Solow, "Capitalism and Slavery," 730.

38. Puangthong Rungswasdisab, "War and Trade: Siamese Interventions in Cambodia, 1767–1851" (Ph.D. diss., University of Woolongong, 1995), 148.

39. Ward Barrett, "World Bullion Flows, 1450–1800," in James D. Tracy, ed., *The Rise of Merchant Empires: Long Distance Trade in the Early Modern World, 1350–1750* (New York: Cambridge University Press, 1990), 236.
40. Harms, "Early Globalization and the Slave Trade."
41. Robert Harms, *The Diligent: A Voyage through the Worlds of the Slave Trade* (New York: Basic Books, 2002), 82.
42. Solow, "Capitalism and Slavery," 732. 1773 年，英国在殖民地的资本投资高达 3700 万英镑，其数目巨大，足以发挥这种重大作用。18 世纪，由于国内农业生产率提高，释放部分农业劳动力，这些人得以成为新兴产业的工人，英国人收入增加，对糖的需求也随之增长，同时，从非洲到新大陆的奴隶劳工的供应又富于弹性，所以这一体制能持续运行。ibid., 733.
43. Nicholas F. R. Crafts, "British Economic Growth," *Economic History Review* 36 (1983): 177–199.
44. Herbert S. Klein, "Eighteenth-Century Atlantic Slave Trade," in Tracy, ed., *Rise of Merchant Empires*, 289.
45. George Metcalf, "A Microcosm of Why Africans Sold Slaves: Akan Consumption Patterns in the 1770s," *Journal of African History* 28, no. 3 (1987): 393.
46. Tristan Lecomte quoted in Doreen Carvajal, "Third World Gets Help to Help Itself," *International Herald Tribune*, 6 May 2005.
47. Rachel Chernos Lin, "The Rhode Island Slave-Traders: Butchers, Bakers and Candlestick-Makers," *Slavery and Abolition* 23 (December 2002): 21–38.
48. John Richard Oldfield, "Slavery, Abolition, and Empire," *GSC Quarterly* 14 (Winter– Spring 2005), available at http://www.ssrc.org/programs/gsc/publications/quarterly14/oldfield.pdf.
49. W. G. Clarence-Smith, ed., *The Economics of the Indian Ocean Slave Trade in the Nineteenth Century* (London: Frank Cass, 1989).
50. Anthony Reid, *Charting the Shape of Early Modern Southeast Asia* (Singapore: ISEAS, 2000), 208.
51. Paul E. Lovejoy, "The Impact of the Atlantic Slave Trade on Africa: A Review of the Literature," *Journal of African History* 30, no. 3 (1989): 388.
52. Dinesh D'Souza, "The End of Racism," cited in "Slavery and Globalization"

by Marian L. Tupy, 5 September 2003, Cato Institute, available at http://www.cato.org/dailys/ 09-05-03.html.
53. Klein, "Eighteenth-Century Atlantic Slave Trade," 291.
54. S. Elisée Soumonni, "Some Reflections on the Brazilian Legacy in Dahomey," *Slavery and Abolition* 22 (April 2001): 42–60.
55. Quoted in Rodrigues, "Influence of Africa on Brazil," 52.
56. Ibid., 56–61.
57. Nei Lopes, "African Religions in Brazil, Negotiation, and Resistance: A Look from Within," *Journal of Black Studies* 34 (July 2004): 853.
58. Alfred W. Crosby, Jr., *The Columbian Exchange: Biological and Cultural Consequences of 1492* (Westport, CT: Greenwood, 1972), 31.
59. Niall Ferguson, *Empire: The Rise and Demise of the British World Order and the Lessons for Global Power* (New York: Basic Books, 2002), 71.
60. John Archdale quoted in ibid.
61. Ronald Findlay and Mats Lundahl, "Demographic Shocks and the Factor Proportions Model: From the Plague of Justinian to the Black Death," typescript, Columbia University, University Seminar in Economic History, 28, available at http://www.econ. barnard.columbia.edu/~econhist/papers/Findlay%20Justinian.pdf.
62. Kenneth F. Kipple, "The Plague of Justinian: An Early Lesson in the Black Death," in Kipple, ed., *Plague, Pox and Pestilence* (London: Weidenfeld and Nicolson, 1997), 29.
63. Ole J. Benedictow, *The Black Death, 1346–1353: The Complete History* (Woodbridge: Boydell, 2004), 3.
64. Ibid., 382.
65. James Burke, *Connections* (Boston: Little, Brown, 1978), 70.
66. Ronald Findlay and Kevin H. O'Rourke, "Commodity Market Integration, 1500–2000," in Michael D. Bordo, Alan M. Taylor, and Jeffrey G. Williamson, eds., *Globalization in Historical Perspective* (Chicago: University of Chicago Press, 2003), 15.
67. Burke, *Connections*, 103–104. 公元751年，中国派遣一组造纸技工去撒马尔罕兴建造纸厂，就在那之后，阿拉伯人占领撒马尔罕，学会了造纸术。1280年，在意大利法布里亚诺，人们建成一座水力造纸厂。ibid., 100.
68. Benedictow, *Black Death*, 393.

69. Rosen, George, *A History of Public Health*, reprint ed. (Baltimore: Johns Hopkins University Press, 1993), 43–45.
70. Ibid., 64.
71. Jonathan Tucker, *Scourge: The Once and Future Threat of Smallpox* (New York: Atlantic Monthly, 2001), 10–11.
72. Ferguson, *Empire*, 71.
73. Tucker, *Scourge*, 15.
74. Ibid., 16.
75. J. N. Hays, *The Burdens of Disease: Epidemics and Human Response in Western History* (New Brunswick, NJ: Rutgers University Press, 1998), 240.
76. 病毒学家约翰·奥斯佛（John Oxford）认为，全世界约有1亿人死于本次流感，并非2000万～4000万。Gina Kolata, *Flu: The Story of the Great Influenza Pandemic of 1918 and the Search for the Virus That Caused It* (New York: Farrar, Straus and Giroux, 1999), 285.
77. Gina Kolata, *Flu: The Story of the Great Influenza Pandemic of 1918 and the Search for the Virus That Caused It* (New York: Farrar, Straus and Giroux, 1999), 5.
78. Rob Stein and Shankar Vedantam, "Deadly Flu Strain Shipped Worldwide: Officials Race to Destroy Samples," *Washington Post*, 13 April 2005.
79. Jong-Wha Lee and Warwick J. McKibbin, *Globalization and Disease: The Case of SARS*, August 2003, Working Paper no. 2003/16, Division of Economics, Research School of Pacific and Asian Studies, 13.
80. David Fidler, "SARS: Political Pathology of the First Post-Westphalian Pathogen," *Journal of Law, Medicine and Ethics* 31 (December 2003): 485.
81. http://www.whitehouse.gov/news/releases/2005/11/20051116-6.html.
82. David Heymann, "Preparing for a New Global Threat—Part I," *YaleGlobal Online*, 26 January 2005, available at http://yaleglobal.yale.edu/display.article?id=5174.
83. Thomas Abraham, "Preparing for a New Global Threat—Part II," *YaleGlobal Online*, 28 January 2005, available at http://yaleglobal.yale.edu/display.article?id=5191.
84. Eugene H. Spafford, "Computer Viruses as Artificial Life," *Journal of Artificial Life* (1994), available at http://www.scs.carleton.ca/~soma/biosec/readings/spafford-viruses.pdf.
85. Fred Cohen, "Computer Viruses"

(Ph.D. diss., University of Southern California, 1985).

86. Xin Li, "Computer Viruses: The Threat Today and the Expected Future" (undergraduate thesis, Linköping University, 2003), available at http:// www.ep.liu.se/exjobb/isy/ 2003/3452/ exjobb.pdf.

87. Dugan Haltey, "Virus Alert, 2001," typescript, available at http://eserver.org/courses/ s01/tc510/foobar/virus/printable.pdf.

88. Lee Kuan Yew, interview with author, 17 January 2004.

89. Mynardo Macaraig, "Philippine Internet Providers Admit Being 'Love Bug' Source," *Agence France-Presse*, 5 May 2000; Mark Landler, "A Filipino Linked to 'Love Bug' Talks about His License to Hack," *New York Times*, 21 October 2000.

90. John Eisinger, "Script Kiddies Beware," *Washington and Lee Law Review* 59 (2002): 1507–1544.

91. Javier Santoyo, interview with author, 18 April 2005.

92. http://www.caida.org/analysis/security/code-red/coderedv2_analysis.xml#animations.

93. Li, "Computer Viruses," 42.

94. Mark Hall, "Sticky Security," *Computerworld*, 19 January 2004, 48.

95. 本节关于网络犯罪的内容依赖 Brian Grow, with Jason Bush, "Hacker Hunters," *Business Week*, 30 May 2005.

96. Cited by Marian L. Tupy, "Slavery and Globalization," Cato Institute, 5 September 2003, available at http://www.cato.org/pub_display.php?pub_id=3227.

第8章 全球化：从流行语到诅咒

Epigraph: Jagdish N. Bhagwati, "Coping with Antiglobalization: A Trilogy of Discontents," *Foreign Affairs* 81 (January–February 2002): 2.

1. Jürgen Osterhammel and Niels P. Petersson, *Globalization: A Short History* (Princeton, NJ: Princeton University Press, 2005).

2. 尽管该数据库收录了各种语言的出版物，但是我仅仅参考了1971年之后的英文和法文出版物。

3. Simon Jeffrey, "What Is Globalisation?" *Guardian*, 31 October 2002.

4. Patrick Smith, "The Seven Year

Stitch," *Far Eastern Economic Review*, 3–9 July 1981, 38.

5. "Representatives of Nineteen Developing Countries Have Been Meeting in Hong Kong to Coordinate Policy in the Face of EEC Demands for Tighter Control on Their Exports," *Guardian*, 23 June 1981; "Trade Talks on Multifiber Arrangement Opens Monday," *Wall Street Journal*, 10 July 1981.

6. Ted Levitt, "The Globalization of Markets," *Harvard Business Review* (May–June 1983): 92–94, 96–102.

7. "The Drive among Multi-National Companies to Create Products Which Are Global in Their Scope," *Financial Times*, 16 July 1984.

8. "The BSN of France Wishes to Expand Its Business Worldwide As It Feels Food Tastes Are Becoming Increasingly Global," *Financial Times*, 22 February 1984.

9. Quoted in Warren Brown, "Ford Earns a Record $1.87 Billion in '83," *Washington Post*, 14 February 1984.

10. Harvey Enchin, "Labor Negotiations in Auto Industry Are Facing New Threat," *Globe and Mail*, 13 August 1984.

11. Jim Ostroff, "AAMA Convention to Focus on Sourcing, Exporting Event Kicks Off Thursday in Arizona," *Daily News Record*, 3 May 1995.

12. Christopher Lorenz, "Plastic Can First Step to 'Globalization,'" *Financial Times*, 23 July 1984.

13. Douglas McArthur, "U.S. Airlines Becoming Jumpy about Trend to 'Globalization,'" *Globe and Mail*, 15 October 1988.

14. "On the Opening Day of a Conference on World Financial Futures," *Financial Times*, 29 September 1983.

15. "The Challenges Facing the Growing International Share-Dealing Market Given the Soaring Popularity of Round-the-Clock Trading," *Financial Times*, 5 November 1985.

16. David Lake, "NYSE Seeks to Gain Share of Global Equities Market," *Dallas Morning News*, 14 April 1986.

17. Stephen Kindel, "Markets Far and Wide; Global Trading Is Becoming an Efficient Way to Raise and Shift Capital," *Financial World*, 16 September 1986, 106.

18. "Regulatory Issues Arise with Globalization of Financial Markets," *American Banker*, 31 July 1987.

19. Dennis Walters, "A Worldwide Market: A Matter of Perspective," *American Banker*, 30 July 1987. 后来的新闻报道称"这次危机的一个显著特征是,全线抛售外国股票,退回国内市场"。有报道引用瑞信银行旗下、总部设在纽约的瑞信资产管理公司总裁戈登·鲍耶的话说:"英国人卖掉瑞士和德国股票返回国内市场。瑞士人则脱手英国和美国股票。从这方面看,全球化遭遇了失败。"但是另一位银行家则说:"全球化进程还会继续,遭遇这次挫折后,也只是会放慢速度。我们的金融市场5年来一直在高歌猛进,今后两三年内可能会异常困难,目前,困难时期才刚刚开始。" Michael R. Sesit, "Slowing the Global Express: World-Wide Markets May Be Inevitable, but Right Now Investors Are Wary," *Wall Street Journal*, 23 September 1988.

20. Mark W. Olson, "Globalization Raises a World of Questions," *American Banker*, 19 July 1989.

21. "Corrigan Offers Perspective on Globalization," *American Banker*, 30 July 1987.

22. Steve Lohr, "Crash Shifts Investors' Foreign Stock Plans," *New York Times*, 23 December 1987.

23. Louis Uchitelle, "U.S. Firms Shed National Identity as They Expand Abroad," *New York Times*, 24 May 1989.

24. Cynthia Barnum and Natasha Walniansky, "Globalization: Moving a Step beyond the International Firm," *Management Review,* 1 September 1989.

25. "Globalization of the Retail Industry: A Strategic Imperative," *Chain Store Age Executive with Shopping Center Age*, 15 December 1993, 6.

26. John King, "World without Borders," *Canada and the World Backgrounder* 60, no. 5 (1995): 8.

27. Carla Rapoport, "Retailers Go Global," *Fortune*, 20 February 1995, 102.

28. World Bank, *Global Economic Prospects and the Developing Countries, April 20, 1995*, cited by *Presidents and Prime Ministers* 4 (July–August 1995): 21.

29. G. Pascal Zachary, "Supercapitalism," *Wall Street Journal*, 29 March 1997.

30. Jane Fraser and Jeremy Oppenheim, "What's New about Globalization?" *McKinsey Quarterly*, 22 March 1997.

31. President Bill Clinton, address to World Bank and International

Monetary Fund, 12 October 1995, Washington, DC.
32. Sue Neales, "Japan Lifts Its Bamboo Curtain," *Australian Financial Review*, 7 July 1988.
33. Klaus Schwab and Claude Smadja, "Start Taking the Backlash against Globalization Seriously," *International Herald Tribune*, 1 February 1996.
34. Donald Coxe, "Vanishing Act: Economic Crisis Threatens to Make the Complex Trade Network Known as Globalization Disappear," *Globe and Mail*, 30 October 1998.
35. Editorial, "Rethinking Globalization," *Toronto Star*, 28 December 1998.
36. President Bill Clinton quoted in E. J. Dionne, Jr., "Globalization Camps," *Pittsburgh Post-Gazette*, 25 January 1999.
37. Yashwant Sinha, address at the World Economic Forum, Davos, cited in Kamalakshi Mehta, "The G Word," *WorldLink*, March–April 1999, 25.
38. Al R. Dizon, "World Trade Organization Meeting: S Asean Watch Calm before the Storm," *Business World,* 26 November 1999, 20.
39. Mike Moore quoted in Rebecca Cook, "Protesters Launch 'Battle in Seattle' against WTO," *Associated Press*, 28 November 1999.
40. Personal communication from a World Bank official, 3 August 2006.
41. Vandana Shiva, "The Two Fascisms (Economic Globalization)," *Ecologist*, 1 May 1999.
42. Nayan Chanda, interview with President Bill Clinton, 31 October 2003, *YaleGlobal Online*, available at http://yaleglobal.yale.edu/display.article?id=2840.
43. Richard Tomkins, "Happy Birthday, Globalisation," *Financial Times,* 6 May 2003.
44. Editorial, "Who's Afraid of Globalization?" *Manila Standard*, 19 January 2000.
45. Robert E. Litan, "The 'Globalization' Challenge: The U.S. Role in Shaping World Trade and Investment," *Brookings Review* 18 (Spring 2000): 35–37.
46. "Assessing Globalization," World Bank Briefing Paper, undated, available at http://www1.worldbank.org/economicpolicy/globalization/documents/AssessingGlobalizationP1.pdf.
47. Naomi Klein, "A Fete for the End of

the End of History," *Nation*, 19 March 2001.

48. 约900名非政府组织成员、环保主义者、女性主义者和政府代表齐聚于这座巴西城市；"Forum de Porto Alegre," *Agence Telegraphique Suisse*, 21 January 2001.

49. "Selon un sondage Eurobaromètre, la majorité des Européens ne craint pas la mondialisation," *Agence Europe*, 19 November 2003.

50. Françoise Antoine and Marie Brandeleer, "Qui sont ces marcheurs?" *Trends/Tendances*, 13 December 2001, 42.

51. Fiona Fleck, "Antiglobalization Forces Shift to Pragmatic Tactics," *International Herald Tribune*, 21 January 2004.

52. Xavier Harel, "Les alter-mondialisation à l'heure du dialogue," *La Tribune*, 30 January 2003.

53. John Holusha, "General Motors Corp Chairman Roger B. Smith Says That Company Is Looking . . . ," *New York Times*, 14 October 1981.

54. Daniel Gross, "Why 'Outsourcing' May Lose Its Power as a Scare Word," *New York Times*, 13 August 2006.

55. Remarks Prepared for Delivery by Treasury Secretary Henry M. Paulson at Columbia University, 1 August 2006, available at http://www.treas.gov/press/releases/hp41.htm.

第9章　谁害怕全球化

Epigraphs: Anne O. Krueger, "Supporting Globalization," IMF, available at http://www.imf.org/external/np/speeches/2002/092602a.htm; Susan George, "Another World Is Possible,"*Khaleej Times*, 18 October 2004, available at http://www.khaleejtimes.com/DisplayArticle.asp?xfile=data/opinion/2004/October/opinion_October31.xml&section=opinion&col=.

1. Laura Carlsen, "WTO Kills Farmers: In Memory of Lee Kyung Hae," 16 September 2003, available at http://www.countercurrents.org/glo-carlsen160903.htm.

2. Sulak Sivaraksa, "Globalisation Represents Greed," *Bangkok Post*, 21 September 1997.

3. Dani Rodrick, *Has Globalization Gone Too Far?* (Washington, DC: Institute of International Economics, 1997).

4. 另类全球化概况参见James H. Mittelman, "Where Have All the Protesters Gone?" *YaleGlobal On-line*, available at http://yaleglobal.

yale.edu/display.article? id=4637, 以及他的 *Whither Globalization? The Vortex of Knowledge and Ideology* (New York: Routledge, 2004).

5. Nicholas Thomas, *Cook: The Extraordinary Voyages of Captain James Cook* (New York: Walker, 2004), 391–401.

6. Karl Marx and Friedrich Engels, *The Communist Manifesto* (Chicago: Haymarket Books, 2005), 44–45.

7. Karl Marx, *Capital*, vol. 1 (Moscow: Progress Publishers, 1954), 252.

8. Anthony Reid, *South East Asia in the Age of Commerce, 1450–1680*, vol. 2 (New Haven and London: Yale University Press, 1993), 7–9.

9. D. J. M. Tate, *The Making of Modern Southeast Asia*, vol. 2 (Kuala Lumpur: Oxford University Press, 1979), 93.

10. Nicholas Tarling, ed., *Cambridge History of Southeast Asia*, vol. 1 (Cambridge: Cambridge University Press, 1992), 602.

11. Blair B. Kling, *The Blue Mutiny: The Indigo Disturbances in Bengal, 1859–1862* (Philadelphia: University of Pennsylvania Press, 1966).

12. Jeffrey G. Williamson, "Winners and Losers over Two Centuries of Globalization," 2002 wider Annual Lecture, Copenhagen, 5 September 2002.

13. Kevin H. O'Rourke and Jeffrey G. Williamson, *Globalization and History: The Evolution of a Nineteenth-Century Atlantic Economy* (Cambridge, MA: MIT Press, 1999), 183.

14. Charles A. Price, *The Great White Walls Are Built: Restrictive Immigration to North America and Australasia, 1836–1888* (Canberra: Australian National University Press, 1974), 323. See also O'Rourke and Williamson, *Globalization and History*, 190.

15. Harold James, *The End of Globalization: Lessons from the Great Depression* (Cambridge, MA: Harvard University Press, 2001), 30.

16. Ibid., 121.

17. Jeffry A. Frieden, *Global Capitalism: Its Fall and Rise in the Twentieth Century* (New York: W. W. Norton, 2006), 396.

18. Niall Ferguson, in Strobe Talbott and Nayan Chanda, eds., *The Age of Terror: America and the World after September 11* (New York: Basic Books, 2002).

19. Bernard Gordon, "Development vs. Free Trade," *YaleGlobal Online*, 20 July 2006, available at http://yaleglobal.yale.edu/display.article?id=7850.
20. The General Agreement on Tariffs and Trade (GATT); the General Agreement on Trade in Services (GATS); and the Agreement on Trade-Related Aspects of Intellectual Property Rights (TRIPS).
21. Institute for International Economics, *US-China Trade Disputes*, Preview, Chapter 3: Textiles and Clothing, http://www.iie.com/publications/chapters_preview/3942/03iie3942 .pdf.
22. Kenneth Rogoff, "Paul Samuelson's Contributions to International Economics," 11 May 2005, paper prepared for volume in honor of Paul Samuelson's ninetieth birthday, ed. Michael Szenberg, available at http://www.economics.harvard.edu/faculty/rogoff/ papers/Samuelson.pdf.
23. *Cultivating Poverty: The Impact of U.S. Cotton Subsidies on Africa*, Oxfam Briefing Paper,30 (London: Oxfam, 2002), 2. 20世纪90年代中期以来，世界棉花价格下跌一半，刨除通货膨胀因素，目前的棉花价格已经降至20世纪30年代以来的最低点。
24. 出自国际棉花咨询委员会的一项研究，cited in ibid., 32.
25. U.N. Millennium Task Force Project on Trade, *Trade for Development* (New York, 2005), 49.
26. G. Pascal Zachary, "Africa's Bitter Cotton Harvest," *Straits Times*, 19 April 2006.
27. Ibid.
28. "'The Chief Responsibility Lies Here,' Lamy Tells G-8," WTO News: Speeches, DG Pascal Lamy, available at http://www.wto.org/english/news_e/sppl_e/sppl32_e.htm.
29. Jose Bové, interview with Robert Siegel, *National Public Radio*, 30 November 1999.
30. Foreign Broadcast Information Service report, Washington, DC, 20 August 2003.
31. *Kicking Down the Door: How Upcoming WTO Talks Threaten Farmers in Poor Countries,*Oxfam Briefing Paper, 72 (London: Oxfam, 2005).
32. Editorial, "Sweet Justice for EU Sugar: The WTO Has Put a Time-Bomb under an Indefensible Policy," *Financial Times*, 6 August 2004.
33. Cited in Pranab Bardhan, "Does

Globalization Help or Hurt the World's Poor?" *Scientific American*, April 2006.

34. Reuters, "Soya Exporters to Stop Buying Amazon Beans," *Sydney Morning Herald*, 26 July 2006.
35. Michael McCarthy, "The Great Rainforest Tragedy," *Independent*, 28 June 2003.
36. John Vidal, "The 7000-Km Journey That Links Amazon Destruction to Fast Food,"*Guardian*, 10 April 2006.
37. Tina Rosenberg, "Globalization," *New York Times*, 18 August 2002.
38. Keith Bradsher, "Vietnam's Roaring Economy Is Set for World Stage," *New York Times*, 25 October 2006.
39. Chakravarthi Raghavan, "A Theatre of the Absurd at Seattle," Third World Network, available at http://www.twnside.org.sg/title/deb3-cn.htm.
40. Thomas L. Friedman, comment, Asia Society, New York, 4 April 2005, available at http://www.asiasociety.org/speeches/friedman05.html.
41. 所谓的"华盛顿共识"，是一系列反映1990年共识的理念，由约翰·威廉姆森在世界银行的一项研究中正式提出。十要素为（1）加强财政纪律；（2）公共支出以教育和卫生事业为重；（3）税制改革（税基应广泛，边际税率应适度）；（4）积极而且适度的由市场决定的利率；（5）具有竞争力的汇率，充当"外向型经济政策"第一要素；（6）进口自由化；（7）放松对外资的限制（但是不应将外国资金流动自由化列为重要事项）；（8）私有化（以私营企业的管理效率优于国有企业的信念为基础）；（9）解除管制；（10）保护知识产权。Cited by Stanley Fischer, "Globalization and Its Challenges," *AEA Papers and Proceedings* 93 (May 2003), 6.
42. Circular issued by "50 Years Is Enough," 28 September 2001, Washington, DC.
43. Rosenberg, "Globalization."
44. Stiglitz quoted in Ed Crook, "The Odd Couple of Global Finance," *Financial Times*, 5 July 5, 2002.
45. U.S. Department of Commerce, *U.S. Census Bureau: U.S. Bureau of Economic Analysis News*, 9 June 2006. 报告称第一季度贸易逆差为2540亿美元。
46. Steve Lohr, "A Dissenter on Outsourcing States His Case," *International Herald Tribune*, 7 September 2004.
47. David Dapice, interview with author, 18 November 2004.

48. Branko Milanovic, "Why Globalization Is in Trouble," part 1, 29 August 2006, *YaleGlobal Online*, available at http://yaleglobal.yale.edu/display.article?id=8073.

49. Andrew Grove quoted in Manjeet Kripalani and Pete Engardio, "The Rise of India,"*BusinessWeek Online*, 8 December 2003, available at http://www.businessweek.com/magazine/content/03_49/b3861001_mz001.htm.

50. 当时，全世界25%的布料由印度生产，在东南亚，人们用印度纺织品换取香料；在非洲，人们用它换取奴隶。Kenneth Pomeranz and Steven Topik, *The World That Trade Created* (Armonk, NY: M. E. Sharpe, 1999), 228–229.

51. 2004年12月，GE出售印度通用电气资本国际公司60%的业务，并更改了该公司的名称。

52. Ashutosh Sheshabalaya, *Rising Elephant: The Growing Clash with India over White Collar Jobs* (Monroe, ME: Common Courage Press, 2005), 46.

53. "Faster, Cheaper, Better," in "Survey of Outsourcing," *Economist*, 11 November 2004.

54. Cited in Jeffrey A. Frieden, *Global Capitalism*.

55. Mike Ricciuti and Mike Yamamoto, "Companies Determined to Retain 'Secret Sauce,'" *C-NET News*, 5 May 2004.

56. Letter to the editor by an employee of a high-tech firm, *Sentinel and Enterprise*, 13 May 2006, available at http://www.sentinelandenterprise.com/ci_3819745.

57. "The Future of Outsourcing: How It's Transforming Whole Industries and Changing the Way We Work," *Business Week*, 30 January 2006.

58. 环球电讯公司在破产之前，耗资4150亿美元打造环球光纤网络。而新加坡政府控制的科技电信媒体公司只用2.5亿美元就购得其61%的股权。Personal communication from a SemCorp executive, 2 May 2006.

59. Thomas L. Friedman, *The World Is Flat: A Brief History of the Twenty-First Century* (New York: Farrar, Straus and Giroux, 2005), 128–132.

60. Robert Fulford, "Upwardly Mobile Phone Jockey . . . or 'Cyber-Coolie'?" *National Post*, 1 November 2003.

61. Geoffrey Colvin, "America Isn't Ready [Here's What to Do about It]," *Fortune*, 25 July 2005.

62. Alan S. Blinder, "Offshoring: The Next

Industrial Revolution?" *Foreign Affairs* 85 (March–April 2006): 113–128.

63. Philip Aldrick, "Indian Workers 'Slash IT Wages,'" *Daily Telegraph*, 26 December 2005.

64. Daniel Gross, "Invest Globally, Stagnate Locally," *New York Times*, 2 April 2006.

65. Quoted in ibid.

66. Craig Barrett, "Do We Want to Compete?" in Outsourcing Roundtable, *CNET News. com*, http://news.com.com/2009-1022_3-5198961.html.

67. Somini Sengupta, "Skills Gap Hurts Technology Boom in India," *New York Times*, 17 October 17, 2006.

68. *International Trade: Current Government Data Provide Limited Insight into Offshoring of Services* (Washington, DC: United States Government Accountability Office, 2004), 34.

69. 麦肯锡估计，截至2008年，1.6亿个工作岗位（约占全球服务工作岗位的11%）将在国外部署，但是其中只有410万个岗位真正流入国外。其原因为，公司在外包和国外建厂过程中，依然面临各自内部的种种壁垒——并非监管壁垒阻止岗位外流。See Mari Sako's background paper "Outsourcing and Offshoring: Key Trends and Issues" (Said Business School, Oxford, November 2005).

70. Daniel W. Drezner, "The Outsourcing Bogeyman," *Foreign Affairs* 83 (May–June 2004):22–34.

71. Thomas L. Friedman, *The World Is Flat*, expanded ed. (London: Penguin, 2006), 278.

72. Branko Milanovic, "Why Globalization Is in Trouble," *YaleGlobal Online*, 29 August 2006, available at http://yaleglobal.yale.edu/display.article?id=8073.

73. Gross, "Invest Globally, Stagnate Locally."

74. Elaine Sciolino, "French Youth at the Barricades, But a Revolution? It Can Wait," *New York Times*, 28 March 2006.

75. Stephen Roach, "China's Emergence and the Global Labor Arbitrage," 7 April 2006, Morgan Stanley home page, http://www.tribemagazine.com/board/showthread.php?t= 114271.

76. Joseph E. Stiglitz, "Why We Should Worry about Outsourcing," *Miami Herald*, 9 May 2004.

77. Transcript, Conference Call on the Analytic Chapters of the Spring 2006 World Economic Outlook with

Raghuram Rajan, Economic Counselor and Director of Research of IMF, 13 April 2006, available at http://www.internationalmonetaryfund.org/external/np/tr/2006/tr060413.htm.

78. Pranab Bardhan, "Time for India to Reduce Inequality," *Financial Times*, 7 August 2006.

79. David Dollar and Aart Kraay, "Growth Is Good for the Poor," World Bank Policy Research Working Paper no. 2587, April 2001, available at http://ssrn.com/abstract= 632656.

80. M. Lundberg and B. Milanovic, "Globalization and Inequality: Are They Linked and How?" (World Bank, 2000), available at http://www1.worldbank.org/prem/poverty/ inequal/abstracts/milanov.htm.

81. Branko Milanovic, "Can We Discern the Effect of Globalization on Income Distribution? Evidence from Household Surveys" (Paper, World Bank, 22 September 2003), 31–32.

82. Nancy Birdsall, "Cheerleaders, Cynics and Worried Doubters," *Global Agenda*, 2003, available at http://www.cgdev.org/doc/commentary/birdsall_cheerleaders.pdf.

83. Pranab Bardhan, "Does Globalization Help or Hurt the World's Poor?" *Scientific American*, April 2006.

84. Pew Research Center for the People and the Press, "Views of a Changing World 2003," 3 June 2003, available at http://people-press.org/reports/print.php3?PageID=712.

85. "Indians along with Half the World's Consumers Buy into Globalisation: Survey," Indiantelevision.com, 23 August 2006, available at http://www.indiantelevision.com/mam/ headlines/y2k6/aug/augmam106.htm.

86. Frieden, *Global Capitalism*, 436.

第10章 前路漫漫

Epigraph: Quoted in Serge Gruzinski, *Les quatre parties du monde: histoire d'une mondialisation* (Paris: Martinière, 2004), 402.

1. Thomas P. M. Barnett, *The Pentagon's New Map: War and Peace in the Twenty-First Century* (New York: G. P. Putnam's Sons, 2004), 107–191.

2. *Migration in an Interconnected World: New Directions for Action* (Global Commission on International Migration, Geneva, October 2005),

11, available at http://www.gcim.org/ attachements/gcim-complete-report-2005.pdf.
3. Roger Cohen, "Spreading Work around Leaves Other Work to Do," *International Herald Tribune*, 27 May 2006.
4. Henry Paulson, interview, *Der Spiegel*, 13 June 2006.
5. Gordon Brown, speech at Mansion House, London, 21 June 2006, available at http:// www.hm-treasury.gov.uk/newsroom_and_speeches/press/2006/press_44_06.cfm.
6. Janet L. Yellen, "Economic Inequality in the United States," 2006–2007 Economics of Governance Lecture, Center for the Study of Democracy, University of California, Irvine, 6 November 2006, available at http://www.frbsf.org/news/speeches/2006/1106.html.
7. "Election Pushes Globalization to Forefront," *USA Today*, 14 November 2006.
8. Pascal Lamy, "The Doha Marathon," *Wall Street Journal*, 3 November 2006.
9. Dr. H. Mahler quoted in Jack W. Hopkins, *The Eradication of Smallpox: Organization and Innovation in International Health* (Boulder, CO: Westview, 1989), 125.
10. Nicholas Stern, *The Economics of Climate Change: The Stern Review* (Cambridge, 2006),PDF version available at http://www.hm-treasury.gov.uk/independent_reviews/stern_review_economics_climate_change/stern_review_report.cfm.